国家重点档案保护与开发项目资助

省情与施政

广东省政府会议录

（1925—1949）

第三册

广东省档案馆　编

SPM南方出版传媒 广东人民出版社

·广州·

目　录

广东省政府第六届委员会会议录

（1931 年 6 月 12 日—1936 年 7 月 28 日）

广东省政府第六届
委员会会议录

（1931 年 6 月 12 日—1936 年 7 月 28 日）

广东省政府第六届委员会
第二百零一次议事录

七月四日　星期二

出席者　林云陔　金曾澄　林翼中　胡继贤　李禄超　区芳浦
　　　　谢瀛洲　许崇清

列席者　刘纪文　陆嗣曾

主　席　林云陔

纪　录　何启澧

报告事项

一、广东财政特派员公署函，据禁烟局将翁源县禁绝烟患办法及委员会组织章程拟具，呈奉政委会指令照办等因，转请查照饬县遵办。

二、财政厅呈报提前两月禁止典店九扣缘由，请察核备案。

三、民政厅呈，为广东省地政工作人员养成所第一期行政班毕业学员，经分发南海等六县市土地局，一律以三等课员录用，并将核定土地局职员名额酌予变更，请察核备案。

四、广东省银行呈报，七月一日依照向例停止营业一天，办理上期决算，但代库收支及兑现事项仍照常办理，请察核。

五、广东省银行呈缴董事会第二十三次会议录，请察核。

讨论事项

一、民政厅呈，奉令据西北区绥靖委员呈，请将各县县兵组织章制、名称、服装、旗帜、饷械、职权、训练等项明令颁布一案，仰应议复等因，谨拟具整理县兵办法，请察核办理案。

（议决）照办。

二、民政厅呈，据围洲斜阳管理局呈复未能曾〔增〕设监所，请暂准将因粮一项实支实销，按月报核给领等情，应否照准办理之处，请核指遵案。

（议决）准照办。

三、建设厅呈，为八大公路建筑费，前公路处领去三万五千元未使扣除，请饬财厅补入二十一年度建筑费预算案。

（议决）由二十二年度预算拨还。

四、建设厅呈，据河南士敏土厂呈请修理第七第八两炉窑，所需工料等费约七千余元，在二十一年度临时费暨修理炉窑工料费结余项下开支等情，应否照准，请核指遵案。

（议决）照准。

五、建设厅呈，据蚕丝改良局呈复遵办顺德蚕业实施区情形，转请察核指遵案。

（议决）归并第二农校办理，另议详细办法。

六、财政厅呈，拟举办广东全省舶来农产品杂项专税，连同章程请核指遵案。

（议决）交李、许、胡三委员审查。

七、广州市政府呈，准市参议会函，为支领十月至十二月三个月经费不敷甚巨，请转省府核准，将参议会成立筹备委员会移送结存之开办费挪用，俾便报销等由，应否照准，候令祗遵案。

（议决）照准。

八、广州市政府呈复，关于陈子桢等呈请维持承办广州市全市市场成案，从速依照合约进行一案办理始末情形，请核指遵案。

（议决）应予撤销。

九、主席提议，关于梁×因请领潮阳县属苏安山石矿一案，不服建设厅核准黄捷源补领执照之处分，提起诉愿到府，现经秘书处派员审查，作成决定书，请公决案。

（议决）照审查通过。

十、主席提议，关于潭×等因不服广州市政府，收用广东实业公司所承领之×××地段一案，提起诉愿到府，现经秘书处派员审查作成决定书，请公决案。

（议决）照审查通过。

广东省政府第六届委员会
第二百零二次议事录

七月七日　星期五

出席者　林云陔　金曾澄　林翼中　李禄超　区芳浦　谢瀛洲
　　　　　　胡继贤　许崇清

列席者　陆嗣曾

主　席　林云陔

纪　录　何启澧

报告事项

一、西南政务委员会令复，决议广州市各商号之商业注册，准由建设厅暂行办理，仰转饬知照。

二、财政厅呈，为沙田登记减征五折，由七月一日起至九月底止再展限三个月，请察核备案。

三、建设厅呈，据鹤山县民谭学全等请承领县属第一区土名大雁山、占峰顶、边鱼坑等处荒地，经县查明确系官荒，承领面积与图相符，手续完备，自应准予承领，除发证书外，合将备查一联缴请备案。

四、建设厅呈，据新会县民黄文作等请承领县属第九区土名二洲山等处荒地，经县查明确系官荒，承领面积与图相符，手续完备，自应准予承领，除发证书外，合将备查一联缴请备案。

五、建设厅呈缴本年四月份下半月工作报告表，请察核。

六、教育厅呈，据大埔县具缴教育局长廖爱群履历，转请核明加委。

七、监督整理三铁路委员会呈缴本年五月份三路职员升调任免月报表，请察核。

讨论事项

一、李、胡两委员会复，审查广东合作总社章程，大致尚属可行，请公决案。

（议决）照通过。

二、广东高等法院函送新设各地方法院开办费预算书，请核准追加预算，令行财政厅办理见复案。

（议决）照准追加，在节存款项下开支。

三、财政厅呈，拟就县财政局长训练办法，请核赐备案。

（议决）修正通过。

四、教育厅呈，拟定高中以上学校女生救护训练干部班教育大纲及教育细则，请察核备案。

（议决）准备案。

五、教育厅呈，据省立工业专科学校呈，拟在二十二年度内勤勤工学院增班开办费项下，先行借拨五千元，以为订购各种仪器等情，似应照准，请核行财厅照拨案。

（议决）照准。

六、教育厅呈，据省立第一中学校呈，请从速核准改建高中宿舍及装置宿舍内用具预算等情，查该校建筑购置费四万八千四百零六元，经列入二十二年度概算在案，请核准拨发案。

（议决）准由二十二年度教育临时费项下开支。

七、广州市政府呈，据广州市电力公司资产评价委员会呈，缴追加经常费二十一年度岁出预算书，转请察核备案。

（议决）照准追加，嗣后不再展限。

八、广州市政府呈，据工务局呈缴追加建筑第五十四小学校舍杉桩费二十一年度岁出预算书，转请核赐备案。

（议决）照准。

九、广州市政府呈，据社会局呈缴婴孩寄托所二十一年度追加临时费预算书，转请核赐备案。

（议决）照准。

十、建设厅呈，关于核准委托麦基公司设计钢铁厂一案，经派员来华考察，连同该员报告书，请核定以东西塱为厂址，暨令行市府查明官荒民业，以备收用案。

（议决）照准。

十一、广东省体育委员会广州水上体育会呈，为举办第六次水上运动会，恳请拨款五千元藉充全场奖品及经费之用案。

（议决）补助一千元。

十二、主席提议，关于陈××因不服财政厅处分投承××××海坦一案，提起诉愿到府，现经秘书处派员审查作成决定书，请公决案。

（议决）照审查通过。

十三、民政厅提议，高要县县长陆桂芳拟与饶平县县长马炳乾对调，是否有当，请公决案。

（议决）照准。

广东省政府第六届委员会
第二百零三次议事录

七月十一日　星期二

出席者　林云陔　金曾澄　林翼中　胡继贤　李禄超　区芳浦
　　　　谢瀛洲　许崇清
列席者　刘纪文　陆嗣曾
主　席　林云陔
纪　录　何启澧

报告事项

一、财政部咨知特定本年七月一日开始发行一元新币，所有公私款项之收付及一切交易一体行使，请查照并转饬所属遵照。

二、广东财政特派员函，关于支付各项恤金及划分国家或地方支给一案，拟定解决办法，请查照。

三、财政厅呈，为未经测量之沙田，声请登记者每照一件，取补测制图费毫银五元，请核备案。

四、民政厅呈，据琼山县具缴洋文秘书康曜履历，转请核办令遵。

五、建设厅呈，据茂名县具缴建设局长梁仁院履历，转请核明加委。

六、东区绥靖委员公署呈缴本年二月份工作报告书，请察核。

七、广东士敏土营业处呈缴本年六月份营业报告书表，请察核。

八、广东省银行呈报，海口支行于七月一日开始发行大洋地名券，请察核备案。

讨论事项

一、胡、李两委员会复，审查广东省各县农林推广处章程，经分别修正，请公决案。

（议决）照修正通过。

二、财政厅、民政厅会复审查广东省潮田筑围暂行规程、筑围合作社简章情形，请察核案。

（议决）照审查意见修正。

三、建设厅呈，为拟定入选省府合署图案奖品价值，连同奖金数目开列总表，请核将该项奖金及奖品价值共银一万八千二百元发给下厅，以资分别给奖案。

（议决）暂由二十二年度预备金借拨。

四、建设厅呈，拟派第五科长何致虔赴英、美等国考察钢铁厂，来往川旅等费约需美金三千元，现拟先发毫洋一万五千元，请核准备案。

（议决）照准。

五、建设厅、民政厅会呈，奉实业部令发国际劳工大会通过之公约草案饬查明据复一案，拟请钧府延聘于劳工法素有研究之专家，组织委员会详为审查，请察核办理案。

（议决）交设计委员会签拟意见。

六、财政厅呈，拟修改屠牛牛皮税章程第六条第五条①，及第十二条之规定，当否，请核指遵案。

（议决）照秘书处意见办理。

七、建设厅呈，据港务局转据航海讲习所呈，拟由七月一日起开支经常费，并请依教育费成案十足支用等情，似可照准，请核指遵案。

（议决）照准。

八、西北区绥靖委员歌电，为翁虔路铺造路面专款可否由职署垫款克日招商承造之处，请核示案。

（议决）照准。

———————

① "条"疑为"项"字。

8

九、广东南山移垦委员会呈缴医务所购置卫生器械预算表，及该所六月份下半月卫生材料费、员兵人数统计表，请核示遵案。

（议决）准追加。

十、西村士敏土厂呈，拟定购碎石机之石锤二套，共约需毫银三千五百元，经董事会议决照购，请核准备案。

（议决）准照购。

广东省政府第六届委员会
第二百零四次议事录

七月十四日　星期五

出席者　林云陔　金曾澄　林翼中　胡继贤　李禄超　区芳浦
　　　　　谢瀛洲　许崇清
列席者　刘纪文　陆嗣曾
主　席　林云陔
纪　录　何启澧

报告事项

一、建设厅呈，据农林局呈缴农政训练班招生简章，查核尚无不合，除准备案外请核备查。

二、财政厅呈，据清远县具缴财政局长吴友琼履历，转请核明加委。

三、西村士敏土厂呈报，遵令将河南士敏土厂由七月一日起归并经过情形，请核赐备案。

四、西村士敏土厂呈，拟请将职厂文牍主任兼代秘书龙夔一实任为秘书，检同该员履历，请核照委。

讨论事项

一、建设厅呈复，审核电政管理局呈缴整理电报线路三年计划，大致尚无不合，似可准予备案，请核夺办理案。

（议决）准备案。

二、财政厅呈复，核议省党部二十一年度临时费追加预算一案，查表列补助各团体费及出发慰劳剿共前方军士旅费慰劳费，共一万五千零五十九元，尚属需要，且为已支之款，似可准予追加预算，拨还归垫案。

（议决）照准。

三、广东省银行呈，为奉令借拨粤汉路株韶段工程局款项一案，现经双方订立透支合约，照缮一份缴请察核指遵案。

（议决）准备案。

四、东区绥靖委员庚电，为各属筹措警饷抽收田亩捐一案，经呈奉总司令核准，仿照潮安县征收办法办理在案，除分饬各县遵照外，请察核案。

（议决）征收田亩捐一节，暂行照准。至营业铺租两捐，既经总部核饬划归警政，自应仿照各市房捐警费办法另拟征收章程呈候核定。

五、胡、许、李三委员会复，广东全省舶来农产品杂项专税征收章程经审查分别修正，请公决案。

（议决）照修正通过。

六、西村士敏土厂呈，为向禅臣洋行购置机车头替件经送董事会决议照购，请核赐照准备案。

（议决）照准。

七、秘书处签呈，接准设计委员会函，送拟具行政监督县制意见书，请察核办理案。

（议决）交民政厅审查。

广东省政府第六届委员会
第二百零五次议事录

七月十八日　星期二

出席者　林云陔　金曾澄　林翼中　胡继贤　区芳浦　谢瀛洲
　　　　　许崇清　李禄超

列席者　刘纪文

主　席　林云陔

纪　录　何启澧

报告事项

一、西南政务委员会令发修正广东特种柴油进口登记暂行章程第四条条文，仰即分饬遵照。

二、西南政务委员会秘书处函，为西南各方及海外华侨倘有援助抗日救国军饷糈，即就近由叶夏声、朱景新等负责接洽具领。

三、民政厅呈报，将接存赈款内之未兑现中纸一十三万元及港币二万六千余元，先后分别拨用完竣情形，请察核备案。

四、民政厅呈，据南海县呈，拟征收宅地图费办法，核与定章不符，谨另拟具办法请核示遵。

五、财政厅呈复，审查教育厅组织中上学校女生救护训练，除下年度经费列入二十二年度预算外，至干部班开办费两个月经费似可照支，请核明办理。

六、财政厅呈，据灵山县具缴财政局长李次平履历，转请核明加委。

七、建设厅呈，据灵山县具缴建设局长刘美荫履历，转请核明加委。

八、建设厅呈，拟将高雷航政局裁撤，归并琼崖港务局办理，请核备案分别饬遵。

九、教育厅呈，据省立图书馆请将朱、雷两委员办公费拨为添购图书之用，似无不合，请核准指遵。

十、教育厅呈，据惠来县具缴教育局长凌蔚光履历，转请核明加委。

讨论事项

一、主席提议，关于许××等因对于×××路第×××至×××号桩位之一段路线，不服建设厅之处分，提起诉愿到府，现经秘书处派员审查，作或〔成〕决定书，请公决案。

（议决）照审查通过。

二、主席提议，关于李××等因与李××等争承台山县属勘边山山坦一案，不服财政厅所为之决定，提起再诉愿到府，现经秘书处派员审查作成决定书，请公决案。

（议决）照审查通过。

三、金、许两委员会复，审查教育厅提议拟举办广东省暑期旅行学校一案，本案拟照办请公决案。又财政厅呈复，审查教育厅举办暑期旅行学校，列支开办经常各费预算尚无不合，请核明饬遵案。

（议决）缓办。

四、财政厅呈，拟准各县设置县银行，由官民共同组织，拟具广东省县银行章程，请核指遵案。

（议决）交胡、李两委员审查。

五、民政厅呈复，拟就琼崖抚黎专员公署及黎务局组织法，连同经费预算书，请察核办理案。

（议决）交林厅长，金、许两委员审查。

六、民政厅呈复，拟就修正广东都市土地登记及征税条例施行细则草案，请提会核定示遵案。

（议决）照修正通过。

七、民政厅呈，拟设立徐闻山医务所，该所开办费及经常费均由本厅在账〔赈〕款项下拨支，拟具章程及预算表，请核指遵案。

（议决）照办。

八、建设厅呈，据全省港务局呈，拟将本省附加三成船钞收回，由职局继续照案附征，兴办港务等情，应否准行，请核指遵案。

（议决）照准，呈政委会备案。

九、建设厅呈复，查明河口、周江两桥工程费，共需一十一万一千八百五十五元七毫，请核准追加预算，饬令财厅从速拨款兴筑案。

（议决）交财厅转送预算委员会，于公路费内妥为支配。

十、南区绥靖委员呈，据徐闻县呈缴恢复荒乡计划书，经将第一期款械转发，至将第二期恢复荒乡及迈樟等二十七村所需款械，并请核定补助数目，指令祗遵案。

（议决）交民、财两厅会同审查。

十一、广州市政府呈，准市党部函，请将二十一年七、八两月份追加特别费二千二百元十足支给等由，应否照给请核示遵案。

（议决）照准。

十二、广州市政府呈缴广州市拍卖所二十一年度岁出经常费预算书，请察核备案。

（议决）准备案。

十三、西村士敏土厂呈，拟建材料仓一座，约需毫银三万六千元，经将预算送董事会决议照建，该项工程登报招投在案，请核定饬遵案。

（议决）照准。

十四、西村士敏土厂呈，拟另购卡斗五十个，经送董事会议决照购在案，抄同贻〔怡〕和洋行价函请核准备案。

（议决）准照购。

十五、私立革命纪念大学附属中学校校董会呈，请按月补助经常费三千元，一次过补助开办费二千元，俾即筹备赶于本年秋季开学案。

（议决）转呈政委会核示。

十六、主席提议，关于雷××等因争承台山县属大江区鸭山山坦一案，不服财政厅所为之决定，提起再诉愿到府，现经秘书处派员审查，作成决定书，请公决案。

（议决）照审查通过。

十七、教育厅提议，省立第六中学校长王鸿焘另候任用，遗缺拟请委陆傲霞接充，请公决案。

（议决）照委。

十八、主席提议，蔡××等不服广东省财政厅因派销国防公债一案所为之决定，提起再诉愿一案，经秘书处派员审查，作成决定书前来，请公决案。

（议决）照审查通过。

广东省政府第六届委员会
第二百零六次议事录

七月二十一日　星期五

出席者　林云陔　金曾澄　林翼中　胡继贤　李禄超　区芳浦
　　　　　谢瀛洲　许崇清
列席者　刘纪文　陆嗣曾
主　席　林云陔

纪　录　何启澧

报告事项

一、西南政务委员会令，据技师审查委员会，拟具救济有业务经验之执业者折衷办法三项提会，决议技师登记准再展限三个月，即依照技师登记法及农工矿技副登记条例办理，仰饬属知照。

二、财政厅呈报，关于各属保险公司登记及税费征收各事宜，暂由各属营业局办理，请备案。

三、财政厅呈报，关于各县分庭暨新设各地方法院及分院经费分别支拨停止一案，列表请核备案。

四、财政厅呈报依限截止登录证据，暨废止登记章程第八十六条全文，请察核备案。

五、广州市政府呈，据工务、卫生两局请援案仍从二十一年度内各该款实行开支，或增支之月起根据新预算额报销一节，似属可行，请核备案。

六、东区绥靖委员公署呈缴本年三月份工作报告书，请察核。

七、广东合作总社筹备处呈，请分别函令省市党部暨省市政府辖下各机关学校之设在广州市区内者，限令其服务人员认股入社，俾合作事业易于进展。

讨论事项

一、建设厅呈，请准将职厅二十【二】年度五月份预算，不超过经临费预算总额范围内移项流用报销案。

（议决）照准。

二、教育厅呈，请准予令行财政厅在本厅二十二年度临时经费项下，提前先拨省立第一职业学校购置费二千九百四十六元案。

（议决）照准。

三、卸教育厅长金曾澄呈，请准将任内二十一年一月至三月份增设临时书记一名月薪，在原奉核定预算范围内樽节项下开支，毋须追加预算案。

（议决）照准。

四、广州市政府呈复，查明东郊区农会呈诉×××村等处房屋田墓被中山大学划作林场，请迅函转免予收用一案情形，请核指遵案。

14

（议决）据呈各节，既与政治分会划拨原案不符，自难照办。函复中大查照，并呈政委会备案。

五、民政厅呈缴广东省各县市所属区乡镇坊人口调查事务处组织章程，请核示遵案。

（议决）准备案。

六、主席提议，关于李××因××公司饷项争执一案，不服财政厅所为之处分，提起诉愿到府，现经秘书处审查作成决定书，请公决案。

（议决）照审查意见通过。

七、李、胡两委员会复，修正广东省县银行章程，请公决案。

（议决）照修正通过。

广东省政府第六届委员会
第二百零七次议事录

七月二十五日　星期二

出席者　林云陔　金曾澄　林翼中　胡继贤　李禄超　区芳浦
　　　　　谢瀛洲　许崇清
列席者　刘纪文　陆嗣曾
主　席　林云陔
纪　录　何启澧

报告事项

一、建设厅呈，据开平县民黄秋人等请承领县属第五区土名虾山、雷打山、缩头龟上半山等处荒山，经县查明确系官荒，承领面积与图相符，手续完备，自应准予承领，除发证书外，合将备查一联缴请备案。

二、财政厅呈报拨借中国航空建设协会开办费缘由，请察核备案。

三、民政厅呈，拟将本省县长考试及格人员俞守范等七员分两组，派赴东西北江及南路琼崖各县考察，应用旅费在本厅视察经费节存项下拨支，请察核夺令遵。

四、教育厅呈缴本年四月份行政报告书，请核存转。

五、广州市政府呈，为议决确定第一期公园地点，连同一览表图则，请察核备案。

六、广州市政府呈缴广州市财政局拍卖所暂行章程，请察核备案。

七、监督整理三铁路委员会呈送本年六月份检查三路现金月报表，请察核。

八、广东省银行呈缴董事会第二十四次议事录，请察核。

讨论事项

一、财政厅呈复，奉发警卫队教科书十八种，业经如数印就交收清楚，该项印刷工料告白费共毫银三万零三十七元五毫，请准追加二十一年度预算，由行政临时费内列报，以便报销案。

（议决）准追加。

二、财政厅呈，为南山移垦委员会呈，拟增设通讯排一排，月支经费六百二十六元，是否照转务警卫队办法，仍由潮普惠三县负担，抑由省库增拨，请核指遵案。

（议决）照准。

三、南山移垦委员会呈，为印就移垦证等项共银一千三百五十元，经由职会建设费项下垫支，请核准发还归垫案。

（议决）准在已领之建设费项下开支。

四、南山移垦委员会呈，拟自七月份起照定额增加杂役五名，请核准如数增加併案核发案。

（议决）预算已定，碍难追加。

五、琼崖绥靖委员呈，据乐会呈报，警卫队经费困难，博鳌货捐未能取销缘由，请核示遵案。

（议决）该项苛细杂捐妨碍民生，既经财厅撤销，仍应照案执行。令财厅及琼崖绥靖公署转饬该县遵照克日撤销。

六、广东省会公安局呈缴修正取缔戏院规则及修正取缔电影院规则，请察核备【案】。

（议决）交胡、李两委员审查。

七、教育厅呈，准中区绥靖委员公署函，请变通办理设法补助留法学生冼星可学费等由，可否援照从前留学西洋各生由钧府特派或补助之例准予补助之处，请核指遵案。

（议决）与修正广东选派留学外国学生暂行规程不符，未便补助。

八、教育厅提议，拟具广东省立民众教育人员训练所第一届毕业学员服务规程，请公决案。

（议决）照准备案。

广东省政府第六届委员会
第二百零八次议事录

七月二十八日　星期五

出席者　林云陔　金曾澄　林翼中　胡继贤　李禄超　区芳浦
　　　　　谢瀛洲
列席者　刘纪文　陆嗣曾
主　席　林云陔
纪　录　何启澧
报告事项

一、民政厅呈，为拟定第二届自治人员改选完竣各县选送副区长及候补区长来省训练办法，请核备案。

二、财政厅呈报改组南番新会测丈编验队各缘由，连同办法，请察核备案。

三、广州市政府呈缴本年四月份市库收支结算表，请核存转。

四、广东省政治研究会函送废除乡村小学生徒制服，以轻学生家庭负担，再洋鼓洋号无裨教育一并废除一案提议书，及审查意见书，请采择施行。

五、整理三铁路委员会呈缴兰路总稽核六月份三路进付款凭单报告表，请察核。

讨论事项

一、教育厅呈，请令行财政厅，于二十二年度预算未核定前，即将省立第三农业学校每月经常费二千九百六十一元，开办费二万元，省立第一职业学校每月经常费一万元，省立小学教员训练所每月经常费九千元，开办费一万五千元，提前先拨案。又预算审查委员会呈报，审核省立第三农校第一职校小学教员训练所经费，请公决案。

（议决）除小学教员训练所经常费照原列预算外，余照审查通过。

二、财政厅呈复，审查唐委员提议，以修正广东全省沙田登记章程第二条施行窒碍，请维持原案一案，所拟于章程第二条增加"除中山县外"五字尤为窒碍难行，请察核指遵案。

（议决）仍照财厅修正沙田登记章程原案办理。

三、民政厅呈，据汕头市长呈，为遵令补具征收土地计划说明书及地图等请转核示等情，抄白该市长前缴计划书，连同现缴附件，转请察核指遵案。

（议决）交林厅长、陆院长、胡委员审查。

四、民政厅呈，拟就修正广东省乡镇协助地籍测量规程、修正广东省土地编号申报调查办法，连同地籍册、申报书、手续费收据等式样，请察夺指遵案。

（议决）照准备案。

五、民政厅呈，据新会县呈缴土地局拟征收都市土地登记条例所未规定各登记费数额表，拟具意见，请察核饬遵案。

（议决）交胡委员审查。

广东省政府第六届委员会
第二百零九次议事录

八月一日　星期二

出席者　林云陔　唐绍仪　金曾澄　林翼中　胡继贤　李禄超
　　　　　区芳浦　谢瀛洲　许崇清

列席者　刘纪文

主　席　林云陔

纪　录　何启澧

18

报告事项

一、财政厅呈报，海外同志社经费准由库款项下按月补助一百元，请察核备案。

二、财政厅呈，复核议广宁县随粮带收田亩捐缘由，请察核饬遵。

三、建设厅呈缴农林局技正李炳芬等履历，请核予任命。

四、教育厅呈，据潮阳县具缴教育局长周业履历，转请核明加委。

五、教育厅呈，据澄迈县具缴教育局长潘赞铭履历，转请核明加委。

六、民政厅呈，据新会县补缴该县土地局另编经费支付预算书，转请核予存转。

七、民政厅呈缴本年四月份行政报告书，请核存转。

八、广东省银行呈报，职行中山办事处定期七月二十六日成立，请察核备案。

讨论事项

一、财政厅、建设厅会复，翁源县长请将翁大公路收用田亩应缴钱粮豁免，核与修正建筑公路收用土地暂行章程第八条，及豁免钱粮办法第七条但书之规定均尚符合，自可照准，请指核遵案。

（议决）照准。

二、财政厅呈，为拟定现任各县财政局长、科长甄别试章程，缴请察核备案。

（议决）准备案。

三、财政厅呈，据琼山县呈缴飞机场收用县民园地清册地图，据核明应发地价七千一百零五元九毫二仙，应如何给领请提议核夺案。

（议决）准予发还地价。

四、财政厅、市政府、高等法院会复，奉发台山县民刘维敦等与岑梯云等因互争台山县属横湖、飞鹅潮〔湖〕、斗山山坦不服决定提起再诉愿一案，经分别派员会同审查，拟具决定书稿，连同本案卷件缴呈前来，请鉴核指遵案。

（议决）照审查通过。

五、建设厅呈，据航海讲习所呈，拟予该所原定预算额内项下目节略为流用等情，连同原缴预算书转，请察核备案。

（议决）照准备案。

六、建设厅呈，据宝安县呈，县立中学请准光华公司借租界电力在县属设办电灯分别补助学款等情，转请核示指遵案。

（议决）碍难照准。

七、建设厅呈复审核西村士敏土厂与史密芝公司购置第二次制土机器合约书表情形，请察核案。

（议决）准备案。

八、广州市政府呈，据工务局呈，请将建筑西南铁桥工程费因补水超过原预算所列毫银额一万九千四百九十二元七毫一仙，请准追加预算，以利报销等情，转请察核备案。

（议决）准备案。

九、广东省银行董事会呈复，奉令后〔审〕核省行二十一年度决算应否提存呆账准备金一案，经提会议决呆账准备金俟二十二年度决算就盈余项下酌拨在案，录案请察核案。

（议决）照准。

十、淞沪抗日残废军人教养院呈，为职院四月份支出水费拟在结存经费项下开支，请核指遵案。

（议决）照准。

十一、教育厅提议，举行广东全省成绩展览会，预算需款四千三百一十二元，拟在二十二年度临时教育经费项下提前拨支，造具预算书简章，请公决案。

（议决）照准。

十二、教育厅提议，拟派本厅第四科长雷鸿堃率领省立民众教育人员训练所第一届学员前往各省考察，道经济南时，就近参加中国社会教育社第二届年会，该员旅费大洋一千元，拟在二十一年度教育临时费节余项下拨支，请公决案。

（议决）照准。

广东省政府第六届委员会
第二百一十次议事录

八月四日　星期五

出席者　林云陔　唐绍仪　金曾澄　林翼中　胡继贤　区芳浦
　　　　　谢瀛洲
列席者　刘纪文　陆嗣曾
主　席　林云陔
纪　录　何启澧

报告事项

一、广东财政特派员公署函，奉西南政务委员会令，准修正广东全省非专卖爆烈品检查规则第五条甲乙各项，请查照。

二、民政厅呈报，派本省县长考试及格人员分赴各属考察县政，所有各该员视察旅费拟援照本厅视察员出差旅费数目开支，请核指遵。

三、民政厅呈，据惠阳县呈复，查明关于该县第五区港口镇第十六等里拟另编为疍民乡一案情形，经指复照办，请察核备案。

四、财政厅呈，据纸币监委会呈，以市商会请在发行纸币额内酌发五元纸币以便商场，经函准省行复，议决副署五元省币，准持一元、十元省币者到行转会掉换等情，经准照办，请核备案。

五、建设厅呈缴本年五月份上半月工作报告书，请察核。

六、中区绥靖委员呈缴五、六月份工作报告表并各县警卫队数量表，请察核。

七、西北区绥靖委员呈缴各县警卫队服装费及各项临时费暂行预算表，请核备案。

八、粤汉铁路南段管理局呈报将大旗岭一部分划拨为总部力畜繁殖场交接情形，附缴图则请核备案。

九、建设厅呈缴西村士敏土厂筹办经过、制造状况、营业情形、损益、处理各件事项概要，及河南士敏土厂营业报告书，请察核。

十、建设厅呈，据新会县民赵文晃等请承领县属第二区土名飞鼠左翼等处荒地，经县查明确系官荒，承领面积与图相符，手续完备，自应准予承领，除发证书外，合将备查一联缴请备案。

十一、广东省县长考试典试委员会函送县财局长考试取录合格人员李穆清等证书，请查照转发给领备案。

讨论事项

一、建设厅呈，拟具广东全省长途电话管理处编制表及组织系统表、预算书，请核委职厅技正文树声兼任该处主任，以专责成案。

（议决）照准。

二、财政厅呈，拟提前实行各县新政费，及改正三等县财政局划扣经费缘由，请核议饬遵案。

（议决）照办。

三、民、财两厅会呈，关于新会县参议会呈控江门市商会批租大王庙一案情形，请核指遵案。

（议决）饬令拟具开投章程，呈请民、财两厅核准公开投承。

四、勷勤大学校董会函，为勷勤大学组织大纲经议决修正通过，关于师范学院暨附中附小学校及工学院二十二年度岁出预算均经议决通过在案，检同各件，请查照转呈核示案。

（议决）照办。

五、南山移垦委员会呈，拟购置工程汽车二辆，共需毫洋八千元，请核指遵案。

（议决）交财厅核复。

六、南山移垦委员会呈，为职会建设科需要各种测量仪器及用具，经派员购办，共需毫洋三百八十四元零三分，已由职会建设费项下垫支，造具计算书表，请核发归垫案。

（议决）交财厅核复。

七、民政厅提议，五华县县长钟耀焜拟与河源县县长黄其藩对调，请公决案。

（议决）照准。

八、教育厅提议，拟委黄遵庚为第三农业学校校长，请公决案。

（议决）照委。

九、粤汉铁路南段管理局局长李仙根呈请辞职，应否照准，请公决案。

（议决）慰留。

广东省政府第六届委员会
第二百一十一次议事录

八月八日　星期二

出席者　林云陔　唐绍仪　金曾澄　林翼中　胡继贤　李禄超
　　　　　区芳浦　许崇清
列席者　刘纪文　陆嗣曾
主　席　林云陔
纪　录　何启澧
报告事项

一、民政厅呈，为本厅测量队所需各种图书印刷费、购办测量队各种仪器及征用技术人员所需之登报费，暨仪器搬运费等，拟在本厅测量队历月节存经费项下开支，请察核备案。

二、民政厅呈，据新会县呈，转拟准人民在强迫登记期内得自由更正地价，请核示等情，拟具办法请核示遵。

三、建设厅呈，据梅县【县】民高国俊等请补领县属石扇堡大岭乡土名山塘下、容畲子、油房埗等处世管成林山场，经县查明属实，成林面积与图相符，手续完备，自应准予补领，除发证书外，合将备查一联请缴备案。

四、建设厅呈，据恩平县民梁淳柱等请承领县属第十二区土名长垄、坑涂、石禾、谷坑等处荒地，经县查明确系官荒，承领面积与图相符，手续完备，自应准予承领，除发证书外，合将备查一联缴请备案。

五、建设厅呈，据新会县民汤仲卢等请承领县属第十区土名狗山等处荒地，经县查明确系官荒，承领面积与图相符，手续完备，自应准予承领，除发证书外合将备查一联缴请备案。

六、建设厅呈，据新会县民张仲羽等请承领县属第七区土名田螺挞胴等处荒地，经县查明确系官荒，承领面积与图相符，手续完备，自应准予承领，除发证书外，合将备查一联缴请备案。

七、建设厅呈，据南雄县具缴建设局长陈健行履历，转请核加委。

八、教育厅呈，请准予借拨前奉核准省立第一中学校改建宿舍等费内二万四千元，与省立第一师范学校购地及先行建筑校舍之用。

九、广州市政府呈缴广州市骑楼外悬挂摆放招牌广告杂物取缔规则，请核备案。

十、广州市政府呈缴广州市游客向导注册章程，请核备案。

十一、财政厅呈报，关于遂溪县补助费，准由七月份起至十二月份止延长拨支六个月，饬由南路分金库按月拨付，请核备案。

十二、士敏土营业处呈缴本年七月份营业报告书表，请察核。

讨论事项

一、胡委员呈复，审查新会县土地局征收广东各县市土地登记及征税条例所未规定登记费数额表意见，请公决案。

（议决）照审查通过。

二、第一集团军总司令部函复，淞沪抗日残废军人教养院残废官兵请求援照开封残教院成例晋级支薪一案，查本部系继续前第八路军残废军人教养院办理，所请晋级支薪应否援例办理，本部每〔无〕案可稽，未便核议，仍请自行酌办案。

（议决）本省无晋级成例，仍照第一集团军残废军人教养院例办理。

三、财政厅呈复，关于南海县钱粮附收警卫队费一案，请核示遵案。又中区绥靖公署呈，田亩捐应否征收，抑如何办理，请核示案。

（议决）准征收田亩捐，办理地方警卫队及建设事业。在调查田亩未清楚前，依照西北区南区成案，于本年底前暂准以钱粮为标准征收之。

四、财政厅呈，请转令西北区及东区，限令各该县长于本年底以前，遵照修正田亩捐章程，调查田价依期征收警卫队费，以后决不准在钱粮带收以示限制案。

（议决）照准。

五、民政厅呈，据围洲斜阳管理局呈复，遵将任内收支数目实情编具计算书，转请察核办理案。

（议决）交财厅审核。

六、订约委员会委员胡继贤等呈复，会同研究修订广九线华英两段联轨条约，附呈修改合同及说明书，请察核派员负责办理案。

（议决）照原则通过。派胡委员办理。

七、中区绥靖委员呈复，奉令核议开辟台山大窿峒一案，拟具办法大纲，请核示遵案。

（议决）准备案。垦殖区职员准由该绥靖公署职员兼充，不另支经费。

八、广州市政府呈复，核议广州市公立孤儿教育院请准由土地登记项下带收院费一案，所请在登记案酌抽附加费为数甚微，似尚无碍，请核指遵案。

（议决）由市府另筹办法。

九、秘书处签呈，准设计委员会函，将审查第十六届国际劳工大会通过之公约草案及建议意见书送复，请察核案。

（议决）交胡、李两委员审查。

十、教育厅提议，继续办理体育训练班，请提前支付该班经费四千一百七十九元，请公决案。

（议决）照准。

十一、教育厅提议，拟委黄巽为第一职业学校校长，请公决案。

（议决）照委。

广东省政府第六届委员会
第二百一十二次议事录

八月十一日　星期五

出席者　林云陔　金曾澄　林翼中　李禄超　区芳浦　谢瀛洲
　　　　　许崇清　胡继贤

列席者 刘纪文 陆嗣曾

主　席 林云陔

纪　录 何启澧

报告事项

一、财政厅呈报撤销乐昌杂税等一十三种情形，请察核备案。

二、广东省银行呈，为职行定期本月七日起签发五元省币，以备持有一元或十元省币之人，如需要五元纸币时，来行掉〔调〕换行使，请核备案。

三、监督整理三铁路委员会呈选〔送〕本年六月份三路职员升调任免月报表，请察核。

四、监督整理三铁路委员会呈缴二、三月份购料收料报告表，请察核。

五、西北区绥靖委员呈缴五月份工作报告表，请核存转。

六、东区绥靖委员呈缴四月份工作报告书，请核存转。

讨论事项

一、建设厅呈，据汕头市政府呈缴电话管理委员会更正二十年度及二十一年度建设自动电话临时费概算书，请察核存转案。

（议决）照准。

二、西北区绥靖委员呈缴英德、阳山、连县等县没收匪产一览表，英德县补造清查匪产清册，请察核案。

（议决）准备案。

三、广东省政治研究会函送本会会员李洁之等提议，各机关关于三年施政计划应编造进度表，使之依限完成，并资奖惩一案修正案，请采择施行案。

（议决）限令文到后一个月内，酌量地方情形，分别缓急编定呈报核定。

四、主席提议，关于吴××等因不服财政厅开投中山县属×××东侧×××水坦一案，提起诉愿到府，现经秘书处派员审查，作成决定书，请公决案。

（议决）照审查通过。

五、琼崖抚黎专员呈报开办琼崖黎苗学校经过情形，及垫支过款项数目，请核准如数给领俾资归垫案。

（议决）准由财政预备金发还。

六、民政厅提议，连山县县长陈××撤职查办，遗缺拟委俞中范试署，请公决案。

（议决）照委。

广东省政府第六届委员会
第二百一十三次议事录

八月十五日　星期二

出席者　林云陔　金曾澄　林翼中　胡继贤　李禄超　区芳浦
　　　　　谢瀛洲　许崇清

列席者　刘纪文　陆嗣曾

主　席　林云陔

纪　录　何启澧

报告事项

一、财政厅呈，为实施三年计划整理地方财政起见，特派员组织各县市地方税捐规费调查团，前往彻底调查，请核备案。

二、建设厅呈，据番禺县民古吉垣等请承领县属第五区土名狮子岭、塘窝岭等处荒地，经县查明确系官荒，承领面积与图相符，手续完备，自应准予承领，除发证书外，合将备查一联缴请备案。

三、建设厅呈，据开平县民李敦修等请承领县属第六区土名狗山、人形山、虎山等处荒地，经县查明确系官荒，承领面积与图相符，手续完备，自应准予承领，除发证书外，合将备查一联缴请备案。

四、广东军事政治学校函知启用〈印〉新印日期，请查照。

讨论事项

一、金委员、许委员、林厅长会复审查民厅所拟琼崖抚黎专员公署及黎务局组织法，暨经费预算一案情形，请察核案。

（议决）照审查通过。

二、胡、李两委员会复,审查省会公安局呈拟修正取缔戏院规则,及取缔电影院规则一案,拟具意见,请公决案。

(议决)照审查意见修正。

三、广州市政府呈,据社会局呈缴贫民、惠老、健济三院二十一年度追加超过口粮岁出概算书,转请察核备案。

(议决)准予增加。

四、汕头市政府呈复,遵令将汕头市市民银行章程各条文逐一修正暨陈明各点,请察核备案。

(议决)交民、财、建三厅审查。

五、教育厅提议,拟请由省库补助汕头市私立礐光中学校,增办高级家事职业及高级房屋建筑两科,经费三千元,请公决案。

(议决)本年度由教育临时费项下拨发。

广东省政府第六届委员会
第二百一十四次议事录

八月十八日 星期五

出席者 林云陔 金曾澄 林翼中 胡继贤 李禄超 区芳浦
谢瀛洲 许崇清

列席者 刘纪文 陆嗣曾

主 席 林云陔

纪 录 何启澧

报告事项

一、财政厅呈复审议广东省清查各县市区乡镇地方税捐规费章程情形,请核示遵。

二、教育厅呈,据丰顺县具缴教育局长张道履历,转请核明加委。

三、建设厅呈,据云浮县具缴建设局长洪晓泉履历,转请核明加委。

四、建设厅呈,据防城县民陈万成等请承领县属土名潭篷山等处荒

28

地，经县查明确系官荒，承领面积与图相符，手续完备，自应准予承领，除发证书外合将备查一联缴请备案。

五、建设厅呈，据防城县民陈万成等请承领县属土名狮子岭等处荒地，经县查明确系官荒，承领面积与图相符，手续完备，自应准予承领，除发证书外，合将备查一联缴请备案。

六、建设厅呈缴本年五月份下半月工作报告表，请察核。

七、西北区绥靖委员呈报，据独立第三师请刘南雄旧营盘地址为林坊，自可照准，除转呈总部外请核备案。

八、东区绥靖委员呈缴本年五月份工作报告书，请察核。

九、广州市政府呈缴二十一年十二月份行政报告，请察核。

十、广州市政府呈缴本年一月份行政报告，请察核。

讨论事项

一、建设厅呈缴土敏土营业处专营股暨各处分卡预算书，请核指遵案。

（议决）照准备案。

二、建设厅呈，据农林局呈，为西洗村水利工程拟交该乡接管，并徇该乡请求，照原定一万八千元，由该乡分年摊还，其余作为政府补助，拟具草约请核示饬遵案。

（议决）准备案。

三、广东合作总社呈缴该社消费部组织及营业章程，请察核备案。

（议决）准备案。

四、广东合作总社呈缴该社出纳人员任用简章，请察核备案。

（议决）准备案。

五、财政厅呈后〔复〕，省立第一职业学校购置机器费应在开办费项下开支，毋庸另领库款，请饬遵办案。

（议准）准在开办费项下先行开支。

六、财政厅呈，关于制造纸业营业税税率，拟暂准照资额千分之五征税，请核指遵案。

（议决）照办。

七、教育厅呈，据勷勤大学工学院呈，请拨二十二年度临时购置费二万一千七百零一元，转请饬库照拨案。

（议决）就补助勤勤大学经费项下拨支。

八、教育厅呈，请饬库拨支本省参加二十二年全国运动大会经费案。

（议决）由预备金照拨。

九、西村士敏土厂董事会呈，为关于该厂购买原料及机器，议决请特许准照向章根据董事会组织章程办理，请核示遵案。

（议决）该厂购置原料及机器在五百元以上不及二千元者，须先呈报建厅核准；在二千元以上者仍照原案由董事会核转建厅决定。

十、西村士敏土厂董事会呈，准刘厂长函，为工务处材料课课长何晋云任事勤敏，拟由本月份起每月加给薪俸四十元，经提会决议转呈钧府核示，应否准予照加，抑仍照原额支给请核示遵案。

（议决）照准。

十一、西村士敏土厂呈，为扩充各项建筑工程，拟增设土木工程人员办理，经董事会议决通过，请核转饬建设厅将管理建筑工程费项下按月拨给九百五十二元，以便支给核〔该〕项人员薪工案。

（议决）交建厅审查。

十二、西村士敏土厂呈，拟购记账箱柜三个，经董事会议决照购，连同图样价表，请核准备案。

（议决）准照购。

十三、主席提议，拟对于民营糖饬建设厅妥订监督条例，规定糖厂设立登记及检验产品各事宜，是否有当，敬候公决案。

（议决）通过。

十四、民政厅提议，徐闻县县长曹日烜拟予调省，遗缺拟委陈翰华试署，请公决案。

（议决）照委。

十五、广州市政府呈，拟改并本市自治区，请察核案。

（议决）照准。

广东省政府第六届委员会
第二百一十五次议事录

八月二十二日　星期二

出席者　林云陔　金曾澄　林翼中　胡继贤　区芳浦　谢瀛洲
　　　　　许崇清
列席者　刘纪文　陆嗣曾
主　席　林云陔
纪　录　可启澧

报告事项

一、财政厅呈，据新会县呈报，小泽乡建筑避雨亭，收用民田请核免钱粮等情，核与条例相符，似应准免，理合书具印结请核示遵。

讨论事项

一、财政厅厅长、广州市市长、高等法院院长会呈，奉发审查顺德县民何×与叶××因争承海坦，不服广州市政府处分提起诉愿一案，经分别派员会同审查拟具决定书稿，连同本案卷件缴呈前来，转请鉴核指遵案。

（议决）照审查通过。

二、建设厅呈复，核议民办广汕铁路筹备处所拟公司章程及招股简章情形，请核夺办理案。

（议决）照修正通过。

三、广州市政府呈缴自来水管理委员会二十一年度追加岁出经常、临时两费支付预算书，请察核备案。

（议决）准备案。

四、建设厅呈缴广韶、广九、株韶三路购料委员会二十一年十月份起至二十二年六月份止每月支付预算书，请核转备案。

（议决）交三路整委会审查。

五、建设厅呈，据港务局呈，拟招商承修交通电船机件，经派员勘明，将预【算】核减为一千零三十三元，拟在该局收入项上支，请核指遵案。

（议决）照准。

六、财政厅呈复，核议南山移垦委员会购置测量仪器费三百八十四元零三分，既为建设科所需，且为数无多，经在所领建设费内垫支，似可即在该费项下报销，毋庸由库另发以资撙节案。

（议决）照办。

七、教育厅呈，据省立第十三中学校呈，请拨修缮费毫银三千四百一十五元一毫，似应照准，连同原缴预算，请核令财厅准由本厅二十二年度临时经费项下提前支拨，俾应急需案。

（议决）照准。

八、民政厅提议，据新丰县县长黄炳坤呈请辞职，拟予照准，遗缺委倪渭卿试署，请公决案。

（议决）照委。

广东省政府第六届委员会
第二百一十六次议事录

八月二十五日　星期五

出席者　林云陔　金曾澄　林翼中　胡继贤　李禄超　区芳浦
　　　　　谢瀛洲　许崇清
列席者　刘纪文　陆嗣曾
主　席　林云陔
纪　录　何启澧
报告事项

一、财政厅民政厅会呈，将规定各县市报解登记各费手续，请察核备案。

二、民政厅呈，据地方自治工作人员训练所呈，拟增设医所及药料各费，均在每月节存经费项下开支等情，经令准照办请核备案。

三、教育厅呈，据遂溪县具缴教育局长王文纲履历，转请核明加委。

四、教育厅呈，据澄海县具缴教育局长钟麟履历，转请核明加委。

五、广州市政府呈缴本年二月份行政报告，请察核。

六、广州市政府呈缴本年三月份行政报告，请察核。

七、监督整理三铁路委员会呈缴本年七月份检查三路现金月报表，请察核。

讨论事项

一、财政厅呈复，核议南山移垦委员会请购工程汽车二辆，共约需毫洋八千元，尚属要需，拟即在该会建设费项下开支，不再另发，请核议饬遵案。

（议决）照办。

二、第一集团军总司令部函，为兴宁民众拟自动筹款建筑一团兵房，以供驻防军队之用，惟因款绌，拟请贵府由本年八月份至十二月份五个月每月拨助一万元，合共五万元，俾藏厥事案。

（议决）由财政厅借拨。

三、教育厅呈，据广东体育委员会呈，拟由二十一年六月份起，九成经费期内支配流用，似可照准，连同原缴支配数目表，请核指遵案。

（议决）照准。

四、建设厅呈，为筹办呢绒纺织厂，拟定订购机器合约，连同该厂预算书请核指遵案。

（议决）照办。

五、建设厅呈，建筑省府合署，拟与建筑工程师范文照订立设计及监督工程合约，应否照办请公决案。

（决议）酬劳费定为百分之三，其余合同交玥、李两委员审查。

六、建设厅提议，拟具工厂登记声请书式样，请公决案。

（议决）修正通过。

广东省政府第六届委员会
第二百一十七次议事录

八月二十九日　星期二

出席者　林云陔　金曾澄　林翼中　胡继贤　李禄超　区芳浦
　　　　谢瀛洲　许崇清

列席者　刘纪文

主　席　林云陔

纪　录　何启澧

报告事项

一、民政厅呈，据地政工作人员养成所呈报，该所月需医药费一百二十五元，拟由二十一年十月份起在每月节存经费项下挪支等情，转请察核备案。

二、民政厅呈报，将修正广东都市土地登记及征税条例施行细则，随条例改正为广东各县市土地登记及征税条例施行细则，请察核。

三、西北区绥靖公署呈报拟订广东西北区县地方警卫队恤金给与办法，请核准备案。

四、粤汉铁路南段管理局呈报与西村士敏土厂续订运石合约情形，连同合约请核备案。又西村士敏土厂呈同前由。

五、广州市政府呈缴本年五月份市库收支结算表，请核存转。

六、广东合作总社筹备处呈缴广东各县市合作事业指导员服务办法及服务细则，请察核。

七、李、胡两委员会复，审查省府合署建筑监督工程合约意见，请察核。

讨论事项

一、建设厅呈，据东路公路处呈缴官办统一东路第一干线行车计划书，大致切要可行，拟准照办，请核指遵案。

（议决）准备案。

二、广州市政府呈，转据市立气象台呈，拟向礼和洋行购置测验气象仪器，共需毫银二万四千九百七十五元，可否准予先行分期拨款购置，请核指遵案。

（议决）准先拨款购置。

三、广东治河委员会函，为拟具广东防潦计划预算所需工程等费用，拟向管理中英庚款董事会提议，在广东水利应得庚款项下借拨，经本会议决请贵府负责担保，并请转由广东省银行、广州市立银行会同担保案。

（议决）照办。

四、西北区绥靖委员梗电，请拨南雄筑城经费一万六千元案。

（议决）照拨。

五、李、胡两委员会复，审查第十六届国际劳工大会通过之公约草案一案，拟照设计委员会审查意见办理，请公决案。

（议决）照审查意见通过。

广东省政府第六届委员会
第二百一十八次议事录

九月一日　星期五

出席者　林云陔　金曾澄　林翼中　胡继贤　李禄超　谢瀛洲
　　　　　许崇清
列席者　陆嗣曾　刘纪文
主　席　林云陔
纪　录　何启澧
报告事项

一、民政厅呈，据开平县呈复，查明关于该县第五区增设黄烈乡一案情形，连同该区地图缴请察核等情，业经照准请核备案。

二、财政厅呈报，拟议改定本年九月份起实行各县新政费，请核备案。

三、财政厅呈，为本厅印刷登记省库出入簿册费，拟请在岁出财务费经常门，财政厅印刷各种税票及契纸工料费项下开支，请核准备案。

四、广西省政府黄主席有电，据两广硫酸厂马厂长梗电，请将梧厂所出硫酸完全制造磷酸肥料，兹拟增加新资本十万元，是否赞同，盼即示复等语。

五、广东财政特派员公署函复，关于李翰芬请议恤伊父李烈士祖恩照黄花岗抚恤成案给恤一案，奉政务会核复照准，除令翁源县遵照拨付外，请查照。

六、西南政务委员会令知，林委员云陔提议关于开发西沙群岛之初步计划设置，该岛无线电台及灯塔似〔拟〕由第一集团军总司令饬海军司令部办理一案，经决议交第一集团军部计划办理在案，仰即转饬知照。

讨论事项

一、建设厅呈，据生丝检查所呈，为职所外国技正兼顾问莱〔莱〕恩聘期将满，应否续聘请核示等情，转请察核指遵案。

（议决）毋庸续聘。

二、南区绥靖委员公署呈，据廉江县呈复由地方款补助各区党部及分部经费一案，应否由地方款支出，及将补助党费移作改善农村经费之用一节，职署无案可稽，应如何办理，请核示遵案。

（议决）所请移作改善农村经费应准备案。惟该项改善费应照原来补助费按区拨付，以示平允。

三、建设厅呈，据江门航政局呈缴燃点艮洲湖灯杆公费清册，查核各数尚届核实，自应准照开销，请核准自本年六月份起，将此项经费追加，按月在该局船税收入项下拨给，俾利航行案。

（议决）照准。

四、建设厅呈复，核明西村士敏土厂呈缴添购轻便铁轨、枕木等材料表，所列各项价目，大致尚属核实，请察核案。

（议决）照准。

五、主席提议，关于张少甫等对于揭阳县河婆中学校被焚抢一案，不服民、教两厅所为调解办法之处分，提起诉愿到府，现经秘书处派员审查，作成决定书，请公决案。

（议决）照审查意见通过。

六、建设厅呈复，遵令审查西村士敏土厂扩充工程增设人员情形，请察核令遵案。

（议决）照审查办理。

七、建设厅呈，为化学工业厂因增办苛性钠厂，拟再增收田亩应用，每亩给价毫银二百五十元，绘具蓝图，请察核指遵案。

（议决）照准。

八、教育厅提议，据私立广东体育学校，呈请按月补助经费一千元，应否照准，请公决案。

（议决）准列入下年度预算。

九、主席提议，查本省制糖事业亟应兴办，现本府与美国檀香山机械公司商议建筑制糖厂一所，业经成议，所有制糖厂屋宇及一切新式制糖机械，均由该公司供给，全部价值美金三十七万五千元，约一年内完成，经饬财厅由省库分期筹拨，交由广东省银行迳付该公司，合将订约函件及制糖厂说明书译出，请公决案。

（议决）照准。

十、主席提议，关于鹤山县第七区十排年会联兴堂代表钟进庆等因不服广东教育厅对于鹤山县政府提拨会产，筹办区立第一高小学校一案所为之决定，提起再诉愿到府，经秘书处派员审查完竣，作成决定书，请公决案。

（议决）照审查意见通过。

十一、主席提议，关于云浮县人覃可钦等因籍朗田租与兴文小学校谢维畿等发生争执一案，不服教育厅决定，提起再诉愿到府，经秘书处派员审查完竣，作成决定书，请公决案。

（议决）照审查意见通过。

十二、建设厅提议，拟由广东省政府与德商西门子电机厂订立建设瀚江水电厂测量设计合约，请公决案。

（议决）本合约自签约日起，以六个月为有效期间，即正式合约须于六个月内签订，逾期本合约失其效力，余照办。

十三、建设厅呈，据农林局拟订广东省民营糖厂监督暂行规程，请察核案。

（议决）照修正通过。

十四、教育厅提议，请饬财政厅自七月份拨付第一职业学校经费案。

（议决）照准。

广东省政府第六届委员会
第二百一十九次议事录

九月五日　星期二

出席者　林云陔　金曾澄　胡继贤　李禄超　区芳浦　谢瀛洲
列席者　刘纪文　陆嗣曾
主　席　林云陔
纪　录　何启澧

报告事项

一、民政厅呈，准南区绥靖委员公署函，请拨款赈济徐闻县灾民等由，经在赈款项下拨发一万元，请核备案。

二、建设厅呈缴本年六月份上半月工作报告表，请察核。

三、教育厅呈缴本年五月份行政报告书，请核存转。

四、建设厅呈，抄送省府合署与建筑师范文照签订监督工程合约副本，请察核备案。

五、监督整理三铁路委员会呈，据总稽核呈送本年七月份三路职员升调任免月报表，请察核。

六、秘书处签呈，准民政厅函复审查关于设计委员会建议设置行政监督县制一案情形，请察核。

讨论事项

一、广州市政府呈缴追加临时费二十一年度岁出预算书，请核准备案。

（议决）准追加。由节存项下拨支。

二、广东省银行呈，准粤汉铁路株韶段工程局函，奉铁道部令修改互订借款合约，转请核示祗遵案。

（议决）准照董事会意见修正办理。

三、建设厅呈，据西村士敏土厂转据河南分厂被裁职员区其伟等请发给恩饷一月，应否照准之处请核指遵案。

（议决）准在溢利项下拨给。

四、建设厅呈缴德商西门子电机厂设计瀹江水电厂合约，请延期三个月签订可否准行，请核示案。

（议决）照修正通过。

广东省政府第六届委员会
第二百二十次议事录

九月八日　星期五

出席者　林云陔　金曾澄　林翼中　胡继贤　李禄超　区芳浦
　　　　　谢瀛洲　许崇清
列席者　刘纪文　陆嗣曾
主　席　林云陔
纪　录　何启澧

报告事项

一、财政厅呈，为关于沙田旧照减成报承一案，拟照案续展限三个月，请核指遵。

二、民政厅呈缴本年五月份行政报告书，请核存转。

三、建设厅呈缴本年六月份下半月工作报告表，请察核。

四、教育厅呈，据德庆县具缴教育局长梁中俊履历，转请核明加委。

五、西北区绥靖委员公署呈缴本年六月份工作报告表，请察核。

六、监督整理三铁路委员会呈缴三路局购料收料月报表，请察核。

七、监督整理三铁路委员会呈缴三路七月各旬进付款凭单报告表，请察核。

讨论事项

一、中国国民党广东省执行委员会函，据广东合作社指导员养成所呈缴预算书，请核转饬财厅在党务工作人员训练所本年度特别费项下拨付等情，转请查照办理案。

（议决）照办。

二、中国国民党广东省执行委员会函，据党务工作人员训练所呈缴预算书表，请核转饬财厅在规定所属本年度特别费项下拨付等情，转请查照办理案。

（议决）交财政厅核办。

三、建设厅呈报，派定东路省道行车管理处主任，及订定管理处章程书表组织评价委员会缘由，请察核备案。

（议决）准备案。

四、教育厅呈，开具督学凌迈凡履历，请察核加委案。

（议决）照委。

五、琼崖抚黎专员世电，报知定东日在琼就职，军服拟仍灰布制成，以抚黎符号识别，并以开办伊始请先发毫银二千元应用案。

（议决）交财政厅查案议复。

六、琼崖抚黎专员陷电，为开始建筑黎境公路，目前收入不易分途并进，为求促成，认定情形需要，拟一面支款一面呈报，可否乞示遵案。

（议决）应先开列预算，准在琼崖公路收入项下拨支。

七、广州市政府呈缴修正广州市取缔制炼煤油工厂暂行办法，请核指遵案。

（议决）照修正通过。

八、主席提议，关于刘××因不服财政厅，开投中山县×××山脚××水坦一案所为之处分，提起诉愿到府，现经秘书处派员审查，作成决定书，请公决案。

（议决）照审查意见通过。

九、主席提议，关于叶灿荣等因不服民政厅，对于清远县政府增加浸潭公安分局警费处分所为之决定，提起再诉愿到府，现经秘书处派员审查，作成决定书，请公决案。

（议决）照审查意见通过。

十、主席提议，关于陈先海因不服民政厅所为诉愿不予受理之决定，提起再诉愿到府，现经秘书处派员审查，作成决定书，请公决案。

（议决）照审查意见通过。

十一、建设厅呈，据广东士敏土营业处呈请修正广东士敏土专营章程，请察核案。

（议决）照修正通过。

广东省政府第六届委员会
第二百二十一次议事录

九月十二日　星期二

出席者　林云陔　金曾澄　林翼中　胡继贤　李禄超　区芳浦　谢瀛洲

列席者　刘纪文　陆嗣曾

主　席　林云陔

纪　录　何启澧

报告事项

一、西南政务委员会令发铁道部借用中英庚款完成粤汉铁路契约，仰知照。

二、建设厅呈缴与德商西门子洋行签订滃江水电厂测量设计合约，请察核备案。

三、建设厅呈，据新会县民李成等请承领县属第一区土名美女、扒龙船、龟蛇捧足等处荒地，请备案。

四、建设厅呈，据潮安县民张敦通等请承领县属第三区土名白坟湖、埔乌坑、傍岗、猪哥牙峰等处荒地，请备案。

五、建设厅呈，据新会县民钟群顺等请承领县属第九区土名三岭山等处荒地，请备案。

六、财政厅呈，据广州市营业税局呈，关于市营业税评议会请修正章程，限制无故不出席办法一案，请察核备案。

七、财政厅呈报契税减征展限六个月派征数目表，请察核备案。

八、民政厅呈报，将前定各县区地方自治协助员姓名区域表酌量变更，请察核备案。

九、教育厅呈缴本年六月份行政报告书，请核存转。

十、士敏土营业处呈缴本年八且份营业报告书表，请察核。

十一、本府令派李禄超、蔡昌、余荣、陈元瑛、黄元彬为广东西村士敏土厂董事会董事，并指定李禄超为董事会主席董事。

讨论事项

一、建设厅呈，据生丝检查所呈，拟推行品质检验，连同新改预算表请核等情，转请察核指遵案。

（议决）准照征收品质检验费每包二元，并附带征收蚕丝改良费每包四元，汇缴建厅统收支配。

二、民政厅、财政厅会【同】呈复审查徐闻县恢复荒乡建筑碉楼计划一案情形，请核会〔令〕遵案。

（议决）照审查意见办理。

三、广州市政府呈缴财政局追加二十一年度及二十二年度租金概算书，请察核备案。

（议决）准备案。

四、广州市政附〔府〕呈缴教育局暨所管各机关应照二十二年度新预算开支清表，请察核备案。

（议决）转呈政委会。

五、广州市政府呈缴公用局请追加管理海珠桥经费表，请察核备案。

（议决）准备案。

六、汕头市政府呈，拟将市立一小学校建筑校址改拨胡文虎建筑医院之用，连同地图，请核指遵案。

（议决）照准。

七、财政厅呈，关于划分广州市官市产权限一案，奉令迭与市府会商，并经职厅拟定办法，惟市府仍持原有意见，请核饬照职厅所拟办法办理案。

（议决）三、五两项照市府所拟办理；一项由财厅、市府会同公开竞投，投得价额省市库各占一半，由财厅发部照，市府登记之；二项省市府各机关公用事业需用冈地，得呈请省政府拨给之；四项照厅批办理，但未有计划之海坦如开投时，照第一项之冈地办法办理。

八、主席提议，关于冯敬业因不服广州市政府，对于该诉愿人与叶藉福因众墙补价争执一案所为之决定，提起再诉愿到府，现经秘书处派员审查，作成决定书前来，请公决案。

（议决）照审查意见办理。

九、民政厅提议，阳山县县长罗次黎拟予调省另有任用，遗缺以大埔县县长梁若谷调【署】，递遗大埔县缺委张景云试署；连县县长黄开山拟予调省，遗缺以乳源县县长曾粤珍调署，递遗乳源县缺委谢崧举试署；据乐昌县县长戴振魂呈请辞职，拟予照准，遗缺以开建县县长林乔年调署，递遗开建县缺以昌江县县长符瑞初调署，递遗昌江县缺委林昭礼试署，请公决案。

（议决）照委。

广东省政府第六届委员会
第二百二十二次议事录

九月十五日　星期五

出席者　林云陔　金曾澄　林翼中　胡继贤　李禄超　区芳浦　谢瀛洲　许崇清

列席者　刘纪文　陆嗣曾

主　席　林云陔

纪　录　何启澧

报告事项

一、建设厅呈，据新会县民黄承灿等请承领县属第九区土名狗眼岗、金山等处荒地，合将备查一联缴请备案。

二、建设厅呈，据新台县民邓文耀等请承领县属第十区土名狗眼岗、蟹山、凤山等处荒地，合将备查一联缴请备案。

三、教育厅呈，据廉江县具缴教育局长黄允泽履历，转请核明加委。

四、广州市政府呈缴广州市家犬取缔暂行规则，请察核备案。

五、广东省银行呈，拟具五元、五十元中纸存款还现办法，请察核备案。

讨论事项

一、财政厅呈，为关于本省官有不动产之处分，其非经本厅核准给照不能认为有效一案，特再明定办法，请察核备案。

（议决）准备案。

二、财政厅呈，准预算委员会转知关于二十二年度岁出预算教育文化费经审查议决，录案请核饬教厅分别办理案。

（议决）准提前支发，候汇转政委会办理。

三、教育厅呈，据合浦县呈请补助县立第一职业学校开办费一万元，似可照准追加入二十二年度预算拨发，连同原缴预算，请核准转行审查预算委员会准照核拨案。

（议决）交预算审查委员会议复。

四、广州市政府呈，据工务局呈，请令行番禺县政府遵照，在本市区域范围内民房勿再迳准建筑，仍由该局办理，以免市民重受取缔痛苦等情，应否准照办理，连同附件，请核夺施行案。

（议决）关于县布〔市〕区域权限之划分，交林厅长、谢厅长、陆院长，胡、李两委员另拟办法再核。

五、广东省政治研究会函送本会会员提议整理广州市电力一案提议书，请查照采择施行案。

（议决）交市政府照议决案拟具组织办法再夺。

六、广东省银行呈，拟于职行会计规则第二十条至二十二条下添设各项科目，连同说明一纸请察核备案。

（议决）准备案。

七、财政厅呈复，拟将广州河南洗涌门牌第××号屋地发还广西××矿务局管业，请核指遵案。又第四集团军驻粤办事处函送广西省政府关于富贺矿务局建筑驻粤售煤场一案卷宗，请查照案。

44

（议决）交陆院长、谢厅长、金委员审查。

八、教育厅呈，据省立第六中学校呈，拟增置理化仪器及器械柜架，共需费毫银三千四百六十九元四角五分，转请令行财厅，准由本厅二十二年度临时经费项下照拨转发案。

（议决）照准。

九、西村士敏土厂呈，请准予将事业费之节目，在不超出总预算额之范围内挪移流用，援照管理费流用办法办理案。

（议决）照秘书处签拟办理。

十、主席提议，拟于本年十月二十日在省召开全省各县市行政会议，附具会议筹备处组织章程，敬候公决案。

（议决）照办。

广东省政府第六届委员会
第二百二十三次议事录

九月十九日　星期二

出席者　林云陔　金曾澄　林翼中　胡继贤　李禄超　区芳浦
　　　　　谢瀛洲　许崇清
列席者　刘纪文　陆嗣曾
主　席　林云陔
纪　录　何启澧

报告事项

一、民政厅呈，据防城县呈复，查明关于该县第五区西江乡拟归并那勤乡一案情形，经指复照办，请察核备案。

二、广东合作总社筹备处呈缴广东各县市合作事业指导办事处组织通则，请核准施行。

讨论事项

一、第一集团军总司令部函复，南山移垦委员会，请发所属特务警卫大队部及通讯排暨便衣侦缉队服装费，尚属相符，应否准予照发，仍希卓〔裁〕夺案。

（议决）照发。

二、民政厅呈复，关于广州市政府对于本市收容外县疯人变更办法，请速建大规模之麻疯院一案，谨将本案办理情形及拟议办法请核指遵案。

（议决）照所拟办理。

三、建设厅呈，据农林局呈请加委杨明达等为徐闻垦殖场技士，并拟就该场组织章程、预算请核等情，转请核行财厅，准由本年七月份起按月饬由海口分金库就地支发案。

（议决）技士照委，预算交财厅查案议复。

四、建设厅呈，据港务局呈复，拟议防盗护航办法，及请将前航业公会所属航业联防办事处收回职局办理等情，转请核夺指遵案。

（议决）暂准收回试办。

五、建设厅呈复，核明广州市政府请令饬番禺县政府，停止兴筑小港至新洲公路一案情形，案关市县路权争执，应如何办理之处，请核指遵案。

（议决）由建设厅会同广州市政府邀集番禺县，各派员将该路线勘定，呈报再核。

六、建设厅呈，据农林局呈缴潮梅治河分会总分苗圃保管费预算表，计每月需用经费一百五十元，拟暂由局预备费项下拨支等情，转请察核指遵案。

（议决）照准。

七、教育厅呈，为垫支中等学校毕业会考透支经费共三千二百四十四元一角三分，请核准由本厅二十二年度临时经费项下拨还案。

（议决）照拨。

八、广州市政府呈，据市立银行呈缴永汉、西关两支行追加临时费二十一年度岁出概算书，转请察核备案。

（议决）照准。

九、审查预算妥〔委〕员会呈，准财厅函送广东西北区移垦局经常费表，经本会议决按照审查【预】算标准原则，该局为上年度所无，应否设立呈请省府核定再行审查在案。录案请核议饬遵案。

（议决）该机关系属新设，与西南政委会所定原则不符，未便列入预算。该局经费准设〔该〕区绥靖公署自行设法筹拨。

十、西村士敏土厂董事会呈，为奉令关于采购物料如在二千元以上者，应由会核转建厅决定一案，不无窒碍，请准予仍根据职会组织章程办理，免于核转建厅决定，以一事权案。

（议决）仍照本府二一四次议决案办理。董事会章程交金、胡两委员修正。

十一、琼崖抚黎专员函，呈请于东方、乐安及南丰与东方之间共添设三黎务局案。

（议决）该三局暂缓设立。

十二、主席提议，关于余硕章等对于台山县公路局另定狄赤公路广安里前段路线，不服建设厅之决定，提起再诉愿到府，现经秘书处派员审查，作成决定书，请公决案。

（议决）照审查意见通过。

十三、番禺县长林宗等状，为筹设香港中学校一所，请饬教育厅每月拨助经费五百元案。

（议决）照准。本年度暂由留学经费项下拨支。

十四、主席提议，关于戴启龄因不服省会公安局责令清捐之批示处分提起诉愿一案，现经秘书处派员审查，作成决定书，请公决案。

（议决）照审查意见通过。

十五、西南航空六〔公〕司筹备委员会函，请转令财厅于本月内在官股应付之二十万元内先行拨给十万元，俾便订购机件设置航站，希查照办理案。

（议决）照办。

十六、建设厅呈，据士敏土营业处呈，拟修正舶来士敏土报领许可证及大学附加费征收细则第四条条文，转请核示指遵案。

（议决）准备案。

十七、主席提议，全省各县市行政会议筹备处主任、副主任请派员充任，以便办理案。

（议决）派何启澧为主任，陈达材为副主任。

广东省政府第六届委员会
第二百二十四次议事录

九月二十二日　星期五

出席者　林云陔　金曾澄　林翼中　胡继贤　李禄超　区芳浦
　　　　　谢瀛洲　许崇清

列席者　刘纪文

主　席　林云陔

纪　录　何启澧

报告事项

一、财政厅呈报，将全省舶来农产品杂项专税暂改委办，并委潘桂岩等为广州局委员，定期开征，连同章程缴请察核。

二、财政厅呈报，委梁敬义等为五邑舶来农产品杂项专税局委员，请察核。

三、财政厅呈复，防城县请拨给修筑东兴行署修筑购置各费，准由省库补助二千元，请察核。

四、民政厅呈，据防城县呈复，查明拟将该县第六区基苍乡划分为北基、北崙两乡一案情形，经指复照办，请察核备案。

五、民政厅呈，据清远县呈复，查明该县回岐区保南局拟将卫南乡划分为保南、卫宁两厅〔乡〕一案情形，经指复照办，请察核备案。

六、建设厅呈，据新会县民林焯瑜等请承领县属第二区土名梳山等处荒地，请察核备案。

七、广州市政府呈缴本年四月份行政报告书，请核存转。

八、中区绥靖委员公署呈缴本年七月份工作报告书，请核存转。

九、本府秘书处拟就广东省公务员甄别委员会办事细则，请察核。

十、民政厅呈，本厅拟购汽车一辆，款在各项结存经费项下开支，请备案。

讨论事项

一、主席提议，关于招初因不服广东省会公安局，对于该诉愿人瞒捐罚款之处分提起诉愿一案，现经秘书处派员审查，作成决定书，请公决案。

（议决）照审查意见通过。

二、建设厅呈，据生丝检查所呈，为洋技正莱恩薪俸，本年因金价涨率不敷支之数，请追加提贮省行以备支付等情，请核指遵案。

（议决）准予追加，由该所存款项下暂则垫支。

三、财政厅呈，准广东省银行函，关于东山皮革厂地址仍请酌定价格拨行投变，作为偿还借欠一部等由，请核指遵案。

（议决）该厂地址准照拨省行抵欠。

四、民政厅呈，据广东省人口调查事务处呈，据〔拟〕就各县市编订门牌简章图式细则及门牌号数清册式样等，转请察核示遵案。

（议决）照签拟修正通过。

五、林厅长、陆院长，谢厅长，胡、李两委员会复，关于县市区域权限划分一案，经会同审查完竣，附送审查意见书，请查照办理案。

（议决）修正通过。

六、主席提议，据〔拟〕定广东全省各县市行政会议组织大纲、议事规则、旁听规则及预算，请公决案。

（议决）旁听规则修正通过，余照议。

七、主席提议，拟聘美国糖业专家何威廉为本府名誉糖业顾问，拟具聘约请公决案。

（议决）照聘。暂以两年为期，聘约交秘书处修正。

广东省政府第六届委员会
第二百二十五次议事录

九月二十六日　星期二

出席者　林云陔　唐绍仪　金曾澄　林翼中　胡继贤　李禄超
　　　　　区芳浦　谢瀛洲　许崇清

列席者　刘纪文　陆嗣曾
主　席　林云陔
纪　录　何启澧

报告事项

一、财政厅呈报，委张守直等为潮梅舶来农产品杂项专税局委员，请察核指遵。

二、财政厅呈报，委赖超万等为琼崖舶来农产品杂项专税局委员，请察核指遵。

三、民政厅呈，据自治训练所呈复，关于伍于簪状请发还被收产业地价一案查勘情形，自应照数发还，此款拟令饬在该所节存经费项下开支，请核准备案。

四、建设厅呈，据潮安县民林恩义等请承领县属土名鸡笼山、博厝岭等处荒地，请察核备案。

五、秘书处拟具广东全省各县市行政会议筹备处办事细则，请察核。

讨论事项

一、建设厅呈，拟请将韶坪路之九坪西、九坪中两段公路暂行拨归西北区绥靖公署办理案。

（议决）照准。

二、广州市政府呈，拟具广州市地方自治第二届选举事务所组织章程、会议规则、选举程序、预算等，请核指遵案。

（议决）交林厅长、陆院长、谢厅长审查。

三、广州市政府呈缴自动电话管理委员会二十一年度岁出追加经费预算书，请察核备案。

（议决）准备案。

四、琼海关监督呈，准北海关税务司函，拟将黄坡、城月两分卡迁于适宜地点，并准西涌尾设一办事处等由，请核指遵案。

（议决）交胡、李两委员审查。

五、主席提议，关于陈××因不服建设厅恢复卢××等承采新会县属××、××等乡海面壳矿一案之处分，提起诉愿到府，现经秘书处派员审查，作成决定书，请公决案。

（议决）照审查意见通过。

六、高要县呈复，查明景福围与大湾围互争鱼埗一案，该围每年收支情形，请察核案。

（议决）仍由该县政府严加监督整理。

七、广东省调查统计局呈复，遵令将广东省农村生活调查设计预算，核减为每月经常费四千四百二十元，请察核指遵案。

（议决）由各县遣送统计员到该局训练。

八、农林局呈缴糖蔗营造场临时费支出预算，及各部工程建筑图则，请鉴核施行案。

（议决）经费由财政厅核实借拨，余准备案。

九、农业局、番禺县会呈，勘定糖蔗营造场场址，及议定收用补置办法，请准备案。

（议决）准备案。

十、主席提议，本府糖业顾问拟改定聘请期间为三年，请公决案。

（议决）照办。

十一、琼崖抚黎专员呈，拟于岭门、南丰、保亭、兴隆四处各筹办一合作社，隶属于黎务局，每社拨给营业资本五百元，请准令饬财厅一次过拨给毫洋二千元，以便转发各局案。

（议决）预算未有列入，未能照发。

广东省政府第六届委员会
第二百二十六次议事录

九月二十九日　星期三〔五〕

出席者　林云陔　唐绍仪　金曾澄　林翼中　胡继贤　李禄超
　　　　区芳浦　谢瀛洲　许崇清
列席者　陆嗣曾
主　席　林云陔
纪　录　何启澧

51

报告事项

一、广西省政府致西南政务委员会养电略称，洋米侵销，两粤农村同受重大打击，钧会决议加抽洋米税以资救济，法至良善，第恐粤米一时不敷调济，特由职府通饬各县源源运米赴粤销售，以济民食等语。又湖南省政府敬电略同前由。

二、财政厅呈，据广州舶来农产品杂项专税局请抽收洋谷税款一案，尚属可行，请核备案。

三、民政厅呈，据揭阳县呈缴三年施政计划进度表，请察核。

四、民政厅呈，据广东省地政工作人员养成所呈缴添置家私及安装电灯水喉等支付预算表，转请察核备案。

五、建设厅呈，据潮安县民魏子贞等请承领县属第三区土名大坵山等处荒地，请核备案。

六、建设厅呈，据新会县民李星南等请承领县属第十区土名风文坳、凤山、罩山等处荒地，请核备案。

七、建设厅呈，据开平县民周家令等请承领县属第五区土名崩壁、瓦山等处荒地，请核备案。

八、建设厅呈，据中山县民谭尚国等请承领县属第四区土名螺地、镬盖山等处荒地，请核备案。

九、建设厅呈，据开平县民周家令等请承领县属第五区土名白马卸鞍山等处荒地，请核备案。

十、广州市政府呈缴本年六月份市库收支结算表，请核存转。

讨论事项

一、民政厅呈，据本厅测量队第二队请增加练习生及酌给旅费等情，兹拟定广东省民政厅测量队练习生雇用章程，请察核备案。

（议决）准备案。

二、民政厅呈，据视察李誉德呈复会勘钦、灵两县互争陆屋地方管辖一案情形，请察夺令遵案。

（议决）照民政厅所拟办理。

三、建设厅呈，据西村士敏土厂呈，拟定购生熟料磨钢弹一百吨，弹价请准在制造费杂料项下报销等情，应否照准，候令祗遵案。

（议决）准照购。

四、建设厅呈，据西村土敏土厂呈，拟定购原料磨板替件大小共四百零六件等情，应否准购，候令祇遵案。

（议决）准照购。

五、琼崖抚黎专员呈缴职署暨所属黎务局开办购置服装预算表，计共毫银一千八百十三元一角四仙，此款是否钧府给款由职署就近自办，抑由钧府制发。又单军衣裤一项系采用何种布色，与如何体制，统乞核定指遵案。

（议决）该署局无庸特设队兵，如有守卫必要，可调用各县警卫队担任。

六、琼崖抚黎专员呈，请俯念职署及黎务局为新设特种机关，准予依照薪俸原额十足发给案。

（议决）事关通案未便照准。

七、南山移垦委员会呈缴开办费计算书表等，请准将超出银一千五百四十八元一角四分七厘核发，俾资归垫案。

（议决）交财厅核复。

八、南山移垦委员会呈缴本年八、九月份士兵草鞋费清册，计共毫洋四十元零四角，请核准照发案。

（议决）交财厅核复。

九、主席提议，关于陈仲余因控文盛堂截留万丰店土方纸滥抽坐厘一案，不服财政厅所为之批示，提起诉愿到府，现经秘书处派员审查，作成决定书，请公决案。

（议决）照审查意见通过。

十、主席提议，关于赵××因新会县政府处分××公路土地一案，不服财政厅所为之决定，提起诉愿到府，现经秘书处派员审查，作成决定书，请公决案。

（议决）照审查意见通过。

广东省政府会第六届委员会
第二百二十七次议事录

十月三日　星期二

出席者　林云陔　金曾澄　林翼中　李禄超　区芳浦　谢瀛洲
　　　　　许崇清
列席者　刘纪文
主　席　林云陔
纪　录　何启澧

报告事项

一、广东财政特派员公署函，奉西南政务委员会令，关于发给伤亡军人抚恤案内，其中恤伤令未注明给恤年期者，应照现行条例办理等因，希即查照办理。

二、民政厅呈复，关于广州市府因番禺县府在本市区域发给民房执照，对于市区马路系统路线有妨碍一案奉饬会拟办法等因，此案经本厅会同审查，拟订办法五项请核在案。（查上项办法经提出本府第二二四次会议，议决修正通过。）

三、建设厅呈，据高要县民潘拔臣等请承领县属土名蛇头岭等处荒地，请核备案。

讨论事项

一、教育厅呈，据省立第一女子师范学校呈，请拨款兴筑礼堂操场课室等情，转请核准追加二十二年度临时费八万六千七百八十元专案拨发案。

（议决）交财厅转送预算审查委员会。

二、广州市政府呈，据卫生局呈缴修正中医生试验规则，转请核准照办先行考试案。

（议决）修正通过。

三、南区绥靖委员梗电，关于隆沙汽车公司纠纷一案，据灵山县委〔府〕铣电称，案情复杂解决殊难，拟由各团体组织行车委员会代管等情，是否可行，请核示案。

（议决）准予由各团体组织行车委员会代管。

四、广东合作总社筹备处呈缴追加临时费预算书，请察核指遵案。

（议决）交财政厅送预算审查委员会。

五、琼崖抚黎专员呈缴职属及所属各黎务局开办费预算书，共毫银三千六百三十九元六角三分二厘，请准如数拨发具领案。

（议决）交财厅查案核复。

六、建设厅呈，查钨矿捐每百斤征收四元，系邓前任体察当时市价，援照军费成案呈奉核准征收，现就目前市价似可酌增四元，此项收入以为拨充经营英德八宝山开采经费之用。是否可行，请核示遵案。

（议决）暂准增加两元，余照办。

七、主席提议，关于李植波等因不服民政厅，对于该诉愿人请求撤销清远县政府设置沙河分驻所处分所为之决定，提起再诉愿到府，现经秘书处派员审查，作成决定书，请公决案。

（议决）照审查意见通过。

八、主席提议，据秘书处拟具广东全省各县市行政会议案审查办法，请公决案。

（议决）通过。并指定各组组长及组员，并约定陈樾、李泰初、梁致广、杨宗炯、陆嗣曾及本府设计委员为专门委员。

九、主席提议，修正各县市行政会议组织大纲第二条第七款、第三条、第八条第二项，及行政会议议事规则第三条、第五条，请公决案。

（议决）修正通过。

广东省政府第六届委员会
第二百二十八次议事录

十月六日　星期五

出席者　林云陔　林翼中　李禄超　区芳浦　谢瀛洲　许崇清
　　　　　胡继贤

列席者　刘纪文　陆嗣曾

主　席　林云陔

纪　录　何启澧

报告事项

一、民政厅呈，为本厅测量队员夫给恤办法，拟援照财政厅清丈队给恤办法办理，恤款在测量队节存经费项下开支，请核指遵。

二、民政厅呈，据惠阳县呈，拟将该县第四区凌坑西乡划分为凌坑中、西两乡等情，似应照准，请核备案。

三、民政厅呈缴海康县三年施政计划进度表，请察核。

四、建设厅呈，据西村士敏土厂呈缴工务技术人员制度表及改委职员名册，请核准备案。

五、建设厅呈，据西村士敏土厂呈，拟与裕益公司订购石膏草约，似应照准请察核备案。

六、建设厅呈，据西村士敏土厂拟与大同、宝兴、裕成三公司续订供给灰石合约，似应照准，请察核备案。

七、财政厅呈，拟沙田登记减征五折，再展限三个月，由十月一日起至本年年底止，请察核备案。

八、财政厅呈报，据四会等五县呈，为县长特别办公费如何报销一案，拟请准由县长个人名义全数具领，毋庸开列细数报销，请核转审计处查照备案。

九、监督整理三铁路委员会呈缴本年八月份检查粤汉铁路南段，及广九铁路两管理局现金月报表，请察核。

十、监督整理三铁路委员会呈缴本年八月份核签三路进付款数额月报表，请察核。

十一、广东合作总社呈，请核准各职员因公下乡用过旅费准由该员自行负责开列数目，一体报销。

十二、金委员曾登函，为被公推参加二十二年全运大会广东选手总领队，于本月五日动程，二十五日由沪返港，期内未能出席会议请准给假。

讨论事项

一、广东高等法院函复，关于广西省政府电请发还广西富贺矿局被封屋业一案，经会同谢厅长、金委员审查，拟具意见书，请查核办理案。

（议决）照审查意见通过。

二、民政厅呈，复将接管广东赈务会赈款情形，请核准予由本年十月份起，每月给发救侨经临费用三千元，令饬财厅按月如数照发案。

（议决）照准追加。救济失业华侨，已由民政厅办理，侨务局应暂缓设，查案呈复政委会。

三、建设厅呈，拟订广东民营糖厂登记规则、广东民营糖厂出品检验规则、广东糖业营业处指导及监督民营糖厂施行细则，转请核夺示遵案。

（议决）交胡、李两委员审查。

四、建设厅呈，拟修改船舶牌照及照费表，请核指遵案。

（议决）交胡、李两委员审查。

五、建设厅呈，为河南士敏土厂经已归并，嗣后该厂每日所发支付传票，似可勿须经过稽核员核合签名之手续，请核指遵案。

（议决）照准。

六、建设厅呈，据西村士敏土厂呈，为购买火车头系替件，与禅臣洋行多购活塞一件，价值港币五百六十元，经由董事会议决认可等情，转请察核准予一并备案。

（议决）准照购。

七、建设厅呈，据广东全省港务管理局呈缴航海讲习所二十一年度服装费支付预算书，请察核指遵案。

（议决）照准。

八、教育厅呈，据省立第二农业学校呈，拟由开办费项下暂行挪拨经费三千八百六十五元七角，作修建工程费用等情，似无不合，连同原缴清单，请核指遵案。

（议决）照准。

九、教育厅呈，据省立第十三中学校呈请添购图书标本仪器校具等项，共需毫银二千二百二十九元，似应照准，请令财厅由本厅临时经费项下照拨案。

（议决）照准。

十、教育厅呈缴二十一年四、【五】、六、七、八、九、十、十一、十二各月份项与项流用支配数月清单，请核准予流用案。

（议决）照准。

十一、广州市政府呈，据市立银行呈，请转饬广东省银行将职行、初次登记之前存停兑中纸四十三万三千元全数照换，俾得流通等情，请核指遵案。

（议决）交省行酌量提前分期兑换。

十二、广州市政府呈，据社会局呈报经常门第十一款第二赠医施药处经费，在二十二年度预算未核定以前，从开支月份起，根据新预算报销等情，似属可行，请核备案。

（议决）准备案。

十三、广州市政府呈缴卫生局追加二十一年度及二十二年度租金概算书，请核赐备案。

（议决）准备案。

十四、广东合作总社呈请每月追加经费一千三百四十八元案。

（议决）准增加视察员二员，薪旅费共五百元。

十五、西村士敏土厂呈，为职厂每月加给刘宝深等薪俸共一百六十元，拟在二十二年度预算未核定前，请准在减除之洋工程师费用项下拨给，或将该数由事业费移入管理费内用支案。

（议决）准在洋工程师费用项下开支。

十六、胡、李、许三委员，农林局冯局长，会同拟定广东省粮食调节委员会章程草案、广东省粮食仓库组织章程草案，请公决案。

（议决）修正通过。

广东省政府第六届委员会
第二百二十九次议事录

十月十三日　星期五

出席者　林云陔　林翼中　胡继贤　李禄超　区芳浦　谢瀛洲
　　　　　许崇清
列席者　刘纪文　陆嗣曾
主　席　林云陔
纪　录　何启澧

报告事项

一、民政厅呈，据番禺县呈，拟将该县第二区安抚乡划分为水门、柏堂、东溪等三乡等情，经指复照准请核备案。

二、民政厅呈，拟具本厅测量队业务实地抽查办法并抽查员报告表式，请核备案。

三、民政厅呈，据东莞县呈，拟将第十区蚬涌等三乡组织蚬黄翁三乡乡公所筹备自治等情，经指复照准，请察核备案。

四、建设厅呈，据新会县民黄承积等请承领县属第九区土名鹧鸪山、尸山等处荒地，请核备案。

五、东区绥靖委员公署呈缴本年六月份工作报告书，请察核。

六、广东省银行呈缴董事会第二十七次会议录，请察核。

七、监督整理三铁路委员会呈缴粤汉铁路南段及广九两局本年八月份职员升调任免月报表，请察核。

八、监督整理三铁路委员会呈缴本年五月份三路购料收料月报表，请察核。

九、监督整理三铁路委员会呈复，奉令核议广九局呈请添购车辆一案，所拟购车及付款办法尚属可行，拟请准予照办。

十、广东士敏土营业处呈缴本年九月份营业报告书，请察核。

讨论事项

一、金、胡两委员会复，审查广东西村土敏土厂董事会组织章程，请公决案。

（议决）照修正。

二、财政厅呈复，遵令另订取缔直接行使外币暂行办法草案，请核指遵案。

（议决）照办。

三、教育厅呈，据省立第三农业学校呈，请转咨将七、八两月经常费准照原案核拨等情，请核行财政厅准由八月份起支拨案。

（议决）照准。

四、教育厅呈，据省立第一中学校呈，拟添置铁床，增设沸水锅炉，似应照准，请核令财厅照拨经费毫银共八百七十元，转发案。

（议决）准由教育临时费项下拨支。

五、民政厅呈，据视察会县呈复会勘新兴、云浮两县争界一案情形，请核指遵案。

（议决）照民政厅所拟办理。

六、财政厅呈，拟具广东全省水陆缉私总处开办费预算表，共需毫银二万八千三百元，请核准追加预算案。

（议决）照准，仍交预算委员会编入预算。

七、民政厅呈，据新会县呈，为县土地局请将逾限登记罚则明定分等处罚定率等情，谨拟具土地登记逾期罚款办法，请察核示遵案。

（议决）标题修正通过。由厅通令各县市土地局遵照。

八、胡、李两委员会复，审查北海关税务司拟将黄坡、城月两分卡迁于适宜地点，并在西涌尾设一办事处一案，本案拟准照办，请公决案。

（议决）照准。

九、建设厅呈，据生丝检查所呈，拟另行租屋办事及添雇人员，计需一次过开办费毫银四百九十元，每月经常费三百五十元，俟在收入蚕丝改良费项下分别归垫及按月坐支等情，应否照准，请核转遵案。

（议决）应由该局附带征收，毋庸另设办事处。

十、财政厅呈，请任用伍新三兼省煤油贩卖业营业税总处处长案。

（议决）照委。

十一、主席提议，查各省粮食会议开会在即，应否派员参加，请公决案。

（议决）派温仲琦参加，支旅费大洋一千元正。

广东省政府第六届委员会
第二百三十次议事录

十月十七日　星期二

出席者　林云陵　唐绍仪　林翼中　胡继贤　李禄超　区芳浦
　　　　　谢瀛洲　许崇清
列席者　刘纪文
主　席　林云陔
纪　录　何启澧

报告事项

一、民政厅呈，为拟定广东省地政工作人员养成所学员毕业后服务期间，暨征用各测量队长员服务期间，请察核备案。

二、民政厅呈，据广宁县呈缴三年施政计划进度表，请察核。

三、民政厅呈，据开平县呈缴三年施政计划进度表，请察核。

四、民政厅呈，拟继续组织测量队十队，援案征用队长及角测图根员各员，请察核备案。

五、广州市政府呈，据教育局呈报市立博物院管委会经费困难情形，拟准由杂支费移作工食支销等情，似可准予流用，请察核备案。

六、广东省政治研究会函送法制组提议，请颁布公营事业人员舞弊治罪暂行条例一案提议书，请转呈西南政务委员会采择施行。

七、勷勤大学筹备委员会呈，为关于勷勤大学校长未就职以前，工学院应否暂归教育厅监督，师范学院应否暂归教育局监督一案，经议决通过在案，录案请核指遵。

八、新会县呈复奉电令拿解前江门航政局舞弊职员卢锦等情形，请察核。

讨论事项

一、陆院长、胡委员、林厅长阳日邮电，奉发审查汕头市长补具该市模范住宅区征收土地计划说明书，及实测图新地图一案，经会同审核加具意见，请核示遵案。

（议决）照审查意见办理。

二、民政厅呈复，核议琼崖抚黎专员，请于感恩县东方峒设立黎务局及儋县珠江附近设立分局一案，拟饬暂从缓议，请察核办理案。

（议决）照厅拟办理。

三、教育厅呈，据广东妇女习艺所呈请每年补助经费毫银二千四百元，似应照准，其本年度自十月份起应拨补助费，拟在本厅临时费项下开支，请核指遵案。

（议决）照准。

四、广州市政府呈，据工务、社会两局呈报，临时建设等费在二十二年度预算未核定以前，请援案从开支月份起根据新预算报销等情，连同开支经费表请察核备案。

（议决）照准。

五、中区绥靖委员呈，为各县征收商业铺租捐充警卫队经费轻便易行，请暂准于本年内仍照职署核准办法征收，至明年应如何办理，并请早颁办法通行遵照案。

（议决）交民、财两厅审查。

六、建设厅呈复，遵令派员会勘新港公路路线情形，请察核办理案。

（议决）令建厅补缴路线图再核。并令番禺县本案未决定前暂行停工。

七、广州市政府呈，据教育局呈缴中山图书馆增加工料费二十一年度岁出预算书，转请察核备案。

（议决）照准。

八、顺德县呈，为已故耆儒简朝亮品高学邃，著述淹通，恳请赐予坊额，辑其事迹采入省通志立传，饬拨公款刊布遗书，以表笃学而励士林案。

（议决）准由本府题颁坊额，民政厅调查简先生生平事略立传，转送中山大学修志处编入省志，遗著应由县政府商请简先生家族送教育厅付印。

九、主席提议，关于钱地因系争本市××路半边井第××号前面公地一案，不服广州市政府所为之决定，提起再诉愿到府，现经秘书处派员审查，作成决定书，请公决案。

（议决）照审查意见通过。

十、主席提议，关于陆×与李××因系争河南南石头土名×××海坦一案，不服财政厅所为之处分，各自提起诉愿到府，现经秘书处派员审查，作成决定书，请公决案。

（议决）照审查意见通过。

广东省政府第六届委员会
第二百三十一次议事录

十月二十七日　星期五

出席者　林云陔　唐绍仪　林翼中　胡继贤　李禄超　区芳浦
　　　　　谢瀛洲　许崇清
列席者　刘纪文　陆嗣曾
主　席　林云陔
纪　录　何启澧

报告事项

一、建设厅呈，据东路公路处呈缴行车管理处股本来源及支销表暨纯利支配办法，经令复准予照办，请察核。

二、民政厅呈，据临高县呈缴三年施政计划进度表，请察核。又琼崖绥靖委员公署呈同前由。

三、民政厅呈，据阳江县呈缴三年施政计划进度表，请察核。

四、西北区绥靖委员公署呈缴本年七月份工作报告表，请核存转。

五、监督整理三铁路委员会呈复，核议三路购料委员会请发给年终奖金一案，拟准照向章办理，请察核。

六、秘书处签呈，拟将本府委员会及秘书处二十一年度暨本年各月份不敷支之数，由每月所支国际情报处余款项下移挪拨支，请核转西南政务委员会备案转行审计处查照。

讨论事项

一、财政厅、高等法院、广州市府会呈，奉发审查澄海县民林××等因承领汕头××坦地，不服处分提起诉愿一案，当经分别派员会同审查完竣，拟具决定书稿，连同本案卷宗缴请转呈前来，请鉴核指遵案。

（议决）照审查意见通过。

二、李、胡两委员会复，审查建设厅所拟广东民营糖厂登记规则、出品检验规则，及广东糖业营业处指导及监督民营糖厂施行细则一案，经分别修正，请公决案。

（议决）照修正通过。

三、李、胡两委员会复，审查建设厅呈缴修改船舶牌照及照费表一案，拟议照办，请公决案。

（议决）准照办。

四、财政厅呈，将拟定煤油贩卖业营业税各分处等级，并将各分卡划归分处管辖，暨添设分卡缘由，连同经费预算表，请核备案。

（议决）准备案。

五、财政厅呈，准西北区绥靖委员函，请将警卫队薪饷十足支付等由，应否照准，请核指遵案。

（议决）照准。

六、财政厅呈复，核明省立第二师范现因无力筹缴校管沙田升科各费，似应由教育厅在教育临时费项下如数拨给抵纳，当否，仍候指遵案。

（议决）照准。

七、建设厅呈缴北江航务管理所英韶分卡开办费预算书，及二十二年度岁出预算书，请核指遵案。

（议决）照准。

八、建设厅呈，据西村士敏土厂呈报河南分厂急需石春应用，已向史密芝公司定购十吨，连运费共该银一千三百一十七元一毫三仙，拟在二十二年度河南分厂制造费内开支等情，转请察核备案。

（议决）照准。

九、广州市政府呈，准市党部执委会函，请提前依照本年度新预算额支付等由，似属可行，请核示备案。

（议决）准备案。

十、广州市政府呈，为关于西村士敏土厂收用南便山岗扩充厂址一案，现据财政局呈称，据群益置业公司状，请每亩照承领原价毫洋一千五百五十元等情，应如何办理之处，请核指遵案。

（议决）照准。

十一、民政厅呈，考试县长将来委用完竣后，应如何派委，请核示案。

（议决）呈政委会令饬军事政治学校政治深造班，选送成绩优良及富有经验学员送府，以便试验录用。

十二、民政厅提议，茂名县县长黄秉勋拟调署鹤山县缺，递遗茂名县缺拟以海康县县长缪任仁调署；递遗海康县缺拟以鹤山县县长覃元超调署，请公决案。

（议决）照准。

十三、主席提议，派胡继贤为粮食调节委员会委员长，冯锐、廖鹤洲为该会委员，请公决案。

（议决）照派。

广东省政府第六届委员会
第二百三十二次议事录

十月三十一日　星期二

出席者　林云陔　唐绍仪　金曾澄　林翼中　胡继贤　李禄超
　　　　　区芳浦　谢瀛洲　许崇清
主　席　林云陔
纪　录　何启澧

报告事项

一、民政厅、高等法院呈复，遵令会同拟订惩治山匪暂行条例草案，请核指遵。

二、财政特派员、财政厅长会呈，据广东全省水陆缉私总处呈报开始办公日期，连同印模请察核等情，转请核赐备案。

三、财政厅呈报裁并国省税捐统一检查委员会，及各检查所改隶缉私总处缘由，请核备案。

四、财政厅呈，据南、番、三营业税局请增加征收专员薪水，及将办事员改称为征收处专员，似可照准，请核备案。

五、建设厅呈，据西村士敏土厂呈，拟添购巴士车一辆作公务车等情，除指复准购外，请察核备案。

六、建设厅呈，据西村士敏土厂呈，拟与谦大公司订购开滦特别细煤三千吨，每吨港币一十五元，经董事会议决照购等情，除指复准予照购外，请察核备案。

七、建设厅呈，据增城县具缴建设局长王季明履历，转请核赐任命。

八、民政厅呈，拟就广东省民政厅测量队职员休假规则，请察核备案。

九、民政厅呈，据视察呈复查勘博罗、河源两县互争雍州、南坑两村管辖一案情形，拟议请核办令遵。

十、民政厅呈缴中山县三年施政计划进度表，请察核。

十一、民政厅呈缴灵山县三年施政计划进度表，请察核。

十二、民政厅呈缴新兴县三年施政计划进度表，请察核。

十三、民政厅呈缴恩平县三年施政计划进度表，请察核。

十四、教育厅呈缴广东省教育机关图书仪器标本购置委员会章程，请察该备案。

十五、南山移垦委员会呈报划定南山移垦区界线，并绘具图说，请察核备案。

十六、潮安县呈缴三年计划工作进度表，请察核。

讨论事项

一、西南政务委员会令，转据中山纪念堂纪念碑建筑管委会呈，拟从新计划将原定收用民地缩小范围，开列应支款项请准饬财厅照拨等情，仰该省政府办理具复案。

（议决）令财厅照拨。

二、财政厅呈，广东全省水陆缉私总处经常费预算表，经送审查预算委员会审定照支，请准编入本年度预算，并请分别核转备案，以便支付案。

（议决）准加入本年度预算汇办。

三、建设厅呈，拟定奖励告发办理船舶事务舞弊规则，请核准施行案。

（议决）准备案。

四、建设厅呈，拟具广东建设厅开采英德尧山乡钨铋锡等矿预算表办事处规则，及招工开采收砂细则，请察核备案。

（议决）准备案。

五、建设厅呈，拟定广东省渔业登记规则草案，请核指遵案。

（议决）交胡、李两委员审查。

六、财政厅呈，拟就广东财政厅整顿渔课暂行章程，请核示遵案。

（议决）交胡、李两委员审查。

七、教育厅呈，拟将前任移交领存省立图书馆购置图书器具经费，未兑现中纸共一万三千二百八十元，提作整理广雅书院版片印刷图书，请令行广东省银行，援案准予本厅将上开款项抵押现款免息提用案。

（议决）关系文化事业，应否照准交该行董事会核复。

八、广州市政府呈缴自来水管理处二十一年度岁入岁出经常临时费预算书，请察核备案。

（议决）准备案。

九、广州市政府呈，据社会局呈报，贫民教养院及健济院经临等费，在二十二年度预算未核定以前，从开支月份起根据新预算报销等情，似属可行，请核赐备案。①

十、西村士敏土厂呈复，关于二十一年度之事业费节目挪移流用均早经挪移支付，已成过去，在不超出总预算之范围内，仍请概予分别照准备案。

---

① 原文缺"议决"内容。

（议决）令饬将流用情形明白声叙再核。

十一、本府技正胡栋朝呈，拟具建筑省府合署马路意见书，请核示遵案。

（议决）照办。

十二、主席提议，各县三年施行〔政〕计划进度表及行政会议议决各案，应如何审查以便决定施行，请公决案。

（议决）推定许、金、李三委员会同各厅所派秘书一员审查，拟定具体办法，再行提会议决。

广东省政府第六届委员会
第二百三十三次议事录

十一月三日　星期五

出席者　林云陔　唐绍仪　金曾澄　林翼中　胡继贤　李禄超　区芳浦　谢瀛洲　许崇清

列席者　刘纪文　陆嗣曾

主　席　林云陔

纪　录　何启澧

报告事项

一、财政厅呈复核明豁免海陆丰两县旧欠钱粮缘由，请核示遵。

二、财政厅呈报，关于沙田登录证准作四分之一登记费一案，限至本年十二月底止，期满概行作废，请核备案。

三、财政厅呈，特订汕头市商品抵押暂行办法，请核分别转饬知照。

四、财政厅呈缴甄别合格各县财政局长科长年籍分数表，请核赐按名核发凭证，以凭转给祗领。

五、民政厅呈，据南海县呈请将土地登记确定簿謄本准予免除等情，谨将核免情形请核备案。

六、民政厅呈，拟具梅菉及围洲斜阳两管理局筹办自治办法，请察核饬遵。

七、民政厅呈，据佛冈县呈缴三年施政计划进度表，请察核。

八、民政厅呈，据从化县呈缴三年施政计划进度表，请察核。

九、民政厅呈，据梅菉管理局呈缴三年施政计划进度表，请察核。

十、琼崖绥靖委员呈缴儋县三年施政计划进度表，请察核。

十一、南区绥靖委员呈缴吴川、海康、合浦、阳江、灵山等五县及梅菉、围斜两管理局三年施政计划进度表，请察核。

十二、澄海县呈缴县政计划书，附施政进度表，请察核。

十三、广州市政府呈缴二十二年七月份市库收支结算表，请核赐存转。

十四、广州市政府呈缴二十二年五月份行政报告，请察核汇办。

十五、考核各县市长成绩委员会呈送考核县市长成绩表，请核转民政厅将上开各县长分别传令嘉奖及申诫或记过，以示劝戒而整官常。

讨论事项

一、广东高等法院函复，关于省会公安局建议妥定本市住屋租赁章程一案，查原送修正章程似应酌为修改，请查核办理案。

（议决）照审查意见修正。

二、建设厅呈，拟具广东省政府建设厅管理港务船舶暂行规章草案，请核准施行案。

（议决）照修正。

三、建设厅呈缴本厅办理港务船务人员奖励规则，请核指遵案。

（议决）照审查意见通过。

四、建设厅呈复，核议省立第二农校筹办顺德蚕业实施区计划组织，及经临概算各表一案情形，请察核案。

（议决）照准。

五、建设厅呈复，会同广州市府勘定河南士敏土厂前坦地为扩充省营第二工业区地域情形，及所拟计划，连同会勘蓝图，请察核令遵案。

（议决）照准。

六、建设厅呈，拟将生活较苦之渔户及三元以下之船照，所附加一成五航海讲习所费免征，请核指遵案。

（议决）照准。

七、建设厅呈，拟雇用英人布乐斯为棉织厂工程师，连同合约，请察核办理案。

（议决）照准。

八、建设厅呈报，生丝检查所技正莱〔莱〕恩，前因派往日本考察生丝，旅费拟由该所检验费项下开支，请准核销案。

（议决）照准。

九、建设厅呈复，木羊公路经派员会勘，与市区道路系统不符，应否撤销，请核指遵案。又呈复关于新港公路路线一案补缴路线图，请察核办理案。又番禺县呈报，新港公路根据事实办理，请核准照旧兴筑案。又岭南大学呈，请更正市府所定新港公路路线案。

（议决）照审查意见通过，路线限一星期内勘定呈府核夺。

十、中区绥靖委员呈，据南海县电呈击毙匪首罗鸡洪情形，拟请将悬赏五千元准由省库提给作正支销案。

（议决）照发，在预备费项下支。

十一、广东省会公安局呈复，查明陈修爵状为妄指逆产误被查封，恳准将自置东川马路泰来街第五号房屋撤封发还管理一案情形，请核指遵案。

（议决）发还。

十二、广州市政府呈，据自动电话管理委员会呈报，二十二年度预算未奉核定以前支出各款，拟请援案从实支月份起，根据新预算报销等情，转请察核备案。

（议决）准备案。

十三、广州市政府呈，据工务、公用两局呈报，经临两费在二十二年度预算未核定以前，请援案仍从实行开支之月起，根据新预算额报销等情，转请察核备案。

（议决）准备案。

十四、民政厅提议，陆丰县县长杨幼敏另有任用，遗缺拟以李节史试署，请公决案。

（议决）照委。

十五、广汕铁路筹备处呈，请续借一万元以资筹备而利进行案。

（议决）准照借拨。

广东省政府第六届委员会
第二百三十四次议事录

十一月七日　星期二

出席者　林云陔　金曾澄　胡继贤　李禄超　区芳浦　谢瀛洲
　　　　　许崇清　林翼中
列席者　刘纪文　陆嗣曾
主　席　林云陔
纪　录　何启澧

报告事项

一、西南政务委员会令发修正县地方自治条例及修正市地方自治条例，仰知照并转饬所属一体知照。

二、财政厅呈复，奉令核议教育厅呈，以省立第四中学校呈报，沙田局催缴沙田应升等则及花息登记费，请拨的款抵解一案，查该校所请与省立二师事同一律，似应照案汇核办理。

三、民政厅呈，据广东省地政工作人员养成所呈为因加增灯数，已向礼和洋行订购三线式电火箱一具。价银拟在每月节存经费项下开支等情，似可照准，连同原缴预算表，请核备案。

四、民政厅呈缴台山县三年施政计划进度表，请察核。

五、建设厅呈缴三路购料会呈，为广韶路局业已改名，该会名称应否随之变更等情，转请察核指遵。

六、建设厅呈，据生丝检查所呈报，带征蚕丝改良费不能不另租屋办理缘由，转请察核指遵。

七、建设厅呈缴本年七月份上半月工作报告表，请察核。

八、中区绥靖委员呈缴本年八月份工作报告表，请察核。

九、南区绥靖委员呈缴灵山县陆沙路代管行车委员会组织暂行简章，请察核。

十、秘书处呈，准设计委员会函送对于民政厅请定专条改革卖妻陋俗一案意见书，请察核。

讨论事项

一、建设厅、民政厅、财政厅会同呈复，审核汕头市长呈将原拟汕头市民银行章程依照奉饬修正各点逐一修正，似可准予照办，请察核令遵案。

（议决）照审查意见通过。

二、财政厅呈复，核议琼崖抚黎专员呈报，署局开办购置以及修建署局工料各费预算一案缘由，请核明指遵案。

（议决）准备案。

三、琼崖抚黎专员呈复，奉令裁撤各县黎务局队兵，影响抚黎工作进行，谨拟具署局裁缩办法及增设琼西之大坡、东方、乐安三局，从新编订预算，请核示遵案。

（议决）准将节余经费增设队兵，大坡、东方、乐安三局毋庸增设。

四、建设厅提议，拟具钨矿专卖办法，请察核案。

（议决）修正通过。

五、主席提议，增设惠州、汕头两糖厂，该款由财厅筹拨，并由该厂聘金教授为技正案。

（议决）通过。

广东省政府第六届委员会
第二百三十五次议事录

十一月十日　星期五

出席者　林云陔　金曾澄　林翼中　胡继贤　李禄超　区芳浦
　　　　谢瀛洲　许崇清
列席者　刘纪文　陆嗣曾
主　席　林云陔
纪　录　何启澧

报告事项

一、西南政务委员会令，准西南执行部函，请转饬各县市政府会同各该县市党部切实筹备，克日成立赈济江西共祸区域支会等由，仰即遵照。

二、西南政务委员会秘书处函复，关于行政院令知，欧亚航空公司飞机上所涂之绿色一律铲除一案，经陈奉常务委员谕着照行等因，请查照。

三、第一集团军总司令部函，请分饬取销各地方苛细杂捐以纾民力。

四、财政厅呈，请训令各县限于二十三年三月以前将县属田亩调查清楚，在田亩未调查清楚前，得暂以二十二年份粮额为标准推定亩数，随粮带征田亩捐充警卫队及三年施政关于地方建设等项经费，呈报备案。

五、财政厅呈报，饬发汕头贫民工艺院补助费及基金毫洋一万元，请核备案。

六、建设厅呈，据饶平县具缴建设局长罗伟奇履历，转请核赐任命。

七、民政厅呈，据紫金县呈缴三年施政计划进度表，请察核。

八、民政厅呈，据博罗县呈缴三年施政计划进度表，请察核。

九、琼崖绥靖委员呈，据琼山县呈缴三年施政计划进度表，请察核。

十、民政厅呈缴本年六月份行政报告书，请核存转。

十一、财政厅呈缴二十一年十二月份行政报告书，请核存转。

十二、财政厅呈缴本年一月份行政报告书，清核存转。

十三、教育厅呈缴本年七月份行政报告书，清核存转。

讨论事项

一、财政厅呈复，关于米糖发行同业公会呈，请将九月十六日以前买入后到之米免税一案，应否豁免专税，仍候指遵案。

（议决）准予减半征收以示体恤。

二、财政厅呈，准两广盐运使函，请将田亩捐章程内关于盐地征捐一节，分行取销停止征收等由，应如何办理，请核示遵案。

（议决）在盐政整理期内，二十二年份准予暂免。

三、财政厅呈复，核议南山移垦委员会开办费不敷之数，似可由建设费项下报销，请核饬遵案。

（议决）准照办。

四、民政厅呈，为云浮县民练传贞与阳春县民徐宝琼等互争龙眼围村灵山庙及庙背樟树业权一案，迭经饬据云、阳两县查复，情词各执，案关两县疆界未便擅定，检同原缴附件，请核指遵案。

（议决）照民政厅所拟办理。

五、教育厅呈，据省立小学教员训练所呈请拨给购置费毫洋二千五百元，似应照准，请令行财厅由本厅临时费项下照拨案。

（议决）照准。

六、教育厅呈，据省立第四师范学校呈，拟增设教室一所，计工料费四千一百九十元，尚属需要，请准令行财厅照投案。

（议决）照准。

七、广州市政府呈缴修正广州市关〔辟〕路审定委员会组织简章，请核指遵案。

（议决）准备案。

八、教育厅提议，据省立第一女子中学校造缴迁校临时费预算书，请核照拨并将该校原有校舍校地及原购小北外校地，请转财厅变卖，得款拨为迁校设备及收买现筑校地经费，除拨第二期建筑费，是否可行，敬候公决案。

（议决）照准。

九、教育厅提议，省立第四中学校长谢贤明呈请辞职，遗缺请委陈毅接充，请公决案。

（议决）照委。

广东省政府第六届委员会
第二百三十六次议事录

十一月十四日　星期二

出席者　林云陔　金曾澄　胡继贤　李禄趑　区芳浦　谢瀛洲
　　　　　许崇清

列席者　刘纪文　陆嗣曾

主　席　林云陔

纪　录　何启澧

报告事项

一、西南政务委员会令，据第一集团军总司令呈，关于广州无线电台总台拟增设两启罗瓦特发报机全部一案，拟准照广东电政管理局成案，饬整理广东全省电报线路委员会向银行借拨，请令行省府转广东省银行知照前来，仰即遵照。

二、（略）

三、民政厅呈，据文昌县请将第二区官仁乡撤销，分别划归仙昌、胡峰两乡管辖等情，经指复照准请察核备案。

四、民政厅呈，拟委钟德猷、任英、黎杰、梁朝栋、陈稚皆等为顺德、清远、高要、开平、合浦等县土地局局长，连同各该员履历请核委任。

五、民政厅呈，据高要县呈缴三年施政计划进度表，请察核。

六、民政厅呈，据合浦县呈缴三年施政计划进度表，请察核。

七、民政厅呈，据始兴县呈缴三年施政计划进度表，请察核。

八、民政厅呈，据赤溪县呈缴三年施政计划进度表，请察核。

九、民政厅呈，据汕头市呈缴三年施政计划进度表，请察核。

十、民政厅呈，据围洲斜阳管理局呈缴三年施政计划进度表，请察核。

十一、建设厅呈缴本年七月份下半月工作报告表，请察核。

十二、建设厅呈，据新会县民邓文在等请承领县属第十区土名赤岭头等处荒地，转请察核备案。

十三、建设厅呈，据宝安县民郑桢元请承领县属第三区土名榕树角、大头山等处荒地，转请察核备案。

十四、建设厅呈，据新会县民郑东如等请承领县属第十五区许坑乡、蛇山等处荒地，转请察核备案。

讨论事项

一、教育厅呈，请准予由本厅临时费项下，拨发前省立工业专科学校建筑机械厂等承商损失费二千二百七十六元七毫三仙，令行财政厅转发案。

（议决）照准。

二、教育厅呈，请准由本厅临时费项下，拨发省立第十二中学校修缮费毫银一千零七十八元二角，令行财政厅照拨案。

（议决）照准。

三、建设厅呈，拟择河南士敏土厂西边建筑纺织工业场棉纱部，绘具蓝图，请核准予收用案。

（议决）照准。

四、广东合作总社呈报半年来工作经过，暨拟将职处改为广东合作事业委员会或事业局，请核指遵案。

（议决）准改为合作事业委员会，仍由该筹备处拟具组织章程呈核。

五、胡、李两委员会复，审查广东财政厅整顿渔课暂行章程及建设厅所拟广东沿岸渔业登记规则两案意见，请公决案。

（议决）照审查意见办理。

六、【广州】市政府呈复，会同建厅审查新港路线情形，请察核案。又建设厅呈同前由。

（议决）准照审定之第二计划图路线办理，并由建厅会同市府竖立中线后再行兴筑。

广东省政府第六届委员会
第二百三十七次议事录

十一月十七日　星期五

出席者　林云陔　金曾澄　李禄超　区芳浦　谢瀛洲　许崇清

列席者　刘纪文　陆嗣曾

主　席　林云陔

纪　录　何启澧

报告事项

一、西南政务委员会令，据呈建设厅修正管理港务船舶暂行规程，暨拖驳船证照式样及拖驳船管理章程施行细则等件，经布告本会决议照准，并行各海关监督遵照在案，仰即知照。

二、第一集团军总司令部函，为韩江警卫营经费应仍照旧办理，延长至二十三年年底再行截止，除分饬外，请查照饬厅照办。

三、财政厅呈报拟定本年十一月二十二日召集经济会议，连同会议简章、议事规则，请察核备案。

四、建设厅呈，据港务局转据广东航业联防办事处呈，拟修改服装旗帜领章，检同新旧图说，请察核备案。

五、建设厅呈，拟自十二月一日起，将船务管理所分卡改为分所，请察核备案。

六、建设厅呈，据新会县民叶元棠请承领县属第三区土名井根乡等处荒地，请察核备案。

七、建设厅呈，据英德县具缴建设局长何伟超履历，转请核予任命。

八、民政厅呈，拟委刘礼兰充任东莞县土地局局长，连同该员履历，【请】察核委任。

九、民政厅呈，据临高县呈报第五区调楼港渔船惨被风灾情形，经在账〔赈〕款项下拨给三千元，交县散账〔赈〕，连同损失报告表，请察核备案。

十、民政厅呈，据定安县呈缴三年施政计划进度表，请察核。

十一、民政厅呈，据翁源县呈缴三年施政计划进度表，请察核。

十二、民政厅呈，据龙川县呈缴三年施政计划进度表，请察核。

十三、东区绥靖委员公署呈缴本年七月份工作报告书，请察核。

十四、监督整理三铁路委员会呈缴粤汉南段及广九两路局本年九月份职员升调任免月报表，请察核。

十五、监督整理三铁路委员会呈缴本年九月份检查粤汉、广九两路现金报告表，请察核。

十六、监督整理三铁路委员会呈缴本年九月份核签粤汉南段、广九两路进付款数额表，请察核。

讨论事项

一、西南政务委员会令，据呈关于潮海关扣留汕市成发号运来俄国水泥，拟变卖充公一案，仍交该府酌办，仰遵照案。

（议决）交由士敏土营业处照章办理。

二、民政厅呈，据钦县呈，为关于那陈乡被邕宁县侵占一案，请转咨派员会勘县界等情，请鉴核办理案。

（议决）咨请广西省政府派员会勘。

三、教育厅呈，请令行财政厅，提前照拨勷勤大学工学院扩充机械仪器及工场设备费五万七千二百零八元案。

（议决）照准。

四、广州市政府呈，据财政局及市立银行呈报，各款经临费在年度预算未核定以前，援案任〔仍〕从开支月份起根据新预算额报销等情，请察核备案。

（议决）照准。

五、主席提议，关于任磷石等不服建设厅，核准西村士敏土厂承采花县第四区土名黑石山、灰山提起诉愿一案，现经秘书处派员审查，作成决议书，请公决案。

（议决）照审查意见通过。

六、主席提议，关于黄××与萧××等两造，因争承中山县属×××田坦一案，不服财政厅所为之处分，提起诉愿到府，现经秘书处派员审查，作成决定书，请公决案。

（议决）照审查意见通过。

七、主席提议，关于李××与刘××等互争土名××及××××等田亩一案，不服财政厅所为之决定，提起再诉愿到府，现经秘书处派员审查，作成决定书，请公决案。

（议决）照审查意见通过。

八、广东省粮食调节委员会呈缴编造开办费及经常费预算表，请核指遵案。

（议决）交财政厅审查。

广东省政府第六届委员会
第二百三十八次议事录

十一月二十一日　星期二

出席者　林云陔　唐绍仪　金曾澄　胡继贤　李禄超　许崇清
　　　　　区芳浦　谢瀛洲

列席者　刘纪文　陆嗣曾

主　席　林云陔

纪　录　何启澧

报告事项

一、西南政务委员会令公布惩治山匪暂行条例，抄发原条例，仰知照，并转饬所属一体知照。

二、西南政务委员会令，据呈粤路南段局派员会勘展筑广三段三贺铁路一案，经报告本会决议准备案，仰即知照。

三、中国国民党广东省执委会函送修正广东各县市民众防空委员会组织大纲，及修正广东各县市组织民众防空会及扩大购机运动办法，请查照转饬各县市政府协助进行。

四、财政厅呈报修改开投各厘税捐务章程，及撤销欠饷承商得派员暂办缘由，请核准备案。

五、财政厅呈报，将修正广东省煤油贩卖业营业税征收章程第三条所指力度，拟议补充办法，请察核备案。

六、财政厅呈报，现委各县财政局长拟饬先照各县向来习惯办理，关于经费以及用人均暂勿变更，所有措施均须秉承县长办理，请察核备案。

七、建设厅呈缴工厂登记证书式样，请察核备案。

八、建设厅呈，据农林局呈报，租用永安围地亩设置优良蔗种蕃殖场及签立租约经过情形，抄呈租约，请核备案。

九、建设厅呈缴本年八月份上半月工作报告表，请察核。

十、民政厅呈缴本年七月份行政报告书，请核存转。

十一、监督整理三铁路委员会呈缴粤汉、广九两路本年六月份购料收料月报表，请察核。

讨论事项

一、财政厅呈，拟定各县办理田亩调查奖惩办法，请察核备案。

（议决）准备案。

二、建设厅呈，为南韶公路临时军桥费六万元，拟另行追加预算专案拨支，免在西北区应领路款内扣除，请核指遵案。

（议决）仍照原案办理。

三、建设厅呈，据潮汕港务分局呈，为奉准购置救护电船，每月约需经费二百四十八元，在二十二年度新预算案未核定以前，应如何开支，请核示等情，转请察核指遵案。

（议决）准由该局收入项下支发。

四、教育厅呈，拟于二十三年二月举行全省春季中等学校毕业会考，预算需费六千元，造具预算书，请核准令行财政厅由本厅临时经费项下拨发案。

（议决）照准。

五、教育厅呈，据庚戌首义纪念初级中学校呈，请拨发购置费二千元，似应照准，连同原缴预算书，请核准令行财政厅照拨案。

（议决）准在教育临时费项下拨支。

六、广州市政府呈，据公用局呈报经临等费在二十二年度预算未核定以前，请援案仍从开支月份起，根据新预算额报销等情，转请察核备案。

（议决）准备案。

七、琼崖抚黎专员元电，拟定国历年底由职带全琼各种黎苗男女百余人往省观光，计往返船脚及旅费需千余元，请发给案。

（议决）在临时费项下拨支一千元。

八、广东省粮食调节委员会呈，拟定韶关、揭阳、兴宁一处为总仓库所在地，并暂定英德、惠阳、海丰、增城、翁源、茂名、南雄、钦县等八县为分仓库，各储藏粮食若干，并设置库主任一人以资管理案。

（议决）照准。

九、广东省粮食调节委员会呈，拟于各地设置粮食通讯员各一员，专司调查各地粮食情形，请核指遵案。

（议决）照准。

十、南山移垦委员会呈报，岭南大学工科员生来会测量南山支出旅费，查实共三千四百一十六元三角五分，造具支出计算书，请核准如数发给案。

（议决）照准发给。

十一、广东合作总社筹备处呈，拟就广东省合作事业委员会组织章程暨经常费预算表，请核指遵案。

（议决）交胡、李两委员，区厅长审查。

十二、主席提议，汕头市公安局长廖道明另有任用，遗缺委何治伟接充案。

（议决）照委。

广东省政府第六届委员会
第二百三十九次议事录

十一月二十四日　星期五

出席者　林云陔　唐绍仪　金曾澄　胡继贤　李禄超　区芳浦
谢瀛洲　许崇清

列席者　陆嗣曾　刘纪文
主　席　林云陔
纪　录　何启澧

报告事项

一、财政厅呈报，将广东各县市地方税捐规费调查团，改定为广东各县市地方财政税捐调查团，请备案。

二、财政厅呈复，遵令饬北海分库拨给东兴行署建筑费情形，请察核备案。

三、建设厅呈，据开平县民方文衍等请承领县属第三区土名庙咀山、火烧山、蛇山、崩鼻牛山、沙咀山等处荒地，请察核备案。

四、建设厅呈，据梅县县民温湘源等请承领县属梅屏堡土名归龙坑、山子下、门前笈等处荒地，请察核备案。

五、建设厅呈，据梅县县民邓季夫等请承领县属第一区土名黄坭岗、谢眉畲、锅头坑等处荒地，请察核备案。

六、民政厅呈，据电白县呈缴三年施政计划进度表，请察核。

七、民政厅呈，据南海县呈缴三年施政计划进度表，请察核。

八、民政厅呈，据惠阳县呈缴三年施政计划进度表，请察核。

九、民政厅呈复，奉令准总部函，转张师长拟请将海陆丰两县，自十六年至二十一年佃户欠租及所欠旧粮豁免一案，于减免欠租部分，仰核明议复等因，合将拟议情形呈，请察核指遵。

十、民政厅呈，据台山县呈，为土地局现在登记忙迫，拟增设技术员役，所增经费由地方款项下拨支，连同预算表请核示等情，经准照办，请核备案。

十一、琼崖绥靖委员呈，据澄迈县呈缴三年施政计划进度表，请察核。

十二、广东省银行呈报纸币挤兑情形，请察核。

讨论事项

一、建设厅呈，拟将二十一年度经临两费在不超过预算总额范围内，流动款项互相挪用，请核指遵案。

（议决）照准。

二、教育厅呈，据省立第五中学校呈报，教员黄宝鉴死亡，请求援

82

例发给恤金八百四十元，核与恤金条例相符，连同原缴事实表，请察核办理案。

（议决）照发。

三、民政厅呈，接琼崖抚黎专员灰电，拟请由抚黎公署委任东方、乐安、大坡黎务指导员各一人，归各县长指挥等由，转请察核指遵案。

（议决）照准。

四、建设厅呈，据广海渔业区管理所拟具渔业证三联根式样，请核定收费若干等情，转请核示饬遵案。

（议决）准备案。征费照三等渔船船舶牌照费办理。

五、广州市政府呈缴播音台追加清偿电话积欠月费二十一年度岁出临时费预算书，请察核案。

（议决）准备案。

六、建设厅提议，钨矿专营处收买钨砂章程，请公决案。

（议决）交胡、李两委员审查。

七、主席提议，拟请加派董凌欧、彭卓任为粮食调节委员会委员，请公决案。

（议决）照派。

广东省政府第六届委员会
第二百四十次议事录

十一月二十八日　星期二

出席者　林云陔　庸绍仪　金曾澄　林翼中　胡继贤
　　　　　李禄超　区芳浦　谢瀛洲　许崇清

列席者　陆嗣曾　刘纪文

主　席　林云陔

纪　录　何启澧

报告事项

一、民政厅呈，据县长考试及格人员夏时等呈报赴南路琼崖各县考察完毕，学习亦届期满，请核令遵等情，业经核饬留厅听候差委，生活费仍继续支给，请察核备案。

二、民政厅呈，据遂溪县呈报第七区江洪地方飓风为灾情形，请拨款赈济等情，已准拨给三千元散赈，请察核备案。

三、建设厅呈，据西村士敏土厂呈，拟改用纸包装土，事尚可行，除指复照准外，请察核备案。

四、建设厅呈，据潮安县民李懿德等请承领县属第三区土名双门坑、伯爷官山、直坑等处荒地，请察核备案。

五、建设厅呈，据潮安县民刘柳坡等请承领县属土名长湖山等处荒地，请察核备案。

六、建设厅呈，据新会县民李圣意等请承领县属土名罗家湾、琴山等处荒地，请察核备案。

七、建设厅呈，据潮安县民钟宗渠等请承领县属第三区土名河内乡、鹊鸟尾、后迳岭坪、火烧埔等处荒地，请察核备案。

八、建设厅呈，据饶平县民张瑞书等请承领县属土名蛇地山、虾山、伯爷山等处荒地，请察核备案。

九、建设厅呈，据开平县民司徒有燕等请承领县属第四区土名罗汉山、禾笔水、司坟场等处荒地，请察核备案。

十、教育厅呈，据惠阳县呈缴教育局长王文蔚履历，转请察核加委。

十一、教育厅呈缴本年八月份行政报告书，请核存转。

十二、南区绥靖委员呈缴信宜、茂名、电白、廉江、钦县、化县等六县三年施政计划进度表，请察核。

十三、广东省会公安局呈，准番禺县函请将增设山河乡岗警缘由详报省府转行备案等由，连同收捐章程请察核备案，转县饬乡遵照。

十四、广东省银行呈缴董事会第三十次会议议事录，请察核。

十五、琼崖抚黎专员巧电略称，地方土劣残害民众，非严办不可，职在感昌罚款计有二万元，除补助该县自治、警卫、教育、交通、建设等款外，尚余数千元，不敷职三个月来之入黎各项费用等语。

讨论事项

一、主席提议，关于信宜县第四区私立联英初小学校校董曹秋舫等，因提拨本甲莲花寺租为联英、中阳两初小学校学费，与罗定俊英初小校发生争执一案，不服教育厅之处分，提起再诉愿到府，现经秘书处派员审查，作成决定书，请公决案。

（议决）照审查意见通过。

二、李、胡两委员会复，修正广东建设厅钨矿专营处收买钨沙章程，请公决案。

（议决）照修正通过。

三、建设厅呈缴广东航业联防办事处开办及迁移费支付预算书，请核指遵案。

（设决）准备案。

四、建设厅呈，据西村士敏土厂呈，拟购置钢弹一百吨，经董事会议决照购，请核示遵案。

（议决）照准。

五、财政厅呈，拟具广东各县按粮推定亩数田价，征收二十二年份田亩捐办法比例表式及说明，请核通饬各县遵照案。

（议决）准备案。

六、教育厅呈，拟具广东省中等学校春季毕业会考章程、会考委员会组织大纲、考试委员会办事细则，请核备案。

（议决）准备案。

七、教育厅呈复，遵令拟具广东省三等县仍设教育局变通办法，请核指遵案。

（议决）照准。

八、教育厅呈，请令行财政厅提前拨发广东省立实验民众教育馆经常费案。

（议决）照准。

九、建设厅呈，据农林局造缴糖业顾问何威廉购置家具临时费预算书，及膳宿旅费支付预算书，请核饬财厅拨发，并将经费由本年九月份起按月提前十足拨领案。

（议决）准在糖厂经费项下支发。

十、李、胡两委员会复，修正广东省合作事业委员会组织章程，请公决案。

（议决）照修正通过。

十一、财政厅、广州市府、高等法院会呈，奉发审查鹤山县民吕××与张××，因讼争本市××巷第××号界址，不服决定提起再诉愿一案，经分别派员会同审查，拟具决定书稿，连同本案卷件缴呈前来，请鉴核指遵案。

（议决）照审查意见通过。

广东省政府第六届委员会
第二百四十一次议事录

十二月一日　星期五

出席者　林云陔　唐绍仪　金曾澄　林翼中　胡继贤　区芳浦
　　　　谢瀛洲　许崇清
列席者　刘纪文　陆嗣曾
主　席　林云陔
纪　录　何启澧

报告事项

一、西南政务委员会令，关于财政部来文各省工商各业运输硝磺品类请领护照等件，一律呈由本省最高盐务机关核转填发一案，经本会议决照旧办理在案，仰知照。

二、财政厅呈复，西南各省国民对外协会补助费二百元，拟由本年度预算内列预备金项下拨支，请核指遵。

三、建设厅呈，据新会县民邓章琛等请承领县属第十区土名牛山等处荒地，请察核备案。

四、建设厅呈，据新会县民黄德瑜等请承领县属第二区土名古庙前左边荒地，请察核备案。

五、民政厅呈，据梅县呈缴三年施政计划进度表，请察核。

六、民政厅呈，据廉江县呈缴三年施政计划进度表，请察核。

七、民政厅呈，据花县呈缴三年施政计划进度表，请察核。

八、广州市政府呈缴二十二年八月份市库收支结算表，请核存转。

九、两广省办硫酸厂呈送七、八、九月份计算书表，请察核。

十、广汕铁路筹备处呈，为依照公司法印就认股书，缴送样本请准备案。

讨论事项

一、主席提议，关于李××因与陈××系争新会县属××××沙田一案，不服财政厅所为之决定，提起再诉愿到府，现经秘书处派员审查，作成决定书，请公决案。

（议决）照审查意见通过。

二、财政厅呈，据煤油贩卖业营业税总处呈请增加办公费，似可照准，连同原缴修正增加办公费预算书，请核准备案。

（议决）照准。

三、建设厅呈，为派技士许纬东及西人等六人前往调查滑水山森林，垫支旅费一千一百元，请如数拨给归垫案。

（议决）照准。

四、建设厅呈，据私立岭南大学函请将新港公路松冈段路线改正等情，应否准予变更，连同原附校图，请核指遵案。

（议决）路线已经确定，自难再事变更。

五、主席提议，关于赖××因茂名县政府撤销包租契约不服教育厅之决定，提起再诉愿一案，现经本府秘书处派员审查，作成决定书，请公决案。

（议决）照审查意见通过。

广东省政府第六届委员会
第二百四十二次议事录

十二月五日　星期二

出席者　林云陔　金曾澄　林翼中　胡继贤　李禄超　区芳浦
　　　　　谢瀛洲　许崇清

列席者　刘纪文　陆嗣曾

主　席　林云陔

纪　录　何启澧

报告事项

一、西南政务委员会令发西南政务委员会外交讨论委员会组织条例，仰知照，并转饬所属一体知照。

二、建设厅呈报，奉令抄发修正本省钨矿收归官办设处经营办法，遵经委江景淹为专营处主任，克日设处开办，请察核。

三、建设厅呈缴修正雇用英人布乐斯为棉织厂工程师〈英人〉合约，请察核。

四、建设厅呈，据新会县民李贤挥等请承领县属土名南坑山等处荒地，请察核备案。

五、建设厅呈，据新会县民吴文晃等请承领县属第九区土名牛山等处荒地，请察核备案。

六、建设厅呈，据新会县民邓显来等请承领县属土名仙人骑鹤等处荒地，请察核备案。

七、建设厅呈缴督理南路公路专员修理雷安路之城月第五第六两度桥临时费，支付预算书及支出计算书表，请察核。

八、两北区绥靖委员公署呈缴本年八月份工作报告表，请核存转。

九、中区绥靖委员公署呈缴本年九月份工作报告表，请核存转。

讨论事项

一、主席提议，关于何德露因不服财政厅核饬何泽源租缴纳花息一案，提起诉愿到府，现经秘书处派员审查，作成决定书，请公决案。

（议决）照审查意见通过。

二、主席提议，关于方××与李××等系争惠阳县属土名×××官荒一案，不服财政厅所为之决定，提起再诉愿到府，现经秘书处派员审查，作成议定书，请公决案。

（议决）照审查意见通过。

三、主席提议，关于谭如光因不服财政厅撤销报承新会县属源清三沙，即梅树营土名半边榄围边颜红围边①等处沙田一案，提起诉愿到府，现经秘书处派员审查，作成决定书，请公决案。

（议决）照审查意见通过。

四、主席提议，关于陈××等与陈××等两造，互争宝安县属土名×××天后庙前坦地一案，不服财政厅所为之决定，提起再诉愿到府，现经秘书处派员审查，作成决定书，请公决案。

（议决）照审查意见通过。

五、建设厅呈，据农林局呈缴糖蔗事业三年计划，及第一年开办各区营造场临时费预算表，请察核办理案。

（议决）交区厅长，胡、李两委员审查。

六、广州市政府呈送广州市电力厂调查委员会组织简章，请察核指遵案。

（议决）准备案。

七、教育厅、广州市政府会呈，关于省立第一女子中学校收用民业补偿地价一案，经传集该地业主协议，请求过奢似难照准，应如何办理候令祗遵案。

（议决）由市政府依法组会评价再核。

八、主席提议，关于吴英年因不服省会公安局责令请②纳警捐之处分提起诉愿一案，现经秘书处派员审查，作成决定书，请公决案。

（议决）照审查意见通过。

九、民政厅提议，潮安县县长廖桐史辞职，情词恳切，拟予照准，遗缺拟以化县县长辛煁桥调署；递遗化县县长缺拟以恩平县县长梁庆翔调署；递遗恩平县缺拟以乐会县县长余丕承调署；递遗会乐县缺拟以考取县长夏时试署，是否有当，请公决案。

（决议）照准。

十、广东军事政治学校函送刘均誉等十九名姓名履历表，请查照办理案。

（议决）由县长考试委员会于本星期六日口试。

---

① 土地名无从查考，故按原文，不加标点。
② "请"字似应为"清"。

广东省政府第六届委员会
第二百四十三次议事录

十二月八日　星期五

出席者　林云陔　金曾澄　林翼中　胡继贤　李禄超　区芳浦
　　　　　谢瀛洲　许崇清
列席者　刘纪文　陆嗣曾
主　席　林云陔
纪　录　何启澧

报告事项

一、财政厅呈，为沙田旧照减成报承一案，展至本年十一月底止，已届期满，为俯顺舆情，增进税收起见，拟继续展限三个月，请核备案。

二、建设厅呈，据西村土敏土厂呈转张炳全等承办迁葬榨油岗坟骨一案章程，请核示遵。

三、建设厅呈，据农林局呈请更易各模范林场名称，转请察核指遵。

四、建设厅呈，据新会县民谭宗和等请承领县属土名飞鹅山等处荒地，请察核备案。

五、民政厅呈，据增城县呈缴三年施政计划进度表，请察核。

六、民政厅呈，据南澳县呈缴三年施政计划进度表，请察核。

七、民政厅呈，据番禺县呈缴三年施政计划进度表，请察核。

八、民政厅呈报撤销合浦县第七区，所有该区自治事宜，应移交围洲斜阳管理局接收筹办缘由，请察核备案。

九、琼崖绥靖委员呈报，领回账〔赈〕款分配受灾各县散账〔赈〕情形，请察核。

十、广东省政治研究会函送会员谢瀛洲提议，从速订定经书编辑办法原案，请采择施行。

十一、监督整理三铁路委员会呈送本年七月份粤汉南段广九两路购料收料月报表，请察核。

十二、监督整理三铁路委员会呈送本年十月份检查粤汉南段广九两路现金报告表，请察核。

讨论事项

一、主席提议，关于邓××等因系争本市湛塘南约涌边门牌第××及××号屋地一案，不服广州市政府所为之决定，提起再诉愿到府，现经秘书处派员审查，作成决定书，请公决案。

（议决）照审查意见通过。

二、主席提议，关于容××因承领广州市×××街第××号及第××号铺地，与××会馆发生争执一案，不服广州市政府所为之决定，提起再诉愿到府，现经秘书处派员审查，作成决定书，请公决案。

（议决）照审查意见通过。

三、主席提议，关于周××因广州市××路门牌第×号铺业被市财局收为电力公司增设机炉之用一案，不服市政府所为之决定，提起再诉愿到府，现经秘书处派员审查，作成决定书，请公决案。

（议决）照审查意见通过。

四、财政厅、广州市府、高等法院会呈，奉发审查顺德县民胡××与刘××因争承铺业不服决定提起再诉愿一案，当经分别派员会同审查完竣，拟具决定书稿，连同本案卷宗缴呈前来，请鉴核指遵案。

（决议）照审查意见通过。

五、建设厅呈，拟就广东建设厅钨矿专营处组织章程，请察核指遵案。

（议决）修正通过。

六、建设厅呈，据西村士敏土厂呈缴七月份制造费节目流用数目表各数增减表等，恳准将项内各节目流用等情，请核指遵案。

（议决）照准。

七、建设厅呈，据收用普汕段行车公司资产评价委员会呈缴普汕段集丰公司资产价值清册，应否准照评定价格办理，请核指遵案。

（议决）准备案。

八、民政厅呈，据番禺县呈缴县农民银行晒图，请准拨用番禺学宫之一部作行址等情，转请察核指遵案。

（议决）准暂借用。

九、财政厅呈，据职厅第四科科长方德华呈请辞职，经予照准，并派何绍琼接理，连同该员履历，请核加委案。

（议决）照委。

十、教育厅呈，据省立第八中学校呈，请拨发购置费毫银二千五百四十元零七毫八仙五文，似应照准，转请核准令行财厅由本厅临时费项下照拨转发案。

（议决）照准。

十一、广州市政府呈缴土地局追加二十一年度及二十二年度租金经常费概算书，请察核备案。

（议决）准备案。

十二、广州市政府呈，据教育局呈，为本市市辖小学毕业会考之期行将届及，应否继续举行，请核示等情，转请察核指遵案。

（议决）缓办。

广东省政府第六届委员会
第二百四十四次议事录

十二月十二日　星期二

出席者　林云陔　金曾澄　胡继贤　李禄超　区芳浦　谢瀛洲
　　　　　许崇清

主　席　林云陔

纪　录　何启澧

报告事项

一、建设厅呈，据港务局拟具航业联防办事处护船目兵规则，请察核备案。

二、民政厅呈，据乐会县呈缴三年施政计划进度表，请察核。

三、民政厅呈缴本年八月份行政报告书，请核存转。

四、财政厅呈缴二十一年度行政概况，请核存转。

五、财政厅呈缴本年二月份行政报告书，请核存转。

六、建设厅呈缴本年八月份下半月工作报告书，请察核。

七、西北区绥靖委员呈缴本年九月份工作报告书，请核存转。

八、广东省会公安局呈，拟定取缔长堤码头挑夫规则，连同铜牌、木牌、竹帽等式样，请察核备案。

九、监督整理三铁路委员会呈缴粤汉南段、广九两路二十二年八月份购料收料月报表，请察核。

十、监督整理三铁路委员会呈缴本年十月份核签粤汉南段、广九两路进付款凭单月报表，请察核。

讨论事项

一、谢厅长、林厅长、陆院长会复，审查台山县民黄安状请发还广州市第八甫第五号铺业一案，拟具意见书，请察核办理案。

（议决）照审查意见通过，该铺交由财厅管业。

二、广东省政治研究会函送会员冯锐等提议确定洋米税款之处理方法，及限制洋米税款之用途原案，及修正案，请采择施行案。

（议决）照办。

三、民政厅呈，据台山县呈缴收用民地建筑各区屠场拟定地价表，及各屠场建筑工料数目表等，请核准收用等情，连同原缴图表，请核指遵案。

（议决）准备案。

四、财政厅呈缴，关于经济会议议决通过之广州市商库证发行委员会章程草案，请核指遵案。

（议决）先准试办，限发三百万元，领用以普遍为原则，并由财厅切实监督，再发时须另呈本府核准。

五、建设厅呈，据北江船务管理所英韶分卡呈，请拨助临时费三百元及追加经常费一百零五元，请核指遵案。

（议决）照准在增加收入项下拨支。

六、财政厅呈复，审查粮食调节委员会开办费经常费预算，大致尚无不合，惟办公费一项未免略多，似应酌予核减，请核示遵案。

（议决）准照原预算支发。

七、教育厅呈，据省立第一师范学校呈，为新建校舍单隅部分拟一律改为双隅，请准增拨双隅价银一千三百六十一元九毫九分等情，似可照准，请令行财厅由本厅临时经费项下拨发案。

（议决）照准。

八、革命纪念会函复，建筑庚子革命纪念亭莫善于三洲田地方，请准予拨款饬县办理案。

（议决）令惠阳县政府会同该县党部办理。

九、建设厅呈复，遵令查明南韶公路临时军桥费原案，系由总部函请财厅照拨，仍请核饬财厅查案追加预算，以清款目案。

（议决）在本年度西北区公路费项下拨还。

十、广州市政府呈，据自动电话管委会呈，为第四款省港长途电话临时费在二十二年预算未核定以前，请援案仍从开支之月起，根据新预算额报销等情，转请察核备案。

（议决）准备案。

十一、东区绥靖委员呈，据韩江警卫营呈缴换领枪枝垫支起运夫车费册，计毫洋一百三十六元四毫，转请准予照发案。

（议决）由东区绥靖公署筹拨。

十二、东区绥靖委员呈缴农林讲习所十一月下半月份经常费追加预算书，请察核指遵案。

（议决）照准。

广东省政府第六届委员会
第二百四十五次议事录

十二月十五日　星期五

出席者　林云陔　金曾澄　林翼中　胡继贤　李禄超　区芳浦
　　　　　谢瀛州　许崇清
列席者　刘纪文　陆嗣曾　陈济棠
主　席　林云陔

纪　录　何启澧

报告事项

一、财政厅呈报派委员吴瞻白赴潮洲点交官产由财政什费项下支过旅费缘由，请核备案。

二、建设厅呈报，船舶新式牌照定于二十三年一月一日起施行，请核备案。

三、建设厅呈缴新制特发专营处出口钨矿运照式样，请核备案转发施行。

四、民政厅呈复，核议东区绥靖委员请拨发兴宁、丰顺赈款一案情形，请核备案。

五、民政厅呈，据新会县请示，关于土地登记因土地原面积与测绘图面积不符，人民请求复测一案，谨拟具办法，请察核指遵。

六、民政厅呈，据澄迈县呈缴三年施政计划进度表，请察核。

七、监督整理三铁路委员会呈送粤汉南段、广九两路二十二年十月份职员升调任免月报表，请察核。

八、广东土敝【敏】土营业处呈缴二十二年十一月份营业报告书，请察核。

讨论事项

一、审查预算委员会呈复，审查二十二年度预算情形，连同会议录审定岁入岁出概算书，请察核施行案。

（议决）各机关预算照本府核定额减支，预算不足之数着财厅设法增加收入五百万元，务使收支适合。

广东省政府第六届委员会
第二百四十六次议事录

十二月十九日　星期二

出席者　林云陔　唐绍仪　金曾澄　林翼中　胡继贤　李禄超
　　　　　区芳浦　谢瀛洲　许崇清

列席者　刘纪文　陆嗣曾

主　席　林云陔

纪　录　何启澧

报告事项

一、西南政务委员会令，据预算委员会呈，请令饬省市政府迅将二十二年度岁入岁出预算书及概算书呈会发审，在未核定以前，各机关有因特别情形须提前依照新预算额支付，或追加预算之案，须俟核准饬知后，再行专案报核等情，仰即遵照。

讨论事项

一、主席提议，关于高××等因不服建设厅核准五那路线经狐狸迳展筑至独洲一案之处分，提起诉愿到府，现经秘书处派员审查，作成决定书，请公决案。

（议决）照审查意见通过。

二、第一集团军总司令部函复，关于东莞县民郑逸才状，请转饬虎门要塞司令部将价领官田发还耕管一案，似难发还耕管，请按照原领田价发还收回管理案。

（议决）照办。

三、财政厅呈复，查明广西富贺矿务局在粤原有河南冼涌屋地一案情形，请察核办理案。

（议决）咨广西省政府补回党部建筑费八千零七十四元三毫五仙。

四、建设厅呈缴近郊各路添设让道所及改建桥梁概算，关于政府补助半数请饬财政厅直接拨由总部办理案。

（议决）照办。

五、建设厅呈缴广东建设厅发给各属小规模渔业证章程，请察核指遵案。

（议决）准备案。

六、建设厅呈，据农林局呈缴聘请美国人金格为技正合约，转请察核指遵案。

（议决）准备案。在糖厂经费项下开支。

七、财政厅呈，为厅辖特务大队领用子弹价共一千三百二十五元，拟在本年度省地方财务费岁出临时门财政各项杂费项下动支，请察核备案。

（议决）准备案。

八、教育厅呈，据省立第七中学校请拨修建费七千九百九十八元，似应照准，请令行财政厅由本厅临时经费项下拨发案。

（议决）照准。

九、广州市政府呈报，委文树声代理工务局长，取具该员履历，请察核加给任命案。

（议决）照委。

十、广州市政府呈，据自动电话管理委员会呈请变更省港长途电话征费办法，应否如拟办理，请核指遵案。

（议决）照准。

十一、广州市政府呈，据自动电话管理委员会呈，为职会建设费在二十二年度预算未核定前，请援案仍从开支之月起根据新预算额报销等情，请察核备案。

（议决）准备案。

十二、广州市政府呈，据社会局呈，为国货陈列馆经费在二十二年度预算未核定前，请援案仍从开支之月起根据新预算额报销等情，请察核备案。

（议决）准备案。

十三、广州市政府呈，据工务局呈，为建筑大水圳铁闸工料费，在二十二年度预算未核定前，请援案仍从开支之月起根据新预算额报销等情，请察核备案。

（议决）准备案。

十四、广州市政府呈，据社会局呈，拟将本市三院合并改组，定名为救济院，经市政会议通过，连同原缴经常临时费预算书，请察核备案。

（议决）准备案。

十五、广州市政府呈，据工务局编具追加市府合署各柱改用意大利批荡工料费二十二年度岁出预算书，转请察核备案。

（议决）准备案。

十六、广州市政府呈，据工务局编具改筑郊外马路及桥梁工料费二十二年度岁出预算书，转请察核指遵案。

（议决）准备案。

十七、西村士敏土厂呈，遵令将二十一年度事业费项内节目挪移流用情形呈复，并列同数目表，请察核案。

（议决）照准。

广东省政府第六届委员会
第二百四十七次议事录

十二月二十二日　星期五

出席者　林云陔　唐绍仪　金曾澄　林翼中　胡继贤　李禄超
　　　　　区芳浦　谢瀛洲　许崇清
列席者　刘纪文　陆嗣曾
主　席　林云陔
纪　录　何启澧

报告事项

一、财政厅呈报令饬金库由舶来农产品专税存款项下，分别支付惠阳、番禺两酒精厂酒精机及建筑等费情形，请察核备案。

二、财政厅呈报取缔银业店号开设缘由，请察核指遵。

三、财政厅呈报由本年度预算财务杂费项下，支过派员赴中山县收官有田坦租旅费等款缘由，请核备案。

四、民政厅呈，据开平县呈，为第五区厚背乡拟组织乡公所，转请核示等情，经指复照准，请核备案。

五、民政厅呈，据连平县呈缴三年施政计划进度表，请察核。

六、民政厅呈，据万宁县呈缴三年施政计划进度表，请察核。

讨论事项

一、财政厅呈，拟具广东财政厅发行煤油贩卖业营业税抵纳证简章，请察核备案。

（议决）准备案。

二、财政厅呈复，核明广东省建设事业协进会请拨开办费一千元，及每月补助费五百元，尚属要需，惟本届预算尚未列入，似可准予追加照拨，请核明饬遵案。

（议决）先拨开办费一千元。

三、财政厅呈报，拟定加倍征收舶来士敏土附费抽率，其扩充全省长途电话费仍照征抽，请察核指遵案。

（议决）照准。

四、建设厅呈复，核明独立第一师所缴平吉公路桥梁涵洞图及预算书尚无不合，似可饬库补助，请察核办理案。

（议决）交建设厅派员查勘该路再核。

五、建设厅呈，据农林局呈复核明东区绥靖委员公署电，请将兴宁苗圃发交该县接管整理一案情形，请核指遵案。

（议决）照准由各县支付经费，并由农林局切实指导。

六、教育厅呈复，核议梅县乐育中学校呈缴征收土地计划书一案情形，请察夺办理案。

（议决）准依法征收。

七、教育厅呈，据省立第六师范学校呈请拨给修葺校舍费二千六百三十七元，似应照准，请令行财政厅由本厅临时经费项下照拨案。

（议决）照准。

八、广州市政府呈，据卫生局编具追加摊还宏丰公司借款二十一年度岁出预算书，请察核备案。

（议决）准备案。

九、广州市政府呈，据财政局编具追加拨支代收附加教育费办公费二十一年度岁出预算书，请察核备案。

（议决）准备案。

十、琼崖抚黎专员呈，请拨发修葺公署工料费八百五十六元六角，编就支付预算书，连同估价单，请核指遵案。

（议决）照准。

十一、广东粮食调节委员会呈复修改运销东北四省豆类入粤办法，请察核指遵案。

（议决）照准。

十二、广东省县长考试典试委员会函送广东军事政治学校选送深造班高级组学员口试成绩次第表，请查照办理案。

（议决）照办。

十三、第一集团军总司令部函，据东区绥靖委员转据农林讲习所呈报结束，请发给教官恩饷等情，应否准予发给，请查核办理案。

（议决）该所系有定期结束，与发给恩饷成案不符，未便照准。

十四、主席提议，关于林佑明因不服财政厅撤销投承新会县属土名粘崖山脚沙田一案之处分，提起诉愿到府，现经秘书处派员审查，作成决定书，请公决案。

（议决）照审查意见通过。

十五、民政厅提议，据感恩县县长云茂钵呈请辞职，拟予照准，送军事政治学校政治深造班训练，遗缺以考试及格县长李乘元试署，请公决案。

（议决）照委。

广东省政府第六届委员会
第二百四十八次议事录

十二月二十六日　星期二

出席者　林云陔　唐绍仪　金曾澄　林翼中　胡继贤　区芳浦
　　　　　谢瀛洲　许崇清

列席者　刘纪文

主　席　林云陔

纪　录　何启澧

报告事项

一、西南政务委员会令发国民政府西南行政裁判委员会组织条例，仰知照并转饬所属一体知照。

二、民政厅呈，据徐闻山医务所呈报，经费有限，所置药品不敷需求，请每月增拨医药费二百元，尚属实情拟予照准，仍在赈款项下支给，请核备案。

三、民政厅呈，为茂名县土地局长江龙图拟调省另有任用，遗缺委陈碧溪接充，请核赐委任。

四、民政厅呈，据高要县呈缴取缔中西医生注册章程及考试规则，谨将拟改各点请核指遵。

五、建设厅呈，据潮安县民黄炳添等请承领县属土名虎头山、峰厝山、后山等处荒山，转请察核备案。

六、建设厅呈，据梅县县民叶天府等请承领县属第九区土名竹子岌、横担岌、船子冈等处荒地，转请察核备案。

七、建设厅呈，据开平县民司徒文念等请承领县属第六区土名黑圳灶、猫儿山、松仔坑山等处荒地，转请察核备案。

八、建设厅呈，据潮安县民廖五等请承领县属土名东湖山、廖字山等处荒地，转请察核备案。

九、财政厅呈报，奉饬酌拨兴宁、丰顺两县储谷费一案遵拨六万元，交由东区绥靖委员具领，请察核。

十、广州市政府呈缴本年六月份行政报告书，请察核汇办。

十一、东区绥靖委员呈，据东区模范林场主任呈报，拟往五华另觅荒地筹辟第二苗圃各节，核与计划规定相符，陈照准外请察核备案。

十二、监督整理三铁路委员会呈缴三路总稽核检查粤汉南段、广九两路十一月份现金月报表，请察核。

十三、建设厅呈复，为奉令准加倍征收士敏土统税，拟请专对于舶来士敏土课征，其本国出产之士敏土仍照旧额征收，请核夺示遵。

讨论事项

一、主席提议，关于李××因不服建设厅核准新会县开拆××巷、××街马路一案，提起诉愿到府，现经秘书处派员审查，作成决定书，请公决案。

（议决）照审查意见通过。

二、主席提议，关于黄××等因台山县变更屠场地址一案，不服民政厅批示，提起诉愿到府，现经秘书处派员审查，作成决定书，请公决案。

（议决）照审查意见通过。

三、西南政务委员会令，准西南执行部函，请转饬广东省银行，将黄干朝经手中央党部之存款提充本部经费等由，经决议照提，仰查明办理案。

（议决）转饬省行遵照。

四、财政厅呈，拟将南番沙田局撤裁，另派捐费征收专员接办，连同办事章程并经费预算表，请核准备案。

（议决）准备案。

五、教育厅呈，据省立第一女子师范学校请拨发修建费五千三百三十五元一角，拟请由本厅留学经费项下先行垫支，俟该校追加临时费核定垫还案。

（议决）照准。

六、教育厅呈，拟将广东省二十一年度教育概况附印一千五百本，共需工料银一千五百元零五毫，请令行财政厅由本厅临时经费项下照拨案。

（议决）照拨。

七、广州市政府呈，据财政局编具追加补助省市党部党费二十二年度岁出预算书，请察核备案。

（议决）准备案。

八、广州市政府呈复，另拟增加车辆牌照收费弥补养路修桥专款办法，连同清表，请察核指遵案。

（议决）准备案。

九、本府商务兼审核专员张仲新、西村士敏土厂监理林廷熙会呈，奉饬查核西村士敏土厂呈，请发给二十二年一月至六月底所提出之奖金公益各数一案，经赴厂察看一切材料物产各数，核与该厂所列清单大致相符，请察核办理案。

（议决）准予照准发给。

十、广东省会公安局呈报改编警察医院预算缘由，连同改编预算书，请核准备案。

（议决）准备案。

十一、主席提议，关于何陈氏因不服广州市政府，对于该诉愿人请求撤销卫生局停业处分所为之决定，提起诉愿到府，现经本府秘书处派员审查，作成决定书，请公决案。

（议决）照审查意见通过。

十二、民政厅提议，三水县县长孙××奉令撤职，遗缺拟委考试及格县长廖鹤洲试署；博罗县县长岑衍璟呈请辞职，拟予照准，送广东军事政治深造班训练，遗缺委考试及格县长刘均誉试署；罗定县县长林振德呈请辞职，拟予照准，送广东军事政治深造班训练，遗缺委考试及格县长曾越署理，请公决案。

（议决）照委。

广东省政府第六届委员会
第二百四十九次议事录

十二月二十九日　星期五

出席者　林云陔　金曾澄　胡继贤　李禄超　区芳浦　谢瀛洲
　　　　　许崇清
列席者　刘纪文　陆嗣曾
主　席　林云陔
纪　录　何启澧

报告事项

一、广西省政府有日电告，于二十三年元旦迁并合署，此后各厅处处理政务，均以省政府名义由主席署名行之。

二、财政厅呈报，十元省币从十二月十八日起再继续暂行停止兑现四十五天，请核备案。

三、建设厅呈，据高要县民伦尔桐等请承领县属第一区土名蓝塘村红袍岭等处荒地，转请察核备案。

四、民政厅呈，据广东省地政工作人员养成所呈缴安装自动电话机预算书，转请察核备案。

五、民政厅呈，据徐闻县呈缴三年施政计划进度表，请察核。

六、民政厅呈，为拟具修正县地方自治法规施行程序办法，经通饬遵照，请察核备案。

七、监督整理三铁路委员会呈缴粤汉南段、广九两路本年九月份购料收料月报表，请察核。

讨论事项

一、主席提议，关于罗××因以天成岗调换乌龙岗旧炮垒地址一案，不股〔服〕广州市政府所为之处分，提起诉愿到府，现经秘书处审查，作成决定书，请公决案。

（议决）照审查意见通过。

二、主席提议，关于张××因请保留广州市×××大街第××号割除〔余〕地，不服广州市政府决定，提起诉愿到府，现经秘书处审查，作成决定书，请公决案。

（议决）照审查意见通过。

三、财政厅呈，据儋县呈复补助县府行政费不能取销情形，请察核示遵案。

（议决）饬该县将教育科改教育局所增之经费评〔详〕细呈报再夺。

四、西北区绥靖委员呈，据连县呈请暂缓裁撤牛只落地捐以维警款等情，请核指遵案。

（议决）该捐系属苛细，所请暂缓裁撤碍难照准，至警卫队经费应在田亩捐项下拨支。

五、广州市政府呈，为市参议会成立计至本年九月份已届一年期满，至十月份该会经费应否继续照给，请核示遵案。

（议决）该会参议员出席费毋庸再发。至职员经费发至本年十二月底止。

六、教育厅提议改组省立图书馆及设立编印局办法，请公决案。

（议决）照办。

104

广东省政府第六届委员会
第二百五十次议事录

民国二十三年一月五日　星期五

出席者　林云陔　金曾澄　胡继贤　李禄超　区芳浦　谢瀛洲
　　　　　许崇清
列席者　刘纪文　陆嗣曾
主　席　林云陔
纪　录　何启澧

报告事项

一、许委员函复，紫金、赤溪、高要、博罗、定安、台山、琼山各县暨汕头市南山移垦委员会三年施政计划进度表，业已审查完竣，合将各表附签审查意见，连同会议录，请查照办理。

二、财政厅呈，据澄迈县请展期缓停谷米警察各捐，请察核令遵。

三、建设厅呈，据新会县民林举韶等请承领县属第九区土名勒凿坑等处荒山，请察核备案。

四、民政厅呈，据陵水县请将自治区域从新划分为四区，连同地图缴请核示等情，经指复照准请核备案。

五、民政厅呈，据平远县呈缴三年施政计划进度表，请察核。

六、民政厅呈，据龙门县呈缴三年施政计划进度表，请察核。

七、广东省银行呈报，董事会议决嗣后开投产业概由行自行办理，请察核备案。

讨论事项

一、第一集团军总司令部函，请将扎〔紫〕金至河源公路改为省道，予以补助，以期速成而利军事案。

（议决）该路线既属关系军事自应补助，在预备金项下拨支。

二、民政厅、建设厅呈复，核明琼崖绥靖委员请补助琼崖麻疯院第二期建筑费一案，尚属实情，似可酌予拨助，请察夺办理案。

（议决）列入二十三年度预算。

三、民政厅呈，为拟具筹建高明麻疯院及扩充石龙、琼崖、汕头等处麻疯院经常各费预算表，请核准分别指拨以利进行案。

（议决）交刘市长，胡、李两委员审查。

四、教育厅呈，为花县小东圃乡收用×××闲屋地段建筑校舍一案，饬据该县审查委员会拟具议定书前来，请察核指遵案。

（议决）准备案。

五、教育厅呈，据省立第七中学校呈请拨发购置费二千五百元，似应照准，请令行财政厅由本厅临时经费项下照拨案。

（议决）准照拨。

六、财政厅呈，准审查预算委员会转知，关于广州市政府及所属机关二十二年度预算案，经分别审查议决等由，转请核示施行案。

（议决）照转政委会。

七、阳江县呈，准粤海关监督函，请圈借北津废炮台地段建筑阳江分卡关屋等由，经饬勘清楚绘具详图，缴请察核示遵案。

（议决）准备案。

八、民政厅提议，新委感思〔恩〕县县长李乘元呈称愿入广东军事政治学校政治深造班训练，辞不赴任，拟予照准，遗缺委考试及格县长林拔萃试署，请公决案。

（议决）照委。

广东省政府第六届委员会
第二百五十一次议事录

一月九日　星期二

出席者　林云陔　金曾澄　胡继贤　李禄超　区芳浦　谢瀛洲
　　　　　许崇清
列席者　刘纪文　陆嗣曾
主　席　林云陔

纪　录　何启澧

报告事项

一、西南政务委员会令，据呈缴广东省地方二十二年度岁入岁出概算书，经预算委员会审查核定办法，报告政务会议照办在案，仰即知照。

二、许委员函复，信宜、惠阳、茂名、钦县、电白、廉江、龙川、花县、增城、番禺、南海、梅县、乐会、南澳、澄迈、翁源、化县、潮安、始兴等十九县三年施政计划进度表，业已审查完竣，合将各表附具审查意见，连同会议录，请查照办理。

三、财政特派员、财政厅会呈，准广州市政府函，请将省河印花等九款收入搭收市券二成，除函复照办外，请核转备案。

四、建设厅呈缴生丝检查所附带征收蚕丝改良费办事处二十二年度经常费预算书，请察核指遵。

五、建设厅呈，据长途电话管理处呈请发还电话按柜费等情，拟在士敏土大学附加加五费项下拨还，请核示遵。

六、建设厅呈，据恩平县民张相炳等请承领县属第四区土名黄龙饮乳山等处荒山，转请核备案。

七、建设厅呈，据新会县民周启绪等请承领县属第十五区土名崩山、飞鼠山等处荒地，转请察核备案。

八、民政厅呈，据顺德县呈缴三年施政计划进度表，请察核。

九、广州市政府呈，据自来水管理处呈，请由二十三年一月起暂加水费等情，经提出市政会议议决通过，请核备案。

讨论事项

一、第一集团军总司令部函，请拨给改筑丰顺汤坑公路之大径抽树坳一段路基路面桥梁费一万八千元案。

（议决）在本年度东区应领公路费项下移拨。

二、财政厅呈，为汕头市政府及所属各机关二十二年度岁入岁出预算书，经送审查委员会审查议决，检同原送预算书及会议录，缴请核明饬遵案。

（议决）照转政委会。

三、财政厅呈复，广东省会公安局二十二年度岁入岁出预算书，经送审查预算委员会审查议决，检同原发预算书及会议录，请核示遵案。

（议决）照转政委会。

四、财政厅呈复，奉发审查广东糖蔗事业三年计划及预算一案，谨拟具意见书，请核议饬遵案。

（议决）除潮汕糖蔗营造区另案办理外，除〔余〕照审查意见通过。

五、建设厅呈，据农林局呈，拟由二十三年一月起裁员，节薪移作风景材①施业费用等情，似尚可行，惟事关流用经费项目，请核指遵案。

（议决）照准。

六、建设厅呈，据高明县呈缴修葺堤基计划及预算书，请在洋米税收入项下拨借一十二万元分期拨付等情，事尚可行，请核准转饬财政厅按月借拨案。

（议决）该项筑堤计划是否适当，送治河会核明再夺。

七、建设厅呈报筹备新闻纸厂情形，造纸机器以瑞典洋行最为相宜，拟向该行订购，连同合约，请核备案。

（议决）准备案。该项工程费由财厅在新增税款项下拨支，或由省行借拨。

八、建设厅呈，据惠平、平鲹两路行车公司资产评价委员会呈报成立及评价经过详情，连同原缴会议录及表册，请察核备案。

（议决）准备案。

九、东区绥靖委员呈，据东区农林讲习所呈缴十一月份毕业临时费支付预算书，转请察核备案。

（议决）预算已定，未能再拨。

十、许委员函复，关于行政会议各案，经会同李、金两委员及各厅秘书审查完竣，合将每案附具整理意见，连同会议录，请查照办理案。

（议决）照审查意见办理。

十一、建设厅呈，请〔拟〕本厅运矿请由省府核发护照，并令财厅通饬各关卡及地方团体不得藉口收捐故意骚扰案。

---

① "材"字疑为"村"字。

（议决）查案通令一律禁止抽捐。建厅所运各矿由建厅自发运照。

十二、建设厅提议，收回狗牙洞煤矿由政府办理，供给钢铁厂焦煤，请公决案。

（议决）照办。

十三、建设厅呈，拟请饬财厅在投卖大沙头商业区地段价款内，拨还建筑该商业区透支省行本息十万零二千七百四十一元五毫二仙，当否，请核示遵案。

（议决）照准。

广东省政府第六届委员会
第二百五十二次议事录

一月十二日　星期五

出席者　林云陔　金曾澄　林翼中　胡继贤　李禄超　区芳浦
　　　　　谢瀛洲　许崇清

列席者　陆嗣曾

主　席　林云陔

纪　录　何启澧

报告事项

一、西南政务委员会令，关于张志敏同志请拨给公地迁葬张简廷先烈遗骸，并酌予葬费一案，仰即查明办理。

二、财政厅呈报，订定鱼地申报规则及申报单式，除令县遵办外，请察核备案。

三、财政厅呈，据广州市商库证发行委员会呈，为奉发章程，经悉心研究，谨将拟请改善补充之点叙明理由，并缮章程一份，请核转等情请察核令遵。

四、财政厅呈报，定由民国二十三年一月一日起，凡舶来豆类亦列入征收范围，每担征收专税大洋五角，舶来花生每担征收大洋四角，请核备案。

五、建设厅呈报，已令将东路省道行车管理处名称改为东路省道第一行车管理处，并将股本归东路公路处支配，嗣后收入纯利均缴该处核收，请察核备案。

六、建设厅呈，据海康县呈缴建设局长梁荣墀履历，转请核予任命。

七、建设厅呈，据阳春县民叶毓芬等请承领县属第一区土名马水乡、大坡、拢心岭等处荒地，转请察核备案。

八、建设厅呈，据开平县民周钧成等请承领县属第三区土名东坑蟛螃山等处荒地，转请察核备案。

九、建设厅呈缴二十二年九月份上半月工作报告表，请察核。

十、建设厅呈缴二十二年九月份下半月工作报告表，请察核。

十一、教育厅呈缴二十二年九月份行政报告书，请核存转。

十二、中区绥靖委员公署呈缴二十二年十月份工作报告表，请察核。

十三、民政厅呈缴二十二年九月份行政报告书，请核存转。

十四、民政厅呈，据阳春县呈缴三年施政计划进度表，请察核。

十五、秘书处签呈，东区绥靖委员呈缴农林讲习所十一月份毕业临时费支付预算书一案，昨奉议决预算已定未能再拨在案，现查盐税附加剿匪费系属总部收入，此案现经总部核准似应准予备案。

讨论事项

一、民政厅呈，据南澳县呈报，县参议会讨论迁移县治一案情词各执，请核示等情，似应饬县克日迁回原治，当否，请核夺指遵案。

（议决）准予迁回原治。惟于第二区设立行署。

二、建设厅呈复，奉发西北区绥靖公署铺造南韶公路路面工程费报销册据，经核明更正，各数尚属相符，请察核办理案。

（议决）交财厅复核。

三、建设厅呈，据广东钨矿专营处呈，为钨矿出口，请转呈省府分咨各海关监督转行各税务司，照公价征收出口税等情，转请核予照办案。

（议决）转呈政委会令饬遵办。

四、建设厅呈，据西村士敏土厂呈缴二十二年八、九、十各月份制

110

造费节目适用数目表，及增减表，查核各数总散尚属相符，请察核分别存转案。

（议决）照准。

五、建设厅呈，据西村士敏土厂呈，为添购第二套制土机器，将制土部分机件改用装纸包机件，据史密芝公司来电称，须加价英金二千六百镑，运费及保证费在外等情，自应照准，请察核备案。

（议决）令厅转饬该厂将纸包机件与装麻包机件两相比较，详为说明再办。

六、建设厅呈缴秘书张次眉、伍朝光，第二〔一〕科长林时铎，第二科长林树文，第三科长陈柏森履历，请察核任命案。

（议决）照委。

七、财政厅呈复，汕头市电话管理委员会二十二年度岁入岁出概算书，经送审查预算委员会审查议决照列在案，请核明转饬遵照案。

（议决）照转呈政委会。

八、广东省调查统计局呈复，增加经费理由及其用途，连同预算表，请核转案。

（议决）准由二月份起支，每月一千元，呈复政委会。

九、主席提议，关于陈××等因与陈××等系争县属×××一案，不服民政厅之决定，提起再诉愿到府，现经秘书处派员审查，作成决定书，请公决案。

（议决）照审查意见通过。

十、财政厅呈，据江门市商会呈请仿照广州市发行商库证等情，是否可行，呈请察核令遵案。

（议决）准发三十万元，铺底登记不能抵押，并参照广州市发行商库证章程，以二成省行纸币为抵押。

十一、财政厅呈，据汕头市商会呈缴汕头市商库证发行委员会章程草案，请核准备案等情，合将原缴章程详加审核逐加修正，呈请察核令遵案。

（议决）准暂发二百万元，保证白票须依期收回，保证纸亦须陆续收回，发行章程准如厅拟修正。

广东省政府第六届委员会
第二百五十三次议事录

一月十六日　星期二

出席者　林云陔　金曾澄　胡继贤　李禄超　区芳浦　谢瀛洲
　　　　　许崇清
列席者　陆嗣曾　刘纪文
主　席　林云陔
纪　录　何启澧

报告事项

一、财政厅呈报，修正审定广东省地方二十二年度概算书，请核定通行，并附陈汇编及修正情形，请转呈备案。

二、建设厅呈，拟具农林局各种农品展览会组织通则，请察核指遵。

三、广州市政府呈缴广州市立银行小企业放款章程，请察核指遵。

四、民政厅呈报，拟定第二届各级自治人员名额选出办法，经分别电饬各县遵照，请察核备案。

讨论事项

一、民政厅、广州市政府呈复，会核台山县民雷振坤等状，请令各县市取缔药商售卖药品严禁登载谎诞广告一案，饬据卫生局议定修正取缔医药广告规则，应否照拟施行，请核指遵案。

（议决）照原案通过。

二、财政厅呈，拟具广东省煤油贩卖业营业税缉私标准，请察核指遵案。

（议决）准备案。

三、建设厅呈，据广海渔业区管理所呈复，更正广海鱼类销售场组织大纲草案缘由，连同原缴大纲，请察核指遵案。

（议决）交胡、许、李三委员审查。

112

四、建设厅呈，准西北区绥靖委员公署函，请将扣除路款补发等由，拟请将被扣除军桥费六万元，及拨扣东区财政厅未拨路款一十二万五千三百五十五元，令行财政厅迅予拨支案。

（议决）本年度预算已定，再难追加；该两款仍应列入下年度预算，惟该路工程未便停顿，于本年度内，着财政厅设法筹划分期酌借。

五、广州市政府呈报，关于五十二小学校拨用陈修爵产业一案，饬据教育局呈复，拟请由政府另觅相当公地与之对换，或酌给产价，将屋拨归校用等情，请核指遵案。

（议决）准予照查封时价值发还，原址收回市校使用。

六、广州市政府呈，拟具公民发证处组织章程及发证程序暨预算表，请核指遵案。

（议决）准备案。惟公民证仍须粘贴相片。

七、中山县呈，据总理故乡纪念中学校呈，请准将本年度常年补助费三万元，挪充本校开办经费等情，请核指遵案。

（议决）照准。

八、主席提议，关于谭××因××酒店左邻建筑戏院，与××公司涉讼不服广州市政府处分，提起诉愿到府，现经秘书处派员审查，作成决定书，请公决案。

（议决）照审查意见通过。

九、主席提议，关于吴积堂与杨雁翔两造，因互争中山石岐北门扒沙街西段城基地一案，不服财政厅所为之决定，提起再诉愿到府，现经秘书处派员审查，作成决定书，请公决案。

（议决）照审查意见通过。

广东省政府第六届委员会
第二百五十四次议事录

一月十九日　星期五

出席者　林云陔　金曾澄　林翼中　胡继贤　区芳浦　谢瀛洲

李禄超　许崇清
列席者　刘纪文　陆嗣曾
主　席　林云陔
纪　录　何启澧
报告事项

一、财政厅呈报，斯可达公司建筑广州精炼糖厂，一月份应付运输建筑费已填支付通知单，函送省行分别领汇入赈〔账〕，请核备案。

二、建设厅呈缴二十二年十月份上半月工作报告表，请察核。

三、民政厅呈，据广东省人口调查事务处呈，拟就人口调查员司训练办法，转请察核备案。

四、民政厅呈，据琼东县呈缴三年施政计划进度表，请察核。

五、南区绥靖委员呈报，设立驻梅菉临时办事处，以督促高属各县办理冬防，并派科长陈达猷为主任，请察核备案。

六、监督整理三铁路委员会呈缴粤汉南段、广九两路二十二年十一月份职员升调任免月报表，请察核。

七、粤汉铁路南段管理局呈，拟继续与黄道强批租乌石矿山，检同合约，请核备案。

讨论事项

一、建设厅呈，据西村士敏土厂呈，为与史密芝公司定购之考勤纪录钟行将运到，拟建筑考勤室一座等情，经饬招商投承，以大益公司取价毫银二千三百四十元为最低，除指复照准外，连同原缴预算表、图则、合约章程、说明书，转请察核备案。

（议决）照准。

二、教育厅呈，据省立第四中学及第二师范学校拟报承水田坦暨清丈各费，共毫银五万四千零九十五元四毫九仙五文，请准予追加该校等二十二年度临时费，令行财政厅专案拨缴案。

（议决）照准由预备金项下支发。

三、财政厅【呈】，据煤油营业税总处【呈】请追加经临费一万八千九百四十六元，核与审定预算额数尚无超越，似可照准，拟仍由原额预备费项下开支，请核准备案。

（议决）准备案。

114

四、西村士敏土厂董事会呈，拟对于该厂"员工服务规程"加以补充，并规定该项恤款拨给办法案。

（议决）照准由公益金项下拨支。

五、第一集团军总司令部函，请就惠阳各新式炼糖厂中择一为兵工制糖厂，所有该厂之制糖种蔗金〔全〕由军垦区直接指挥，各项经费暂由贵府挪借应支，将来俟有盈余再行如数归垫案。

（议决）照办。

六、第一集团军总司令部函，请转饬财政厅，迅拨本集团军军垦区惠阳第一制糖厂借贷及设备费，共毫银九十三万八千元案。

（议决）借贷款由省行酌借。

七、主席提议，关于卢××等因承领花县第三区×××、×××等处荒山一案，不服建设厅处分，提起诉愿到府，现经秘书处派员审查，作成决定书，请公决案。

（议决）照审查意见通过。

八、主席提议，关于叶××等因系争台山县属新昌区××××、××等处山场一案，不服财政厅所为之决定，提起再诉愿到府，现经秘书处派员审查，作成决定书，请公决案。

（议决）照审查意见通过。

九、主席提议，关于王扬〔杨〕氏因本市××路华德里第×××号门前未列号割余地，被宗义成承领一案，不服广州市政府所为之决定，提起再诉愿到府，现经秘书处派员审查，作成决定书，请公决案。

（议决）照审查意见通过。

十、主席提议，关于冯杨氏因不服广州市政府，对于该诉愿人请求撤销工务局投租处分一案所为之决定，提起再诉愿到府，现经秘书处派员审查，作成决定书，请公决案。

（议决）照审查意见通过。

广东省政府第六届委员会
第二百五十五次议事录

一月二十三日　星期二

出席者　林云陔　金曾澄　林翼中　胡继贤　李禄超　区芳浦
　　　　谢瀛洲　许崇清

列席者　刘纪文

主　席　林云陔

纪　录　何启澧

报告事项

一、财政厅呈，准广州市商会整委会函，请对于洋纸印刷品入口严加限制一案，兹经核定，凡印成之日历通书各项商品，广告报纸五彩印色各行商标月份牌，均依照洋纸专税所定纸类分别抽收以资维持，请察核备案。

二、财政厅呈报，拟在本厅库房内加建地库一座，召匠估价以怡和公司取价最廉，所需工价拟在岁出预算临时门财政各杂费项下开支，请核准备案。

三、财政厅呈缴二十二年三月份行政报告书，请核存转。

四、民政厅呈，据开平县呈，拟将第三区龙冈乡所属草坪堡另组一乡等情，经指复照准，请察核备案。

五、民政厅呈，为拟定各县自治区域图绘制办法及图例通饬遵办，请察核备案。

六、建设厅呈，据东江船务管理所呈，拟将新规程所定内河运盐船照费十元减半五元征收，似可如拟办理，请核指遵。

七、广州市政府呈缴广州市施政考查会组织章程，请察核备案。

八、监督整理三铁路委员会呈缴二十二年十一月份核签粤汉南段、广九两路进付款月报表，请察核。

九、粤汉铁路南段管理局呈缴与诚信号签订承建源潭支线临时木桥工程合约，请核准备案。

十、广州市橡胶同业公会呈，为硫磺绝卖妨碍工业，请令饬建设厅准在硫酸厂备价领用以资救济。

讨论事项

一、建设厅呈，据农林局呈缴徐闻垦殖场整理耕地章程，转请察核指遵案。

（议决）交胡、李两委员，林厅长审查。

二、广州市政府呈，据工务局呈复，更正建筑在粤滇殉难黔籍同志蔡庸斋等纪念碑图式，连同附件，总〔转〕请察核指遵案。

（议决）交市政府另择地点及另拟名称。

三、建设厅呈，为拟具船舶检验规则并附航行要具救生艇数及检验呈报表等，请核指遵案。

（议决）交胡、李、金三委员审查。

四、广东省调查统计局呈，拟增设调查队四队，所需经费计每月一千元，请于二十三年二月份起就省库预备金项下拨发案。

（议决）应缓增设。俟调查有相当成绩后再议。

五、汕头市商会呈，为奉准发行商库证二百万元，不足救济，请准予增加八百万元案。又财政厅呈，据汕头市商会呈同前情。

（议决）应于收缴发行保证纸印章后，准予增加商库证二百万元，已发行之保证纸仍须陆续收回。

六、主席提议，关于梁世华等因承领土名马槽屯一案，不服财政厅所为之决定，提起再诉愿到府，现经秘书处派员审查，作成决定书，请公决案。

（议决）照审查意见通过。

七、主席提议，关于梁××因异议李屋边华光×××值理李××，登记中山县属土名×××水坦一案，不服财政厅所为之处分，提起诉愿到府，现经秘书处派员审查，作成决定书，请公决案。

（议决）照审查意见通过。

广东省政府第六届委员会
第二百五十六次议事录

一月二十六日　星期五

出席者　林云陔　金曾澄　林翼中　胡继贤　李禄超　区芳浦
　　　　谢瀛洲　许崇清
列席者　刘纪文
主　席　林云陔
纪　录　何启澧

报告事项

一、许委员崇清函复，连平、万宁两县三年施政计划进度表业经审查完毕，附具意见，连同会议录，请查照办理。

二、许委员崇清函复，恩平、中山、新兴、临高、灵山、儋县、开平、广宁、海康、阳江、从化、澄海、揭阳、佛冈、合浦等各县，梅菉、围洲斜阳两局三年施政计划进度表，吴川县三年施政经费预算表，业经审查完毕，附具意见，连同会议录，请查照办理。

三、财政厅呈报，拟印刷财政纪实，该书所需工料费银共毫币三千四百五十三元七毫五仙，拟在本年度地方岁出概算临时门财政各杂费内开支，请核转备案。

四、财政厅呈，据东莞县呈复应支警学各费详细情形，转请察核办理。

五、财政厅呈报拟核减中山营业税局分处经费情形，请察核备案。

六、民政厅呈，据海康县呈报该县风灾损失情形，拟在赈款项下提拨六千元散赈，请察核备案。

七、民政厅呈，据定安县呈报筹商赈济该县风灾损失办法，拟在赈款项下提拨一千元散赈，请察核备案。

八、民政厅呈，据河源县呈缴三年施政计划进度表，请察核。

九、教育厅呈，据乳源县呈缴教育局长吴端玉履历，请察核加委。

十、监督整理三铁路委员会呈缴二十二年十二月份检查粤汉南段、广九两路现金报告表，请察核。

讨论事项

一、主席提议，关于王佐材因澄海县政府押追欠付岭海学校经费大洋八百余元，撤销管委会之处分，不服教育厅所为之决定，提起再诉愿到府，现经秘书处派员审查，作成决定书，请公决案。

（议决）照审查意见通过。

二、主席提议，关于梁学濂等因对于钦县县政府核准提拨小董西江三十六乡团款为学校经费一案，不服教育厅所为之决定，提起再诉愿到府，现经秘书处派员审查，作成决定书，请公决案。

（议决）照审查意见通过。

三、主席提议，关于曾××因诉争梅县××山前沿河直下至月形地止一带沙坦荒地一案，不服建设厅决定，提起再诉愿到府，现经秘书处派员审查作成决定书，请公决案。

（议决）照审查意见通过。

四、建设厅呈，据农林局呈，拟另行组设广东蔗糖营造事业筹备处，统筹全省各区蔗糖营造场事宜，连同原缴组织章程，请核指遵案。

（议决）仍由该局负责筹备，毋庸设处。

五、财政厅呈，为广东省银行二十二年度岁出预算书，经送审查预算委员会核明照列，请察核饬遵案。

（议决）转呈政委会。

六、教育厅呈，据省立第十一中学校呈，请拨发购置费等情，经准拨给一千五百元，请核行财政厅由本厅临时经费项下拨发案。

（议决）照发。

七、广东粮食调节委员会呈，据广州市花生芝麻杂粮业公会呈请限制花生仁、花生油进口，转请察核指遵案。

（议决）交区厅长、李委员、金委员审查。

八、教育厅提议，省立第七中学校校长陈兆楷拟着另候任用，所遗该缺查有袁敬仁堪以充任；省立第十二中学校校长章泽柱呈请辞职，应予照准，所遗该缺查有林宾鸿堪以充任，请公决案。

（议决）照委。

广东省政府第六届委员会
第二百五十七次议事录

一月三十日　星期二

出席者　林云陔　唐绍仪　金曾澄　林翼中　胡继贤　区芳浦
　　　　　谢瀛洲　许崇清
列席者　刘纪文　陆嗣曾
主　席　林云陔
纪　录　何启澧

报告事项

一、民政厅呈，为增建办公室增加建筑横门过路廊及间格髹色，暨安装各项用具等所需工料费，拟援案在本厅历月结存各项经费项下开支，请察核备案。

二、财政厅呈报，关于本省运销之土煤灰石钨矿等项分饬各税厂遵办情形，请察核备案。

三、财政厅呈报，据南番三营业税局呈，拟推办上江浦等地营业税，共设六处征收等情，经饬合并改设三处办理，请察核备案。

四、建设厅呈，据台山县民余锡祥等请承领县属新安区土名干坑、老鸦山等处荒地，请察核备案。

五、建设厅呈缴二十二年十月份下半月工作报告表，请察核。

六、教育厅呈缴二十二年十月份行政报告书，请核存转。

七、广州市政府呈缴二十二年七月份行政报告，请察核。

八、东区绥靖委员公署呈缴二十二年八月份工作报告书，请察核。

九、东区绥靖委员公署呈缴二十二年九月份工作报告书，请察核。

十、中区绥靖委员公署呈缴二十二年十一月份工作报告表，请察核。

讨论事项

一、教育厅呈复勤勤大学工学院请领临时设备费经过情形，请核指遵案。

（议决）先由开办费垫支，补入下年度预算。

二、教育厅呈，据广东省立第六师范学校请拨给临时购置费等情，似可准拨一千五百元，连同原缴预算书，请核准令行财政厅由本厅临时经费项下拨给案。

（议决）照发。

三、财政厅呈，准广东全省商联会函，并据东莞县呈，据太平镇商会请转核准发行商库证三十万元，缴呈章程，请准核发等情，应否准发，请核指遵案。

（议决）不准。

四、建设厅呈，据农林局拟改善肥田料施用方法，以增加生产维持地力计划大纲，请察核案。

（议决）交金、胡两委员，区厅长审查。

广东省政府第六届委员会
第二百五十八次议事录

二月二日　星期五

出席者　林云陔　唐绍仪　金曾澄　林翼中　胡继贤　李禄超
　　　　区芳浦　谢瀛洲　许崇清

列席者　刘纪文　陆嗣曾

主　席　林云陔

纪　录　何启澧

报告事项

一、建设厅呈，接铁道部来文，关于国际道路第七届大会各省应选派代表参加一案，应否照办，请核示遵。

二、建设厅呈，奉实业部令，饬填送牲畜屠宰量月报表，应否准将汕头市府前缴月报表先行核转，并函催广州市府饬属填送之处，请核示遵。

三、建设厅呈报将东路各干线修养工程划归东路公路处办理，及裁撤第一行车管理处工程股各缘由，请察核备案。

四、建设厅呈，据广州市橡胶同业公会呈缴按金，请借用硫磺，经饬广东化学工业厂硫酸部照数拨借，请察核备案。

五、建设厅呈，据高要县民苏达荣等请承领县属第一区土名松岭等处荒地，请察核备案。

六、财政厅呈报，沙田登记减征期限继续展至本年六月底止，请察核备案。

七、民政厅呈，据儋县呈报第六区拟增设旧洋等五乡等情，经指复照准，请察核备案。

八、民政厅呈缴二十二年十月份行政报告，请核存转。

九、东区绥靖委员公署呈缴一年来工作概况，请察核。

十、吴川县呈，准北海关广州湾边境各分卡麻章总办事署副税务司函，请拨地扩充分所地方，请核指遵。

讨论事项

一、许、李、胡三委员会复，关于财政厅呈送经济会议议决各案，经分别审核，拟具意见，请公决案。又财政厅呈，为经济会议议决"统一商运"及"统制工商业"两案，关于申报单加盖同业公会图章似难照办，拟仍照第十三案原提案办理，请核指遵案。

（议决）修正通过。

二、胡、李、金三委员会复，关于建设厅所缴船舶检验规则等件一案，经会同审查修正，请公决案。

（议决）照审查意见通过。

三、建设厅呈，据合浦县呈，拟建筑公馆墟经那潭至山口墟县道，所需测量费八百一十五元，及建筑赞八万一千六百六十元，请由省库拨支等情，应否准予所请之处，请核指遵案。

（议决）列入下年度预算。

四、财政厅呈，据广州市商库证发行委员会呈，请准予增发商库证七百万元，转请察核指遵案。

122

（议决）准再发三百万元。

五、教育厅呈，拟将省立第二中学校二十二年度经常费二万元，挪拨为该校开办等费，请核准令行财政厅照拨案。

（议决）照准。

六、广州市政府呈，据汽车业支会，请转咨番禺县，将征收来往本市沙河营业汽车牌费及司机执照费取销，应否饬令撤销以免重征之处，请核指遵案。

（议决）饬令撤销。

七、广州市政府呈，据市立第三十一小学校呈，拟收用河南同福东路和悦新街内地段，经派员估价，拟每井酌给一百四十元，似尚平允，应否准如所拟收用之处，请核指遵案。

（议决）照准。

八、广州市政府呈，据自动电话委员会呈，拟收用邻地扩充电话事业，检同原缴地图，请核示遵案。

（议决）照准。

九、广东粮食调节委员会呈，拟在韶关、揭阳、兴宁三处各设总仓库，连同图案、工程预算暨建筑章程，请察核照准案。

（议决）先在曲江设立，款项由洋米税拨支。

十、第一集团军总司令部函，据东区绥靖委员请拨款修理丰揭公路等情，抄录原送报告书暨审核意见，请查照核办案。

（议决）列入下年度预算。

十一、主席提议，关于蔡庆云等因顺德县政府拟开辟龙江镇由长平街入忠臣坊等街马路，以接驳江勒乡道，不服建设厅决定，提起再诉愿一案，现经秘书处派员审查，作成决定书，请公决案。

（议决）照审查意见通过。

十二、主席提议，关于张×等因前广东全省官产清理处投变土名×××山地一案，来府提起诉愿，现经秘书处派员审查，作成决定书，请公决案。

（议决）照审查意见通过。

十三、建设厅呈，拟具开发罗浮山为避暑区域计划，连同各项章程预算，请核指遵案。

（议决）原则通过。章程交金、许、胡、李四委员审查。

十四、金、胡两委员，区厅长会复审查化学肥田料办法，请察核案。

（议决）标题改为"管理化学肥田料办法"，余照审查意见通过。

广东省政府第六届委员会
第二百五十九次议事录

二月六日　星期二

出席者　林云陔　唐绍仪　金曾澄　林翼中　胡继贤　区芳浦
　　　　　谢瀛洲　许崇清
列席者　刘纪文　陆嗣曾
主　席　林云陔
纪　录　何启澧

报告事项

一、建设厅呈，奉财政部令，将所属矿务专员应编二十三年岁入岁出第一级概算书，依限呈部核转等因，应否照编呈部之处，请核示遵。

二、建设厅呈，据广东全省港务管理局，请将"广东航业联防办事处"名称改为"广东航业防卫管理处"，并改发钤记官章，请核转备案等情，似应照准，请核备案。

三、建设厅呈缴二十二年十一月上半月工作报告表，请察核。

四、财政厅呈，据广州市商库证委员会呈，为库证发行迅速起见，兹拟变更答〔签〕证办法，请核转备案等情，拟准照办，请校备案。

五、财政厅呈缴二十二年十月份省库收支结算表，请核存转。

六、民政厅呈，据琼山县呈缴洋文秘书陈永清履历，请核加委。

七、民政厅呈，据东莞县呈缴三年施政计划进度表，请察核。

八、民政厅呈，据饶平县呈缴三年施政计划进度表，请察核。

九、教育厅呈，奉教育部令，发各级教育行政机关平时考查中等学校及小学学生学业成绩办法，请察核。

十、广州市政府呈缴二十二年九月份市库收支结算表，请核存转。

十一、中区绥靖委员公署呈缴二十二年十二月份工作报告表，请察核。

十二、南区绥靖委员公署呈，据遂溪县呈缴三年施政计划进度表，请察核。

十三、整理三铁路委员会呈缴二十二年十月份粤汉南段、广九两路购料收料月报表，请察核。

十四、广东省合作事业委员会呈缴办事细则，请察核备案。

讨论事项

一、胡、许、李三委员会复，建设厅所缴广海鱼类销售场组织草案经审查修正，请公决案。

（议决）再由胡、李、金三委员审查，并查询鲍主任应中渔场习惯。

二、广东治河委员会函，请由洋米税项下借拨毫银三万元，修理西江秀丽围下截围基西头段案。

（议决）照办。

三、建设厅财政厅会呈，奉令核明连阳化瑶局拟增设农林股一案，查该预算大致尚无不合，惟应否设置，请核指遵案。

（议决）应由该局指定原有职员办理，毋庸增设。

四、建设厅呈，为改良各县市市政免除弊端减少纠纷起见，拟具三项办法，连同附件，请核夺办理案。

（议决）照修正通过。

五、财政厅呈，拟订广东省征收机关公务员交代则例草案，连同新旧交代例章册式，请察核指遵案。

（议决）准备案。

六、民政厅呈缴本厅本年五月增设之测量队开办及购置仪器等费，暨五、六两月份经常费预算书，请令行财政厅如数拨支案。

（议决）开办费列入下年预算，经常费由预备金拨支。

七、广州市政府呈缴自来水管理处二十二年度岁入岁出经常临时两费预算书，请察核备案。

（议决）照转呈政委会。

八、广东省调查统计局呈缴广东省调查统计局调查队组织大纲，请核公布施行案。

（议决）准备案。

广东省政府第六届委员会
第二百六十次议事录

二月九日　星期五

出席者　林云陔　金曾澄　林翼中　胡继贤　李禄超　区芳浦
　　　　　谢瀛洲　许崇清
列席者　刘纪文
主　席　林云陔
纪　录　何启澧

报告事项

一、许委员函复，查龙门、顺德、平远、阳春、徐闻等县三年施政计划进度表经审查完毕，附具意见，连同会议录，请查照办理。

二、建设厅呈报，订定广东全省公路汽车司机肇事处理办法及惩罚规则，通发遵守，请察核备案。

三、教育厅呈报筹设广东省立编印局，连同章程，请察核备案。

四、民政厅呈报改订筹办地方自治协助员姓名区域表，请察核备案。

五、民政厅呈，据防城县呈缴三年施政计划进度表，请察核。

六、东区绥靖委员条陈迁改区属县治，以资控驭而利繁荣缘由，请鉴核施行。

七、秘书处签呈，奉发西南政务委员会令，饬嗣后关于支出预算务须依照法案办理，为〔如〕有超过预算之支付时，仍应于事前专案呈请追加，俟奉核准方得动支等因。查本府委员会及秘书处二十二年三月至六月份，计不敷支八百余元，拟请由二十一年度各月节存项下流用，请核转备案。

八、秘书处签呈，现准民政厅函，奉内政部令饬执行监督慈善团体法，暨其施行规刚，应否照行请查照转陈等由，请核示。

九、秘书处签呈，现准民政厅函，接内政部敬电，关于普安输〔轮〕船被劫一案，仰厅遵照缉盗护航章程第二条办理等因，应否照办，请查照转陈等由，请核示。

讨论事项

一、第一集团军总司令部函，请划惠阳制糖厂设备费及农人借贷费归本部拨支案。

（议决）照办。

二、第四集团军驻粤办事【处】函，转广西省政府函，关于桂省富贺矿务局在粤河南洗涌屋地一案，请派员会同仲裁应补回区党部上盖价若干，以昭公允案。

（议决）仍维持原议决案。

三、建设厅呈复派员前往平吉公路查勘情形，请察核办理案。

（议决）准予补助四千元，由预备金拨支。

四、建设厅呈缴广东航海讲习所编造追加二十二年度开办费预算书，请核指遵案。

（议决）照准。

五、建设厅呈，据广东全省港务管理局呈，拟增加员役该〔经〕费每月增加二百四十四元，拟在上年节存经费项下拨入流用等情，请核指遵案。

（议决）照准。

六、建设厅呈缴广东全省长途电话管理处二十二年度岁入岁出经临费预算书，及收支比较表、缩减经费清表，请核指遵案。

（议决）照准。

七、建设厅呈缴修正收船舶牌照费表及修正潮汕各属征收牌照费表，并说明书，请察核备案。

（议决）准备案〈征〉。

八、建设厅呈复，核议关于韩江航业商人请收回新章成命，并豁免季饷一案，在未有切实减轻该处一切附加以前，拟仍照旧案减半征收，请核指遵案。

（议决）暂准照办，俟各项附加豁免再行照原额征收。

九、财正厅呈，为广东省地方民国二十二年度三年施政计划岁出概算书，及官营业岁出概算书，经送审查预算委员会分别议决，连同原缴预算书会议录，缴请察核指遵案。

（议决）照转呈政委会。

十、广东省银行呈复，拨借广州惠州糖蔗营造场农民植蔗借贷费办理经过情形，连同合约，请察核备案。

（议决）准备案。

十一、主席提议，拟订广东省国货推销处组织大纲，请公决案。

（议决）修正通过。

广东省政府第六届委员会
第二百六十一次议事录

二月十三日　星期二

出席者　林云陔　金曾澄　林翼中　胡继贤　李禄超　区芳浦
　　　　　谢瀛洲　许崇清
列席者　刘纪文　陆嗣曾
主　席　林云陔
纪　录　何启澧

报告事项

一、民政厅呈，为本厅测量队第一队至第十队所需添购测量物品价款，拟在测量队历月结存经费项下开支，请察核备案。

二、民政厅呈，据视察呈复，会同四会、清远两县会勘挂灯洲地界情形，及拟具目前治标办法，请示等情，请核指遵。

三、民政厅呈，据合浦县呈，拟将第三十八区南洞乡陈村地方另组一乡等情，经指复照准，请核备案。

四、财政厅呈，据中山营业税局，请增加经费八十元以为推办三九区营业税等情，似应照准，请核备案。

五、开建县呈缴三年施政计划进度表，请察核。

六、监督整理三铁路委员会呈缴粤汉南段、广九两路二十二年十二月份职员升调任免月报表，请察核。

七、建设厅士敏土营业处呈缴二十三年一月份营业报告书，暨总结表，请察核。

八、广东省政治研究会函送禁用刑讯及慎重执行死刑修正案，请采择施行。

九、秘书处签呈，准民政厅秘书处函开，本厅现奉内政部陷日代电，催将公安局概况调查表于文到十日内填就送部等因，应否照办请转陈核示等由，请察核。

讨论事项

一、建设厅呈缴蚕丝改良局扩充制造改良交配蚕种临时费三万元预算书，及蚕纸市价表、成本数目比较表、说明书、建筑图则规程等，请核令财政厅如数照拨案。

（议决）准在农矿临时费项下拨支。

二、财政厅呈，准淞沪抗日残废军人教养院函，以官兵赡养费无可裁减，每月不敷二千元，拟在经费结余项下平均挪补等由，似可照准，请核议饬遵案。

（决议）照准。

三、教育厅呈，据省立第二农业学校请拨发经费四千六百五十七元，拟准由本厅留学经费节余项下挪拨，请核行财政厅照拨案。

（议决）照准。

四、教育厅呈，据廖昌蕃等请求关于省立女中收用民地一案准以地易地，其相易不敷之数，每井给回地价六十元等情，似可照准，请核指遵案。

（议决）照准。

五、琼崖绥靖委员鱼电，拟设立黎人教员训练班附设于琼崖第六师范学校，三个月毕业，每月需费毫银六百元，请发给开办案。

（议决）电复开列详细预算再核。

六、财政厅呈报，关于黄咏雩藉洋米征税事件讹诈运动费一案，将本案文件呈缴察核令遵案。

（议决）该黄咏雯一名，迭次招谣，藉端骗诈巨款至二万余元，应予严行处罚，着缴罚金五万元，全数拨交市政府建筑贫民宿舍之用。由财厅送交公安局严厉执行，未缴罚金前不准保释，其余暨焕祥、王煜两名姑从宽准予保释。

广东省政府第六届委员会
第二百六十二次议事录

二月十六日　星期五

出席者　林云陔　金曾澄　林翼中　胡继贤　李禄超　区芳浦　谢瀛洲

列席者　刘纪文　陆嗣曾

主　席　林云陔

纪　录　何启澧

报告事项

一、民政厅呈，据连县查明县属第二区旱灾情形属实，经准在赈款项下提拨一千元散赈，请察核备案。

二、建设厅呈，据卸东江矿务专员呈称，奉令裁撤各职员缺乏川资，请发恩饷一月以示体恤等情，可否照准，请核示遵。

三、建设厅呈，据新会县民李天强等请承领县属第八区土名猪山等处荒地，请察核备案。

四、建设厅呈，据潮安县民梁思尹等请承领县属第四区土名全校椅等处荒地，请察核备案。

五、财政厅呈，据南番沙田局呈称，奉令裁撤，请发恩饷一月等情，拟请给予半月，请核示遵。

六、财政厅呈缴二十二年四月份行政报告书，请核存转。

七、广州市政府呈缴二十二年十月份市库收入结算表，请核存转。

八、监督整理三【铁】路委员会呈复，核议粤汉铁路南段管理局请发给员工年终奖金一案，似可准照上年成案办理，请察核。

讨论事项

一、建设厅呈复，奉发南山移垦委员会原缴改建两英墟场及简章蓝图等件一案，合将核议情形，请察夺办理案。

（议决）照厅拟办理，请项经费应由该会就地筹措，以符成例。

二、建设厅呈，据各港务局及船务所呈复，查明属内航商所缴纳船课以外各种税费情形，连同调查表，请核分别明令减免，并饬嗣后无论任何机关及任何理由，均不准增加或规复案。

（议决）交林厅长、谢厅长、区左长、胡委员审查。

三、建设厅呈，拟改订广东钨矿缉私章程，请察核案。

（议决）准备案。

四、胡、李、金三委员会复，审查广海鱼类销售场组织草案一案，原草案第九条末段减扣三分之下拟全删，余拟照原案，请公决案。

（议决）照修正通过。

五、广东财政厅、广州市政府、广东高等法院会呈，奉发审查××堂高××与陈××等因争承广州市雅荷塘××号屋业，提起诉愿一案，经分别派员会同审查，拟具决定书稿，连同本案卷宗缴呈前来，请鉴核指遵案。

（议决）照审查意见通过。

六、东区绥靖委员呈复，查明普宁县民方述奎请取销通缉发还花红一案情形，请察核案。

（议决）准予撤销通缉。

七、番禺县呈，准中山大学函，请布告收用荔枝岗、蟠龙岗、泡鱼岗民田各二十五尺为农林两场间通路，连同原送计划书图，请核指遵案。

（议决）准依土地征收法征收，评价发还。

八、广东省调查统计局呈报，职局暂借省立第二中学校舍一部为办公地址，现准教育厅函请将租金一百六十元照付等由，应如何办理，请核指遵案。

（议决）照准支付。

广东省政府第六届委员会
第二百六十三次议事录

二月二十日　星期二

出席者　林云陔　金曾澄　胡继贤　李禄超　区芳浦　谢瀛洲
列席者　刘纪文　陆嗣曾
主　席　林云陔
纪　录　何启澧

报告事项

一、西南政务委员会令，据呈中山县长提议废止国货出口税一案，经本会决议照通过，交广东省政府会同广东财政特派员公署执行在案，仰即知照。

二、建设厅呈，奉实业部令，将公私垦务之经过现状及将来之计划，限文到一月内分别胪列报部，应否照行请核指遵。

三、建设厅呈，据农林局建议，本年总理逝世纪念植树式造林运动，拟由省市府联合举行等情，转请察核令遵。

四、建设厅呈，据全省港务管理局呈，请将购置办公汽车情形转呈备案等情，请核转备案。

五、建设厅呈，据长途电话管理处呈拟减临时通话按金，并拟定全省有无线长途电话通话规则，及说明书，转请察核指遵。

六、建设厅呈，据全省港务管理局呈，以原有码头因日久失修，拟请由该局收入项下拨支建筑费从新改建等情，请核备案。

七、民政厅呈，据本厅测量队第六队呈，为迁站及修葺等项费用无从弥补，请在二十二年五月份下半月杂支项下余款拨还归垫等情，经令复准予照办，请察核备案。

八、民政厅呈，据乳源县呈缴三年施政计划进度表，请察核。

九、民政厅呈，据曲江县呈缴三年施政计划进度表，请察核。

十、财政厅呈，准广东省银行函，拟具领用商库证带缴二成兑现纸保障办法等由，应准照办，请核备案。

十一、广州市政府呈缴二十二年八月份行政报告，请察核。

十二、东区绥靖委员呈缴二十二年十月份工作报告书，请察核。

十三、两广省办硫酸厂呈缴二十二年十一月份收支款项月报表，请察核。

十四、整理三【铁】路委员会呈缴二十二年十二月份核签粤汉南段、广九两路进付款数额月报表，请察核。

十五、秘书处签呈，准民政厅秘书处函，奉内政部令，为各地义庄应饬依法呈请立案转部备案等因，应否照行，请转陈示等由，请察核。

讨论事项

一、主席提议，关于谭×因诉争中山县属第四区崖口沙、海棠环海坦一案，不服建设厅批示之处分，提起诉愿到府，现经秘书处派员审查，作成决定书，请公决案。

（议决）照审查意见通过。

二、建设厅呈，据广东省营化学工业厂硫酸部呈报，遵照会计规则改编管理费预算书，请核转等情，查编列各数尚属切实，请察核指遵案。

（议决）交胡、李两委员审查。

三、建设厅呈，据农林局呈缴关于广州第一蔗糖营造场贷款植蔗各项章则式样，转请察核指遵案。

（议决）交胡、金、李三委员审查。

四、民政厅呈，为关于开平、鹤山两县迁治一案，据鹤山县请指拨的款建筑旧署，并请展限六个月再行搬迁等情，应否准行，请核夺指遵案。

（议决）着依限搬迁，迁治费应由地方筹措，所请补助应毋庸议。

五、教育厅呈复核议关于琼山县请拨款修葺县立中学校一案情形，请察核。

（议决）该校系属县立，应由地方拨款修葺。

六、民政厅、财政厅会呈，核议新会县商会及新会县参议会请令行新会县将会城旧衙署保留免予投变一案情形，请察核指遵案。

（议决）该县署系属官产，既经财厅核准投变有案，应准继续投变。

七、建设厅呈，据西村土敏土厂呈报，经与史密芝公司签约，将第二套制土机器装土机改换装纸包机器，连同合约，请察核备案。

（议决）准备案。

八、主席提议，关于黄××因不服省会公安局，对于该诉愿人请求发还屋业一案之批示，提起诉愿到府，现经秘书处派员审查完竣，作成决定书前来，请公决案。

（议决）照审查意见通过。

广东省政府第六届委员会
第二百六十四次议事录

二月二十三日　星期五

出席者　谢瀛洲　金曾澄　胡继贤　李禄超　区芳浦
列席者　刘纪文
主　席　谢瀛洲（代）
纪　录　何启澧

报告事项

一、西南政务委员会令，据呈教育厅转据学生胡利锋请津贴留英学费一案，经报告会议，决议交广东省政府饬教育厅，于留学经费项下一次过拨支一千元在案，仰即转饬遵照。

二、财政厅呈，据广州市商库证发行委员会呈，拟变通领用额，每起以五万元为限等情，经准以四万元为限，请察核备案。

三、财政厅呈报，二月六日揭封本市铺屋封租，其十元停兑省币仍暂缓复兑，一俟揭封办完，再定期布告复兑，请察核备案。

四、财政厅呈，奉财政部令，饬转行所属，嗣后造送报销单据，应依度量衡局所定新制等因，应否转行，请核指遵。

五、建设厅呈，奉实业部令发荒地调查表，应否照行，请核指遵。

六、建设厅呈，据三水县呈缴建设局长胡继良履历，转请核准任命。

七、建设厅呈，据新会县民赵承祖等请承领县属第九区土名黄蜂窠等处荒地，转请察核备案。

八、民政厅呈，关于各县市土地局办理铺底顶手免费登记一项，谨将不另发铺底顶手免费登记确定证缘由，请核示遵。

九、民政厅呈，据英德县呈缴三年施政计划进度表，请察核。

十、教育厅呈，据南雄县呈缴教育局长仇球英履历，转请察核加委。

十一、广州市政府呈缴二十二年十月份行政报告，请察核。

十二、西北区绥靖委员呈缴二十二年十月份工作报告表，请核存转。

十三、建设厅呈，组织国货推销处，拟将所办士敏土营业处钨矿专营处结束，请察核。

讨论事项

一、民政厅呈，拟定县参议会议长、副议长月支夫马费标准，请核指遵案。

（议决）正议长月支夫马费不得过五十元，副议长不得过三十元。

二、建设厅【呈】，据西村士敏土厂呈，拟与陈祥记继续租用木码头一年，给回租金一千元等情，抄同合约，请核指遵案。

（议决）照准。

三、建设厅呈，据潮汕港务分局呈，拟在该局建筑码头存款项下拨助一千元，为梅溪航路疏治委员会工程费等情，是否可行，请核示遵案。

（议决）饬缴工程费预算表及计划书再核。

四、建设厅呈，据西村士敏土厂转缴河南分厂被裁工人工额名单，请准核发恩饷一个月等情，应否照案拨给，请核指遵案。

（议决）准在该厂溢利项下拨给。

五、教育厅呈，据本厅第一科科长赵策六呈，为前赴勷勤大学工学院担任事务主任，请予解除科长职务等情，应予照准，遗缺查有本厅文书股股长关灿堂堪以升充，检同履历，请核委用案。

（议决）照委。

六、胡、李、金三委员会复，审查建设厅拟具开辟罗浮山为避暑区域计划，及各项章程预算等件，经分别修正，请公决案。

（议决）章程照修正通过。罗浮林场管理处应予裁撤，将全部预算移用，不足之数由省库补拨。

七、秘书处签呈，准设计委员会函，选〔送〕对于南山移垦委员会请代订该区处理分配章则案意见，请转陈核示等由，请察核案。

（议决）交民、财两厅审查。

八、秘书处签呈，关于建设厅呈缴西村士敏土厂二十二年十一月份制造费流用数目表，及支出数比较增减表，经派员会同该厂监理审查，各项超出支付单据所得总数，确与该厂列报表内所载超出数目相符，请察核案。

（议决）准予流用。

广东省政府第六届委员会
第二百六十五次议事录

二月二十七日　星期二

出席者　谢瀛洲　金曾澄　胡继贤　李禄超　区芳浦
列席者　刘纪文　梁祖诰
主　席　谢瀛洲（代）
纪　录　何启澧

报告事项

一、民政厅长林翼中呈报，出巡琼崖各属视察，约期二十天，期内日常公事，由本厅主任秘书梁祖诰代拆代行，请察核。

二、民政厅呈，据惠来县呈缴三年施政计划进度表，请察核。

三、财政厅呈，准行政院农村复兴委员会秘书处函，请将本厅赋税征收统计等件检送等由，应否照送，请核指遵。

四、建设厅呈，奉铁道部电，发全国铁路沿线出产物品展览会章程征集办法、售品所办法，暨调查表式等件，饬转劝谕应征等因，请核示遵。

五、教育厅呈，据德庆县呈缴教育局长朱秀文履历，转请察核加委。

六、西北区绥靖委员、中区绥靖委员呈，据恩、开、兴、鹤、高五县匪区善后委员会呈，二十二年十二月份及二十三年一月份支付预算书，请核存转等情，查核所列尚属相符，请察核备案。

七、广东省银行呈报，前借"海周"舰赴北海提款，现准运署请将用过煤炭费港币三千三百元返还，经如数照付，请察核备案。

讨论事项

一、第一集团军总司令部函，拟〔据〕东区绥靖委员呈缴惠紫路石方数量预算表，计银五万七千二百七十五元五角四分，转请查照拨发案。

（议决）令建厅查明第二干线有无存款再核。

二、胡、金两委员会复，审查关于陈××等因不服广州市政府对于该再诉愿人请求撤销工务局驳斥其请求邻户建筑退缩之批示一案意见，请公决策。

（议决）仍照章退缩。

三、民政厅提议，临高县县长黄荣球因患脑病，迭请辞职，拟予照准，遗缺以昌江县县长林昭礼调署；递遗昌江县缺，以考试合格县长何凯诒试署，是否有当，请公决案。

（议决）照委。

广东省政府第六届委员会
第二百六十六次议事录

三月六日　星期二

出席者　唐绍仪　金曾澄　胡继贤　李禄超　区芳浦　谢瀛洲
　　　　　许崇清

列席者　刘纪文　陆嗣曾　梁祖诰

主　席　唐绍仪（代）

纪　录　何启澧

报告事项

一、财政厅呈，据广州市影画院等同业公会请核减税率，拟准再减至千分之十，逾限不申报纳税决执行停业，请察核备案。

二、财政厅呈缴二十二年十一月份收支结算表，请核转备案。

三、建设厅呈，接建设委员会来文，附送电气事业取缔规则，请转发已设有电厂之各市县政府一体知照等由，应否照案转发，请核指遵。

四、建设厅呈，奉实业部令，发军用木材调查表，饬转所属各县市政府查填等因，请核示遵。

五、广州市政府呈报，第九十次市政会议据电力管委会呈，拟就电费项下带收临时附加建设费案，已议决每度准加毫银三仙，请察核备案。

六、广州市政府呈缴广州市第一期建设奖券发行章程，请察核备案。

讨论事项

一、财政厅呈，据广东省煤油贩卖业税总处呈缴，派员调查施行油底登记各分处，支过临时旅费三千三百四十六元，编列支付预算书，请予在原定预算费项下支销等情，核与审定预算额数尚无超越，似可照准，请核准备案。

（议决）准备案。

二、民政厅呈，据番禺县呈复办理沙河车辆领牌情形，连同交通规则，请核指遵案。

（议决）东圃线牌费仍须撤销。

三、建设厅、财政厅会呈，关于渔课特许照暂行章程，与渔业登记规则，奉饬会同妥议办法，经派员会商，拟议请核指遵案。

（议决）照办。

四、广东省调查统计局呈，为职局办公地址租金每月一百六十元，经奉议决照准支付，惟职局经费并未有租金项目，请在省库预备金项下拨支案。

（议决）照准。

五、金、李、胡三委员会复，审查建设厅所缴广州第一蔗糖营造场贷款植蔗收据两联根式样，及收到抵押品证书两联根式样，尚无不合，拟准备案。

（议决）准备案。

六、金、李、胡三委员会复，审查建设厅所缴广州第一蔗糖营造场购蔗处购蔗规则，及各种合约书据式样，尚无不合，拟准备案。

（议决）准备案。

七、主席提议，关于陈××因诉愿人自动电话总所左便铺屋被收为自动电话管理委员会设备之用，不服广州市政府决定，提起再诉愿一案，现经秘书处派员审查，作成决定书，请公决案。

（议决）照审查意见通过。

八、主席提议，关于陈××等因不服广州市政府对于该再诉愿人请求撤销工务局驳斥其请求邻户建筑退缩之批示一案所为之决定，提起再诉愿到府，现经秘书处遵照议决案拟就决定书，请公决案。

（议决）照办。

九、秘书处签呈，本且二日改开谈话会，关于刘市长报告本届省市合办植树典礼，该项费用约二千元，应如何拨支请核示一案，经核定省市政府各负担一千元，请予追认案。

（议决）追认。

十、秘书处签呈，本月二日改开谈话会，关于高要县呈请准在洋米税收项下拨借毫洋二十万元举办景福围水利事宜一案，经核定准借十五万元，本月内先借四万元，其余分月借付，借款合约内容应由财厅拟订，令饬办理具报，工程一项由建厅派员切实监督，请予追认案。

（议决）追认。

十一、建设厅呈，据农林局呈，拟具广州区第一糖蔗营造场增加制糖部预算书，转请察核指遵案。

（议决）准备案。

十二、建设厅呈，据西村士敏土厂呈缴二十二年十二月份制造费各节目流用数表、支出数比较增减表，转请察核分别存转案。

（议决）照准。

广东省政府第六届委员会
第二百六十七次议事录

三月九日　星期五

出席者　唐绍仪　金曾澄　李禄超　区芳浦　谢瀛洲　许崇清
列席者　刘纪文　梁祖诰
主　席　唐绍仪（代）
纪　录　何启澧

报告事项

一、建设厅呈，奉实业部令，关于商号遗失执照请补发手续，应先登报声明作废，缴结费银转部补发等因，应否转饬遵行，请核示遵。

二、建设厅呈，据广东全省长途电话管理处呈缴长途电话管理规则，查核大致尚无不合，请察核饬遵。

三、财政厅呈报，全省进口颜料专税兹核定改为委办，交由各地舶来农产品杂项专税局照章征收，请察核备案。

四、财政厅呈，据防城县呈，拟请将枧水捐一项暂准照旧征收，俟田亩调查完毕能在田亩捐项下酌拨经费时即行取销，转请察核示遵。

五、财政厅呈，准建设厅咨，请对爪哇购糖定款港币一万八千八百元暂行垫支，俟广州第一蔗糖营造场将来有盈余时归垫等由，已填付通知单饬送省行代领转付，请备案。

六、财政厅呈，据新台开营业税局呈，拟将所属各地归并减设征收处七所，拟具设处附属地点表、营业实况表、追加经费预算书请核等情，转请核准备案。

七、教育厅呈，奉教育部令，将所属专科以上学校本年度及下年度预算分别详报等因，查省市立专科学校本省只有勷勤大学工学院，及师范学院，应否分令遵办，请核示遵。

八、教育厅呈缴二十二年十一月份行政报告书，请核存转。

九、民政厅呈，据封川县呈缴三年施政计划进度表，请察核。

十、广东省合作事业委员会呈缴二十三、二十四两年度工作计划大纲，请察核备案。

十一、监督整理三铁路委员会呈缴二十二年十一月份粤汉南段、广九两路购料收料数额月报表，请察核。

讨论事项

一、西南政务委员会令，关于本党老同志黄中理病故给恤一案，经函西南执行部查复并无拨给恤金，仰遵照前令查照施泽前案核发案。

（议决）照给丧葬费六百元。

二、民政厅呈，据台山县呈报，荻海区屠场改选地址，暨新昌区屠场增辟道路收用民地缘由，连同原缴图则转，请察核备案。

（议决）准备案。

三、财政厅呈复，勤勤工学院设备临时费本年度预算并未列入，无从拨付，应否就勤勤大学开办费预算内垫支，请核明指遵案。

（议决）先在开办费垫支。

四、财政厅呈复，关于中区绥靖委员提议限制沙田子母相生优先承须〔领〕一案，据议请核指遵案。

（议决）照准。

五、财政厅呈，为修正各机关报解款项及造报收支计算书程序到省期限及逾限处分条例，请核通行各机关遵照案。

（议决）照准。

六、建设厅呈，据西村士敏土厂呈，为故技佐陈葵瑞、雇员黄苏先后因积劳成疾病故，请援例给恤等情，应否照准请核指遵案。

（议决）照准。

七、财政厅呈复，西北区绥靖委员缴复更正南韶公路铺造路面工程费报销册据，似可照销，其不敷之数请核议追加预算再行补发案。

（议决）超出之数准在下年度公路款项下拨还。

八、琼崖绥靖委员感电，奉准补助琼崖麻疯院第二期建筑费六于〔千〕元一案，请行厅饬海口分金库提前照拨案。

（议决）仍在二十三年度预算拨支。

九、胡、李两委员会复，审查广东省营化学工业厂硫酸部，改编二十二年度管理费及制造费支付预算书情形，请公决案。

（议决）本年度预算已定，增加各项应从缓议。

十、主席提议，关于区××因承领×××街尾废街地段，与黎××发生争执一案，不服广州市政府所为之决定，提起再诉愿到府，现经秘书处派员审查，作成决定书，请公决案。

（议决）照审查意见通过。

十一、主席提议，关于吴业勋等因不服建设厅核定开平县楼冈墟口马路路线一案之处分，提起诉愿到府，现经秘书处派员审查，作成决定书，请公决案。

（议决）照审查意见通过。

十二、粮食调节委员会呈，据广州市米机同业公会呈，以入口洋谷税率失平，请酌予减征案，合将议决情形请核示案。

（议决）准自三月二十日起，洋米进口每担增加大洋二角。

十三、广州市政府呈报，各机关支发经费应如何办理，请公决案。

（议决）所有各级机关及其所属经费，一律以通用纸币发给，通令各级机关及其所属遵照。

广东省政府第六届委员会
第二百六十八次议事录

三月十三日　星期二

出席者　林云陔　金曾澄　胡继贤　李禄超　区芳浦　谢瀛洲　　许崇清

列席者　刘纪文　梁祖诰　陆嗣曾

主　席　林云陔

纪　录　何启澧

报告事项

一、略。

二、财政厅呈复，核议钦县县长等请恢复民国二十一年度县行政经费，以便委用助治人员，并另拨特别公费以资办公一案，似属窒碍难

142

行，请核指遵。

三、财政厅呈，拟请清理旧粮补充办法，连同核定解额表，请察核备案。

四、建设厅呈，据新会县民赵永思等请承领县属第九区土名二岭鲤鱼等处荒地，请察核备案。

五、民政厅呈报，据陆丰县呈缴三年施政计划进度表，请察核。

六、民政厅呈，拟〔据〕清远县呈缴三年施政计划进度表，请察核。

七、教育厅呈复，关于乐会县提议，各县市学校自高级小学以上一律特设国语一科一案，县拟定办法：（一）小学照课程标准办理。（二）中等以上学校于国文内酌授国语。除分令遵照外，请察核。

八、监督整理三铁路委员会呈复，核议广九铁路管理局请发年终奖金两个月一案情形，请察核。

讨论事项

一、建设厅呈，关于南浦至石龙段公路购置驳渡电船一案，据东莞县拟就保管行驶办法，暨经常费预算，查核大致尚无不合，至经常费应如何支拨之处，请察核办理案。

（议决）应由该路收入项下拨支。

二、建设厅呈，据全省港务局呈，请准将船税附加航海讲习所一成五办法展收一年，至二十四年三月底止；自二十四年四月一日起再照原案减收一成，转请察核示遵案。

（议决）准予展限一年，期满即须撤销。

三、财政厅呈，准粤海关税务司函，请免缴海关所属灯塔及巡艇所用煤油营业税，应否准予豁免，请核指遵案。

（议决）各机关均无豁免成例，海关不能独异，所请未便照准。

四、民政厅呈，拟具广东省各县乡镇里自治人员轮流训练办法，请核指遵案。

（议决）准备案。

五、民政厅呈，拟具广东省县参议员训练班章程，暨广东省参议员训练班学员选送及待遇办法，请核指遵案。

（议决）准备案。

六、教育厅呈，据顺德县呈缴简读书堂书价表、建坊图则、简章、预算表，请酌购遗著分送省内各中等以上学校图书馆及国内著名大学图书馆，并拨给建坊工料费银一千五百三十五元三角等情，请核办饬遵案。

（议决）省府购三十套，建牌费照发，由预备金项下开支，并令各县市府酌购。

七、广州市政府呈，拟于本年三月间举行广州全市第一次运动大会，连同经费支出预算表，请核准补助六千元案。

（议决）照补助，在预备金项下拨支。

八、建设厅呈缴美国麦基公司代拟钢铁厂计划书，及一切图表，请转呈鉴核案。

（议决）准备案。

九、建设厅呈，据农林局拟具管理化学肥田料办法施行细则，及处罚规则，转请察核指遵案。

（议决）原则通过，条文交胡、李两委员审查。

十、番禺县呈，准中山大学函，请依照土地征收法收用××冈脚地段，应否准予收用，连同原送计划书图，请核指遵案。

（议决）照准。

十一、主席提议，关于罗天亮因承办省城药材厘费，昭信堂张大昌征收该所厘台各费发生争执一案，不服财政厅所为之处分，提起诉愿到府，现经秘书处派员审查，作成决定书，请公决案。

（议决）照审查意见通过。

十二、主席提议，查省政府去年所聘之法律顾问砵打律师本月十六日期满，应否续聘，请公决案。

（议决）照续聘一年。

十三、主席提议，修改罗浮公园租地章程第四条，请公决案。

（议决）照修正通过。

广东省政府第六届委员会
第二百六十九次议事录

三月十六日　星期五

出席者　林云陔　金曾澄　胡继贤　李禄超　区芳浦　谢瀛洲
　　　　　许崇清
列席者　刘纪文　陆嗣曾　梁祖诰
主　席　林云陔
纪　录　何启澧

报告事项

一、胡、李两委员会复，建设厅所拟广东省管理化学肥田料办法施行细则经审查修正，请察核。

二、财政厅呈，请通令各县，关于各县财政局长办事细则应依照向来习惯办理。

三、财政厅呈复，核议建设厅提议取缔滥发找续券一案缘由，请察夺。

四、建设厅呈，据新会县民何星如等请承领县属第十五区土名大良凹等处荒地，请察核备案。

五、建设厅呈，据新会县民叶其旋等请承领县属第六区土名南乐里后山等处荒地，请察核备案。

六、建设厅呈，据梅县县民张耘发等请承领县属土名社官坛背等处荒地，请察核备案。

七、建设厅呈，据花县县民邝明鉴等请承领县属第一区土名石狮岭等处荒地，请察核备案。

八、建设厅呈，据梅县县民罗毅夫等请承领县属土名罗屋寨等处荒地，请察核备案。

九、教育厅呈，奉发各县市行政会议关于清远、海丰、化县各县长提议，推广各县小学教育及取缔私塾等各案，分别拟具意见，请察核。

十、民政厅呈，据高明县呈缴三年施政计划进度表，请察核。

十一、广州市政府呈，据自动电话管理委员会拟电话加价一案，经交参事室审查，签具意见，提出市政会议议决通过，抄录原签，请核备案。

十二、监督整理三铁路委员会呈复，核议三路购料委员会奖金依照标准应发给一个半月，请察核。

十三、监督整理三铁路委员会呈缴二十三年一月份检查粤汉南段、广九两路现金报告表，请察核。

讨论事项

一、建设厅呈，据潮汕渔业区管理所电称，奉发审定二十二年度概算，并无职所核定数额等情，请准更正追加，令行财政厅如数照拨，并转审计处备案。

（议决）照准追加。

二、民政厅呈，请将惠济义仓每年补助教忠、执信两校经费改由教育经费项下开支，列入二十三年度教育经费预算项内，以正用途案。

（议决）准加入二十三年度教育经费预算。

三、民政厅呈，为现存赈款不敷开支，拟请准由惠济义仓仓款项下划拨五万元以资救济，请核指遵案。

（议决）照准。

四、建设厅呈复，东区绥靖委员电，请饬将东区邮路按合新通各公路路线通盘从新改定一案，饬据广东邮务局暨东路公路处呈复，双方所陈各具理由，应如何办理以期兼顾之处，请核指遵案。

（议决）由建设厅派员与邮局协议办法，呈候核夺。

五、教育厅呈，拟委任徐锡龄为本厅省督学，检同该员履历，请察核委用案。

（议决）照委。

六、广东省合作事业委员会呈，请令行财政厅指定专款五十万元，为最高额充合作社借贷金，由职会随时提取借与各合作社、订期清还归库案。

（议决）应从缓议。

七、广州市政府呈，据工务局转据德兴南约商店代表陈德才等，请继续兴筑德兴南路等情，经送辟路审定委员会议决继续兴筑，连同议事录及路线图，请察夺指遵案。

（议决）照准。

八、广东粮食调节委员会呈复，关于邹委员鲁提议拨款屯谷以救济本年粮食一案，与职会前拟各地建仓储谷办法相符，惟所需款项应如何拨付，请核指遵案。

（议决）由财政厅预筹款项屯储。

九、番禺县呈报，新港公路系属民办，拟援照公路规程办理，请核指遵案。

（议决）查该路系在市区之内，为市内交通利便起见，仍照本府二三三次议决案办理。

十、李军长扬敬文电，汕市金融日趋竭匮，拟仿照上海办法，组织公库，发行公库单，发行额由政府规定，前发保护纸币、白票、补交券、流通券等一律取销，归纳公库单，以杜流币〔弊〕，乞电示遵案。又汕头市商会呈请再增发商库证六百万元，商库证面额改为一百元、二百元，并免存地名券二成，或变通办理以救济市面金融案。

（议决）由财厅、省行参酌各方意见，拟定妥善办法，呈候核夺。

十一、民政厅呈复，关于规复孔子及关岳祀典一案，现拟省会孔庙祭费每祭各支毫银六百元，由省库开支；各县每祭各额支毫银二百元，由各该县就钱粮项下开支；至祀关岳费，拟由总司令部拨支，请核指遵案。

（议决）祭祀费定一等县三百元，二等县二百元，三等县一百五十元，特三等县一百元，不足之数准由地方款拨支，余照厅拟办理。

十二、教育厅提议，拟由本厅二十二年度留学经费项下，拨三万元为省立第一职业学校开办设备费，请公决案。

（议决）准照拨。

十三、建设厅提议，据高明县呈，请在洋米税项下拨借十二万元为举办水利基金，请公决案。

（议决）准酌借，分月拨付。借款合约由财厅拟订，令饬照办，工程由建厅派员切实监督。

广东省政府第六届委员会
第二百七十次议事录

三月二十日　星期二

出席者　林云陔　金曾澄　李禄超　区芳浦　谢瀛洲　许崇清
　　　　胡继贤

列席者　刘纪文　梁祖诰

主　席　林云陔

纪　录　何启澧

报告事项

一、西南政务委员会秘书处函复，行政院来文关于地方行政制度改革一案，经陈奉本会政务会议，交两广省政府附具意见呈候核办在案，除由会分令外，请查照。

二、财政厅呈，关于沙田旧照减成报承案，拟自本年三月一日起至本年六月底止，照案续展限四个月，请核指遵。

三、财政厅呈报，契税减征清理期限，由二十三年三月十六日起至九月十五日止，再继续展限六个月，请察核备案。

四、财政厅呈，据梅菉管理局呈，请准将十项串捐暂行保留以维警政，俟筹有别款抵补再行呈报撤销等情，请核令遵。

五、建设厅呈，据开平县民谭杏才等请承领县属第七区土名虎山等处荒地，请察核备案。

六、教育厅呈复，核拟关于各县市行政会议电白县等提议，促进社会教育各案情形，请察核。

七、教育厅呈复，核拟关于各县市行政会议中区绥靖委员提议，乡村小学第五、六年级学生，应视各地方之需要，分别授以工商、农矿、渔牧、养植等事业常识，以期增进生产一案情形，请察核。

八、教育厅呈，据琼山县具缴教育局长王政履历，转请察核加委。

九、民政厅呈，拟议修正县地方自治人员暂行奖惩章程意见，请转

148

呈核办。

十、民政厅呈，据和平县呈缴三年施政计划进度表，请察核。

十一、两广省办硫酸厂呈送二十二年十二月份收支月报书表，请察核。

讨论事项

一、建设厅呈复，核明东区绥靖委员转据公路处呈缴惠紫五路惠紫段石方数量预算表，请照数拨发转给一案缘由，请察核案。

（议决）准列入二十三年度预算。

二、建设厅呈复，核明翁源段电报杆位号数图册尚属无误，请察核办理案。

（议决）准列入廿三年度预算。

三、教育厅呈复，奉交核拟关于各县市行政会议议决，在雷州设立第六农业学校一案，谨拟具办法，请察核指遵案。

（议决）准列入二十三年度预算再行筹划。

四、教育厅呈复，奉交核办关于各县市行政会议议决通过筹设省立计政学校养成统计及会计人才一案，谨拟具办法，请核指遵案。

（议决）准列入二十三年度预算再行筹划。

五、教育厅呈，据勤勤大学工学院呈，拟向建设厅购用灌溉抽水机，机价拟在该大学二十二年度开办费所余六万余元项下，由财政厅直接拨还建厅抵销等情，请核准分行照办案。

（议决）照准。

六、琼崖抚黎专员呈缴黎人教员训练班简章，及开办经临各费预算表，请一次过拨发经临两费毫银一千七百三十四元，俾得及早办理案。

（议决）应由该专员选定人员，送交第六师范训练。

七、琼崖抚黎专员文电，请发给银毫三千八百七十二元，以便办理琼崖黎苗人口事项案。

（议决）关于调查人口款项，向由地方款开支，应由该专员督同各县政府办理，以符通案。

八、广东粮食调节委员会呈，为择定建筑粮食总仓库地段，请令曲江县长估价收用案。

（议决）准予收用。

九、主席提议，关于黄榕邦因不眼建设厅对于青岗植牧公司筑围设泵抽费一案所为之决定，提出再诉愿到府，现经秘书处派员审查，作成决定书，请公决案。

（议决）照审查意见通过。

十、主席提议，关于叶××等因不服建设厅撤销其承采英德县属×××钨铋矿矿业权收回厅办一案之处分，提起诉愿到府，现经秘书处派员审查，作成决定书，请公决案。

（议决）照审查意见通过。

十一、主席提议，关于蔡国基等因请将集丰公司物业及所缴按批如数偿还，并赔补历年亏损一案，不服建设厅处分提起诉愿到府，现经秘书处派员审查，作成决定书，请公决案。

（议决）照审查意见通过。

十二、建设厅呈缴罗浮山公园管理处各项预算书，请察核照准拨付，以资开办案。

（议决）经常费不足之数准照支，管理处建筑费除农林局已领之一千五百元外，准追加八千五百元；电话费开办费照支，均在预备金项下拨付；筑路费列入二十三年度预算；旅店建筑应招商办理毋庸另筹。

广东省政府第六届委员会
第二百七十一次议事录

三月二十三日　星期五

出席者　林云陔　金曾澄　李禄超　区芳浦　谢瀛洲　许崇清
列席者　刘纪文　梁祖诰
主　席　林云陔
纪　录　何启澧
报告事项

一、第一集团军总司令部特别党部执委员会删日通电，为叛逆溥仪僭称帝号，请一致督促政府挞伐，以正国法等语。

二、中山大学函，为本校学生赵辉，此次参加环市长途赛跑名列第一，请照案补助学费三百元，送校转给。

三、许委员函复，乳源、曲江、开建、英德、赤溪等县三年施政计划进度表，及花县改编建设事项进度袭，经审查完毕，其各县尚未缴送者，请令饬从速编送。

四、财政厅呈复，高要县景福围水利借款，已先饬库拨借四万元，余俟续拨，抄呈借款合约，请察核指遵。

五、财政厅呈复，核明南路修理梅菉、化州渡船费，似可准照路租收入项下拨支，请核指遵。

六、财政厅呈，为本厅添购汽车一辆，所需价银，拟在二十二年度省地方概算财政各杂费项下开支，请核准备案。

七、财政厅呈，据中山营业税局呈，拟在原定经费办公费项内，樽节添用职员，查案尚符，似可照准，请核备案。

八、财政厅呈，据汕头营业税局呈缴潮安、潮阳、揭阳、澄海等县商业调查表，其潮安一县商业较盛，应设一营业税征收处，暂归汕头局管辖等情，连同原表，请核准备案。

九、财政厅呈，准教育厅咨，据阳江县呈请暂缓撤销该县牛捐，以免警学各费无着，转请核示指遵。

十、财政厅呈复，核明省营化学工业厂硫酸部二十二年度警队服装费，似可准在收入盈利项下拨支，请核明饬遵。

十一、民政厅呈复，核拟中区绥靖委员在行政会议提出议拨各县社团公款，充支地方生产事业一案，尚属可行，应否通令各县市遵办，仍候指遵。

十二、民政厅呈据〔缴〕普宁县三年施政计划进度表，请察核。

十三、建设厅呈，据梅县县民郭心如等请求承领县属第三区土名长坑里、旱仔历、礤板肚、赞板岽等处荒地，请察核备案。

十四、东区绥靖委员呈缴二十二年十二月份工作报告书，请核存转。

十五、西北区绥靖委员呈缴二十二年十一月份工作报告表，请核存转。

讨论事项

一、建设厅呈复，奉饬核拟关于维持工商业一案，谨拟议办法条例，请察核指遵案。

（议决）发交财厅调查团一并调查，调查完竣，呈本府核办。

二、民政厅呈报，饬据视察会同番禺县呈复，办理榕树头东郊农会与中大林场划界竖志情形，请察核备案。

（议决）准备案。

三、教育厅呈，据广东省体育委员会呈，请拨支出席远东运动会经费一万零八百三十五元五角，又如派捧〔棒〕球队及女篮球队，则增多六千八百六十二元九角等情，查所请尚属实在，应如何拨支，请核指遵案。

（议决）准拨七千元，在预备金项下开支。

四、广东治河委员会函复，核明高明县请拨款修葺秀丽、三洲、大沙三围，及购置抽水机一案情形，请查照案。

（议决）令建厅转饬高明县俟治河会计划妥当后，再行购置抽水机，并令财厅知照。

五、建设、教育厅呈，拟会同派农林局推广课长黄泽普，赴丹麦考察一年，除考察期内，原薪仍照支外，所有往返舟车费省币二千七百元，拟在留学经费项下支拨，请核指遵案。

（议决）照准。

六、国立中山大学函，请饬财政厅自二十三年一月起，至二十四年十二月止，继续照案补助南路蚕业试验场经费每月一千元案。

（议决）本年度预算未有列入，该项补助费，未便照办。

七、教育厅呈复，查明揭阳县委教育局长庄尔威履历缘由，请核指遵案。

（议决）不予加委，着另选合格人员。

八、琼崖抚黎专员呈，拟设立织纫所，教授黎民，以三个月为一期，经临两费，共需毫洋二千七百三十九元六毫，拟具计划预算书，请核准追加预算拨给，期满仍须赓续办理，请核指遵案。

（议决）本年度预算已定，未便追加。

广东省政府第六届委员会
第二百七十二次议事录

三月二十七日　星期二

出席者　林云陔　金曾澄　林翼中　胡继贤　李禄超　区芳浦
　　　　　谢瀛洲　许崇清
列席者　刘纪文　陆嗣曾
主　席　林云陔
纪　录　何启澧

报告事项

一、第四集团军驻粤办事处函，关于广西省府请发还富贺矿务局在粤冼涌屋地一案，现准桂省府将补回第十一区党部上盖建筑费送到，请查收转发，饬将原地交还敝处代管。

二、中国国民党广东省执行委员会、广州特别市执行委员会元日通电，拥护西南政委会鱼电，声讨叛逆溥仪，受敌劫诱妄僭帝号。

三、教育、财政厅会呈，关于行政会议议决乐会县长提议，请省政府对于贫瘠县区之推行义务教育、发展社会，拨款补助一案，核拟缘由，请察核指遵。

四、财政、教育厅会呈，关于行政会议议决，电白县县长提议筹设职业学校一案，核拟缘由，请察核指遵。

五、财政厅呈，关于农林局向爪哇购糖定款港币二万六千元，已填支付通知单，送省行转拨，请察核备案。

六、财政厅呈，据东莞县再请缓裁鱼秤等捐，或准将县立乡村师范学校改为省立等情，请核示遵。

七、财政厅呈，据阳春县再请缓裁古良什捐，以维政费等情，请核示遵。

八、教育厅呈，关于行政会议议决，中山县长提议增设师范简易科以培养师资一案，遵令拟定办法，请察核。

153

九、教育厅呈，关于行政会议议决，职厅提议推行各县市职业教育，及万宁县县长提议广设职业学校一案，谨将办理情形，请察核。

十、教育厅呈，关于行政会议未及讨论之广州市教育局提议推行国民识字训练一案，查识字运动，在三年计划内，已有规定，应照原计划办理，请察核。

十一、教育厅呈，关于行政会议未及讨论之广州市教育局提议，设立广东编译馆一案，查此案本厅前经列入三年计划教育事项内，惟本厅改组省立图书馆，筹设省立编印局，业经奉准备案，本案各部工作，统归该局办理，不另设馆，请察核。

十二、教育厅呈，关于行政会议议决，琼崖绥靖委员提议提前筹设琼崖水产及农业专门学校一案，查三年计划已规定第三年设立省立第五农科职业学校，及水产专科学校，恐难提前办到，至专门学校未易举办，请察核。

十三、建设厅呈复，查明农林局请领广东各区糖蔗营造场急需临时费余款三万余元缘由，请令财厅填发支付命令，俾该局具领。

十四、建设厅呈，据全省长途电话管理处，请更正长途电话规则等情，转请并案核示。

十五、民政厅呈，据海丰县具缴三年施政计划进度表，请察核。

十六、南山移垦委员会呈送自二十二年六月十九日起至二十三年二月底止行政报告书，请察核。

十七、广东省银行呈缴董事会第三十四次议事录，请察核。

十八、监督整理三【铁】路委员会呈缴二十三年二月份检查粤汉南段、广九两路现金报告表，请察核。

十九、淞沪抗日残废军人教养院董事会呈，据抗日残教院院长黄质胜呈，请将该院归并第一集团军残教院，并请准辞院长职务等情，转请察核指遵。

二十、广东省党部【呈】，据广东机器工会整理委员会呈，电力公司全体工友，请发给工资，改用银毫支付，恳转饬市政府遵办等情，相应函请查照办理见复。

二十一、广东机器总工会整委会呈，据士敏土厂工人呈，请改用银毫发给薪金等情，请令建厅办理。

154

讨论事项

一、广州市政府呈，据财政局呈，为奉准收用河南同福东路和悦新街内地段一案，现勘明该处西南隅破屋，尚有八井余，同属一契管业，似应一并收用等情，连同蓝图，请核赐备案。

（议决）照准。

二、东区绥靖委员呈，拟提前开辟东韩两江水源林苗圃，以备造林，请核准施行案。

（议决）本年度未列该项预算，且库款支绌，未能提前拨款，如认为必需时，可先就地筹款举办，俟下年度补列预算再行核定。

三、广东省银行呈报，职行监事梁致广任期已满，请察核指遵案。

（议决）继续委任。

四、番禺县呈复，遵令更正农艺蕃殖场计划书图，请察核备案。

（议决）准备案。

五、建设厅提议，对于现存化学肥田料，仍饬照章贴查验证，但只收半费，于查验证上盖有"存货半费"字样，以示识别，而便检查，请公决案。

（议决）照准。

广东省政府第六届委员会
第二百七十三次议事录

三月三十日　星期五

出席者　林云陔　金曾澄　林翼中　胡继贤　李禄超　区芳浦
　　　　　许崇清
列席者　刘纪文　陆嗣曾　曾同春
主　席　林云陔
纪　录　何启澧

报告事项

一、财政、教育厅会呈，关于行政会议议决，中山县长提议，拟请饬各县市于每年行政费中提出若干，逐年节存，为奖学基金一案，拟由各县市分别体察情形，先行酌拟提成充奖办法，呈候核夺施行，请察核。

二、财政厅呈，关于行政会议未及讨论之揭阳县提议，关于奉行三年施政计划经费，应规定筹措一案，查各县三年计划，经已准由二十二年份钱粮带征田亩捐，似应令饬遵照办理，至该县拟举办营业捐，殊与营业税规定抵触，似未便照准，请察核。

三、财政厅呈，关于行政会议议决，连平县提议请划拨省库地方税一部分，补助贫瘠各县，实施三年计划各种建设，及始兴县提议请将增加各县建设经费，列入预算，由省库支拨各案，现在库收支绌，实难办到，似应照审查意见，俟地方税捐调查完竣，省县市地方税确定后，再行核办。

四、财政厅呈，关于行政会议议决，阳江县提议统一县地方财政一案，似应仍暂照各县向来习惯案办理，俟各县财政局章程实施时，再行通令遵办。

五、财政厅呈，关于行政会议未及讨论之连山县长等临时动议，各县财政局经费，拟请于原有县府行政经费外，由财厅另行拨支一案，各县财政，既经钧府通令照向来习惯办理，自无由厅另拨之必要，请通令各县遵照。

六、财政厅呈报，核准广州市商库证发行委员会领用市库证附缴二成省币变通办法，请察核备案。

七、教育厅呈，准勷勤大学筹备委员会函，议决将工学院旧校址照原估价二十万元，售与新电厂，得款拨充新院建筑费等由，请察核备案。

八、教育厅呈缴赤溪县优待小学教员办法，请察核备案。

九、教育厅呈复，关于中山县提议优待小学教员一案，饬据汕头市政府呈称，此案经订有递给增加俸给规定，奉准有案，至每年提出若干行政费积存作基金一层，因市库支绌，实难再提等情，请察核。

十、建设厅呈报，奉令议决设立广东省国货推销处一案，查该大纲内，分设士敏土等部，自应遵将士敏土营业处改并，合将改并情形，请察核备案。

十一、民政厅呈，为本厅测量队第二队所支该队切实[1]丘伯超丧葬费，拟请准予作为恤金特别支销，由本厅测量队结存经费项下开支，请核指遵。

十二、秘书处签呈，现惟〔准〕民政厅函奉内政部令饬，转广东省会公安局检送组织规则，应否照办，请转陈核示等由，请察核。

十三、秘书处签呈，查本府添置汽车及印三年计划说明书，与及办公厅捅格等各项，计不敷支，共六千零六十八元六毫，除将建筑及行政会议结存各费拨支外，仍不足一千九百五十八元九毫四仙，拟由委员会及秘书处二十一年度以前节存项下移入开支，请核准转呈备案。

十四、汕头市府、潮海关监督会呈，拟定拃卖俄油章程，请察核。

讨论事项

一、财政厅呈，拟订定煤油贩卖营业税总处处理灾漏煤油之申报，及补漏待遇办法，请察核指遵案。

（议决）准备案。

二、建设厅呈，据西村士敏土厂呈复，遵令开列增加职雇员职别名额俸薪表，请察核办理案。

（议决）照秘书处签注办理。

三、广州市政府呈缴修正清理欠缴筑路费简章，请察核指遵案。

（议决）准备案。

四、东区绥靖委员呈，请准将汽车载运农产品价格，照原定货运价目减收三分之一，通令各县一体遵照案。

（议决）交建厅核议。

五、南山移垦委员会呈，拟请增设上尉后备队编练员一员，中尉编练员三员，专任训练地方壮丁后备队，及办理联防之责，所需经费，由职会建设费项下开支，请核指遵案。

（议决）照准。

六、主席提议，修正广东省国货推销处组织大纲，请公决案。

---

[1] "切实"二字疑有误。

（议决）照通过。

七、主席提议，修正广东省营工业组织大纲，请公决案。

（议决）修正通过。

八、主席提议，拟具广东省建设事业基金委员会组织大纲，请公决案。

（议决）照通过。

广东省政府第六届委员会
第二百七十四次议事录

四月三日　星期二

出席者　林云陔　金曾澄　胡继贤　李禄超　区芳浦　谢瀛洲
　　　　　许崇清　林翼中
列席者　刘纪文　陆嗣曾
主　席　林云陔
纪　录　杨伟业（代）

报告事项

一、财政厅呈报，分派各县税收视察员，巡回视察各属纸币流通情形、经济状况、税收数目，检同简章、办事细则、区域、经费、组织等表，请核转备案。

三、财政厅呈，据南番三营业税局呈，请援照新设征收处月支经费额数，增拨九江等三征收处经费等情，似应照准，请察核备案。

三、建设厅呈，拟在建筑八大公路项下，挪拨东路省道第三行车处股本三万元，俟将来编造二十三年度预算时，再行列支，请察核备案。

四、建设厅呈，奉实业部令，发各种茧丝调查表，饬转所属填报等因，请核示遵。

五、教育厅长呈报，出巡西江各县教育状况，日常事务交主任秘书曾同春代拆代行，请察核备案。

六、民政厅呈，据德庆县呈缴三年施政计划进度表，请察核。

七、广州市政府呈缴二十二年九月份行政报告，请察核。

八、广州市政府呈缴财政局二十二年十一月份市库收支结算表，请核存转。

九、西北区绥靖委员呈报制定西北区各县警卫队官兵病故证书，及调查表格式，请察核备案。

十、中区绥靖委员呈缴二十三年一月份工作报告表，请察核。

十一、淞沪抗日残废军人教养院呈报，举行成立一周年纪念大会，所需费用〈的〉共六百元，请准在职院经费结余项下开支。

讨论事项

一、广东财政厅、省银行会呈，核议汕头市商会请增加商库证发行额，及免缴二成地名券一案，拟具办法，请察核指遵案。

（决议）（一）准领户先领准额之四成，将库证照章购缴省券，然后续领准额之六成。（二）面额准减为一百元、二百元。（三）利息定为五厘。（四）发行总额，准增至八百万元，惟须将汕市所有发出之保证纸、保证白票，及最近发行之保证单、辅助券等，于最短期内尽数收回，始行换发。

二、民政厅、琼崖绥靖委员会呈，核办文昌、琼山两县争管大致坡及其附近地方一案情形，请察核指遵案。

（决议）照办。

三、民政厅呈，据梅菉管理局及茂名县分呈，请示梅菉土地测量，应如何办理等情，谨拟具办法，请察夺示遵案。

（决议）照第二办法办理。

四、财政厅呈复，奉令拨发第一糖蔗营造场增加制糖部工程费一案，经饬库照支，惟此项增加预算，计一十九万八千六百八十元，本年度岁出预算，尚未列入，请准予追加案。

（决议）准在农产品专税暂行借拨。

五、东区绥靖委员呈，为职区绥靖会议，议决扩充汕头市麻疯院，请准按月补助该院经费一千元案。

（决议）准由二十三年度起照拨。

六、广州市政府呈，拟将电力管理委员会，改组为广州市电力管理处，连同组织章程，请察核备案。

（决议）准备案。

七、胡、李两委员，林厅长会呈，关于徐闻垦殖场整理耕地暂行章程审查意见书，请察核案。

（决议）除第四点删去外，余照审查意见通过。

广东省政府第六届委员会
第二百七十五次议事录

四月六日　星期五

出席者　林云陔　金曾澄　林翼中　区芳浦　谢瀛洲　许崇清
　　　　　胡继贤　李禄超

列席者　刘纪文　陆嗣曾

主　席　林云陔

纪　录　杨伟业（代）

报告事项

一、第一集团军总司令部函，据东区绥靖委员呈，拟在丰顺汤坑地方，设立纪念林场，经核准经常费建筑费，由部拨给开办费，着该区自行筹拨，附送汤坑图则章程，清〔请〕查核备案。

二、财政厅呈，据省行发行纸币监委会呈请将指定专税附加税，收回纸币，交会保管，兹由四月起，将糖捐九种加二征收，以一年为期，按旬拨行存储，随时汇总拨会保管，不得挪用，请核备案。

三、财政厅呈缴业经执行停业找换店及钱柜店名地址清册，请核备案。

四、财政厅呈缴广东省征收机关公务员交代章程，请察核备案。

五、建设厅呈，据东路公路处转据第二行车管理处主任，呈报到差日期，暨组织成立情形，经函总部备案，暨指令将河川段大小江两桥，赶筑完成，请察核备案。

六、建设厅呈，据港务局呈复，遵令扣留四海电船公司所有船舶，请核示遵等情，请察核。

七、民政厅呈，为派技正前往新会等县视察测量队工作情形，该员旅费，拟援照视察员旅费成案办理，并在测量队节存项下开支，请核准备案。

八、民政厅呈报，新会县地方款不敷支，已饬据呈复，遵在土地局增拨经费项下，酌减三百余元，连同预算书，缴请察核备案。

九、广东省银行呈，为建设厅筹办毛织厂，与上海信昌机器工程有限公司，订购机器合约，由职行担保，照缮合约一纸，请察核备案。

十、中区绥靖委员公署呈缴广东佛冈县地方警卫队编练处全年经常费支出预算缴表，请核备案。

十一、东区绥靖委员公署呈缴二十二年十一月份工作报告书，请察核。

十二、琼崖绥靖委员公署呈报，按照三年计划进度表，所列各事项斟酌情形，择要拟就限期，促进各县施政计划表，缴请察核。

十三、高要县呈缴职县景福围水利委员会，与捷成洋行定购抽水机中英文合约副本，请核备案。

讨论事项

一、建设厅呈，据潮汕渔业区管理所补缴二十一年度临时开办费预算书，计列支九百六十三元七毫，请察核指遵案。

（决议）照准。

二、建设厅呈，据港务局呈，拟关于四海电轮沉没案溺毙人命抚恤办法，转请察核指遵。

（决议）修正通过。

三、建设厅呈，关于各县市行政会议未及讨论之兴宁县长提议，拟请通令各县筹办区乡苗圃一案，经饬据农林局，拟具广东省各县区立苗圃规程，暨办法大纲前来，请察核办理案。

（决议）修正通过。

四、琼崖绥靖委员呈复，查明陵水县请发还谢是忠等产业一案情形，请察核案。

（决议）准将谢是忠部分产业发还。

五、番禺县呈，为新港公路请准由人民专利一案，未奉明令准许，发生重要障碍，请提会再议，以定地方人民收益权，俾得继续完成案。

（决议）由广州市政府另征筑路费，将人民股本发还。

广东省政府第六届委员会
第二百七十六次议事录

四月十日　星期二

出席者　林云陔　唐绍仪　金曾澄　胡继贤　李禄超　区芳浦
　　　　谢瀛洲　许崇清　林冀中
列席者　刘纪文　陆嗣曾
主　席　林云陔
纪　录　杨伟业（代）
报告事项
一、建设厅呈，为李仲振发明利用钙炭为燃料，替代电油行驶汽车，既经试验成功，似应准予备案，以示鼓励，请核转政委会备案。

二、建设厅呈，据恩平县民司徒浓等请承领县属土名有琴山、双星伴月等处荒地，请察核备案。

三、民政厅呈，据乐昌县呈缴三年施政计划进度表，请察核。

四、教育厅呈，据陆丰县具缴教育局长钟捷履历，转请察核加委。

五、广东省会公安局呈，关于职局前拟取缔长堤码头挑夫一案，据各夫力工会请予撤销，未便照办，请仍照原案办理，免滋纠纷。

六、中区、西北区绥靖委员会呈，据恩、开、兴、鹤、高五县善后委员会呈，请加设雇员一员，业予照准，请核准追加预算。

七、广东省银行呈报，建设厅与斯可达公司订购啤酒厂机器合约，经职行签字担保，照缮合约译文一份，缴请察核备案。

讨论事项
一、第一集团军总司令部函送广东省各县地方警卫队后备队征编调集奖惩规则，请查照审核见复案。

（议决）交民政厅林厅长、金委员、李委员审查。

二、民政厅呈缴广东警官学校章程草案、广东全省警士教练所章程草案、广东省现任警官训练班章程草案，请察核施行案。

（议决）交许委员、胡委员、金委员、谢厅长审查。

三、财政厅呈，为奉发行政会议未及讨论之博罗县长提议，确定各县征粮经费，及云浮县长提议请核定增加站司粮役薪工，廓清征粮积弊，改善佛〔征〕收办法两案，兹拟定各县催征田赋员司惩奖暂行章程，请核示施行案。

（议决）通过。

四、教育厅呈，据省立第三农业学校呈，请补发二十二年度七月份未领经常费，移作购置仪器之用，似可照准，请核准令行财政厅照案发给案。

（议决）照准。

五、财政厅呈，为派员前赴各县督促调查田亩，该项出差费及薪额，拟在本年度省地方岁出预算预备金项下开支，连同简章及预算，请察核备案。

（议决）准备案。

六、建设厅技正文树声、陈宗南等呈，接罗技正明燏函，为奉派赴美学习飞机制造，未能完功，请代恳准延期半年，及补给旅费，应否照准之处，请核示遵案。

（议决）准延期半年，旅费由留学经费项下支给。

七、主席提议，关于余陈氏因不服本府对于该诉愿人请求发还屋业一案，饬候省会公安局拟复再行核办之批示，提起诉愿到府，现经秘书处派员审查，作成决定书，请公决案。

（议决）照审查意见通过。

广东省政府第六届委员会
第二百七十七次议事录

四月十三日　星期五

出席者　林云陔　唐绍仪　金曾澄　林翼中　胡继贤　区芳浦
　　　　谢瀛洲　许崇清
列席者　刘纪文
主　席　林云陔
纪　录　杨伟业（代）

报告事项

一、第一集团军总司令部函送汤坑林场印模，及该场主任郑亿淮履历表，请查照备案。

二、财政厅呈缴二十二年十二月份省库收支月结表，请核存转。

三、建设厅呈缴二十二年十一月份下半月工作报告表，请察核。

四、建设厅呈，据潮安县具缴建设局长李伯禧履历，及文件影片，转请察核加委。

五、民政厅呈，据蕉岭县呈缴三年施政计划进度表，请察核。

六、民政厅呈，据南雄县呈缴三年施政计划进度表，请察核。

七、新会县呈缴三年施政计划进度表，请察核。

八、兴宁县呈缴三年施政计划进度表，请察核。

九、广东省银行呈报，董事会议决，梅菉支行，自四月十六日起，实行照案改发北海地名券，请察核备案。

十、中区绥靖委员呈报，组织视察团，分赴本区各县视察，并拟定视察团组织大纲，及报告表，请察核备案。

十一、汕头市政府、潮海关监督呈报，开投光华公司火油汽油日期，暂减低底价押票金各缘由，请察核备案。

讨论事项

一、财政厅呈复，核议琼崖绥靖委员、琼崖实业局电请变通承垦办法一案，拟仍请饬照向办手续办理，以免纷歧，请核指遵案。

（议决）照向办手续办理。

二、建设厅呈，拟具公海渔船检验规则，请察核指遵案。

（议决）交李委员、胡委员审查。

三、建设厅呈，据韶坪公路工程处呈报二十一年六月份监理费项与项流用情形，转请察核指遵案。

四、广东省银行呈，为职行董事会议决，增设副行长一人，勷理行务，谨录案呈请，将职行条例章程，分列修正，并请以霍宝材充任案。①

五、民政厅提议，据番禺县县长严博球呈请辞职，拟予照准，遗缺以新兴县县长梁翰昭调署；递遗新兴县缺，以四会县县长何克夫调署；递遗四会县缺，以梅菉管理局局长余觉芸升署；递遗梅菉管理局局长职，委民政厅视察伍季酬接充，是否有当，提请公决案。

（议决）照委。

六、主席提议，拟聘萧佛成、邓泽如、林直勉、钱树芬、黄麟书为广东省建设事业基金委员会委员案。

（议决）通过。

七、主席提议，拟委陈元瑛为国货推销处经理，改委刘鞠可为西村士敏土厂经理案。

（议决）照委。

广东省政府第六届委员会
第二百七十八次议事录

四月十七日　星期二

出席者　林云陔　金曾澄　林翼中　胡继贤　区芳浦　谢瀛洲
　　　　　李禄超　许崇清

---

①　原文第三、四项缺"议决"内容。

列席者　刘纪文　陆嗣曾

主　席　林云陔

纪　录　何启澧

一、中国国民党广东省执行委员会函，为本省第六届执监委员，经于四月二日宣誓就职，执委会推定林直勉、黄麟书、彭卓任为常务委员，监委会推定陆匡文为常务委员，请查照。

二、财政厅呈，为奉令筹款屯谷一案，拟令各县就地方财力，尽量设筹，筹得若干，尽数拨充屯谷之用，请核指遵。

三、财政厅呈报，新会县测丈工作，将已完竣，经调测丈第一、二两队前往东莞办理，前订改组南番新会测丈编验办法，自应推行于东莞各县，请察核备案。

四、财政厅呈，为本厅二十二年九、十月份印刷营业税章案辑览，及征收章程释义，应支工料费，拟在预算临时门财政各杂费项下开支，请核准备案。

五、建设厅呈，据东路公路处呈复，查明平鲔段利民公司缴过按饷借款共五千元，经饬照数发还，以清手续，请核备案。

六、民政厅呈，以继续组织测量队五队，援案征用队长等员，至前呈征用测量技术人员章程，拟加入服务年限，请核备案。

七、民政厅呈，据罗定县呈缴三年施政计划进度表，请察核。

八、广东治河委员会函，请准将所借洋米税款三万元，展至二十九年，由秀丽泰和等十三围内田亩捐偿还，令饬财政厅知照。

讨论事项

一、民政厅呈，据广东省地政工作人员养成所呈报，建筑操场等费用，共七千七百二十元，拟在历月节存项下开支，转请察核备案。

（议决）准备案。

二、东区绥靖委员公署呈，拟由四月一日起，将本届全潮戏厘捐，分借惠来，开筑南山通葵潭两公路石方桥涵费，及汕头平民新村建筑费之用，请察核备案。

（议决）行教、财两厅并案议复。

三、广东省【会】公安局呈复，大新公司请将神州国光社铺业，揭封发还，并请追欠租一案，该铺铺业拟予揭封发还管业，该神州国光社货物家私，饬德宣分局暂行存管，听候发落，请核指遵案。

（议决）照准。

四、财政厅呈复，南韶公路路面铺筑，超过预算之数，拟请准予列入下年度预算，审定后再行支付案。

（议决）照准。

五、建设厅提议，拟筹设木炭气炉制造厂，开办费毫银二万六千元，由厅暂行筹垫，将来由气炉价款内归还，并拟由钧府一次过补助发明人汤仲明君研究费一万元，请其将本省专利权，让与职厅，是否可行，列具预算，请公决案。

（议决）照准。并加给留粤旅费五千元，以便留粤改良各机件之用，专利让与费及旅费，由预备金项下拨支；制造厂开办费，由建厅筹垫。

六、主席提议，修正罗浮山公园各种章则，请公决案。

（议决）地租简章第二条末句，改为"三个月内将全期地租之半数缴纳，即发临时租约，其余地租，仍按年率均缴纳"，余照修正通过。

广东省政府第六届委员会
第二百七十九次议事录

四月二十日　星期五

出席者　林云陔　金曾澄　林翼中　胡继贤　区芳浦　谢瀛洲
　　　　　许崇清　李禄超
列席者　陆嗣曾
主　席　林云陔
纪　录　何启澧
报告事项

一、中国国民党中央执行委员会西南执行部寒日通电，日本阴谋，促我履行塘沽协定，实现通车通邮，政府当局，集议南昌，如何决策，至冀沥诚宣示，以解国人之惑等语。

二、许委员崇清函复，查封川、惠来、高明、陆丰、清远、高要、花县等七县三年施政计划进度表，业已审【查】完毕，连同审查意见会议录，请查照办理。

三、建设厅呈，据东路公路处呈报，东路第一行车管理处，已将集丰公司产价发给具领等情，转请察核备案。

四、建设厅呈，奉实业部令，催饬属迅将畜牧调查表，查填汇齐呈部一案，应否照行，请核指遵。

五、建设厅呈报，南路第一干线，由长沙至梅菉段，各行车公司，抗不遵办联运，由厅筹备直通该路段各缘由，请核备案。

六、建设厅呈，据开平县民胡柯昌等请承领县属第五区土名崩山、缩头龟等处荒地，请察核备案。

七、建设厅呈，据开平县民司徒盛裕等请承领县属第六区土名黄仙塘等处荒地，请察核备案。

八、民政厅呈，据南海县呈，为区乡镇坊调解委员会经费，应如何规定，请核示等情，拟议请核指遵。

九、民政厅呈报出巡琼崖各县经过情形，连同各县县政报告，请察核。

十、民政厅呈，据云浮县呈缴三年施政计划进度表，请察核。

十一、粤汉铁路南段管理局呈报，派邓祖禹为本局专员，月支薪金三百元，取具该员履历，请核准备案。

十二、监督整理三铁路委员会呈缴二十三年三月份检查粤汉南段、广九两路现金报告表，请察核。

十三、建设厅呈，据农林局据昆虫系技正陈梦士呈，拟赴日本考察研究，预算旅费需日金一千元，请由政府津贴半数等情，似应照准，在昆虫系施业费项下，拨支省币五百元，请察核备案。

讨论事项

一、建设厅呈复，核议东区绥靖委员公署，请将汽车载运农产品价格减收一案，查各地交通情形不同，似应仍由各县召集米粮商，及汽车公司协定办法，以期兼顾案。

（议决）照准。

二、建设厅呈缴建筑安山路高桥河临时便桥费预算书，此项建筑费三百余元，请准在路租收入节存项下开销案。

（议决）照准。

三、建设厅呈，关于南浦至石龙段公路购置驳渡电船一案，据东莞县呈复，请由省库拨支，将来车利收入足以支付时，再由原路负担，请核指遵案。

（议决）如该县未能购署〔置〕电船，应先设置木船拖驳。

四、教育厅呈，拟具广东省小学校教科书编辑委员会组织大纲，及办事细则，请核指遵案。

（议决）准备案。

五、监督整理三铁路委员会呈复，核议关于粤汉铁路南段管理局建筑新机厂，及扩充西村车场一案，查该局所定计划，尚属可行，似可准照办理，请察核案。

（议决）照准。

六、李、胡两委员会复，审查建设厅所拟检验公海渔船规则各条，大致尚属可行，似可照准，请公决案。

（议决）准备案。

七、建设厅呈复，关于建筑深圳新街一案，饬据宝安县呈，将生源公司代表蔡宝田等，拟具土地征收办法，及增拓界线图则，建筑材料说明书，请核前来，转请察核指遵案。

（议决）与公用征收法不符，由该商自向地三商买，开辟新街，是否确与地方发展有关，仍由县政府妥为查明，计划办理。

广东省政府第六届委员会
第二百八十次议事录

四月二十四日　星期二

出席者　林云陔　金曾澄　林翼中　胡继贤　李禄超　区芳浦
　　　　　谢瀛洲　许崇清
列席者　刘纪文　陆嗣曾
主　席　林云陔
纪　录　何启澧

报告事项

一、建设厅呈,奉内政部令发水利机关大地测绘暂行标准草案,仰签注意见送还,以便补充修正公布施行等因,应否照办,请核示遵。

二、建设厅呈,据港务局呈缴四海电轮搭客溺死人数姓名,及家属清册,请察核。

三、建设厅呈,据曲江县民陈廉等请承领县属土名水厂中厂铁山打石冲等处荒地,请察核备案。

四、建设厅呈,据曲江县民骆福贵等请承领县属第一区土名草鞋洲等处荒地,请察核备案。

五、建设厅呈,据开平县民谢维栋等请承领县属第五区土名田螺吐吞等处荒地,请察核备案。

六、厅〔建〕设厅呈缴二十二年十二月份上半月工作报告表,请察核。

七、建设厅呈缴二十二年十二月份下半月工作报告表,请察核。

八、教育厅呈缴二十二年十二月份行政报告书,请存转备案。

九、民政厅呈,拟订颁发各县市区调解委员会钤记及乡镇坊调解委员会图记暂行办法,请察核指遵。

十、民政厅呈,据丰顺县呈缴三年施政计划进度表,请察核。

十一、民政厅呈,以此次出巡琼崖,据各县长报告,近来每奉上级机关令行增加地方支出困难情形,拟请通令各机关,以后对于此种命令,应注意地方款预算,其必须支出者,应呈由钧府核准,转令遵办,其不关重要,亦势难办到者,似不宜徒费繁文,请核指遵。

十二、财政厅呈,据阳山县呈请,准暂照旧征收土货出口捐等情,转请核示指遵。

十三、广州市政府呈,据财政局呈,拟在猪捐、屠牛牛皮税、特种娱乐捐、娱乐场院捐等四项,加二征收一案,经市政会议议决通过,应否照办请核指遵。

十四、士敏土营业处呈送二十三年二、三两月份报告书,及总结表,请察核。

十五、监督整理三【铁】路委员会呈送二十三年一月份核签粤汉南段、广九两路进付款数额月报表,请察核。

讨论事项

一、民政、财政厅会呈，奉令审查南山移垦委员会原拟土地分配处理规则，暨设计委员会所拟意见书一案，谨拟具审查意见，请察核案。

（议决）照民、财两厅审查意见办理，并由该会严定期限，布告土地所有人，及关系缴验契据。

二、财政厅呈，为本厅候审所囚粮，每月不敷约一百元，医生诊金月约支三十元，请核准追加预算，转函审计处查照备案。

（议决）准在预备金项下拨支。

三、建设厅呈，据广东全省长途电话管理处，请发广韶、广惠、广清花等所二十二年十、十一两月份补助费等情，拟准照案在舶来士敏土附加费内拨支，请令行财厅，暨函审计【处】备案。

（议决）照准。

四、建设厅呈，为择定河南南石头地方，建筑制纸厂，需收用民地约三百一十一亩五十五井一十五方尺，拟每亩给价毫银三百元，绘具收用范围图则，请赐准收用案。

（议决）照准并呈政委会。

五、教育厅呈，拟举行全省秋季中等学校毕业会考，预算需用经费一万五千四百七十六元，请准令行财厅，由本厅临时经费项下拨发案。

（议决）照准。

六、教育厅呈，拟订广东省立小学教员训练所附设幼稚师范科办法，及经临费预算书，请察核案。

（议决）照准列入年度预算。

七、广州中山纪念博济医院函，为敝院建筑新院，及各种建设，约需费毫银二十余万元，请钧府拨助巨款，俾早观厥成案。

（议决）捐助五千元，在预备金项下拨支。

广东省政府第六届委员会
第二百八十一次议事录

四月二十七日　星期五

出席者　林云陔　金曾澄　林翼中　胡继贤　李禄超　区芳浦
　　　　谢瀛洲　许崇清
列席者　刘纪文　陆嗣曾
主　席　林云陔
纪　录　何启澧

报告事项

一、建设厅呈缴职厅技正何致虔调查欧美钢铁厂旅费开支表、单据等情核销，并将毫洋一千二百二十七元五角八分，暨职厅垫支旅费一万五千元，一并核发给领。

二、建设厅呈，据西村士敏土厂呈，为安装部小工雇员何再因执行职务，重伤毙命，经董事会议决，依章给恤，该费在制土费公益项内开支，转请察核备案。

三、建设厅呈，据开平县民朱丽正等请承领县属第六区土名月山等处荒地，请察核备案。

四、建设厅呈，据梅县县民汪桥昌等请承领县属土名矮察仔、点鸡卵等处荒地，请察核备案。

五、建设厅呈，据高要县民黄华开等请承领县属第三区土名蟠坑等处荒地，请察核备案。

六、民政厅呈报，核定南中建筑公司承建增建广东省地方自治工作人员训练所，及地政工作人员养成所大礼堂，及校舍等工程情形，并委托杨工程师计划办理，请察核备案。

七、民政厅呈，为开办第二期测量队，所需征用技术人员登报印刷各费，及修理经纬仪费，均拟在测量队结存经费项下开支，请核准备案。

172

八、民政厅呈复，奉令以各县市公安局长及分局长，应由厅派员认真考试，并将各警察加以检阅，分别去留等因，谨将遵办情形请察核。

九、民政厅呈，据连平县呈缴三年施政计划进度表，请察核。

十、财政厅呈，拟将南海县属桑园围官有田坦，照案饬由原佃于半个月缴价优先承领，逾限即予开投，或准别人承领，请察核备案。

十一、教育厅呈缴澄迈县公立小学校职教员待遇办法，请核备案。

十二、东区绥靖委员公署呈缴本年一月份工作报告书，请察核。

十三、广九铁路管理局呈报，现拟建筑礼堂，及工会办事室，所需款项，拟由路局酌拨，及由路员工分期月捐暨乐助，连同蓝图，请察核备案。

讨论事项

一、第一集团军总司令部函，据东路公路处呈复，紫河路桥涵改用三合土建筑，预算共需工程费二十九万一千二百三十二元八毫，比较原预算增加一十万一千二百三十二元八毫，转请查照追加预算案。

（议决）追加之数，列入下年度预算。

二、财政厅、省银行呈复，核议东区绥靖委员所陈救济汕头市金融八点，除第一、二、三、四、八，共五点，经分别议复奉核定施行外，其第五、六、七，三点，兹并分别拟议，请核指遵案。

（议决）准照办理。

三、建设厅呈，据农林局呈，为广州区精炼糖厂，由斯可达公司自行建筑，连同合约，请核备案等情，转请察核备案。

（议决）准备案。

四、建设厅呈，准南区绥靖委员函送建筑济南公路南渡过海码头计划图预算表，及施工细则，请拨款兴工等由，查核〈查核〉大致尚合，应如何【拨】款补助之处，请核指遵案。

（议决）列入下年度预算审查。

五、财政厅呈，准省银行函，据中山办事处呈，拟设立代理分金库，暨荐云照坤兼领该分金库长，所拟每月由厅补助经费银三百七十元，尚属核实，请准予追加预算案。

（议决）照准。

六、民政厅呈缴本厅第一科科长岑嘉秦、第七科科长吕拔，视察周裕章履历，请察核加委案。

（议决）照委。

七、教育厅呈，据省教育会秘书长，请发给教育考察团补助费五百元，应否准由本厅教育临时费项下拨支，请核指遵案。

（议决）照准。

八、广州市政府呈，为勘定坭城大街附近为新电厂厂址，应否依法收用，连同收用地段平面图，缴请察核指遵案。

（议决）照准并呈政委会。

九、主席提议，筼门岭业经恢复，应由各机关就节存项下，酌量捐款，救济当地失业人民，请公决案。

（议决）省府捐助一千元，民财建教四厅，各一千元，市府及所属各机关二千元，公安局一千元，省银行一千元，粤汉路局一千元，农林局五百元，士敏土厂一千元，高等法院三百元，缉私总处五百元，汇送总部办理。

十、主席提议，拟拨支五千元，补助建筑海口码头，请公决案。

（议决）照拨，在预备金项下开支。

十一、主席提议，琼崖选送黎民子女二十名，来省就学，所有旅费膳宿费书籍费，均由政府供给，请公决案。

（议决）照准，由抚黎专员于本年秋季选送。

广东省政府第六届委员会
第二百八十二次议事录

五月一日　星期二

出席者　林云陔　金曾澄　林翼中　胡继贤　李禄超　许崇清
列席者　刘纪文
主　席　林云陔
纪　录　何启澧

报告事项

一、建设厅呈，奉实业部令，会计师如有违例兼职，或兼营工商等情事，应即依法取缔等因，请核指遵。

二、民政厅呈，拟具广东省民政厅测量队办事规则，连同表式，及修正测量队成绩月报表，请察核指遵。

三、民政厅呈，据文昌县呈缴三年施政计划进度表，请察核。

四、民政厅呈，据陵水县呈缴三年施政计划进度表，请察核。

五、财政厅呈，将修订各属舶来农产品杂项专税抽收各物品，及税率各缘由，请察核备案。

六、财政厅呈报，设置陈村、石龙两处营业税征收处，经费拟照潮安等处成案，月支二百八十元，请察核备案。

七、财政厅呈缴二十二年五月份行政报告书，请核存转。

八、教育厅呈，拟就广东教育厅征集乡土特产办法，请察核备案。

九、教育厅呈，据三水县具缴教育局长黄霜华履历，转请察核加委。

十、广州市政府呈缴二十二年十一月份行政报告，请核存转。

十一、中区绥靖委员呈缴本年二月份工作报告表，请察核。

十二、监督整理三铁路委员会呈缴本年二月份核签粤汉、广九两路进付款月报表，请察核。

讨论事项

一、许、金两委员，谢厅长会复，审查民政厅呈拟广东警官学校章程，及现任警官训练班章程，暨警士教练所章程一案，拟具审查意见，请公决案。

（议决）除村政学大纲毋庸教授外，余照审查通过。

二、财政厅呈，准民政厅咨送汕市第六、第七两小学校二十二年度追加支出概算书，应否准予追加，请核指遵案。

（议决）照准。

三、监督整理三路铁委员会呈复，广九铁路管理局，请将该局员工奖金，仍照二十一年度办法，加给奖金半个月一案，核与原案实不相符，究应如何办理，请核示遵案。

（议决）核与原案不符，未便照准。

四、建设厅呈，据农林局呈，为徐闻垦植场新建车房一座，该费大洋四百九十六元五毫四仙，拟在该场临时费预算建筑费项下支销等情，除指复准予备案外，请核转审计处备案。

（议决）照准。

五、主席提议，关于刘维咏因不服建设厅，对于台山县政府辟筑西宁市水巷马路一案之处分，提起诉愿到府，现经秘书【处】派员审查，作成决定书，请公决案。

（议决）照审查意见通过。

六、主席提议，关于吴正持等因呈请广东财政厅，将布告开投飞来庙西侧地段内诉愿人等契管地段，免于开投一案，不服该厅之批示，提起诉愿到府，现经秘书处派员审查，作成决定书，请公决案。

（议决）照审查意见通过。

广东省政府第六届委员会
第二百八十三次议事录

五月四日　星期五

出席者　林云陔　金曾澄　林翼中　许崇清　李禄超
列席者　刘纪文　曾同春
主　席　林云陔
纪　录　何启澧

报告事项

一、西南政务委员会感日通电，为日本发表对华政策声明书，实有破坏远东和平，特向国际联盟，及九国公约签字各国，唤起其自身注意等语。

二、财政厅呈，将关于各舶来农产品什项专税局，由二十三年五月一日起，接征舶来士敏土附加费一案，请察核备案。

三、建设厅呈，据潮汕港务管理分局呈，为购置电船运费，不敷九十余元，拟在建筑码头余款项下拨支挪用等情，经指复照准，请察核备案。

四、财政厅呈，准省党部函，请借拨款项为民国日报订购新机之用，经饬库陆续借拨，请察核备案。

五、广州市政府呈缴二十二年十二月份市库收支结算表，请该存转。

六、广东省会公安局呈报，拟议限制沙艇夜后接客度宿时，及离岸湾泊缘由，请核准备案。

讨论事项

一、政治研究会函送改编各级教科书原案，暨审查意见书，请设编审委员会，多聘教育专家办理案。

（议决）查案函复。

二、财政厅呈，准两广盐运使公署函，请在盐政整理期内，仍将盐地免予征捐等由，应否再准免征之处，请核示遵案。

（议决）二十三年份免予征收。

三、建设厅呈，据农林局呈，拟分级收用番禺县属市头民业，建筑精炼糖厂等情，似应准予照办，请核准备案。

（议决）照准并呈政委会。

四、广州市政府呈，准辟路审定委员会函复，议决照案开辟大茶巷马路等由，连同原送议事录，暨路线图，请核指遵案。

（议决）照准。

五、主席提议，关于黄××因广州市财政局咨请土地局撤销本市××大道×××屋业所有契证一案，不服广州市政府所为之决定，提起再诉愿到府，现经秘书处派员审查，作成决定书，请公决案。

（议决）照审查意见通过。

六、广东省调查统计局呈，拟将调查队改组为六队，总计经费月支一千零二元，与原案仅超过二元，此不敷之数，拟由职局办公费项下移挪，不另追加预算，请核指遵案。

（议决）照准。

广东省政府第六届委员会
第二百八十四次议事录

五月八日　星期二

出席者　林云陔　金曾澄　林翼中　李禄超　区芳浦　许崇清
列席者　刘纪文　陆嗣曾　曾同春
主　席　林云陔
纪　录　何启澧

报告事项

一、西南政务委员会秘书处函复，准送立法院抄发中华民国宪法草案初稿，及行政院抄发黄绍雄等提议地方行政制度改革两案，经转陈由会交付审查，分别拟议意见，提经一一七次政务会议决议照通过在案，请查照。

二、财政厅呈报，调本省各县市地方财政税捐规诚调查团员杨子渔回厅服务，遗差改委王伯衡接充，请核备案。

三、民政厅呈报，增加建筑地政、自治两所礼堂校舍等工程费一万余元，拟仍在该两所节存项下开支，请察核备案。

四、民政厅呈，据四会县呈缴三年施政计划进度表，请察核。

五、民政厅呈，据昌江县呈缴三年施政计划进度表，请察核。

六、广州市政府呈缴广州市电力管理处董事会组织简章，请核备案。

讨论事项

一、建设厅呈复，饬据东路公路处查明和忠路石方，暨径背三合土桥，共需款二万三千零四元六毫，应如何拨给补助之处，请察核办理案。

（议决）应由何款拨付，交财厅查后再夺。

二、建设厅呈，据西村士敏土厂呈，为招投第二窑厂工程，以大宝公司投价一十二万四千一百一十三元九毫二仙为最低，应否照所商订办

178

法，交该公司承造，请核定等情，经指复准予照办，请察核备案。

（议决）准备案。

三、广州市政府呈，准辟路审定委员会函复，议决先辟东华东路口至培正路一段等由，可否准照办理，连同路线图等件，请核夺指遵案。

（议决）照准。

四、教育厅呈，据省立第六师范学校呈，琼崖抚黎专员公署，已考选黎人教员训练班学生，送交职校，该班经临各费，均无从出等情，请准令行财厅，依照原具经临各费预算表，从速拨发案。

（议决）由教育临时费拨支。

五、胡委员，林、谢、区三厅长会复，审查建设厅呈缴各属船舶负担船课以外各费调查表，拟具意见，请核指遵案。

（议决）照审查意见办理。

六、建设厅呈缴广东钨矿专营处开办费支付预算书，请核指遵案。

（议决）照准应在营业溢利项下垫支。

七、金、李两委员，林厅长会复，广东省各县地方警卫队后备队征编调集奖惩规则，经审查完毕，缮具意见书，请公决案。

（议决）照审查意见函复总部。

八、主席提议，关于李乙楠等因与陈修宗批租埗头纠纷一案，不服民政厅所为之决定，提起再诉愿到府，现经秘书处派员审查，作成决定书，请公决案。

（议决）照审查意见通过。

九、主席提议，关于邓平山等因不服建设厅核准林舜韶承采南海县属第二区象冈小蛇形地方灰石矿之处分，提起诉愿一案，现经秘书处派员审查，作成决定书，请公决案。

（议决）照审查意见通过。

广东省政府第六届委员会
第二百八十五次议事录

五月十一日　星期五

出席者　林云陔　金曾澄　林翼中　李禄超　区芳浦　谢瀛洲
　　　　许崇清
列席者　刘纪文　陆嗣曾
主　席　林云陔
纪　录　何启澧

报告事项

一、西南政务委员会令，据呈缴广州市政府及所属各机关二十二年度岁入岁出预算书，暨追加岁入岁出预算书，经预算委员会审查完竣，报告本会第一一八次政务会议照办在案，再开支办法仍应遵照本会关于减成案迭令办理，合并饬知。

二、广东省政治研究会函送本会法制组提出从化县长李务滋条陈关于司法一项审查意见，请采择施行。

三、财政、教育厅会复，关于行政会议议决，通过教育部提议，各县市地方教育经费，无论税捐附加，或其他提拨款项，如经核准有案，不得变更；非筹措有着，不得撤销一案，议办缘由，请察核。

四、财政厅呈缴修正广东全省京果海味捐章程，请察核案。

五、民政厅呈复，遵令在赈款项下提拨二万元，交琼崖绥靖公署，派员分配散赈琼崖各属灾黎，请察核备案。

六、建设厅呈，据新会县民张炳尉等请承领县属第九区土名莲子塘、南坑山等处荒地，请察核备案。

七、建设厅呈，据潮安县民陈俊德等请承领县属第一区土名狮尾山东等处荒地，请察核备案。

八、广东省银行呈缴董事会第三十七次会议录，请察核。

九、广东省调查统计局呈缴各县基本统计办法草案及表式，请察核施行。

十、监督整理三铁路委员会呈缴二十三年三月份核签粤汉南段、广九两路进付款数额月报表，请察核。

十一、士敏土营业处呈送二十三年四月份营业报告书，暨营业总结表，请察核。

讨论事项

一、建设厅呈，据西村士敏土厂呈缴二十三年一、二两月份制造费各节目流用数表，支出数比较增减表，请核转等情，查核表列各数，散总尚属相符，转请察核分别存转案。

（议决）照准。

二、建设厅呈，据潮汕港务管理分局呈，为电船经费，拟在收入船课项下拨支，列抵专案报销等情，请核指遵案。

（议决）照准。

三、建设厅呈，据农林局呈缴新造糖厂炼糖二十二年度五、六月份支出及估计进款预算书，转请令行财厅核拨案。

（议决）交财政厅审查。

四、建设厅呈，据农林局呈，拟定购载糖麻包，及土布价款，俟货到港时，由财厅照购买原料办法，直接分别汇交等情，似应照准，抄同合约译文，请核准备案。

（议决）照准。

五、财政厅呈，拟订收税员司柜收兑现省券，及征解长员收银解券连坐办法，请核指遵案。

（议决）准备案。

六、民政厅呈，据台山县呈转，县土地局办理公益地方土地登记，对于各商户向埠务公所取得之权利，尚有疑问，抄录批约，再请核示等情，转请察核指遵案。

（议决）查核台山县原呈意见，与法尚无不合，应准照办。

七、教育厅呈，拟于本年六月内，举行全省高中以上学校学生会操，拟具办法，及编造经费预算书，计三千四百九十元，请核准由本年度内女生救护训练经费项下拨支案。

（议决）照准。

八、广州市政府呈，据广州市公民发证处呈请展期两个月，所需经费，计共增二万二千五百二十八元，似应照案准予追加，请核指遵案。

（议决）照准。

九、广东省银行呈，为奉准添设副行长，谨编就追加预算书，请核指遵案。

（议决）准支月俸五百二十五元，交际费三百元，由该行节存项下拨支。

十、广东省银行呈，为下河盐商赵静山挞〔拖〕欠行款，经请财厅转函运署，将运省存盐封存备抵，谨将该商欠款数目，及现办情形，连同原约揭约，请核指遵案。

（议决）应由财政厅勒令两个月内到案清理，并由省行查明该商财产，以备抵偿。

十一、秘书处签呈，准设计委员会函送对于设立全省垦殖局之意见等由，请察核办理案。

（议决）关于垦殖事宜，各地方业已分别举办，并由建厅统一筹划，该局毋庸设置。

十二、主席提议，新造第一糖蔗营造场经理，拟委冯锐暂行兼充案。

（议决）照委。

广东省政府第六届委员会
第二百八十六次议事录

五月十五日　星期二

出席者　林云陔　唐绍仪　金曾澄　李禄超　区芳浦　谢瀛洲
　　　　许崇清　林翼中
列席者　刘纪文　陆嗣曾
主　席　林云陔
纪　录　何启澧

182

报告事项

一、第一集团总司令部函，据东区绥靖公署呈缴汤坑纪念林场实施造林三年计划书，及平面图，转请核准备案。

二、许委员函复，兴宁、德庆、乐昌、和平、南雄、蕉岭、海丰、新会等八县三年施政计划进度表，经审查完毕，附具意见，请查照办理。

三、财政厅呈，将核明惠阳县第一制糖厂筹备处，第一期收用民田为蔗场，原有钱粮，应移转完纳，并追收旧欠缘由，请察核备案。

四、财政厅呈报，二十二年十一月间，因省立纸币风潮，停兑十元毫券，所有拍发电报等费，拟请援案在预算临时门，财政各项杂费项下开支，请核准备案。

五、教育厅呈，据阳山县呈据〔缴〕教育局长张扶汉履历，转请察核加委。

六、民政厅呈，据感恩县呈缴三年施政计划进度表，请察核。

七、潮阳县呈缴三年施政计划进度表，请察核。

八、西北区绥靖公署呈缴二十二年十二月份工作报告表，请核存转。

九、广东省合作事业委员会呈缴合作社生产部土制煤油厂开办费预算表、经常费预算表，及盈亏预算书，请察核备案。

十、广东省治河委员会函送黄埔港区域范围四至界线，请令行番禺县，布告该港区域内人民周知。

讨论事项

一、建设厅呈复，奉发东区绥靖委员条陈，及军人造林办法，经饬据农林局呈复核议情形，请察核办理案。

（议决）照审查意见修正备案。

二、建设厅呈，据钨矿专营处呈缴二十二年度支付预算书，转请察核指遵案。

（议决）照准。

三、建设厅呈，据广海渔业区管理所呈缴广海鱼类销售场经常费暨开办费预算书，转请察核指遵案。

（议决）交李、金、许三委员审查。

四、教育厅呈，准驻日留学生监督处查复，留日公费生陈伯齐，思想行动，俱属纯正，请迅予改派赴德留学等由，请察核案。

（议决）照准。

五、财政厅呈，为本厅于二十二年十月间，支过增建贮卷室及卷拒〔柜〕等工料费，共计二千五百二十二元一角五分，拟在省地方岁出概算临时门，财政各杂费项下开支，请核准备案。

（议决）照准。

六、广州市政府呈，据卫生局呈请将本年度预算内，关于扩充原有检验所制造度苗血清一案，提前拨款办理等情，应否准予照办，请核指遵案。

（议决）照准。

七、顺德县、蚕丝改良局会呈缴筹办顺德蚕业改良实施区总分区组织计划大纲，及经临费预算书，请察核办理案。

（议决）准先开办六个分区，余准照办，并派廖崇真为总区正主任，陈同昶为副主任。

八、秘书处签呈，准设计委员会函复，关于全省行政会议，陈总司令提议，各县市公安罚款，一律公开，拨为地方公益之用一案，拟具意见，请转陈核办等由，请察核案。

（议决）仍照原提案办理。

九、主席提议，关于刘均衡因请求工专学校清发欠薪一案，不服教育厅所为之处分，提起诉愿到府，现经秘书处派员审查，作成决定书，请公决案。

（议决）照审查意见通过。

广东省政府第六届委员会
第二百八十七次议事录

五月十八日　星期五

出席者　林云陔　唐绍仪　金曾澄　林翼中　李禄超　区芳浦
　　　　谢瀛洲　许崇清
列席者　刘纪文　陆嗣曾

主　席　林云陔

纪　录　何启澧

报告事项

一、西南政务委员会令，据呈为广东省地方二十二年度岁出概算书内，农矿费潮汕渔业区管理所经费，未列核定数，请准追加一案，经预算委员会审查后，报告本会第一一八次政务会议照办在案，仰并转饬知照。

二、西南政务委员会秘书处函复，关于内政部及赈务委员会咨送办账〔赈〕团体在事人员恤金章程一案，经报告第一一九次政务会议决议照办在案，请查照。

三、财政厅呈复关于裕泰祥及北裕纶由沪邮粤人造丝绨，被截留一案办理经过情形，请察核。

四、财政厅呈，为茂名县垫支修理西南航空公司机场费用，应否准予作正开销抵解，请核指遵。

五、财政厅呈报，遵令撤销土糖捐，仍征舶来糖类捐，经将征收章程厘定，请察核备案。

六、建设厅呈，据士敏土营业处主任何仲明呈报，奉派往上海调查士敏土推销事宜，用去旅费九百余元，请核支销等情，除指复准由该处沽土收入项下坐支外，请察核备案。

七、教育厅呈复关于办理省立四中学潮经过情形，请察核。

八、民政厅呈，为依法制定，修正县地方自治公民名册造报规则等八种章则，经公布通行，请察核备案。

九、民政厅呈，据鹤山县呈缴三年施政计划进度表，请察核。

十、广东省银行呈缴二十二年度财产目录、贷借对照、营业发行报告等书表，请察核备案。

十一、西北区绥靖委员公署呈缴本年一月份工作报告表，请核存转。

十二、整理三铁路委员会呈缴本年四月份检查粤汉南段、广九两路现金报告表，请察核。

十三、财政厅呈，为国防公债，原定本年四月十五日结束，因赶办不及，展至本年五月十五日结束，请核转备案。

讨论事项

一、财政厅呈，据煤由〔油〕税总处呈报，汕头、广州等分处增设卡所，及五邑分处增加所属经临各费数目，拟在原定预备费内开支等情，核与预算尚无超越，似可照准，检同原书，请核明备案。

（议决）照准。

二、建设厅呈，为工业试验所所长陈尧典，已令知另候补委用，所遗该缺，查有陈宗南堪以接充，取具该员履历，请核加委案。

（议决）照准。

三、广州市政府呈缴自动电话管理委员会追加二十一年度经常费预算书，请察核备案。

（议决）照备案。

四、财政厅呈，据缉私总处呈，拟添购铁电船，及修葺各舰，约需经费四万五千元，均在原预备经费项下搏节，腾挪支付等情，似可照准，请察核备案。

（议决）准备案。

五、教育厅提议，省立第四中学校长陈毅，业令停职，遗缺拟委李卓寰接充，请公决案。

（议决）照委。

广东省政府第六届委员会
第二百八十八次议事录

五月二十二日　星期二

出席者　林云陔　金曾澄　林翼中　李禄超　区芳浦　谢瀛洲
列席者　刘纪文
主　席　林云陔
纪　录　何启澧

报告事项

一、教育厅呈报，拟定补充军事训练学生制服标识办法，请察核备案。

二、建设厅呈，据梅县县民郭桓麟等请承领县属土名柯树凹等处荒地，请察核备案。

三、建设厅呈，拟〔据〕开平县民谢克敏等请承领县属第一区土名大佬山、椅山、篱仔林等处荒地，请察核备案。

四、建设厅呈，据开平县民张崇焯等请承领县属第六区土名龙尾山、涧头山等处荒地，请察核备案，

五、建设厅呈缴本年一月份上半月工作报告表，请察核。

六、财政厅呈缴修正征收广东全省洋纸专税章程，请察核备案。

七、财政厅呈报，拟具银业市场规则，及监视员办事各项规则，及领用价目牌办法，报单式样，说明书等，请察核备案。

八、民政厅呈，准琼崖绥靖公署庚电，为灾情奇重，已拨账〔赈〕款二万元，不敷甚巨，请迅拨助等由，经电复再拨二千元，请核备案。

九、民政厅呈，据钦县县长章萃伦、视察李誉德呈复会勘粤桂两省争管那陈等处地方一案情形，请察核办理。

十、民政厅呈，据连山县呈缴三年施政计划进度表，请察核。

十一、民政厅呈，据阳山县呈缴三年施政计划进度表，请察核。

十二、民政厅呈，据仁化县呈缴三年施政计划进度表，请察核。

十三、广州市政府呈，市政会议议决，港澳轮船限于本年十月一日以前迁往洲头嘴新筑内港码头停泊，请察核备案。

十四、广州市政府呈缴二十二年十二月份行政报告，请核汇办。

十五、监督整理三铁路委员会呈缴二十二年十二月份粤汉南段、广九两路购料收料数额月报表，请察核。

十六、广东省国货推销处呈缴修正硫酸代理章程，请察核指遵。

十七、广东省国货推销处呈报，不准钨商由北江水路运输钨矿至广州，请核准备案。

讨论事项

一、建设厅呈，拟订广东省公路征收营业汽车临时通过费暂行办法，请核指遵案。

（议决）照审查意见，令建厅修正再核。

二、建设厅呈，据〈代〉化学工业厂硫酸部呈缴二十二年度制造费岁出预算书，转请察核照准案。

（议决）照准。

三、财政厅呈，据广州舶来农产杂项专税局呈复，召集各行商会议，发行抵纳证，均赞成将原有税率，附加二成，转请察核指遵案。

（议决）照准。

四、财政广〔厅〕呈，为订定广东省中外制造煤油商厂申报购入油渣登记稽查办法，请核准，并转呈令饬国外贸易委员会依照办理案。

（议决）准备案。

五、民政厅呈，拟具广东省县市地方自治工作人员抚恤章程，请察核指遵案。

（议决）准备案。

六、教育厅呈，拟订广东省科学论文比赛办法，请察核指遵案。

（议决）准备案。

七、广州市政府呈，准辟路审查委员会函复，议决开辟纸行、诗书两街马路，应否准照议决案办理，请核指遵案。

（议决）照准。

八、广州市政府呈，准辟路审查委员会函复，议决开辟朝天、米市两街马路，应否准照议决案办理，请核指遵案。

（议决）照准。

九、建设厅呈，据农林局呈报，交华东公司承建新造糖厂货仓铁路，连同合约，转请核准备案。

（议决）准备案。

十、建设厅提议，对省外输入本省各货品，征收特税，以保护广东兴办之工业案。

（议决）交财政厅审查，并拟订具体办法呈核。

广东省政府第六届委员会
第二百八十九次议事录

五月二十五日　星期五

出席者　林云陔　金曾澄　林翼中　区芳浦　谢瀛洲　许崇清
列席者　刘纪文
主　席　林云陔
纪　录　何启澧

报告事项

一、财政厅呈报，农林局新造糖厂订购蔴包土布价款，已填支付单，送省行具领转付，请察核备案。

二、建设厅呈，据东路公路处呈缴东路省道第三行车管理处编制表，及预算书，转请察核备案。

三、建设厅呈，据开平县民方顺胜等请承领县属第二区土名剩颈山等处荒地，请察核备案。

四、建设厅呈，据西村士敏土厂呈，为河南分厂窑底工目朱洪，积劳身故，请给予一次过三个月工资额恤款九十元，将来由特别费报销等情，除指复准予拨给外，请察核备案。

五、民政厅呈，拟具本省各县市自治人员任期起算，及改选期间办法，请察核指遵。

六、教育厅呈缴本年一月份行政报告书，请核存转。

七、中区绥靖委员呈，奉总部令，自五月份起，每月借拨二万元，为五邑剿匪筑路费，以拨足八万元为止等因，经转饬恩、开、兴、鹤、高五县匪区善后委员会，及四邑古兜治安经费管理委员会遵办外，请察核备案。

八、新丰县呈缴三年施政计划进度表，请察核。

九、广东省国货推销处呈，拟将钨矿抽提后，所余杂质，由本处收买，以免挢入净钨，私运图利，请核准备案。

讨论事项

一、财政、教育厅会呈，核议东区绥靖委员请将全潮戏厘捐，分借惠来，开筑南山公路及汕头平民新村一案情形，请核示遵案。

（议决）行东区绥靖委员，将原来分配数目查明，呈报再核。

二、财政厅呈复，关于省银行从新粉饰行址一案，经派员召商估价，以岭海列价为最廉，可否即以七千六百元为此项工程开投底价，台〔招〕商投承之处，请核指遵案。

（议决）照准。

三、财政厅呈缴广东省地方民国二十三年度岁入概算书，三年施政计划岁出概算书，官营业岁入岁出概算书，请审核施行案。

（议决）派李、许、金、胡四委员，会同区厅长审查。

四、财政厅呈复，关于和忠路工程费，本年度预算并未列入，奉饬查明，应由何款付拨，无从拟议，请察核指遵案。

（议决）准列入二十三年度预算。

五、广东省国货推销处呈请修正营运商代理推销省营蔗糖规则第五条，及第十三条条文案。

（议决）照修正通过。

六、广东省国货推销处呈请修正营运商代理推销省营蔗糖规则，请察核案。

（议决）照修正通过。

广东省政府第六届委员会
第二百九十次议事录

五月二十九日　星期二

出席者　林云陔　金曾澄　林翼中　李禄超　区芳浦　谢瀛洲
　　　　　许崇清
列席者　刘纪文　陆嗣曾
主　席　林云陔

纪　录　何启澧

报告事项

一、建设厅呈报，派陈丕扬等往瑞典学习制纸，派王朝卓等往捷克学习制糖及制啤酒，请察核备案。

二、建设厅呈，据东路公路处呈复，核发惠平、平鲘两段安行利民行车公司物业评价，暨利民公司评价数目，前后不符各情形，转请察核备案。

三、建设厅呈报，令委两〔西〕路第一干线长沙至梅菉段直通车管理处主任，并订定行车章程，及职工编制表缘由，请察核备案。

四、财政厅呈报，派员设处征收广州市水陆筵捐及花捐附费，请察核备案。

五、财政厅呈缴本年一月份省库收支结算表，请核转备案。

六、教育厅呈复，关于四中校长陈毅被控舞弊一案，经饬令停职听候查办，所遗校长一职，已妥〔委〕李卓寰接充，请察核。

七、教育厅呈，请令委广州大学法学院黄院长克勤，赴美调查美国及英属加拿大等处中等教育制度及方法，请核指遵。

八、民政厅呈复，奉令据东区绥靖公署皓电，报告丰顺县长林彬，因巡视南哈龙江路工，被匪杀毙，着厅议恤等因，可否比照现行公务员恤金条例规定，加倍给恤之处，请核指遵。

九、建设厅呈，据西村士敏土厂，呈请修理河南分厂炉窑天面，并缴清单，请照准等情，经指复照准，请察核备案。

十、广州市政府呈报新电厂筹备委员会成立日期，连同该会简章，请察核备案。

十一、广州市政府呈缴本年一月份市库收支结算表，请察核。

十二、郁南县呈缴三年施政计划进度表，请察核。

讨论事项

一、建设厅呈，据西村士敏土厂，呈报河南分厂二十三年一、二两月份购用木桶麻包数量价值银圆缘由，请察核备案。

（议决）照秘书处签注办理。

二、建设厅呈，据潮汕港务管理分局呈，为本年三月份以前所有附征一成航海讲习所经费之船舶，其欠征之五厘，拟俟展征期满撤销后，再分三个月补征等情，应否照准，请核指遵案。

（议决）照准。

三、财政厅呈，为前派委梁邦彦等，分赴山东各省调查财政状况，计支发过旅货〔费〕及补助费共三千九百三十一元九毫九仙，拟在本年度预备金项下开支，请核转备案。

（议决）照准。

四、广州市政府呈，据工务局呈，拟整理濠畔街二十二处内街，经市政会议议决通过，连同意见清表等，请核赐备案。

（议决）准备案。

五、广东省国货推销处呈缴派驻各地办事员，签发舶来士敏土定购允评〔许〕证，及入口许可证办事细则，请察核指遵案。

（议决）办事细则修正备案，预算发还更正。

六、广东省国货推销处呈缴广东省国货推销处糖业部公仓组织章程，及办事细则，请核准施行案。

（议决）准备案。

七、西北区绥靖委员呈，据乐昌县呈，准宜章县函，请准湘商输出土硝，供给粤汉铁路建筑，以抵制外洋爆品等情，应否准予输入行销之处，请核指遵案。

（议决）送财政特派员核复。

广东省政府第六届委员会
第二百九十一次议事录

六月一日　星期五

出席者　林云陔　金曾澄　林翼中　李禄超　区芳浦　谢瀛洲
　　　　许崇清
列席者　刘纪文　陆嗣曾
主　席　林云陔
纪　录　何启澧

报告事项

一、财政厅呈报，核定本市影画院，二十三年以前欠税，准减为千分之四征收，限文到七日清缴，二十三年以后税款，仍照千分之十课税，请察核备案。

二、财政厅呈缴广东省潮梅舶来农产品杂项专税抵纳证章程，请察核备案。

三、财政厅呈复，奉发省会公安局，原拟取缔投保及联保火险章程，饬核明具后〔复〕一案，谨将审查意见，胪陈请察核。

四、民政厅呈报，已饬汕市长，将检查外国籍民入境护照，暨发给市民迁移证等项，移交市公安局接办，请察核备案。

五、建设厅呈，据遂溪县民众造林有限合作社黎振梧等，请承领县属第二区，土名北艾岭等处荒地，请察核备案。

六、整理三铁路委员会呈缴二十三年四月份，核签粤汉南段、广九两路进付款数额月报表，请察核。

讨论事项

一、建设厅呈，据西村士敏土厂呈，拟改筑厂内马路，增加款项约九千元，应否照准，请核指遵案。

（议决）照准。

二、建设厅呈，据三路购料委员会呈缴修正规程，及拟订办事细则，转请察核备案。

（议决）照修正备案。

三、教育厅呈，拟具广东省学术研究院组织大纲，及开办经常费预算表，请察核备案。

（议决）交财厅转送预算委员会审查。

四、广东省会公安局呈，拟订管理民办消防队规则，请察核备案。

（议决）仍照旧办理，由社会局切实监督，并由公安局随时检阅，及指挥调遣。

五、南区绥靖委员呈，为省立二中学校校舍建筑费不敷，请饬由省库拨助三万元，俾该校早观厥成案。

（议决）准在留学经费项下拨支一万元。

六、主席提议，关于余晃英等因不服财政厅将月山即放牛垃山坦，予以竞投之决定，提起再诉愿到府，现经秘书处派员审查，作成决定书，请公决案。

（议决）照审查意见通过。

七、教育厅长提议，据省立民众教育馆，呈请指拨各种临时设备费共一万二千三百元，拟在二十二年度本厅高中女生救护训练班节存经费项下拨支，连同原缴清单图则，请公决案。

（议决）照准。

八、主席提议，修正广东省公务员甄别委员会组织章程第三条、第四条条文，请公决案。

（议决）通过，并派周棠为该会秘书。

九、教育厅提议，拟设立国乐研究所、戏剧研究所，请公决案。

（议决）照准。

广东省政府第六届委员会
第二百九十二次议事录

六月五日　星期二

出席者　林云陔　金曾澄　林翼中　李禄超　区芳浦　谢瀛洲
　　　　许崇清

列席者　刘纪文

主　席　林云陔

纪　录　何启澧

报告事项

一、财政厅呈报，核准花捐附加费专员办事处经费，由二十二年十二月十四日，至本年四月份止，十足支讫报销，请察核备案。

二、财政厅呈报，结束审查二十二年度预算委员会情形，请察核备案。

三、建设厅呈，据梅县县民巫新盛等请承领县属土名水井窝等处荒地，请察核备案。

四、广州市政府呈缴二十三年二月份市库收支结算表，请核存转。

五、广东省银行呈复，关于潮汕区糖厂，与檀香山机械公司，订购全部机器建筑费，经出具担保书，径交该公司收执，附缴担保书译文，请察核备案。

讨论事项

一、金、李、许三委员复，审查李锐期状，为不服建厅对于台山牛尾山浅水鱼埗，换领渔照一案，拟具意见，请公决案。

（议决）照审查意见办理。

二、建设、财政厅会呈，核议东区绥靖委员，请拨款设立各县农林推广处一案，拟由地方款抽拨办理，较为易举，请核指遵案。

（议决）缓办。

三、民政厅呈，据视察伍小石呈复，会勘汕市区界线情形，拟具修改汕市区域图，请鉴核指遵案。

（议决）暂照民政厅所拟界线办理，俟该市发展后，再行扩充。

四、财政厅呈复，广东航业联防办事处二十二年度岁入岁出预算，经预算委员会审定，照列请核明饬遵案。

（议决）照准。

五、财政厅呈报，二十二年度预算财务费，拟请分别追加及修正，并转审计处查照案。

（议决）照准。

六、建设厅呈复，查明东路公路分处已无存款可以拨支惠紫五路惠紫段，及紫五段石方之用，似可一并列二十三年度预算拨支，请核指遵案。

（议决）准列入州〔二十〕三年度预算。

七、建设厅呈，据西村士敏土厂呈，为招投第二碎石机原料磨厂建筑工程，以利发公司为最低价，应否签合约，交其承建，请核示等情，经指复照办，请察核备案。

（议决）准备案。

八、民政厅呈，请转饬财政厅将警官学校警士训练所，暨现任警官训练班临时开办费，先行按照预算拨支七成，俾资筹办案。

（议决）交财政厅转送预算委员会审查。

九、广东省国货推销处呈，拟改订钨矿缉私充赏章程，请核指遵案。

（议决）罚金数额，照私运钨矿公价十倍处罚，余照秘书处签注办理。

十、广东省国货推销处呈，为糖业部现在组织，与其他各部相同，并无独立对外职权，应否将该部从新组设，并颁发印信，俾成一独立机机，抑仍照现在组织办理之处，请核指遵案。

（议决）仍照章办事，毋庸从新组设。

十一、财政厅呈复，关于广东航海讲习所二十二年度岁入岁出预算，经送审查预算委员会审定，照列请核明饬遵案。

（议决）照准。

十二、主席提议，关于广州市建筑业同业公会夏钰庭因请求厘定营业税课税标准，将代办材料剔除免征一案，不服财政厅处分，提起诉愿到府，现经秘书处派员审查，作成决定书，请公决案。

（议决）照审查意见通过。

十三、主席提议，关于林××请求财政厅对于中山县属大小霖××××田坦承升，并拨发租金一案，不服该厅所为之批示，提起诉愿到府，现经秘书处派员审查，作成决定书，请公决案。

（议决）照审查意见通过。

十四、主席提议，关于陈××等因不服广东财政厅，对于澄海县××等乡，误认民田为沙田一案之处分，提起诉愿到府，现经秘书处派员审查，作成决定书，请公决案。

（议决）照审查意见通过。

十五、主席提议，关于陈×等因与黄××等系争中山县属×××田担〔坦〕一案，不服财政厅所为驳回异议之处分，提起诉愿到府，现经秘书处派员审查，作成决定书，请公决案。

（议决）照审查意见通过。

十六、主席提议，各县公路局，应自七月份起裁撤，各县筑路事宜，应由县政府建设局，或科办理，不得另支经费，是否有当，请公决案。

（议决）照办。

196

广东省政府第六届委员会
第二百九十三次议事录

六月八日　星期五

主〔出〕席者　林云陔　金曾澄　林翼中　区芳浦　谢瀛洲
　　　　　　　许崇清

列席者　刘纪文

主　席　林云陔

纪　录　何启澧

报告事项

一、许委员函复，陵水、丰顺、文昌、罗定、云浮、连县、从化、东莞、赤溪、开建等十县三年施政计划进度表，经审查完毕，各附意见，请查照办理。

二、财特署、【财】政厅会呈，国省库收入各税，搭收二成市行凭券一案，由六月一日起，不再搭收，请核转备案。

三、财政厅呈，为厅定银市买卖规则，及银业店号领用价目牌办法等，据广州市钱银业同业公会请收回成命，经分别准驳，请察核。

四、财政厅呈，拟由六月十六日起，通令全省舶来农产品杂项专税各局，一律加二征收，请察核备案。

五、民政厅呈，为番禺县土地局长马炳枢另有任用，遗缺拟委陈际周接充，连同该员履历，请核赐委任。

六、广州市政府呈缴二十三年三月份市库收支结算表，请核存转。

七、潮海关监督呈缴拍卖充公俄油变价款大洋一万二千八百九十一元八角一分，请核收备案。

八、西北区绥靖委员呈缴本年二月份工作报告表，请核存转。

讨论事项

一、民政厅呈，据视察郑里铎呈复，会勘大埔等县迁治一案情形，并拟具应迁地点，请核等情，拟议请核指遵案。

（议决）各县原治设备完全，尚非不合县治，新择各地，虽较优胜，俟地方财政稍裕再议。

二、广东治河委员会函复，关于高明县请将秀丽、三洲、大沙等三围修筑，并分置抽水机一案，经饬据总工程师柯维廉分别拟具意见前来，请察核办理。

（议决）交李委员审查。

三、财政厅呈，为广东土敏土营业处，二十二年度整个岁出预算书，经送审查预算委员会审查，议决照列在案，请核明饬遵案。

（议决）照准。

四、财政厅呈，据合浦县呈缴县商库证发行委员会章程条例规则等情，应否照准，请核指遵案。

（议决）不准。

五、建设厅呈复，遵令将广东全省公路征收营业汽车临时通过费暂行办法修正，请察核指遵案。

（议决）照修正通过。

六、广东省国货推销处呈缴广东省营蔗糖营运商联合办事处章程，及分销商代理推销规则，请察核备案。

（议决）交金、李、许三委员审查。

七、曲江县呈复，奉令关于收用境祇祠地段建筑仓库地址一案，饬照土地征收法集会议定等因，经通知土地所有人到府陈述意见，金称前次估价，尚属公允，连同议定书，及理由书，缴请察核指遵案。

（议决）照准。

八、主席提议，关于苏××与梅××等两造，因互争台山县属海晏区×××水坦一案，不服广东财政厅所为之决定，提起再诉愿到府，现经秘书处派员审查，作成决定书，请公决案。

（议决）照审查意见通过。

九、主席提议，关于雷××等因与雷××等争承台山县属土名×××南边山坦一案，不服广东财政厅所为之决定，提起再诉愿到府，现经秘书处审查，作成决定书，请公决案。

（议决）照审查意见通过。

十、主席提议，拟派李誉德等为公务员甄【别】委员【会】组长干事，请公决案。①

广东省政府第六届委员会
第二百九十四次议事录

六月十二日　星期二

出席者　林云陔　金曾澄　李禄超　区芳浦　谢瀛洲　许崇清
　　　　　林冀中
列席者　刘纪文　陆嗣曾
主　席　林云陔
纪　录　何启澧

报告事项

一、西南政务委员会令，查广州特别市党部二十二年度岁出预算书，经预算委员会审查后报告，本会第一二二次政务会议照办在案，仰转饬广州市政府知照。

二、西南政务委员会令，据呈广州市政府，暨所属机关二十二年度追加岁入岁出预算书，及各营业机关，二十二年度岁入岁出经临费预算书，经预算委员会审查后，报告本会第一二二次政务会议照办在案，仰转饬知照。

三、西南政务委员会令，据呈汕头市政府电话管理委员会岁入经常岁出经临概算书，经预算委员会审查后，报告本会第一二二次政务会议准备案在案，仰转饬知照。

四、西南政务委员会令，据呈【广州】市工务局，更正二十二年度临时门建筑博物院办公室工程费岁出预算书，经预算委员会审查后，报告本会第一二二次政务会议准备案在案，仰转饬知照。

五、西南政务委员会令，按〔据〕呈广州市自来水管理处，二十二年度岁出岁入经临预算书，经预算委员会审查，报告本会第一二二次政务会议照办在案，仰转饬知照。

---

① 原文缺"议决"内容。

六、第一集团军总司令部函送汤坑林场四月份工作日记，请查照备案。

七、财政厅呈，为广东全省长途电话管理处，二十二年度岁入岁出经临费预算书，经送审查委员会审查，议决照列在案，请核明饬遵。

八、财政厅呈复，关于高要县景福围水利借款合约，已分别改订，令县转饬遵办，连同改订合约，请察核。

九、财政厅呈复，查明光复中路国民新闻社馆址上盖价值，及核拟缘由，请核指遵。

十、财政厅呈缴省库二十三年二月份收支结算表，请核转备案。

十一、建设厅呈缴江门船务管理所，燃点吊胆石灯杆公费清册，请自本年五月份起，按月在该所船税收入项下坐支，俾利进行。

十二、中区绥靖委员呈缴本年三月份工作报告表，请察核。

十三、国货推销处呈报本年五月份士敏土营业状况，请察核。

十四、崖县县长呈缴三年施政计划进度表，请察核。

讨论事项

一、金、李、许三委员会复，审查建设厅广海渔业区管理所广海鱼类销售场经常费预算书，所列各项，尚属核实，拟准予备案。

（议决）准备案。

二、财政厅呈复，审查新造糖厂炼糖，二十二年度五、六月份支出及估计进款预算书，拟议请核饬遵案。

（议决）照审查意见办理。

三、建设厅呈，拟订广东省营直通车，通过各属公路临时办法，及广东政府运输车，通过各属公路临时办法，请核指遵案。

（议决）照准。

四、建设厅呈，据全省长途电话管理处呈，拟设电器制造厂，编具预算书，请核等情，似应照准，所需款项，拟请由舶来士敏土大学附加加五费项下拨支，是否可行，请核指遵案。

（议决）照准。

五、建设厅呈，据工业试验所呈请在该所前任移交案内节存经费项下，购置汽车一辆，价约省币一千六百元等情，是否可行，请核示遵案。

（议决）照准。

六、教育厅呈，据省立第一师范学校呈请提前借拨建筑宿舍费二万六千元，俾便兴工等情，请核指遵案。

（议决）准借拨。

七、广东省国货推销处呈缴二十二年度支付预算书，请核转备案。

（议决）交财厅送预算委员会审查。

八、广东省国货推销处呈，为省营糖品业，于六月一日应市，请饬财政厅转饬所属税厂，免抽府税案。

（议决）准免收。

九、主席提议，关于朱××等因对于邝××等承领台山县属水西村后山山坦一案，不服财政厅所为之决定，提起再诉愿到府，现经秘书处派员审查，作成决定书，请公决案。

（议决）照审查意见通过。

十、主席提议，关于李××等因不服民政厅核准将××、××两乡划分界线之处分，提起诉愿到府，现经秘书处派员审查，作成决定书，请公决案。

（议决）照审查意见通过。

十一、主席提议，拟由民政厅在南山设立农民贷借所，收容东区失业人民，强令耕作，先在民政厅账〔赈〕款项下，拨支二万元，以资办理案。

（议决）照办，移垦事宜，由南山委员会办理，贷借事宜，由民政厅派员办理。

广东省政府第六届委员会
第二百九十五次议事录

六月十五日　星期五

出席者　林云陔　金曾澄　林翼中　李禄超　区芳浦　谢瀛洲　
　　　　许崇清

列席者　刘纪文　陆嗣曾

主　席　林云陔

纪　录　何启澧

报告事项

一、西南政务委员会令，据呈汕头市政府及所属二十二年度岁入岁出经临预算书，经预算委员会审查后，报告本会第一二二次政务会议照办在案，仰即转饬知照。

二、许委员函复，查鹤山、四会、潮阳、感恩、昌江等五县三年施政计划进度表，经审查完毕，各附意见，请查照办理。

三、财政厅呈，为各机关各项经费，在二十三年度新预算未审查确定以前，仍暂照二十二年度预算开支，请核明通令各机关遵办。

四、财特署、财政厅会呈，为彻底维持省币，由六月十一日起，至二十二日止，国省库支出，除恤金外，其余一律停支十天，机关亦须停支，将征存款解库，以资整理，请核备案。

五、财政厅呈复，高明县三洲、大沙、秀丽等围水利借款，拟准借拨十二万元，分期匀付，借款合约，照高要景福围水利借款办法办理，连同借款合约稿，缴请察核指遵。

六、财政厅呈，据鹤山县长，请核减四月至六月旧粮额，经核减一千五百元，请察核。

七、财政厅呈报，关于南、始、曲、乐增设税收视察员，以梅州五属税收视察员何亦传调充，所遗梅州五属税收视察员职务，令委曾广达接充，请察核备案。

八、民政厅呈缴二十二年十一、十二两月份行政报告书，请核存转。

讨论事项

一、中国国民党广东省执行委员会函，准军事政治学校政治初级班函，请将前党训所二十二年度第三期特别费，拨给政治初级班，以为学员毕业治装等费等由，请查照办理案。

（议决）照准，惟须将支出超过数扣除。

二、建设、财政厅呈复，关于设立雨量测验站一案，现拟每县设立一所，由库拨款购置雨量测验器，分令具领，由各县建设局科办理，不

202

另支经费，以节库帑，请核指遵案。

（议决）照准。

三、民、财政厅呈，拟酌增给各县科长员薪额，并将各县行政经费预算表，从新改订，请核准备案，自二十三年度七月份起施行案。

（议决）照准备案。

四、财政厅呈缴征收临时地税简章，请察核公布施行案。

（议决）照准备案。

五、教育厅呈，拟于暑假时，在军事政治学校附设军训教育暑期教育班，所需本厅应占经费四千五百八十八元八毫，请准由二十二年度内女生救护训练经费项下拨支，缴具教育大纲，及预算书，请察核案。

（议决）照准。

六、教育厅呈，拟就经书编审委员会章程，及办事细则，请察核示遵案。

（议决）照准备案。

七、教育厅呈，拟援照上年成案，每月办公费等项之不敷数，由同月别项经费节余流用，造具二十二年各月份项与项流用支配数目清单，请核准流用案。

（议决）照准。

八、广州市政府呈缴所属各机关追加二十一二年度预算，请核分别存转备案。

（议决）转呈政委会。

九、广州市政府呈，拟订广州市辟路征费及收用民业章程，请核指遵案。

（议决）交金、李两委员审查。

十、广东省银行呈，为职行从新粉饬〔饰〕行址一案，现艺林公司情愿减低价格，以七千五百九十四元七角一分承办，拟即改与该公司订约兴工，连同该公司新旧估价单，请核指遵案。

（议决）照准。

十一、金、李、许三委员会复，审查广东省营蔗糖营运商联合办事处章程，及分销商代理推销规则，均属可行，拟请准予备案。

（议决）准备案。

十二、主席提议，拟组织广东省各县市勘界委员会，请公决案。
（议决）照办。

广东省政府第六届委员会
第二百九十六次议事录

六月十九日　星期二

出席者　林云陔　金曾澄　林翼中　李禄超　区芳浦　谢瀛洲
　　　　　许崇清
列席者　刘纪文　陆嗣曾
主　席　林云陔
纪　录　何启澧

报告事项

一、中国国民党广东省执行委员会函，据民众援助义勇大会呈，请照前次住户救国月捐办法，征收三天租捐等情，转请查照饬办。

二、财政厅呈报，关于七月一日年度开始后，对于改征地税及田亩捐过度时期，拟定办法三次〔项〕，请察核备案。

三、财政厅呈缴征收广州市水陆花筵捐，及花捐附加费办事处编制预算表，及征收章程，办事处暂行章程，请察核指遵。

四、建设厅呈，据阳江船务管理所呈请购置各物，约六十七元二角四分，除准在船税收入项下拨支外，请察核备案。

五、建设厅呈，关于施翰轻私运钨砂，罚款二千四百元，拟拨充工业试验所，添购钨矿，及肥田料、化验仪器之用，请核准照拨。

六、东区绥靖委员呈，绘具明生林场四至面积图，并钞〔抄〕番禺县政府，先后布告，请核准备案，并给布告保护。

七、东区绥靖委员呈缴汤坑纪念林场民国二十三年五月份工作日记，请察核备案。

八、广州市政府呈缴取缔洗衣营业规则，及理发营业规则，连同市政会议录，请察核备案。

九、广州市政府呈缴二十三年四月份市库收支结算表，请核存转。

十、民政厅呈报，印刷《乡镇长里副须知》及《现行民政法令辑要》两书，共需印刷费五千五百一十六元七角，拟在本厅结存经费项下开支，请核准备案。

讨论事项

一、勤勤大学董事会函送师范学院暨附中、附小二十二年度岁出临时费预算书，幼稚师范班二十二年度岁出经常费临时费预算书，请查核办理案。

（议决）照准。

二、财政厅呈缴护沙第一、第三两号巡轮废烂，经将其裁撤，另置浅水电船一艘，合〔全〕部工程费，共需七千四百四十七元零八分，拟在二十二年度预备金项下开支，请核准备案，转函审计处查照案。

（议决）照准。

三、建设厅呈，据蚕丝改良局长呈报，奉派出席全国蚕丝改良会议，支过旅杂费共九百七十七元五毫六仙，请照数拨还归垫等情，请核准拨发，转给具领案。

（议决）应由该局节存项下开支。

四、广州市政府呈复，饬据工务、公用两局，查明东圃路之起止两点，均与市府有关，似仍应向公用局缴费领牌等情，应如何办理之处，请核指遵案。

（议决）车牌应由公用局发给，所征牌费，应以路线比例，拨还番禺县政府。

五、民政厅呈，据视察李誉德呈报，关于钦、灵争管陆屋一案，遵令拟定应行立石地点，请核示等情，应否准照核定，请核指遵案。

（议决）照准。

六、建设厅呈缴西村士敏土厂二十三年三月份制造费，各节目流用数表，及支出数比较增减表，请核存转案。

（议决）材料经费，准予流用，余照秘书处签注办理。

七、建设厅呈缴广海渔业区管理所，海鹰巡船临时修理费支付预算书，请核指遵案。

（议决）照准。

八、广东省国货推销处呈，请变通办理，嗣后本处直接缉获私钨，则遵照规定章程办理，其他各机关缉获私钨，即由本处照公价收买，除税捐外，金〔全〕数拨交原获机关支配奖金，当否，请核指遵案。

（议决）照准。

九、广东省国货推销处呈，拟仿照钨矿缉私办法，惩处东兴隆号，所运私糖数额价格十倍罚金，请核指遵案。

（议决）照准。

十、建设厅呈，拟具广东省县市渔市场暂行条例及渔市场业务规程，请核指遵案。

（议决）交李、金、许三委员审查。

十一、主席提议，关于王贵堂因异议敬业堂承升中山县属土名三板南白坦案，不服财政厅处罚过怠之处分，提起诉愿到府，现经秘书处派员审查，作成决定书，请公决案。

（议决）照审查意见通过。

十二、主席提议，关于黄贻祯因被黄益辰等呈控冒用黄允大祖尝值理名义，缴息瞒承芙芦门田坦一案，不服财政厅之处分，提起诉愿到府，现经秘书处派员审查，作成决定书，请公决案。

（议决）照审查意见通过。

广东省政府第六届委员会
第二百九十七次议事录

六月二十二日　星期五

出席者　林云陔　金曾澄　李禄超　区芳浦　谢瀛洲　许崇清
　　　　林翼中
列席者　刘纪文　陆嗣曾
主　席　林云陔
纪　录　何启澧

报告事项

一、财政厅呈报修正田亩调查奖惩期间缘由，请察核备案。

二、建设厅呈，据西村士敏土厂呈，拟购置火车头仔一个，以禅臣洋行所列价为最低，应否照与该行购买，请迅予核定等情，经指复准予照购，请察核备案。

三、建设厅呈，据西村士敏土厂呈，为第二套制土机器各种电掣板，极待装制，可否照向史密公司定购，连同中英文说明书，请核等情，经指复准予照购，请察核备案。

四、广东省会公安局呈缴修正取缔投保火险规则，请察核备案。

五、广东省国货推销处呈报，由本月十五日起，钨商订约领照，须一并领用钨矿收买证，贴于钨砂包面，否则作为私运论，请察核备案。

六、广东省国货推销处呈，拟具糖业部稽查员服务细则，请察核施行。

讨论事项

一、主席提议，修正广东省营工业大纲、会计规则、西村士敏土厂组织章程、河南分厂组织章程、西村厂董事会组织章程，及监理办事规则，请公决案。

（议决）照修正通过，关于改变会计年度，先呈政委会核准。

二、第一集团军总司令部函，请转饬建设厅，派员与邮局迅订邮运妥善办法，以利交通案。又建设厅呈复，遵令派员与邮局协议汽车载运邮件办法、情形，请核指遵案。

（议决）照建厅拟定办法办理。

三、建设厅呈，核议琼崖绥靖委员请拨款补助完成环海公路一案，请核指遵案。

（议决）交胡委员审查。

四、教育厅呈复，饬据省督学查复高要县立第一小学有收用民地之必要等情，请察夺指遵案。

（议决）照准。

五、教育厅呈请，准由省立第一师范学校二十三年度建筑费项下，提前借拨，发还省立第一中学校建筑校舍费二万四千元案。

（议决）准暂借拨。

六、建设厅呈，据广海渔业区管理所呈缴二十一年度岁出开办费支付预算书，转请核准，分别存转案。

（议决）照准。

七、中区绥靖委员公署呈缴追加委员及参谋长俸级预算书，请准备案给领案。

（议决）照准追加。

八、财政厅呈，为广州市水陆筵席捐，及花捐附加费办事处经费，年支五万九千四百元，前奉核定追加花捐附加费征收处经费二万零六百二十八元，已列入岁出预算，其余增加之三万八千七百七十二元，在二十二年度岁出预算，原未列入，请核准追加案。

（议决）照准追加。

九、广东省银行呈，准财厅商请建筑仓库，借拨金库使用，经绘备图则，及拟定开投底价，请核指遵案。

（议决）照本府核定底价开投。

十、广东省国货推销处呈缴糖业部处罚糖品私运章程，暨缉获私糖变价及给奖章程，请察核指遵案。

（议决）交李、金两委员审查。

十一、私立仲元学校筹备处呈，请每月补助学校经费毫洋一千元案。

（议决）交教厅核议。

十二、主席提议，关于李星林等因运销洋米碎，未带转运单，被小榄检查所扣留一案，不服财政厅所为完税倍罚之处分，提起诉愿到府，现经秘书处派员审查，作成决定书，请公决案。

（议决）照审查意见通过。

十三、主席提议，关于谢华因不服教育厅，对于黄五常等请拨冠山后园庙社神产以充学费一案所为之决定，提起再诉愿到府，现经秘书处派员审查，作成决定书，请公决案。

（议决）照审查意见通过。

广东省政府第六届委员会
第二百九十八次议事录

六月二十六日 星期二

出席者 林云陔　唐绍仪　金曾澄　胡继贤　李禄超　区芳浦
　　　　　谢瀛洲　许崇清　林翼中
列席者 刘纪文　陆嗣曾
主　席 林云陔
纪　录 何启澧

报告事项

一、财特署、财政厅会呈，拟由六月二十二日起，至二十六日止，国省两库，再继续停支五天，请察核备案。

二、财政厅呈报，潮汕区蔗糖营造场向檀香山机械公司订购全部机器，分期二十个月摊付，自本年六月份起，第一次应付之款，已饬库照付，送省行查收转付，请备案。

三、财政厅呈缴二十二年六月份行政报告书，请核存转。

四、民政厅呈缴本年一月份行政报告书，请核存转。

五、大埔县呈缴三年施政计划进度表，请察核。

六、国货推销处呈，香港澳门两处签〔签〕证处，经派员组织成立，琼州、汕头、北海三处，在未派员设处以前，暂由糖业部各该地公仓主任兼理，请察核备案。

讨论事项

一、建设厅呈，据八宝山采矿专员呈，为奉准收集叶家山等处钨铋矿场，拟请增加员工，每月经费共四百二十四元，由流动资金项下开支，一次过搭厂及购置费，共四百元，就原预算职工薪饷项下追加等情，经照准修正预算，请察核备案。

（议决）照准。

二、广州市政府呈缴工务局补助建筑河南士敏土厂附近木桥工程费二十二年度岁出预算书，请察核备案。

（议决）照准。

三、广州市政府呈报，委黎国材为土地局长，连同履历请核，应否转呈西南政务委员会加给任命案。

（议决）照委。

四、广州市政府呈复，饬据公用局，将广州市承装自来水管店注册简章修正，请核夺施行案。

（议决）准备案。

五、东区绥靖委员呈复，遵令将全潮戏厘捐原来分配数目列表呈核，并拟另定分配办法，请察核指遵案。

（议决）照准，第二师范经费，改由省库拨支。

六、琼崖抚黎专员呈报，支过士兵服装、医药、囚粮、招待黎苗等四项费用，共三千七百零五元三毫四分，请准在特别费项下拨发归垫案。

（议决）交财厅列入二十三年度预算审查。

七、广州区第一蔗糖营造场呈，拟向香港大卫卜公司，续购糖袋二万个，该价港币五千八百元，请援案由财厅垫付。将来在职场溢利项下归垫案。

（议决）照准。

八、淞沪抗日残废军人教养院呈报，该院经费积欠多月，未能挪用支出周年纪念大会各项经费，共五百一十九元四毫七仙，请准在二十二年度官兵服装费存余项下挪支，请核指遵案。

（议决）照准。

九、淞沪抗日残废军人教养院呈报，盖搭凉棚二座，估价以陈祥记二百三十元为最低，此款拟在二十二年度官兵服装费存余项下挪支，请核指遵案。

（议决）照准。

十、淞沪抗日残废军人教养院呈报，修理电船，共用工料费五百七十五元五毫三仙，拟在二十二年度官兵服装费存余项下挪支，请核指遵案。

（议决）照准。

210

十一、金、李两委员会复，审查广东省国货推销处糖业部处罚糖品私运章程，暨缉获私糖变价及给奖章程一案，拟议请公决案。

（议决）照修正通过。

十二、金、李两委员会复，审查广州市政府所拟广州市辟路征费，及收用民业章程，似尚可行，拟请准予备案。

（议决）准备案。

广东省政府第六届委员会
第二百九十九次议事录

六月二十九日　星期五

出席者　林云陔　唐绍仪　金曾澄　林翼中　胡继贤　谢瀛洲
　　　　许崇清　李禄超
列席者　陆嗣曾
主　席　林云陔
纪　录　何启澧

报告事项

一、建设厅呈，据西材〔村〕士敏土厂呈，为修机厂锅炉技佐郑九，因积劳成疾病故，经董事会议决，照案给恤，连同应给恤金表，转请核准备案。

二、教育厅呈报举行省会高中以上学校军训第一届会操情形，连同评定成绩表，请察核备案。

三、监督整理三铁路委员会呈缴本年一月份粤汉南段、广九两路购料收料月报表，请察核。

四、监督整理三铁路委员会呈报本年五月份检查粤汉南段、广九两路现金报告表，请察核。

讨论事项

一、建设厅呈，准西北区绥靖公署函，请转呈将英阳连连路各段未完工程费，在二十三年度增加拨给，继续完筑等由，该未完各段工程，应由西北区公署继续完筑。惟应否仍照预算五十七万余元，暂将木桥建筑，抑照西北区预算一百三十一万余元，建筑钢筋三合土桥梁之处，请核指遵案。

（议决）交财厅送预算委员会审查。

二、建设厅呈复，核议东区绥靖公署，转请拨款补助埔和路漳南段桥涵石方工程费一案，应否由省库酌予拨助之处，请核指遵案。

（议决）交财厅送预算委员会审查。

三、财政厅呈，据经济设计会，审查修正评价委员会简章，及评价规则，请察核公布案。

（议决）交许、李两委员审查。

四、教育厅呈，拟由本厅二十二年度留学经费项下，拨发选送海军学校航海轮机学生一十五名，津贴赴京旅费大洋共一千五百元，请准令财厅照拨案。

（议决）照准。

五、西北区绥靖委员呈，拟明令各县长，嗣后对于因举办地方事业，直接批准，或转呈核准，向人民征收款项之数目，务须负责切实稽核，倘有徇庇情弊，应与侵吞者受同等处分，请察核照办案。

（议决）交民、财两厅，拟订详细办法再夺。

六、汕头市政府呈，据市属贫民工艺院呈，请将建筑市立医院地址一并拨给华侨胡文虎，为建筑医院颐养病室之用，可否准予照拨之处，请核指遵案。

（议决）照准。

七、广州区第一蔗糖营造场呈，请迅饬广东省银行，息借毫币一十万元，俾资贷给农民植蔗之用案。

（议决）准由广东省银行酌借。

八、淞沪抗日残废军人教养院呈缴二十一年度及五、六月份追加临时挑水工资预算书，二十二年度及七月份起，二十三年度一月底止，追加临时挑水工资预算书，请察核指遵案。

（议决）应由该院节余项下拨支。

九、主席提议，关于何贯三等因南海江浦筵席捐大利公司抽收筵席捐一案，不服财政厅批令处分，提起诉愿到府，现经本府秘书处派员审查，作成决定书，请公决案。

（议决）照审查意见通过。

十、广州市政府答〔签〕呈，拟将市立银行凭票流通额缩减，请钧府饬属将所有收存市行凭票，一律封存，以三个月为限，期满由市行照给月息四厘，请察核示遵案。

（议决）照准。派本府张科长，会同广州市政府办理。

广东省政府第六届委员会
第三百次议事录

七月三日　星期二

出席者　林云陔　唐绍仪　金曾澄　林翼中　胡继贤　李禄超
　　　　　区芳浦　谢瀛洲　许崇清
列席者　刘纪文　陆嗣曾
主　席　林云陔
纪　录　何启澧

报告事项

一、建设厅呈缴本年一月份下半月工作报告表，请察核。

二、教育厅呈缴本年二月份行政报告书，请核存转。

三、东区绥靖委员呈缴本年二月份工作报告书，请察核。

四、监督整理三铁路委员会呈缴本年五月份核签粤汉南段、广九两路进付款月报表，请察核。

讨论事项

一、民政厅呈，关于在南山设立农林〔民〕借贷所一案，现准财政厅咨，拟拨五万元俾资设立等由，职应〔厅〕前奉令在赈款项下拨支之二万元，应否照拨，及应由何方负责办理，请核指遵案。

（议决）就财厅拨发之五万元中，以二万元交南山委员会办理建设事业，其余三万元，与民厅前拨之二万元，合计五万元，统由民厅派员设立农民借贷所。

二、建设厅呈复，核议南路测侯〔候〕所地点，若照原拟，在水东大王庙，则开办费及经常费，尚属核实，惟经常费，似应仍饬海康县等，就地筹措，至开办费可否照预算由省库拨支，请核示遵案。

（议决）应由各港务分局设法筹办。

三、财政厅呈，为本厅所管候审所在押人犯，增加至月额六百元，仍不敷支，拟请准将从前各月支余款项，如数由库提回拨补，请核准备案，转函审计处查照案。

（议决）准备案。

四、教育厅呈，为关于年度预算，教育经费，与别项经费不同，各校有因班级衔接，须增新班者，实未能悉照上年度支付，请令行财政厅，将二十三年度增班经费，提前支付案。

（议决）应由预算委员会提前审查。

五、广州市政府呈，据工务局呈复，查明沙和公路大塘边附近坭头咀地段，可拨作安徽坟场义地等情，应否将该地收用，拨给潘允深等，为交换安徽义地之用，并饬番禺县府，先行布告收用之处，请裁夺施行案。

（议决）照准。

六、广州市政府呈缴工务局临时费二十二年度新预算，提前开支月份清表，请察核备案。

（议决）照准。

七、广州市政府呈缴工务局编具追加市府合署工程增加工料费，二十二年度临时费预算书，请察核备案。

（议决）照准。

八、建设厅呈，请通令各县市，凡政府建筑工程，一律须用五羊牌士敏土，如人民建筑工程，在一万元以上之建筑物，必须用五羊牌士敏土，方准兴筑，其未经化验及格，及发给允许证，准许入口之士敏土，概不准在省内行销案。

（议决）照准。

九、建设厅呈，据韶坪公路工程处呈，请自二十一年七月份，在减发经费期内，请准照二十一年六月份呈准移项流用办法成案办理等情，转请俯赐照准案。

（议决）照准。

十、建设厅呈，据罗浮山公园管理处呈，请修正租地简章第五条条文，及狩猎简章第十条条文，并请续加第十二条条文等情，转请核夺指遵案。

（议决）照修正通过。

十一、西北区绥靖委员李汉魂感电，职区实业局，拟于七月歌日成立，局长一职，拟由职兼任，副局长一职，拟曰职署参谋长胡铭藻兼任，请一并给委，并发给关防官章案。

（议决）照委。

十二、教育厅呈，据私立国民大学呈，拟派法学院长朱勉躬，前赴安南暹罗菲律滨南洋一带，考察各地华侨教育状况，苟蒙委以任务，当乐于奉行等情，请核示遵案。

（议决）照派。

十三、主席提议，关于叶其旋等因不服建设厅，对于呈控刘希登等，纠众越界砍伐树林一案，批饬迳赴法院起诉之处分，提起诉愿到府，现经秘书处派员审查，作成决定书，请公决案。

（议决）照审查意见通过。

十四、主席提议，关于陈耀兴等对于德庆县政府，不准培新小学等校招商承办屠行捐一案，不服教育厅决定，提起再诉愿到府，现经秘书处派员审查，作成决定书，请公决案。

（议决）照审查意见通过。

广东省政府第六届委员会
第三百零一次议事录

七月六日　星期五

出席者　林云陔　金曾澄　林翼中　胡继贤　李禄超　区芳浦
　　　　　谢瀛洲　许崇清
列席者　刘纪文　陆嗣曾

215

主　席　林云陔

纪　录　何启澧

报告事项

一、建设厅呈，查东路省道第二行车管理处，前缴由惠州至河源预算，共支二千四百九十元，现由河源通车至广州，预算须支三千零十九元，比较增加五百二十九元，此项增加经费，系为路线展长所致，查核尚无不合，请察核备案。

二、教育厅呈，据崖县具缴教育局长曾肇禹履历，请察核加委。

三、财政厅呈，关于沙田登记减征案，除潮安、钦廉、宝安三处，仍照案办理外，其余中、顺、南、番、东、新、台等县属，继续减征三个月，请察核备案。

四、广州市政府呈缴本年一月份行政报告，请察核。

五、东区绥靖委员公署呈缴本年三月份工作报告书，请察核。

六、粤汉铁路南段管理局呈报，填筑罾棚涌口水坦工程，已交源兴号承办，附缴比较表合约，请察核备案。

七、宝安县呈缴三年施政计划进度表，请察核。

讨论事项

一、西南政务委员会令，准西南执行部，函送中山纪念碑区域，收用民房补偿价值表，共须补偿一万一千九百三十九元三毫八仙，请转饬拨款收购等由，仰筹拨具报案。

（议决）由前定项下拨支。

二、教育厅呈，拟具省立民众教育人员训练所第二届毕业学员服务规程，请察核指遵案。

（议决）照秘书处审查意见通过。

三、教育厅呈，拟援照上年度成案，举办广东省第三届暑期体育训练班，计需经费四千一百九十七元，请令行财政厅照数提前支拨案。

（议决）照准。

四、广州市政府呈缴所属各机关追加二十二年度预算清表，请核转备案。

（议决）转呈政委会。

五、广东省合作事业委员会呈，拟具广东各县农村合作社办理谷物储押办法，请察核指遵案。

（议决）交胡、李两委员审查。

六、广东省国货推销处，并复遵令造具开办费预算书，请察核备案。

（议决）照准。

七、广州市省参议员选举监督呈缴广州市省参议员选举监督事务所经费概算表，计共毫银二千五百五十三元六毫，拟由市政府筹拨开支，并于超出预算时，准予实报实销，请察核备案。

（议决）照准。

八、主席提议，关于××公司甄××因与××公司争执河南草芳×××地段一案，不服广州市政府所为之决定，提起再诉愿到府，现经秘书处派员审查，作成决定书，请公决案。

（议决）照审查意见通过。

九、主席提议，关于叶英勇因不服省会公安公〔局〕责令清捐之批示，提起诉愿一案，现经秘书处派员审查，作成决定书，请公决案。

（议决）照审查起〔意〕见通过。

十、审查预算委员会呈，为二十三年度省地方预算，不敷二千五百余万元，如无核减标准，实难着手审议，应否以上年度预算为标准，抑俟节约方案核定后，再行依据审查，或应如何另定审查标准之处，请核示遵案。

（议决）以适用上年度标准为原则，并参酌节约办法办理。

广东省政府第六届委员会
第三百零二次议事录

七月十日　星期二

出席者　林云陔　金曾澄　林翼中　胡继贤　李禄超　区芳浦
　　　　　谢瀛洲　许崇清
列席者　陆嗣曾　刘纪文

主　席　林云陔

纪　录　何启澧

报告事项

一、民政厅呈，据自治训练所呈，拟购双格铁辘架床二百二十五张，约共需款五千余元，请准在该所节存经费项下开支等情，转请察核备案。

二、财政厅呈，为各属沙田，凭旧照报承，同样等则者，减收四分之一花息一案，兹拟自本年七月一日起，照案续展限三个月，请核指遵。

三、建设厅呈报，关于限期缴纳矿区税一案，拟自七月一日起执行，在未执行期内，仍准照缴，除布告外，请核备案。

四、民政厅呈，据三水县呈缴三年施政计划进度表，请察核。

五、广州市政府呈复，查明甘乃光卷逃公款一案情形，请核指遵。

六、顺德县长呈，请准将顺德蚕业改良实施区总区副主任一职辞去。

七、监督整理三铁路委员会呈缴本年二月份粤汉南段、广九两路购料收料月报表，请察核。

讨论事项

一、财政厅、省银行会呈，奉令核议桂省府，请准广西省银行委托港行及裕国银号，分期兑入东毫三十万元，以资周转一案，似可通融照办，请察核施行案。

（议决）照办。

二、建设厅呈报，关于收用河南南石头制纸厂，地界范围内，约有坟墓五百余穴，亦在收用之列，拟援照西村士敏土厂成例，长棺每穴补给迁葬费十元，金塔每穴补给迁葬费七元，无主坟墓，由职厅觅地饬人迁葬，请察核备案。

（议决）照准。

三、广州市政府呈，准中国国民党广州特别市执委会函，为编印本届工作总报告，及办理选举第六届执监委员经费，共需毫银五千五百元，开列临时费预算书，请准追加等由，应否准予追加，照数拨给，请核指遵案。

（议决）照准。

四、财政厅呈，据汕头市商库证发行委员会，转据各领户要求，关于抵押品契据，缴会核验后，以照片存会，领证时复将原契据缴会盖印，批注发回，免予存会保管等情，似可照准，惟事关变更原章，请核饬遵案。

（议决）照准。

五、建设厅呈缴工业试验所编造化学工业展览会临时费支付预算书，请察核存转备案。

（议决）准由该所节存项下开支。

六、建设厅呈，据蚕丝改良局呈，以制蚕种不敷分发，现为完成各实施分区工作起见，拟具扩充计划，并经费表，请转呈拨款等情，请准予拨款施行案。

（议决）交胡、李两委员审查。

七、广州区第一蔗糖营造场呈，拟向香港永安公司，订购糖袋二万个，该价港币三千二百元，请令财厅援案垫付，将来在职场溢利项下扣抵归垫案。

（议决）照准。

八、广州区第一蔗糖营造场呈，拟与雷州成记庄，订购载糖草袋五万个，该价六千三百五十元，抄同合约，请备案转令财厅援案垫付案。

（议决）照准。

九、广东省国货推销处呈缴糖业部各公仓，士敏土部各签证处，化学工业部及各部营业费，岁出预算书，上列各经费，均由各该部营业收入项下坐支，请察核指遵案。

（议决）照准。

十、广东省国货推销处呈，为士敏土滞销，拟具改善代理办法，请察核指遵案。

（议决）第六、第七两款修正通过。

十一、主席提议，查关于国货推销处组织大纲第七条末尾有“第八条至第十三条”字样，自会议修正后，已不运用，应改为“第九条至第十四条”方合，请核定公布施行案。

（议决）照修正通过。

广东省政府第六届委员会
第三百零三次议事录

七月十三日　星期五

出席者　林云陔　金曾澄　林翼中　李禄超　区芳浦　谢瀛洲
　　　　许崇清
主　席　林云陔
纪　录　何启澧

报告事项

一、财政厅呈复，奉发潮海关监督，会同汕头市政府，拍卖充公俄油余款等件，饬核具复等因，查扣拨数目，核案相符，请察夺。

二、建设厅呈，据西村士敏土厂呈报，河南分厂焙砖巷，烧火工人陈木，执行职务，被火烧伤至死，除给丧葬费五十元外，并拟照章给恤金一百八十元等情，除指复照准外，请察核备案。

三、建设厅呈，据开平县民黄文德等请承领县属第五区土名大凤山等处荒地，合将备查一联，请察核备案。

四、建设厅呈，据文昌县呈缴建设局长魏祖培履历，转请察核加委。

五、粤汉铁路南段管理局呈缴桐记承建韶州货仓工程合约，请察核备案。

六、国货推销处呈报发给舶来士敏土入口许可证情形，连同月报表，及许可证存根，请察核备案。

七、国货推销处呈报二十三年六月份士敏土营业状况，请察核。

讨论事项

一、财政厅呈，请准在二十三年度预算支出项下，增加各属沙田征收处人员月薪，及办公费二万余元，连原额合共年支五万四千余元，以资办公案。

（议决）照准。

二、财政厅呈，请准将广州市筵席捐花捐附加费办事处，增加人员，及办公费，共毫银七千六百八十元，追加例〔列〕入二十二年度岁出预算，以重计政案。

（议决）照准。

三、广州市政府呈缴编纂广州年鉴委员会组织大纲草案，广州年鉴进行计划，及预算书，请察核备案。

（议决）列入二十三年度预算。

四、建设厅呈，据国货推销处呈复，汕尾广昌等商店以别种士敏土混光〔充〕五羊牌，如属舶来土，而无入口许可证者，应照舶来士敏土私运章程处罚，至改换商标，似应将案移送法院办理，请核指遵案。

（议决）照准。

五、广东邮政管理局呈，关于公路汽车载运邮件一案，现奉总局令，以只准邮差免费乘车押运邮件一小袋，以六立方英尺容积为限一节，殊难照办等因，请将该办法取销，并减轻其余酬金数目，或照苏皖邮区办法办理，以资一律案。

（议决）交金、李两委员审查。

六、西北区绥靖公署呈，请准将职署前垫支南韶公路铺筑路面超出预算之款五万九千五百余元，饬厅拨还归垫，以清款目案。

（议决）交财厅转送预算委员会审查。

七、广州市政府呈缴修正市地方自治第二届选举事务所组织章程，及会议规则，暨选举程序，预算数目表，请察核指遵案。

（议决）照准。

八、教育厅呈，据留法学生李悦义呈，请续发一年津贴费银一千元，俾完学业，似可照准，请由本厅二十三年度留学经费项下拨支案。

（议决）照准。

九、主席提议，关于丘王润等因争承麟坪村前曾山荒地造林一案，不服建设厅所为之决定，提起再诉愿到府，现经秘书处派员审查，作成决定书，请公决案。

（议决）照审查意见通过。

十、国货推销处、第一蔗糖营造场会呈，订定两广推销蔗糖合约，请察核指遵案。

（议决）照准。

十一、国货推销处、西村士敏土厂会呈，请核定凡各机关，能呈由西南政委会发给购用士敏土免税护照者，准其依需用之数量，得以酌定特价，购用五羊牌士敏土，并限定各机关，如需士敏土者，一律购用五羊牌，以维国货案。又西村士敏土厂董事会呈，请通令全省所属各机关，并函第一集团军总部，通饬所属，并晓谕商民，如需用士敏土者，应购五羊牌，以塞漏卮案。

（议决）照准。

广东省政府第六届委员会
第三百零四次议事录

七月十七日　星期二

出席者　林云陔　金曾澄　李禄超　区芳浦　谢瀛洲　许崇清
　　　　　林翼中
列席者　刘纪文　陆嗣曾
主　席　林云陔
纪　录　何启澧

报告事项

一、西南政务委员会令，据呈拟将本省省营工业机关会计年度，改用特别会计年度，每年自一月份起，至十二月份为较宜一案，经报告本会第一二六次政务会议照准，并行审计处在案，仰即知照。

二、财政厅呈报清理积欠旧粮继续补充办法情形，请察核备案。

三、建设厅呈报大小江桥河口周江桥，及紫河路建筑费，议定每月分拨办法，请察核备案。

四、建设厅呈缴本年二月份上半月工作报告表，请察核。

五、广州市政府呈缴本年五月份市库收支结算表，请核存转。

六、西北区绥靖公署呈缴本年三月份工作报告表，请察核。

七、中区绥靖公署呈缴本年四月份工作报告表，请察核。

讨论事项

一、许、李两委员会复，审查财政厅所缴广东省征收临时地税评价委员会简章，尚属可行，拟请准予备案公布案。

（议决）准备案。

二、建设、财政厅呈复，核议西北区绥靖委员所缴西北区移垦局第一移垦区建设费分项计划书及用途分配表，所列数目大致尚无不合，似可准予照办，请核饬遵案。

（议决）准照办。

三、建设厅呈，拟将原有东路省道第一、二、三各行车管理处裁撤，另设东路省道行车管理处，并设立监理委员会，连同组织章程规则、预算编制，请察核备案。

（议决）准备案。

四、建设厅呈，为前奉核准，收用河南士敏土厂西便地段，建筑纺织工业场棉纱部．现该地不敷建筑，需再增收三十余井，绘具面积界线图，请核准备案。

（议决）照准。

五、教育厅呈缴广东省小学教科书编辑委员会姓名表，及修正办事细则，暨经费预算表，请核指遵案。

（议决）准备案。

六、国货推销处呈，据广东省营蔗糖营运商联合办事处呈，拟设立各属办事分处，并缴组织简章，请核备案等情，转请察核备案。

（议决）准存查。

七、教育厅提议，拟将私立庚戌中学校，改为省立学校，称省立庚戌中学校，请公决案。

（议决）照准。

八、财政厅呈，拟由本年八月一日起，裁撤广州西税厂等十九种税捐，及禁顺德等二十七县什赌，暨拟准由糖厂盈利项下，拨还各商按饷保证金，并照库收损失数目，按月拨还案。

（议决）照准。

广东省政府第六届委员会
第三百零五次议事录

七月二十日　星期五

出席者　林云陔　林翼中　胡继贤　区芳浦　谢瀛洲　许崇清
　　　　李禄超

列席者　刘纪文

主　席　林云陔

纪　录　何启澧

报告事项

一、西南政务委员会令，准西南执行部函，请饬广东省政府，自七月份起，每月拨二千元，广州市政府每月拨一千元，作宣传费等由，经本会第一二八次政务会议决议照办在案，仰即遵办，并转饬遵照。

二、财政厅呈报，修正煤油缉私标准乙项第二条条文，请察核备案。

三、民政厅呈报，奉饬派员设立农林〔民〕借贷所一案，似底〔应〕交由南山移垦委员会负责办理，毋庸另设机关，请核指遵。

四、建设厅呈，奉实业部令，关于国货公司厂商，所出货品，须一律用中文标明国货牌号，以便认识一案，转请核示祗遵。

五、建设厅呈，据西村士敏土厂，呈报修整大马力，及各部机件情形，请察核备案。

六、建设厅呈，据西村士敏土厂，呈报河南分厂第七窑烧火工人林雪病故，请援案一次过给予恤金九十六元等情，经准照给，请察核备案。

七、监督整理三【铁】路委员会呈缴本年六月份检查粤汉南段、广九两路现金报告表，请察核。

八、两广省办硫酸厂呈送本年一、二两月份收支月报书表，请察核。

讨论事项

一、民政厅呈，准南区绥靖委员咨，据合浦县长呈请将围洲斜阳管理局撤销，该两岛仍隶属职县管辖，并将北海公安分局改组市政府〔局〕等情，请核夺令遵案。

（议决）准裁围洲斜阳管理局，另组北海市政局，兼辖该两岛，市政局长，由民政厅派充，并准照围洲斜阳局经费，折半补助。

二、建设厅呈，据蚕丝改良局呈复，核议匡外贸易委员会函，请救济丝业办法一案意见，转请察核指遵案。

（议决）交胡、李两委员审查。

三、广州市政府呈，据公用局呈，请将追加修灯工匠经费，及马路电灯材料临时费两项预算，实行从开支之月起，根据预算额报销，似属可行，请核赐备案。

（议决）照准。

四、广州市政府呈复，关于新港公路征收筑路费一案，饬据工务、财政两局会复议拟征收办法，查属可行，请察核指遵案。

（议决）照准，仍由市政府、工务局，会同番禺县办理。

五、教育厅呈复，核议私立仲元学校筹备处，请每月由省库补助一千元一案，似应援照执信学校、仲恺学校成案，照准搭〔拨〕给，请察核案。

（议决）照准。

六、教教〔育〕厅呈，据东莞县呈缴私立东莞明生中学预算表，请予补助等情，似应一次过补助开办费五千元，另按月补助经常费一千元，请核指遵案。

（议决）照准。

七、建设厅呈缴广惠长途电话所迁移费支付预算书，请察核指遵案。

（议决）照准。

八、主席提议，关于黄炳瑞因在本市湛家园屋业后面辟窗，与缪哲香涉讼一案，不服市政府所为之决定，提起再诉愿到府，现经秘书处派员审查，作成决定书，请公决案。

（议决）照通过。

九、建设厅呈报两年来筹办各工厂资本预算总额实支数欠支数，请予察核备案。

（议决）照准。

广东省政府第六届委员会
第三百零六次议事录

七月二十四日　星期二

出席者　林云陔　林翼中　李禄超　黄麟书　区芳浦　何启澧
列席者　刘纪文　谢瀛洲
主　席　林云陔
纪　录　陈广澧

报告事项

一、建设厅呈，奉实业部令，发进出口商调查表，及商情调查纲目，仰转饬查报，限文到一个月，汇齐送部等因，应否照行，请核示遵。

二、建设厅呈，据西村士敏土厂呈，拟招商投承积存废铁等情，似应照准，请核指遵。

三、财政厅呈缴二十二年七月份行政报告书，请核存转。

四、民政厅呈，拟就广东省各县市编订宅地号牌简章及式样，请察核备案。

五、民政厅呈，据赈务办事处呈，为奉令觅地搬迁，所有屋租及搬迁等费，拟在仓款项下支销等情，似可准予照办，请察核备案。

六、民政厅呈缴本年二月份行政报告，请核存转。

七、广州市政府呈缴本年二月份行政报告，请核汇办。

八、广州市政府呈缴本年三月份行政报告，请核汇办。

讨论事项

一、民政厅呈，据新会县转据第五区棠下镇公所，请准收用青梅园公地建筑医院等情，应否准予依法收用之处，请核指遵案。

（议决）照准。

二、建设厅呈，为关于收用河南南石头地方，建筑制纸厂一案，据番禺县第三区南箕南石联乡公所呈，请俯念乡曲沿用白契之习惯，对于纸厂收用土地，一体优给地价，以恤民困等情，应否照准，请核指遵案。

（议决）白契不能与红契一律，但经验明确实，出具保证者，仍准酌给地价。

三、财政厅呈，准审查预算委员会复知，分别议决审定各校准增衔接班额，及增班经费表，请察核示遵案。

（议决）照准。

四、建设厅呈，据农林局呈缴实施防除牙〔牛〕瘟运动计划书，及办理防除工作，暨制造疫苗费预算书，共需款十万元，请核转准在洋米税收入项下，如数拨付给领等情，是否可行，请核指遵案。

（议决）交财、建两厅长审查。

七①、主席提议，关于梁××等因不服财政厅处断擅提宝华银号债款一案，提起诉愿到府，现经秘书处派员审查，作成决定书，请公决案。

（议决）照审查意见通过。

八、胡、李两委员会复，审查蚕丝改良局呈拟扩充计划并经费表一案，查蚕丝改良局容奇制种场办理至今，成绩卓著，惟规模甚少，自宜扩充，所拟办法，大致妥善，预算总散各数，尚属相符，似可照准，请公决案。

（议决）交建厅酌办。

九、主席提议，派雷鸿塈、黎钟赴日留学案。

（议决）照派。

十、建设厅呈，请饬财厅支付本厅七个月经费，俾结束移交案。

（议决）先由糖款溢利项下借拨，由财厅归还，分令财、建两厅，及省行国货推销处，分别遵办。

---

① 原文缺第五、六项。

广东省政府第六届委员会
第三百零七次议事录

七月二十七日　星期五

出席者　林云陔　林翼中　胡继贤　李禄超　区芳浦　何启澧
　　　　　黄麟书
列席者　刘纪文　谢瀛洲
主　席　林云陔
纪　录　陈广澧

报告事项

一、西南政务委员会令知，议决广东省政府委员名额，仍应回复为七人至九人，仰知照，并转饬所属一体知照。

二、财政厅呈，据南海县呈缴，请准免除区茂长户虚粮印结，加具厅结，请核准照额免除。

三、建设厅呈，据西村士敏土厂呈报，河南分厂打磨工人方二，积劳病故，拟照章给予一次过三个月工资一百八十九元等情，经指复照准，请察核备案。

四、广州市政府呈报，市政会议议决，增设电力监理，负责整理电务，俟整理就绪，该员如无继续设置必要，即予裁撤，请察核备案。

五、建设厅呈，据国货推销处呈缴钨砂入仓证样本及规则，请察核。

六、建设厅呈，为二十一年度支出海鹰、海鸥渔船修理工料费，拟在船税项下拨支，请核示遵。

七、五华县呈缴三年施政计划进度表，请察核。

讨论事项

一、李、胡两委员会复，审查合作事业委员会所拟广东各县农村合作社办理谷物储押办法一案，拟具意见，请公决案。

（议决）先就已设农民银行之各县市由农民银行兼办，余照审查意见办理。

二、建设厅呈，据农林局呈复，派员调查顺德桑田及改良计划情形，连同顺德粮食救济区计划纲要及预算书，缴请察核施行等情，转请察核办理案。

（议决）交胡、李两委员审查。

三、建设厅呈，据范文照建筑师函，请照约付给省府合署草图更正定夺时酬劳费七千五百元，似应照给，请将该款发交下厅，以便转给案。

（议决）照发，由预备金项下拨支。

四、建设厅呈，据卸广韶电话所主任兼广惠电话所所长呈，请将广惠电话所结存之款，拨补广韶不敷之用等情，查所请尚属实情，请照准，令行财厅，转函审计处备案。

（议决）照准。

五、建设厅呈，据派赴丹麦国学习士敏土化学员邓世发呈，请发给回国川资等情，似应照准，拟援照邓思永前由粤赴丹麦旅费一百五十金磅之数发给，此款应否由士敏土沽土价款内拨支，抑由购置第二套制土磨机器款内提拨，请核示遵案。

（议决）照秘书处答〔签〕拟意见办理。

六、广东省体育委员会、广州水上体育会呈，请拨款二千元，补助第七次水上运动会经费案。

（议决）准拨一千元，在教育临时费项下拨支。

广东省政府第六届委员会
第三百零八次议事录

七月三十一日　星期二

出席者　林云陔　黄麟书　林翼中　胡继贤　李禄超　区芳浦
　　　　　何启澧

列席者　谢瀛洲

主　席　林云陔

纪　录　陈广澧

报告事项

一、国立中山大学函，以南路蚕业试验场，自本年一月起，未蒙照案补助经费，工作缩减，有不能支持之势，请予以继续补助，俾资发展。

二、财政厅呈复，核议西北区绥靖委员所请整顿各县地方财政办法，具有见地，拟请令行民厅，严饬各县遵办，并拟定限期，转饬一体遵行，仍将遵办日期，呈报主管机关，以资考核。

三、财政厅呈报，清理各县市所发承领官产执照，期限已满，各县人民，纷纷请求展期，现经布告，展至本年底截止，请察核备案。

四、民政厅呈，为本厅测量队，派往省外各县市工作，其经费汇费，拟在测量队节存经费项下，照实报销，请核准备案。

五、民政厅呈，准财政厅咨，关于测量队第一队二十二年十月份领用地籍图纸费一案，请查明加具按语，见复等由，经以宅地图纸费，每户一角，前经呈奉核准，农地旷地，自应一律照办，咨复除通饬外，请察核备案。

六、财政厅呈，请通令沙田各县，严禁县属各区乡公所，非呈准本厅，不得向沙田加抽，请核令遵。

七、西北区绥靖委员呈缴二十三年四月份工作报告表，请核存转。

八、广东省银行呈报，奉总司令面谕，设立南雄办事处驻庚兑换所，经提出董事会通过，请察核备案。

九、监督整理三铁路委员会呈缴二十三年六月份核签粤汉南段、广九两路进付款凭单报告表，请察核。

讨论事项

一、财政厅呈，请准自二十三年四月份起，将本厅经费，匀挪支配，异项得以流用，并转审计处查照案。

（议决）照办。

二、建设厅呈，请准将二十二年度经费，仍照二十一年度核准移项流用成案办理案。

（议决）照办。

230

三、建设厅复，关于广州市织造土布业同业公会，请饬花纱行商，偿还历年收过佣金，并严究花纱公会一案，拟议办法，请核示遵案。

（议决）该会违令抽收，应饬该会职员，停止职权，另行改选，余照厅拟办理。

四、财政厅呈，准民厅咨，据儋县呈复，遵令将县教育局每月经费概算表送核等由，请察核指遵案。

（议决）局内人员经费，应予裁减，所请恢复各捐，应毋庸议。

五、广东南山移垦委员会呈，拟将职会特务警卫大队部裁撤，节余经费，移为恢复侦缉队之用，每月经费八百七十元，即在职会建设费项下开支，不另增加预算，请准予备案。

（议决）照准。

六、主席提议，关于余楚南因征收花生油及豆油税一案，不服财政厅所为之批示，提起诉愿到府，现经秘书处派员审查，作成决定书，请公决案。

（议决）照审查意见通过。

七、广东省银行呈，请明令省市主管教育机关，转令省市内各学校，嗣后征收学费一元以上，概须收受兑现省券案。

（议决）照准。

八、高要县长呈，请准在洋米税收入项下，拨借四万元，建筑新江乡水坝工程案。

（议决）交财政厅审查。

九、建设厅呈，拟收用西村士敏土厂北便地段，建筑淡〔氮〕肥厂，并拟爱〔援〕照硫酸厂收用民地办法成案，分别发给产价及坟墓迁移费案。

（议决）照准。由建厅会同市府办理，并呈报政委会察核。

广东省政府第六届委员会
第三百零九次议事录

八月三日 星期五

出席者 林云陔 林翼中 黄麟书 胡继贤 李禄超 区芳浦
        何启澧

主 席 林云陔

纪 录 陈广澧

报告事项

一、财政厅呈，据广东省煤油贩卖业营业税总处呈，拟订取缔公司及厂家买卖散油，翻用旧验讫证办法，查核大致尚妥，请察核备案。

二、建设厅呈，据西村士敏土厂呈，拟购电掣板，须加添电流变压器，及电力表，增加英金六十四磅等情，自应照准，转请察核备案。

三、建设厅呈，据高要县民石惠卿等请承领县属第六区土名正面岭等处荒地，合将备查一联，缴请察核备案。

四、广东省粮食调节委员会【呈】，拟定限制各商号请领运豆护照办法，请察核备案。

五、本府秘书长何启澧辞职，业经照准，派陆幼刚兼代本府秘书长职务。

讨论事项

一、李、胡两委员会复，审查关于蚕丝改良局核议国外贸易委员会请救济丝业办法一案，查本案蚕丝改良局核复意见，尚属妥善，请公决案。

（议决）交财、建两厅，会同拟定执行办法。

二、建设厅呈，据东路公路处呈请每月办公费、杂支费两项，彼此流用，藉资救济等情，查属实情，请准照办理，转函审计处查照备案。

（议决）照准。

三、民政厅呈，据台山县呈，为地方款收入锐减，经饬华侨招待

232

所，自八月份越裁撤等情，请核示遵案。

（议决）照准。

四、西村士敏土厂，呈报本年消耗钢弹数量，比去年增多缘由，请核将二十三年四月份，制费各节目流用表存转案。

（议决）准予流用。

五、广东省国货推销处呈，拟将矿物部采运员专员推销员等薪水，及各属办事经费，按照糖业部各公仓成案办理，实报实销，请察核指遵案。

（议决）照准。

六、广东省国货推销处呈，请□□□□□。

（议决）交财政厅议复。

七、调查统计局局长陈达材呈请辞职案。

（议决）照准。委曾同春接充。

广东省政府第六届委员会
第三百一十次议事录

八月七日　星期二

出席者　林云陔　林翼中　胡继贤　李禄超　区芳浦　何启澧
　　　　　黄麟书
列席者　谢瀛洲　陆幼刚　刘纪文
主　席　林云陔
纪　录　陈广澧

报告事项

一、西南政务委员会令，准执行部函，决议每月由广东财政特派员公署拨二千元，广东省政府拨一千元，广州市政府拨一千元，作为补助海外宣传费，至本年底止，经本会第一三〇次政务会议决议照办在案，仰遵照并转饬市政府遵照。

二、建设厅呈，据西村士敏土厂呈，拟向上海中央工程研究所定购碎石机之锰钢石锤柄一套等情,经指复照准,请察核备案。

三、建设厅呈报,定本年七月一日起,本厅出差工作人员旅费,遵照修正出差旅费规则实行,请转饬审计处备案。

四、建设厅呈,据西村士敏土厂呈报,河南分厂杂务黄焯燊积劳身故,拟请援案给予一次过三个月恤金一百二十元,经指复照准,请察核备案。

五、广东省会公安局呈送修正取缔娱乐场规则,请察核备案。

六、广东省国货推销处呈报本年上半年士敏土营业情形,请察核备案。

七、广东省国货推销处呈,广州斯可达工厂经理华连亚,拟购用五羊水泥,请每包减至四元五角,拟准特别通融,一次过售与三千包,以后不得援以为例,请核指遵。

讨论事项

一、李、胡两委员会复,审查农林局所缴顺德粮食救济区计划纲要,及预算书意见,请公决案。

(议决)种蔗一节,由广州区第一蔗糖营造场规划,余交县府酌办。

二、财政厅呈,拟发行短期金融章〔库〕券二百万元,定本年九月十日发行,委托省银行劝募,缮具章程,请察核备案公布案。

(议决)照准。

三、建设厅呈,据承采鹤山县黄牛山石矿成发公司商人叶敬伟呈,以县府勒缴附加税费未遂,扣留石船,乞电令放行等情,拟请照钧府第一一八次议决案,执行议处,并通令各县申禁案。

(议决)饬令克日放行,该县长应予申诫,并通令各县知照。

四、建设厅呈复,核议拟由本厅饬令东路公路处,在所领潮梅冥锱捐项下,拨助河博、河川两路修筑土方费用二千元,请察核指遵案。

(议决)照准。

广东省政府第六届委员会
第三百一十一次议事录

八月十日　星期五

出席者　林云陔　林翼中　何启澧　胡继贤　黄麟书　李禄超
　　　　区芳浦
列席者　陆幼刚
主　席　林云陔
纪　录　陈广澧

报告事项

一、财政厅呈，据煤油营业税总处呈，请自本年七月起，准与广州分处经费，在额定预算内，各项互相流用等情，已准照办，请察核备案。

二、财政厅呈缴二十二年八月份行政报告书，请核存转。

三、民政厅呈缴本年三月份行政报告，请核存转。

四、教育厅呈缴本年三月份行政报告，请核存转。

五、广州市政府呈缴本年四月份行政报告，请核存转。

六、中区绥靖公署呈缴本年五月份工作报告表，请察核。

七、东区绥靖公署呈缴本年四月份工作报告书，请察核。

八、西北区绥靖公署呈，为职区实业局组织成立，拟委朱江等充该局秘书、技正、技士、课长等职，请察核加给委任。

九、顺德县呈报县农民银行组织成立日期，请察核备案。

十、广东省国货推销处呈报七月份士敏土营业情形，请察核。

十一、监督整理三铁路委员会呈复，核议粤汉铁路南段黎洞站撞车失事一案情形，请核指遵。

十二、粤汉铁路南段管理局呈，准国货推销处函知，购用五羊牌士敏土，准照特价办理，至付款期限，亦可通融，以购土一次，款项在两星期内清结等由，请察核备案。

十三、代理广九铁路管理局局长胡栋朝辞职，照准，委李禄超代理广九铁路管理局局长。

讨论事项

一、财政厅呈报，支过印刷征收机关公务员交代章程三千本，需费三百二十元，拟在省地方预算临时门预备金项下开支，请核准备案，并转审计处查照案。

（议决）照准。

二、财政厅呈，为广东省洋纸专税，舶来士敏土附加大学经费，及扩充全省长途电话费，舶来糖类捐舶来皮革税，及邻省牛皮税，生牛出口税等项，经饬广州舶来农产品杂项专税局，就近兼征，每月增加经费一千六百元，年共支一万九千二百元，二十三年度预算未有列入，请准予追加案。

（议决）准追加。

三、建设厅呈，请准将派员测量琼崖黎境公路，及查勘东山皮革厂地段纠纷案，支过各费，共一千三百八十七元九毫九仙，在职厅二十一、二两年度节存经费项下拨支案。

（议决）照准。

四、广州市政府呈缴广州市土地征收审查委员会组织简章，请察核指遵案。

（议决）准备案。

五、主席提议，关于关咏棠等因筹办南路第一干线六县联运事宜一案，不服建设厅所为之处分，提起诉愿到府，现经秘书处派员审查，作成决定书，请公决案。

（议决）照审查意见通过。

六、教育厅提议，拟委孔繁枝接充省立第七中学校校长；又省立第二师范学校校长李芳柏，调充本厅督学，所遗校长一职，拟委叶青天接充，连同各该员履历，请公决案。

（议决）照委。

广东省政府第六届委员会
第三百一十二次议事录

八月十四日　星期二

出席者　林云陔　黄麟书　林翼中　胡继贤　李禄超　区芳浦
　　　　　何启澧
列席者　刘纪文　谢瀛洲　陆幼刚
主　席　林云陔
纪　录　陈广澧

报告事项

一、财政厅呈，据汕头市商库证发行委员会呈报，定期七月二十三日，开始发行商库证，检同原缴库证样本，请察核备案。

二、财政厅呈，据鹤山县呈，请在开征地税前，准将二十一年及二十二年旧粮宽免滞纳罚金，似可照行，并拟准现时决定，改征地税之顺德、茂名、阳春、澄海、紫金等五县，一体照办，请察核备案。

三、建设厅呈，据兴宁县民刁其清等请承领县属第七区土名龙骨山等处荒地，合将备查一联，缴请备案。

四、建设厅呈，据新会县民黄金鉴等请承领县属第二区土名马鞍山等处荒地，合将备查一联，缴请备案。

五、广东粮食调节委员会呈，关于曲江县收用境祇祠地段，建筑仓库一案，请饬财厅，将该项地价三千一百七十五元一毫五仙拨县转给，以利进行。

六、广东省调查统计局呈缴本局秘书黎国昌履历，请核赐委用。

七、财政厅呈，据煤油营业税总处呈，请在预备费项下，拨支一百元，为广州清查油仓专员旅费等情，查与原定预算额尚无超越，似可照准，请察核备案。

八、建设厅呈，据农林局呈缴调查滑水山，及六万大山旅费，支出计算书表，转请核准，将调查六万大山旅费三百零三元七角九分，由职厅经常费节存项下拨支。

讨论事项

一、民政厅呈，为现存赈款有限，各属报灾纷至沓来，请再在惠济义仓仓款项下，划拨五万元，俾资应付案。

（议决）照准。

二、民政厅呈，拟订北海市政局组织章程草案，请察核指遵案。

（议决）照通过。

三、财政厅呈，据广东省经济设计委员会呈缴二十二年度十一月份起至本年六月份止岁出预算书，查省地方二十二年度岁出预算，未经列入，请核明准予追加，转函审计处备案。

（议决）准由财务临时费项下拨支。

四、广州市政府呈，据市参议会保管员呈，请将二十二年度保管公物经常费预算，提前开支，并从实行开支之月起，根据预算额报销等情，似可准予照办，连同数目表，转请核准备案。

（议决）照准。

五、广州市政府呈，为电力管理委员会二十二年度经临各款预算，业经核定，所有在预算未核定以前，各项经临费，似可准予从实行开支之月起，根据新预算额报销，连同数目表，请察核备案。

（议决）照准。

六、琼崖抚黎专员呈，拟将岭门黎务局移设新市，南丰黎务局移设白沙岗，两局建筑费，共需毫银四千四百六十六元八毫，请准饬财厅一次过提拨，连同图则估价表、区域图，请察核指遵案。

（议决）照准由预备金项下拨支。

七、教育厅提议，修筑广州文庙，拟具工程预算书，及重置文庙神牌礼乐预算表，计共需款二万零八百一十五元，请核准在临时教育项下拨付案。

（议决）照准由临时教育费项下拨支。

八、教育厅提议，请委谭培根为省立庚戌中学校校长，连同履历，提请公决案。

（议决）照委。

广东省政府第六届委员会
第三百一十三次议事录

八月十七日　星期五

出席者　林云陔　林翼中　黄麟书　胡继贤　李禄超　区芳浦
列席者　刘纪文　谢瀛洲　陆幼刚
主　席　林云陔
纪　录　陈广澧

报告事项

一、民政厅呈复，关于防城县及该县风灾筹账〔赈〕会，先后电报该县风雨，酿成巨灾一案，经在账〔赈〕款项下，提拨二千元，发交该县长，亲领回县散账〔赈〕，请察核备案。

二、建设厅呈，为积极开采恩平县属金矿起见，经令委龙思鹤为该金矿经理，请察核备案。

三、建设厅呈，据潮安县民卢锦春等请承领县属第二区土名岭后外蛤窟等处荒地，合将备查一联，缴请备案。

四、财政厅呈，拟自九月一日起，实行统一簿记账表，并由署厅各派查账员，负实地查账督促解款之责，除分呈及通令外，缴同表式等件，请察核备案。

五、财政厅呈报，派军队赴中山大小霖山，驻收田租，支过费用共七千一百一十八元，拟在财政各杂费项下开支，请察核备案。

六、汕头市政府呈，据陈星阁呈，以关于开投礐石海坦一案，现因市情不景气，地价低落，原定每井低〔底〕价大洋三十五元，无人投票．请求酌减再投等情，经准减作九成半底价，请察核备案。

七、关于筹办广东工商银行一案，经派曾建荣、陈元瑛、陈仲璧、张仲薪，为该银行筹备员。

八、关于筹备筑广汕铁路一案，经令饬粤汉铁路南段管理局，依照建设厅原定路线，详细测量，妥拟工程计划预算，呈复核办。

239

讨论事项

一、财政厅呈复，关于防城县因受风灾倒塌，请拨款一万五千元建筑一案，经饬由金库暂借，惟该项建筑费，应否准由省库照拨，请核指遵案。

（议决）准照拨。

二、教育厅呈缴职厅主任秘书黄希声、秘书黄佐、第二科长陈良烈、第一科长谢群彬、第四科长邓鸿芹、督学凌锡濂、黄国俊、孔宪瑷、李白华、李芳柏等履历，请察核加委案。

（议决）照委。

三、主席提议，关于杜××因承领广州市河南×××地，发生争执一案，不服广州市政府所为之处分，提起诉愿到府，现经秘书处派员审查，作成决定书，再送胡、李两委员审查，拟具意见送复，应如何办理，请公决案。

（议决）照审查意见通过。

广东省政府第六届委员会
第三百一十四次议事录

八月二十一日　　星期二

出席者　林云陔　金曾澄　林翼中　李禄超　胡继贤　区芳浦
　　　　何启澧　黄麟书
列席者　刘纪文　陆幼刚
主　席　林云陔
纪　录　陈广澧

报告事项

一、西南政务委员会秘书处函复，关于军政部函请对于辽、吉、黑、热四省伤亡官兵，仍照旧发给恤金一案，经陈报本会第一三二次政务会议决议，交省府照办等因，请查照。

二、民政厅呈，奉令关于西北区绥靖委员呈报，翁源县长陈定策，办理公安局龙仙分驻所员警犯奸一案，舞弊渎职，饬核议具复等因，查该县长，虽经李委员饬查，未有受贿证据，惟办理本案违法失职，咎无可辞，似应酌记大过二次，当否仍候指遵。

三、建设厅呈报，关于广东航业防卫管理事宜，似应由港务局设处直接办理，除饬妥拟裁并办法，呈候核夺外，请察核备案。又呈，现据港务局呈，拟广东航业防卫管理处裁并办法，查核尚无不合，抄同原拟办法，请察核备案。

四、建设厅呈，据开平县民劳潮波等请承领县属第一区土名长坑山等处荒地，合将备查一联，缴请备案。

五、财政厅呈缴二十二年十月份行政报告书，请核存转。

六、广州市政府呈，准实业部全国度量衡局咨，据河北省度量衡检定所，呈报奖惩办法，请转饬各级检定机关知照等由，应否照办，请核指遵。

七、南区绥靖委员呈报废止钦防两属清乡暂行办法，请察核备案。

八、琼崖绥靖委员呈报办理周运标私营典押一案经过情形，请察核备案。

九、中区绥靖委员呈缴本年六月份工作报告表，请察核。

十、整理三铁路委员会呈缴本年七月份检查粤汉南段、广九两路现金报告表，请察核。

十一、东莞明伦堂沙田经理局整理委员会呈，为本会委员长林直勉因病逝世，经召集大会议决，请委李扬敬为委员长，请察核委用。

十二、财政厅呈请另铸征收临时地税铜印五颗由。

讨论事项

一、民致厅呈，准中华慈幼协会函，请推选境内办理慈幼事业之领袖一人，或二人，代表出席全国慈幼领袖会议等由，应否派员代表出席，请核指遵案。

（议决）交广州市政府酌办。

二、民政厅呈，据自治训练所呈，以该所经费规定各项，与事实需要来尽适合，拟由二十三年三月份起，项与项移用等情，似属可行，惟事关经费变更支配，请核准备案。

（议决）照准。

三、民政厅呈，据当选南澳县省参议员章潜龙等，联请确定南澳县治，永设第二区行署，及公女〔安〕局求设第一区等情，应否进行，请核令遵案。

（议决）准照第九十次会议议决原案，县治仍设第二区行署，及公安局设第一区。

四、李、金两委员会复，审查关于公路汽车载运邮件一案，拟照西北区各处办法办理，以免在一省之内，有所互异，请公决案。

（议决）照审查意见通过。

五、工商银行筹备员陈元瑛等呈，拟将工商银行改称为广东省实业银行，拟具该行条例草案，请核指遵案。

（议决）原则通过，条例交胡、李两委员审查。

六、教育厅呈复，查明革命同志叶殖兰之子叶景贤，在美无力进学，可否拨款补助，请核指遵案。

（议决）由教育预备费项下，一次过拨给毫银三千元。

七、教育厅临时提案，请拟定先师孔子诞辰纪念办法。

（议决）纪念大会，省会由教育厅召集，各县市由各县市长召集。

广东省政府第六届委员会
第三百一十五次议事录

八月二十四日　星期五

出席者　林云陔　金曾澄　林翼中　胡继贤　李禄超　区芳浦
　　　　何启澧　黄麟书
列席者　刘纪文　陆幼刚
主　席　林云陔
纪　录　陈广澧
报告事项

一、建设厅呈，据潮安县民庄华成等请承领县属第一区土名莉坑仔等处荒地，合将备查一联，缴请备案。

242

二、建设厅呈缴本年三月份上半月工作报告表，请察核。

三、财政厅呈缴本年二月份省库收入结算表，请核转备案。

四、西北区绥靖委员呈缴本年五月份工作报告表，请核转备案。

五、教育厅呈，据揭阳县具缴教育局长林荫亭履历，转请核明加委。

六、略。

七、陈章甫驰电，据钦县章县长罗营长鸯电，报告暴徒散匪已溃，地方安谧，转请察核。

八、陈汉光电报，所选送黎生名额程度，是否合格，请电复。

讨论事项

一、民政厅呈，拟自二十三年一月份起，将本厅经费移项流用，请核准备案。

（议决）照准。

二、民政厅呈，拟具广东省地籍测量标条例，及广东省地籍测量收用民地价格表，暨各种地籍测量标分类并图样，请核公布施行案。

（议决）修正通过。

三、财政厅呈，为派委监视员二员，入广州银业市监督买卖，计连同活支杂费等，月共支三百七十元，除追列二十三年度预算，交预算会一并审查外，并请核准将二十二年度五、六两月份应支数目追加预算，转函审计处备案。

（议决）准追加。

四、主席提议，关于谢仁阶等因与东莞县多凤小学核〔校〕争分祖尝学款，不服教育厅处分，提起诉愿一案，经秘书处派员审查，作成决定书，再送胡、金、李三委员审查，拟具意见送复，应如何办理，请公决案。

（议决）照审查意见通过。

广东省政府第六届委员会
第三百一十六次议事录

八月二十八日　星期二

出席者　林云陔　金曾澄　林翼中　胡继贤　区芳浦　何启澧
　　　　李禄超　黄麟书
列席者　谢瀛洲　陆幼刚　刘纪文
主　席　林云陔
纪　录　陈广澧

报告事项

一、西南政务委员会令知，本会第一百三十四次政务会议，陈委员等提议，高中以上学校，施行军事训练，应并切实施行军事管理一案，经决议照办在案，抄发原提案，仰遵照并转饬教育厅遵照。

二、西南政务委员会令知，本会第一百三十四次政务会议，陈委员等提议，严密考选公费留学生，拟具考选办法五项，提请公决一案，经决议照办在案，抄发原提案，仰遵照并转饬教育、财政两厅遵照。

三、西南政务委员会令，据整理广东全省电报线路委员会呈报，征收附加费至本月底，即应截止，而待支待还之款甚巨，须预筹应付一案，经报告第一百三十四次政务会议，决议办法三项，仰即转饬所属一体知照。

四、西南政务委员会令发广州市电力整理委员会组织简章，及整理电费办法，仰转饬所属广州市内各机关遵照。

五、西南政务委员会令，关于省营工业机关会计年度一案，经邓委员等审查意见，援例采用特别会计年度，于法尚无抵触，报告本会第一三三次政务会议，照审查意见办理在案，仰即知照。

六、财政厅呈，关于改征临时地税一案，拟就临时地税收据，及登载日记簿简章，编造地籍征税册简章，土地买卖过户简章，征收临时地税经费表，请察核备案。

244

七、财政厅呈缴二十二年度九月份行政报告书，请核存转。

八、建设厅呈，据西村士敏土厂呈报，技助林炳棠积劳病故，拟照成例给恤，经董事会议决照准，请予备案等情，自应照准，请察核备案。

九、建设厅呈缴本年二月份下半月工作报各表，请察核。

十、民政厅呈缴本年四月份行政报告，请核存转。

十一、广东省银行呈缴董事会第四十次议事录，请察核。

十二、广州市政府呈报办理取缔万国储蓄会情形，连同产业证影片，缴请察核备案。

十三、建设厅呈，据技正兼第五科科长何至夔呈报赴欧美考察钢铁厂经过情形，连同报告书等件，请察核。

十四、财政厅呈报，定期开投万福路承审股候审所改建工程，并请令行广州市政府，免费收用相连畸畛骑楼地，填照发厅管业，派员监投。

十五、监督整理三铁路委员会呈缴本年七月份签粤汉南段、广九两路进付款数额月报表，请察核。

十六、广东省参议会函知，本月十五日成立，十六日选举正副议长，株国佩当选为正议长，彭卓任、霍广河当选为副议长。又函知议决任用梁祖诰为本会秘书长由。

讨论事项

一、广州市政府呈，为议决不动产登记税捐改良办法意见案，拟继续展限自由更正地价两年，并仍旧征收土地移转增价税，暨成立土地评议会缘由，连周原提议书，请核指遵案。

（议决）交林、何两厅长，胡委员审查。

二、建设厅呈，为择定顺德容奇南朝坊牛皮沙地方，建筑缫丝厂烘茧机房一座，计需收用民地四十二华亩，拟请核准，援照蚕种制造场暨冷藏库收用民地成案，估定等级收用案。

（议决）暂缓。

三、广州市政府呈报，市政会议议决，将有建筑宅地地税，改征百分之一又定点二，以资整理濠涌渠道，其无建筑宅地及农地旷地等，免予增税，一俟全市涌渠整理完成后，即行停止加征，是否可行，请核指遵案。

（议决）照准。以两年为限。

四、广州市政府呈，据自来水管理处呈，将二十二年度经常费提前开支数目，列表请核存等情，请察核备案。

（议决）照准。

五、主席提议，关于冼泮球等因摊派高要县第三区第一小学校建筑费，与保平乡黄植南等，发生争执一案，不服教育厅所为之决定，提起再诉愿到府，经秘书处派员审查，作成决定书，再送胡、李两委员审查，拟具意见送复，应如何办理请公决案。

（议决）照审查意见通过。

六、主席提议，关于谢××等与杜××两造因承领×××冈地，发生争执一案，不服广州市政府所为之处分，各自提起诉愿到府，经秘书处派员审查，作成决定书，再送胡、李两委员审查，拟具意见送复，应如何办理，请公决案。

（议决）照审查意见通过。

七、胡、李、金三委员会复，审查新开公路公司董事张耀轩，不服建设厅批租与新宁铁路公司行车，提起诉愿一案，拟将原处分撤销，附具理由，请公决案。

（议决）照审查意见办理。

八、教育厅提议，拟资派学生十名，分送欧美各国，专习各种工程科学，连同考选公费留学生章程，暨公费留学生服务章程，请公决案。

（议决）照准，章程修正通过。

广东省政府第六届委员会
第三百一十七次议事录

八月三十一日　星期五

出席者　林云陔　金曾澄　林翼中　黄麟书　胡继贤　李禄超
　　　　　区芳浦　何启澧

列席者　刘纪文　陆幼刚

主　席　林云陔

纪　录　陈广澧

报告事项

一、博罗县养日邮电，报县属十九日大雨，江水暴涨，附城地方，尽被淹浸情形，除派船艇救护施粥外，请察核。

二、财政厅呈报，广东省洋布疋头专税，承办期满，无人投承，兹改交各舶来农产品杂项专税局兼征，定期本年九月一日起办，请核备案。

三、财政厅呈，据番禺县呈缴天河机场增收民田割免粮额银数数目表，请察核备案。

四、建设厅呈，据新会县民邓家绵等请承领该县属第十区土名尖蜂山温牛坑等处荒地，合将备查一联，缴请备案。

五、建设厅呈，据新会县民赵朝汉等请承领县属第九区土名梳山、北就山等处荒地，合将备查一联，缴请备案。

六、建设厅呈，拟就各工厂筹备处组织规则，及筹备月费标准表，请察核备案。

七、南山移垦委员会呈报，便衣侦缉队于七月一日组织完竣，连同该队官长队夫花名册，请察核备案。

八、第四集团军总司令部函，据广西公路局电陈，兴〔与〕钦县接洽借垫款项，完成邑钦公路情形，请转电照准等情，转请示复，又广西省主席黄旭初有电同前由。

九、陆丰县养体〔电〕，报巧皓苟三日大雨河水汇涨，附城房屋倒塌颇多。

讨论事项

一、民政厅呈，据番禺县呈报，拟具新港公路筹款完成办法，连同建筑费统计表，请准再提会议决等情，转请察核办理案。

（议决）桥梁由广州市政府从速完成，关于管理办法，交建设厅妥拟。

二、建设厅呈，据全省港务局呈缴修正组织章程，转请察核备案。

（议决）修正备案。

三、民政厅呈，据广东省地政工作人员养成所呈，拟由二十三年三月起，请准予职所经费，项与项移用等情，除照准外，请察核备案。

（议决）照准。

四、民政厅呈送广东省各县乡镇自治人员轮流训练每月经费预算表，请令行财政厅，在该项预算未核定以前，由本年八月份起，按月照表列数目毫银七千三百元，先行借拨，以应支付案。

（议决）照准。

五、民政厅呈，据汕头市政府电报，召集会议，妥筹资遣市内难民散兵办理情形，并议决请省政府拨给赈款二万元，留作续到难民散兵资遣费等情，转请核示祗遵案。

（议决）不准。

六、建设厅呈缴广东航业防卫管理处二十二年度十二月十八日，至六月三十日止，值日官膳费支付预算书，请察核分别存转案。

（议决）照准。

七、广州区第一蔗糖营造场呈，拟请变更收用市头田地给价办法，若有相当管业证据证明，虽无登记确定证，亦准给价，请核指遵案。

（议决）照准。

八、主席提议，关于杜××因承领×××岗地一案，不服广州市政府处分，提起诉愿到府，经由秘书处派员审查，作成决定书，再送李、胡两委员审查，拟具意见送复，应如何办理，请公决案。

（议决）照审查意见通过。

九、主席提议，关于勒××因承领石龙水南××书院地址一案，不服财政厅所为之决定，提起再诉愿到府，经由秘书处派员审查，作成决定书，再送李、胡两委员审查，拟具意见送复，应如何办理，请公决案。

（议决）照审查意见通过。

广东省政府第六届委员会
第三百一十八次议事录

九月四日　星期二

出席者　林云陔　金曾澄　林翼中　黄麟书　胡继贤　李禄超
　　　　区芳浦　何启澧
列席者　刘纪文　谢瀛洲　陆幼刚
主　席　林云陔
纪　录　陈广澧

报告事项

一、东莞县迥日电报，县属第三区太和，与五区上洞等乡围堡，被水冲缺，房屋多被冲塌，乡民流离失所，灾情严重，除派员散赈，并收容难民外，请察核。

二、增城县呈报，履勘太平围十五乡水灾情形，连同被【灾】各乡地图，请察核准予转请拨款救济。

三、清远县呈，据兴靖区等区长会复，筹赈潖江区水灾，及滨江区灾歉情形，请察核。

四、惠阳县有日邮电报，本月巧日，淫雨淹浸，尚未成灾略情，请察核。又中国国民党广东省执委会函，请拨款账〔赈〕济惠阳水灾。又惠阳六区分党部邮电，请拨款账〔赈〕济水患。

五、省参议员张燊林等感日邮电，接惠博河县党部联电称，东潦暴涨，基围崩溃，尽成泽围，灾黎遍野，请政府急速拨款赈济。

六、财政厅呈报，接征烟酒牌照税过渡办法，及裁废苛捐杂税经过各情形，连同现征烟酒牌照税各饷表，既已裁及定期裁撤各税厘名称饷数表，请核存转备案。

七、民政厅呈，据广东省人口调查事务处呈，拟定本年十月一日，为全省人口总调查日期，转请核准公布，电饬各属一律同时实施调查。

八、广东电政管理局呈报，奉部令，裁撤威远电报局情形，请察核备案。

九、监督整理三铁路委员会呈复，奉令核议粤汉铁路南段管理局，补缴韶乐段添补工程预算表一案，经再函请建厅代核，准复查该预算，尚无不合等由，请察核。

十、国货推销处呈缴本年七月份舶来士敏土输入许可证存根，暨补缴七月份月报表，及六月份各签证处月报表，请察核。

十一、广东省参议会函知，由本月三十日起，至九月三日止，延会五天，请查照。

十二、陈汉光冬电，请移拨五千元，修复被冲之环海路桥涵。

十三、建设厅呈，拟就稽核员办事规则，请核准备案。

讨论事项

一、建设厅呈，准西北区绥靖公署函，据实业局拟定办理林矿事项手续，请酌办等由，案关变更法制，应如何办理，请核指遵案。又西北区绥靖委员呈，拟嗣复人民呈请承领荒地及矿区，准由职区实业局就近处理，将案报由职署，转函建设厅备案。

（议决）该区实业局，对于林矿等各实业，照章程规定，系负筹设管理监护指导奖进之责，至核准承领，及发照各事项，仍应由建设厅依法办理，毋庸变更。

二、教育、财政厅会复，核议南区绥靖委员，请再拨二万元，补助建筑省立第二中学校舍一案，此款未列入二十三年度预算，应否照数续拨，在何款项下拨支，请核指遵案。

（议决）本年度教育临时费，已分别支配完竣，未便续拨。

三、财政厅呈，拟请先将增加沙田征收处经费毫银二万零七百七十八元之数，在二十三年度预算未审定以前，暂行提前由库陆续借支，以免征收停滞案。

（议决）照准。

四、财政厅呈复，关于国货推销处，请令饬财厅，佛山市糖务坐厘永义堂，豁免省营蔗糖坐厘一案办理情形，请察核案。

（议决）在未取销以前仍照纳。

五、财政厅呈，为续派抽查各县田亩人员，限六个月继续办理完竣，共应支经费七万八千四百元，已列入二十三年岁出预算，在未审定以前，拟援照民厅办理测量队成案，先行由库陆续借支，请核示遵案。

（议决）照准。

广东省政府第六届委员会
第三百一十九次议事录

九月七日　星期五

出席者　林云陔　金曾澄　林翼中　黄麟书　胡继贤　李禄超
　　　　　区芳浦　何启澧
列席者　刘纪文　谢瀛洲　陆幼刚
主　席　林云陔
纪　录　陈广澧

报告事项

一、财政厅呈复，开〔关〕于高要县在洋米税项下，借款四万元，建筑县属新江乡百丈堡水坝，及疏通围内水道一案，现在洋米税款，所存无多，难以筹拨，拟俟库储稍裕，再行核夺，请核指遵。

二、建设厅呈，奉财部令饬，迅编矿产税二十三年度岁入岁出分配表，呈部核办，请核指遵。

三、建设厅呈缴顺德蚕业改良实施区二十三年度总分区岁出经常费预算书，及六个分区临时开办费预算书，请核存转。

四、建设厅呈，据西村士敏土厂呈，拟将第二套制土新机件仓租，共港币一千一百八十四元六毫五仙，编入意外费报销等情，经指复照准，请察核备案。

五、建设厅呈，据西村士敏土厂呈，拟采锰钢，及生铗各种电钎，共重三百五十磅，经函请董事会议决照购等情，自应照准，请察核备案。

六、教育厅呈，据乐昌县呈缴教育局长丘慎吾履历，转请核明加委。

七、澄海县呈报县属田禾被水淹浸枯萎情形，请察核。

八、增城县第八区旧山吓乡乡长姚长庆等呈，为属乡洪水暴涨，冲决基围，田禾鱼塘，损失殆尽，请派员莅勘，转令速行济赈。

九、财政厅呈，准淞沪抗日残废军人教养院，送还遣散残废官兵恩饷十万元支付通知单，并请补发遣散员役恩薪饷不敷数三千二百四十二元三毫二仙等由，除将前单注销，并另填支付通知单外，请核察备案。

十、广州市政府呈缴本年六月份市库收支结算表，请察核。

十一、广东省银行呈缴董事会第四十一次议事录，并职行六月份营业统计书及借贷对照表，请核察。

十二、建设厅呈，据农林局呈，请委林友松代理该局总务课长，转请察核任命。

十三、教育厅呈报，撤销私立广东光复纪念中学校董会立案，请察核备案。

讨论事项

一、财政、建设厅会复，审查农林局所缴实施防除牛瘟运动计划书，似属可行，预算亦颇核实，惟请在洋米税收入项下拨支，应将款列入二十三年度预算审查，再行办理，请核议饬遵案。

（议决）列入二十三年度预算。

二、建设厅呈，据东路公路处呈缴东区省道所经各县应征砂石数量及工价表，请准在二十三年度预算内追加等情，查核表列各数，尚无不合，似可准予备案，但此项应征砂石工价，共二十二万九千五百三十三元，未经列入预算，无从拨支，应否照准追加，抑应如何发给之处，请核指遵案。

（议决）准追加。

三、东区绥靖委员呈转揭安揭丰揭普河安各公路，揭阳段钢筋三合土桥预算表，请核准拨发转给案。

（议决）由公路建筑费内酌拨。

四、略。

（议决）由预备金项下酌拨。

五、建设厅呈，据恩平金矿经理龙思鹤呈缴恩平金矿经理办事处组织章程，及经常费预算书，转请察核指遵案。

（议决）预算修正备案。

六、广东省政治研究会函，为本会经济组，提出公营事业人员保障暂行条例草案，经议决修正通过，检具原提案，暨修正案，请探〔采〕择施行案。

（议决）交胡、李、金三委员审查。

七、琼崖抚黎专员呈报，选送黎民子女二十名，赴省教育厅试验，分发肄业，共垫支过旅费八百二十七元六毫五分八厘，请令行财政【厅】发还归垫案。

（议决）由教育厅垫支。

八、建设厅呈，据西村士敏土厂呈缴二十三年六月份制造费各节目流用数表，及支出数比较增减表，转请察核分别存转案。

（议决）准备案。

九、建设厅呈，据全省港务局呈，为局址狭隘，不敷办公，拟觅地迁移，所需迁移费，约五百三十八元，拟在节余经费项下，及收入项下拨支等情，应否照准，连同原缴预算书，请核指遵案。

（议决）照准。

十、主席提议，关于张××因新开公路路线，与新宁铁路发生纠纷一案，不服建设厅所为之处分，提起诉愿到府，经将本案送胡委员审查后，提会议决，照审查意见办理，兹由秘书处根据胡委员意见，作成决定书，请公决案。

（议决）照审查意见通过。

十一、民政厅提议，曲江县长钟廷枢辞职照准，遗缺以感恩县长林拔萃调署，递遗感恩县缺，委朱誉銮试署；乐昌县长夏时调省，送广东军事政治学校政治深造班训练，遗缺委周仲天试署；万宁县长钟启英辞职照准，遗缺以崖县县长劳宇楷调署，递遗崖县县缺，委陈通曾试署；灵山县长李乃奉调省，遗缺委宋德培试署；新丰县长倪渭卿调省，送广东军事政治学校政治深造班训练，遗缺以云浮县长吕树芳调署，递遗云浮县缺，委陈庆涛试署；五华县长黄其藩辞职照准，遗缺以大埔县长张景云调署；陆丰县长李节史调省，遗缺以始兴县长官其兰调署，递遗始兴县缺，委江锦兴试署；封川县长张祖训调省，送广东军事政治学校政治深造班训练，遗缺委宁师彭试署，请公决案。

（议决）照委。

253

广东省政府第六届委员会
第三百二十次议事录

九月十一日　星期二

出席者　林云陔　金曾澄　林翼中　黄麟书　胡继贤　李禄超
　　　　区芳穗　何启澧
列席者　刘纪文　陆幼刚
主　席　林云陔
纪　录　陈广澧

报告事项

一、财政厅呈，准省行函，请短期金融库券拟以银毫支付本息，使库券信仰增高等由，经函复照办，请察核备案。

二、财政厅呈报，契税减征再展限六个月，由本年九月十六日起，至二十四年三月十五止，请察核备案。

三、建设厅呈，据新会县民梁祖翘等请承领县属第十五区土名龙王石山等处荒地，合将备查一联，缴请备案。

四、国货推销处呈报八月份士敏土营业经过情形，请察核。

五、国货推销处呈缴八月份发给商人舶来士敏土入口许可证存根，及各月报表，请察核备案。

六、财政厅、省银行会呈缴修正领用纸币章程第五条第三项条文，经董事会议决通过，职厅意见，亦复相同，请察核指遵。

七、增城县呈报县属第九、第十两区水灾情形，连同被水冲破基围略图，请察核准予拨款救济。

讨论事项

一、广州市政府呈，准广州特别市党部执行委员会函，请将筹办童军领袖训练所，及广东工会工作人员养成所，经临两费，十足支付等由，应如何办理，请核指遵案。

（议决）照准。

二、主席提议，关于广州区第一蔗糖营造场呈缴组织章程，暨职员薪额表一案，现据第五科签复，经按照省营工业大纲所规定，将章程修正，并拟就监理等员额，及办事规则，请核等情，应如何办理案，请公决案。

（议决）再交财政、建设两厅审查。

三、国货推销处呈缴统制士敏土章则，请提会通过施行案。

（议决）交胡、李两委员审查。

四、广州市政府呈，据新电力厂筹备委员会呈，拟变更新电厂收地原图，将附近海坦，划入收用范围，俾厂方有水面出路等情，似属可行，连同原图，请察核指遵案。

（议决）照准。

五、财政、教育厅会复，关于全省行政会议，开平、博罗两县长提议，增筹教育经费一案，核议情形，请察核指遵案。

（议决）第二、四、五、六、八等项照办，其余各项，照成案办理。

广东省政府第六届委员会
第三百二十一次议事录

九月十四日　星期五

出席者　林云陔　金曾澄　林翼中　黄麟书　胡继贤　李禄超
　　　　　区芳浦　何启澧
列席者　刘纪文　谢瀛洲　陆幼刚
主　席　林云陔
纪　录　陈广澧

报告事项

一、中央执行委员会胡汉民诸委员齐日致中央执行监察委员会电，略以奉通告十一月召开五全代表大会，所颁四项议题，认为不适于今日救亡需要，特加补充：（一）整饬政治风纪，惩戒丧权辱国之军政当局

255

案。（二）严惩一切淆乱社会，危害党国祸首案。（三）确定外交方针，并国防计划，以维护因〔国〕家之生存案。（四）确定最低限度生计建设，取销破坏本国工商业，及国民生计发展之媚外关税税则，并整理财政，救济农村案。必须列为议题，决议实行，否则召集此种大会，有何意义等语。又西南执行部文电，通告唐绍仪签名齐电由。

二、建设厅呈，奉实业部令，关于荷印政府，以我国输往敷面粉类含有铅毒，拟加取缔一案，仰会同筹议取缔改良办法等因，请核示遵。

三、建设厅呈，据西村士敏土厂呈，拟购第二熟土磨之第三部分锰钢扇形隔环替件一套，经指复准购，请察核备案。

四、建设厅呈，据西村士敏土厂呈，拟在本市定购碎石机所需大铁链斗一百个，以资试用，经指复照准，请察核备案。

五、西北区绥靖委员公署呈，据始兴县呈报逃去人犯曾福元等三十一名情形，应如何议处，抄同原缴逃犯名单，请核示，并赐通缉归究。

六、钦县呈报，职县风雨为灾，地方损失，及组织委员会筹账〔赈〕情形，请察核。

七、广东省参议会函，为本会议决，通过参议员吴梓芳提议，请政府完成三年施政计助案，录案请查照办理。

八、广东省参议会函，为本会议决，修正增改省参议会组织规程案，录案请查照转呈西南政务委员会核定施行。

九、广东省参议会函，为本会议决，通过参议员李成提议，将省参议员任期修正一案，录案请查照转呈西南政务委员会核定施行。

十、省参议员选举总监督呈报，省参议员已次第选出，成立参议会，定于本月九日，将事务所裁撤，案卷文件移交民政厅保管，请核转西南政务委员会备案。

十一、财政厅呈，准治河会函，请再借五万元，完成韩溪水闸工程，经复参照高要、高明等县水利借款办法办理，现准送借款合约过厅，查与高要等县办法相同，经由洋米税项下，照数借给，合将原送章程，抄同合约，请察核备案。

十二、建设厅呈，据粤汉南段、广九、株韶铁路购料委员会呈报，代粤汉路局向永安公司订购广三段用澳州枕木，抄同合约，转请察核备案。

十三、东区绥靖委员会公署呈缴本年五月份工作报告书，请察核。

十四、广州市政府呈缴本年五月份行政报告，请察核。

十五、建设厅呈缴广东制纸厂、肥田料厂、化学工业厂、苛性钠部、制造木炭汽车炉，及修理汽车厂、广东造船厂，各筹备处每月经常费用预算书，除造船厂筹备处经费，拟暂由职厅筹拨外，其余各工厂筹备处经费，拟在原定各工厂资本总额预算数内拨支，请核示遵。

十六、西南政务委员会令，关于教育部规定，自二十三年度起，公私立初级中学，应以童子军为必修科，修习时间，定为三年一案，经本会第一三六次政务会议议决，初级中学，受童子军训练管理，高级中学，受军事训练管理在案，除令国立中山大学外，仰转饬教育厅、广州市政府、勤勤大学，饬属遵照。

十七、广州市政府呈，请加委卫生局长邓真德任命状。

十八、教育厅呈，拟具选送公费学生考试委员会章程，及委员名单，请核察。

讨论事项

一、财政厅呈，据全省缉私总处呈，为充实缉私力量，拟购置驳壳枪一百枝，机关枪十枝，配足子弹，约共需港币二万六千元等情，似可准行，请察核指遵案。

（议决）准照购，由预备金项下支付。

二、建设厅呈缴合灵公路电话工料费，及武利江过江电话水线工料费预算，共二千一百一十四元七毫，请察核存转审核案。

（议决）照准，由公路局余款借拨。

三、广东合作事业委员会呈，拟具广东省合作事业指导员考绩规则，俸给等级表，考绩表暨广东省合作社考绩规则，合作社成绩考成分等表，请核施行案。

（议决）交金、胡两委员审查。

四、教育厅呈，拟增加督学一名，除前已奉加委八名外，兹派叶光曩、李景宗两员为督学，请核加委案。

（议决）照委。

五、教育厅呈复，谢××等与省立第×中学校争讼潮州旧府学署地方一案，拟请依法核准，收为该校之需，请核示遵案。

（议决）准依法征收。

广东省政府第六届委员会
第三百二十二次议事录

九月二十一日　星期五

出席者　林云陔　金曾澄　林翼中　黄麟书　胡继贤　李禄超
　　　　区芳浦　何启澧
列席者　刘纪文　陆幼刚
主　席　林云陔
纪　录　陈广澧

报告事项

一、广东省参议会函，本会参议员宋匡时提议，请政府迅速彻底肃清匪共案，经第一次决议，照审查意见通过，录案请查照办理。

二、广东省参议会函，本会参议员周振德建议，省参议员与县市参议员，得兼任，不受以就一级为限之限制案，经第一次会议决议，照原案通过，录案请查照办理。

三、广东省参议会函，本会参议员张仲绛提议，拟定每年八月十五日为广东地方自治完成纪念日案，经第一次会议决议，照审查意见通过，录案请查照办理。

四、财政、教育厅会呈，办理黄古等状控征收员裴××，勒收埗头租一案，经令惠阳县查明妥办情形，请察核。

五、财政厅呈，据潮安县呈复，办理陈觉非原田亩被水冲割一案，约被冲割五亩余，自应照准退减征粮，缴具本厅印结，及原缴县结〔绘〕测图，请核准减征。

六、建设厅呈，据蚕丝改良局呈缴修正扩充制造改良交配蚕种临时费预算书，仅就预算书内容更变，于总额并无增减等情，查核书原数目，总散相符，请核存转。

七、教育厅呈，据饶平县缴呈教育局长詹养泉履历，转请核明加委。

八、东莞县呈报县属第三、五、六区水灾查勘情形，缴呈水灾查勘表，及影片，请察核拨款救济。

九、博罗县呈报县属水灾损失情形，缴呈受灾各区统计表，请察核设法账〔赈〕济。

十、防城县呈报，县属风灾急账〔赈〕，已告结束，兹将灾害情形，救济程序，账〔赈〕款数目，善后方法，分类列折附表，请察核。

十一、淞沪抗日残废军人教养院董事会呈报，淞沪抗日残废军人教养院，奉准合并，经已移交广东省残废军人教养院接收经过，及本会结束情形，请察核备案。

讨论事项

一、广州市政府呈，据新电力厂筹备委员会呈缴二十二年度岁出经常费临时费预算书，查核总散数目，尚属相符，请察核备案。

（议决）准备案。

二、财政厅呈报，派委办理二十二年十二月间借封租金一案，共支过办公经费三千四百七十三元九毫二分，拟在省地方岁出预算预备金项下开支，请核准备案，转函审计处查照案。

（议决）准备案。

三、建设厅呈，据汕头市政府呈缴市立农事试验场二十二年度追加支出概算书，查核散总相符，请察核存转备案。

（议决）照准。

四、建设厅呈，据广海渔业区管理所呈，为二十一年十一月至二十三年二月底止，收支比对不敷之数六千五百零三元四毫八仙，拟请由渔业建设费项下，随时拨补，至将来应举渔业上新建设时，当先办建设，而后拨补等情，应否照准之处，连同原缴收支统计表，转请察核指遵案。

（议决）收支比对不敷之数，准由收存建设费项下拨支，所拟以后补拨办法，应毋庸议。

五、广州市政府呈，请解释议决关于县市区域权限之划分案，审查意见书之第五条条文，俾市工务局取缔建筑范围，便于执行案。

（议决）交胡、李两委员审查。

六、广州市政府呈报，修正广州市不动产登记章程第一条条文，请察核指遵案。

（议决）准照修正。

七、汕头市政府呈复，关于汕头市贫民工艺院，请征收汝秩堂地基扩充，胡文虎捐资建筑医院一案，经饬据该院董事，依照土地征收法规定，呈缴计划书，并地图，连同建筑医院本部及男女平民病室图前来，请察核照准备案。

（议决）照准。

八、李、金、胡三委员会复，审查广东省政治研究会函送修正公营事业人员保障暂行条例草案，拟请照修正案公布施行案。

（议决）交民政、建设两厅，会同广州市政府审查修订。

九、胡、金两委员会复，广东省政府统制舶来桔水为销暂行规则，业经审查修正，请公决案。

（议决）照修正备案。

十、主席提议，关于梅国芬因对于韶乐长途汽车普达公司欠饷一案，不服建设厅所为之处分，提起诉愿到府，经秘书处派员审查，作成决定书，再送金、李两委员审查，拟具意见送复，应如何办理，请公决案。

（议决）照审查意见通过。

十一、主席提议，关于谭××因与敖××争承阳江河堤××铺尾坦地一案，不服财政厅所为之处分，提起诉愿到府，经秘书处派员审查，作成决定书，再送金、胡、李三委员审查，拟具意见送复，应如何办理，请公决案。

（议决）照审查意见通过。

十二、主席提议，关于赵××因不服民政厅，对于新会县政府处分××公路边坦地一案所为之决定，提起再诉愿到府，经秘书处派员审查，再送金、李、胡三委员审查，拟具意见送复，应如何办理，请公决案。

（议决）照审查意见通过。

十三、主席提议，关于周××因不服广州市财政局征收审查委员会，对于电力管理委员会收用××路第×号铺业补偿地价一案之议定，提起诉愿到府，经本府秘书处派员审查，作成决定书，请公决案。

（议决）照拟办理。

十四、建设厅呈，据广西船厂呈，请迅将职厂开办费及经常费预算书核定，俾利进行等情，请核指遵案。

（议决）照准。

广东省政府第六届委员会
第三百二十三次议事录

九月二十五日　星期二

出席者　林云陔　金曾澄　林翼中　黄麟书　胡继贤　李禄超
　　　　　区芳浦　何启澧
列席者　刘纪文　陆幼刚
主　席　林云陔
纪　录　陈广澧
报告事项

一、广东省参议会函，本会参议员吴梓芳提议，请筹巨款，疏浚河道，修筑堤防，以防水患一案，经第一次会议决议，照原案通过，录案请查照办理。

二、广东省参议会函，本会参议员王建民提议，请军政最高机关，饬属审慎办理密告案件，以重人权一案，经第一次会议决议通过，录案请查照办理。

三、广东省参议会函，本会参议员刘永荣提议，各县行政诉状，应由民政厅制发，以昭划一，而轻人民负担一案，经第一次会议决议通过，录案请查照办理。

四、广东省参议会函，本会参议员劳先鞭、麦振锴、罗畅垣等提议，改良监所，整顿监狱，各县建设看守所三案，经第一次会议并案讨论，照审查意见通过在案，录案请查照办理。

五、广东省参议会函，本会参议员颜菊泉提议，咨请省府，严令各属禁烟分所，不得擅行拘押勒罚，以崇法治一案，经第一次会议决议，照审查意见通过，录案连同法制组审查意见，请查照办理。

六、广东省参议会函，本会参议员宋安衡提议，严饬各县府，确定公安分局经费，按额发给，不得沿用自收自报之包办式，以杜滥收扰民案；又参议员何惠伯提议，全省各县市警察经费，由省政府统筹统支案，经第一次会议决议，送省参酌办理在案，录案请查照办理案。

七、广东省参议会函，本会参议员游寿培提议，由民政厅委派视察地政专员，以便指导及督促各县市地政实施一案，经第一次会议决议通过，录案请查照办理。

八、广东省参议会函，本会参议员李道纯提议，确定保障自治工作人员条例案；王建民提议，保障各级自治工作人员案；方文灿提议，切实保障地方自治工作人员案；劳先鞭提议，请严令各县政府，认真制止催粮员差不得擅拘各级自治人员案；经第一次会议并案讨论议决，原则通过，送省政府参酌办理在案，录案请查照办理。

九、财政厅呈缴二十三年短期金融库券样本，请察核备案。

十、财政厅呈缴二十三年四月份省库收支结算，请核转备案。

十一、教育厅呈，据佛冈县具缴教育局长刘明尧履历表，转请核明加委。

十二、建设厅呈，奉实业部令，以河北省国货陈列馆，于本年十月举办第六届国货展览会，饬转行所属选送出品参加等因，请核示遵。

十三、中区绥靖委员会公署呈缴本年七月份工作报告表，请察核。

十四、西村士敏土厂呈复，奉令结束河南分厂，惟现在该厂尚存制土坭石原料甚多，似应俟尚存原料用罄时，再行遵照结束，请核指遵。

十五、监督整理三铁路委员会呈缴本年八月份检查粤汉南段、广九两路现金报告表，请察核。

十六、监督整理三铁路委员会呈缴本年三月份粤汉南段、广九两路购料收料月报表，请察核。

十七、丰顺县呈，据县属第三区公所区长张礼亭等呈报，该区水灾损失情形，转请拨款救济。

讨论事项

一、财政厅呈复，核议地方自治工作人员训练所，拟设县参议员训练班案情形，请核饬遵案。

（议决）照准。

二、财政厅呈缴广东省煤油贩卖业营业税总处，协查走漏营业税煤油队部章程，请核备案，转呈西南政务委员会，令行国外贸易委员会，转饬广东柴油进口登记处，查照本章程第八条规定办理案。又呈，协查队变更组织修正章程由。

（议决）准照修正备案，并转呈。

三、建设厅呈，拟订广东省保护民营实业办法大纲，请察核指遵案。

（议决）交金、胡、李三委员审查。

四、建设厅呈，为增订广东建设厅办理港务船务人员奖励规则，请察核指遵案。

（议决）准照修正。

五、建设厅呈缴开采土猪岭煤矿办事处九月一日以后每月预算书，计每月经费四千九百九十三元，此项经费，拟由各种矿税矿钨捐及各矿溢利项下拨充，请核指遵案。

（议决）照准。

六、财政厅呈，据广东省煤油贩卖业营业税总处呈缴召集所属各长员会议来往川资及杂费支付预算书，计共八百三十三元四毫，经准在二十二年度预算原定预备费项内开支，请察核备案。

（议决）准备案。

七、财政厅呈复，核议黄何氏请减轻黄咏雯罚款释放一案情形，请察夺案。

（议决）准核减。

广东省政府第六届委员会
第三百二十四次议事录

九月二十八日　星期五

出席者　林云陔　金曾澄　林翼中　胡继贤　李禄超　区芳浦
　　　　　何启澧　黄麟书
列席者　刘纪文　谢瀛洲　陆幼刚
主　席　林云陔
纪　录　陈广澧

报告事项

一、广东省参议会函，本会参议员李成提议，拟请咨行省府，通令各县市长，按时出巡，勤求民隐案；赵汉俊提议，订定各县长巡视辖境区乡镇办法，俾实现平民化，以促进自治效能案，经第一次会议并案决议，照原案通过。但出巡次数，改为若干次在案，录案请查照办理。

二、广东省参议会函，本会参议员赵汉俊提议，请省政府转咨广东高等法院首席检查官，令行各级法院，改善慎重检验方法，以重人民身体生命案，经第一次会议决议，照原案通过，录案请查照办理。

三、广东省参议会函，本会参议员周振德等提议，请政府设立警官训练所，以养成警察专材，在未设所以前，各县公安局长，暂由民政厅直接委派案；及张仲锋等提议，整饬本省各县公安局分局案，经第一次会议并案决议，原则通过，送省府参配〔酌〕办理在案，录案请查照办理。

四、广东省参议会函，本会参议员赵汉俊提议，拟议订忠孝仁爱信义和平实施大纲，以正人心，以固国本一案，经第一次会议议决，原则通过，录案请查照办理。

五、民政、财政厅呈复，会核琼东县参议会元代电，请拨助县府建筑费三千元一案，似可准予照拨，请核指遵。

六、财政厅呈，据职厅测绘股签呈，关于办理沙田承升换照案件，派员测勘费用，若援例向业主问取，易滋误会。以后拟每照收查勘费五元等情，似可准予所拟办理，请察核备案。

七、财政厅呈，据省煤营业税总处呈，据广州分处呈，请将分处长俸薪移作添设员司之用，核与预算尚无出入，事属可行，请核准备案。

八、财政厅呈复，核议汕头市土地局，请设地税课一案缘由，请察核。

九、民政厅呈，据开平县土地局长黎杰呈请辞职，遗缺拟委林重山接充，取具该员履历，请核赐委任。

十、建设厅呈，为烘茧机器，亟待建房安装，经饬纺织厂，暨蚕丝改良局，会同派员前往顺德容奇，收买南朝坊牛皮沙地段，以资建筑，请核察备案。

十一、建设厅呈，据梅县车田学校种植公司，请承领该县属土名大窝等处荒地，合将备查一联，缴请备案。

十二、建设厅呈，据台山县民朱用之等请承领县属第一区，土名白虎山等处荒地，合将备查一联，缴请备案。

十三、教育厅呈，据钦县具缴教育局长关以忠履历，转请核明给委。

十四、中区绥靖委员呈报禁止抽收禾更费缘由，检同布告，请察核备案。

十五、西北区绥靖委员呈报，核饬翁源县接收该县自治研究会经管收支数目，及该县呈缴审核县地方款计划书情形，请察核备案。

十六、东区绥靖委员呈缴本年六月份工作报告书，请察核。

十七、广东省会公安局呈报，生药行张大昌堂，违法组织纠察队，妨碍秩序，经饬令查明解散，并函市党部调处，请察核备案。

十八、兴宁县呈报，县属八月十一夜大雨，各区支流溪壆，及干河堤岸，均多崩决，缴呈调查表，请察核拨账〔赈〕。

十九、国货推销处呈缴二十二年度下半年矿物部损益表，请察核备案。

二十、财政厅呈，为添派熊理为本厅秘书，黄振文为税捐规费审核专员，陈竹友为整理税捐视察专员，邓鸣球为币制调查专员，连同履历表，请察核备案加委案。

讨论事项

一、广东省政治研究会函，送胡委员继贤等提出关于五百万救济农村事案〔业〕案审查意见书，请采择施行案。

（议决）照案通过。

二、建设厅呈复，接议西北区绥靖公署，请将英阳连连路未完各段工程，由厅继续完筑一案情形，请察核指遵案。

（议决）交建设厅筹划完筑。

三、财政、建设厅呈复，会核连平县商会及忠信墟商会，请饬取销筑路工金支票一案情形，请察核指遵案。

（议决）饬由县政府于一年内分期收回。

四、教育厅呈缴省立第一师范学校黎民公费生经临费预算书，请追加列入本厅预算内，并转饬财厅，照数拨发案。

（议决）准由教育临时费项下拨支。

五、主席提议，关于梁×因不服广州市政府决定，对于登记下渡天后庙侧吉地一案，提起再诉愿到府，经秘书处派员审查，作成决定书，再送胡、金、李三委员审查，拟具意见送复，应如何办理，请公决案。

（议决）照审查意见通过。

六、主席提议，关于陈××因与林××堂互争新会县属土名××× ×××田坦一案，不服财政厅所为之处分，提起诉愿到府，经秘书处派员审查，作成决定书，再送胡、金、李三委员审查，拟具意见送复，应如何办理，请公决案。

（议决）照审查意见通过。

七、主席提议，关于林子章等对于林姓长二两房因口角发生斗殴伤毙人命一案，不服民政厅指饬将案移送法院办理之处分，提起诉愿到府，经秘书处派员审查，作成决定书，再送胡、金、李三委员审查，拟具意见送复，应如何办理，请公决案。

（议决）照审查意见通过。

八、民政、财政厅会呈，核议西北区绥靖委员呈，以各县举办地方事业，如筑路等收支数目，漫无钩稽，请通令各县，嗣后对于此项向人民征收之款项数目，负责稽核一案情形，请察核指遵案。

（议决）如拟照办。

九、民政厅呈，为印发告各县长书印刷费，共一千二百元，拟在结存经费项下开支，不再请领库款，请核准备案。

（议决）照准。

十、教育厅呈缴二十三年一月份起至七月份止每月经费项与【项】流用支配数目清单，请察核准予流用案。

（议决）照准。

十一、财政厅呈，据番禺县呈缴冼村、扬箕两乡被机场收用田亩应免粮银数目，请准照案每亩补回产价六十元，由县在钱粮项下拨给等情，应否核准，请示遵案。

（议决）粮税准免，产价函第一集团军总司令部查核办理。

十二、建设厅呈，为修建工程，或购置物料，有不能招商投承，或不能须奉核准，及取得商店单据者，关于报销，应如何办理，请核示遵案。

（议决）嗣后各机关遇有此种特别情形，准由各该机关开具理由，呈明本府核准办理，并呈报政委会备案，及转行审计处。

广东省政府第六届委员会
第三百二十五次议事录

十月二日　星期二

出席者　林云陔　金曾澄　林翼中　胡继贤　李禄超　何启澧
　　　　　黄麟书　区芳浦

列席者　谢瀛洲　陆幼刚　刘纪文

主　席　林云陔

纪　录　陈广浓〔澧〕

报告事项

一、广东省参议会函，本会参议员缪任梁等提议，由省参议会组织广东省参议会考察团，案经第一次会议议决通过，现拟先赴桂省考察，共组员十六人，需旅费三千二百元，系属临时支出，请转呈核定，饬库如数拨支。

二、广东省参议会函，本会参议员黄任提议，拟组织慰劳团，驰赴前方，宣慰武装同志，案经第一次会议议决通过，现拟分赴东北两江慰劳，共计需川资费用三千元，系属临时支出，请转呈核定，饬库照数拨发。

三、建设厅呈报办理东江船务管理所河源分所书记洪春曜等违章收费一案情形，请察核备案。

四、建设厅呈，据三路购料委员会呈报，招投粤汉、广九两路用煤开标情形，抄同合约，请备案等情，除准备案，饬于煤运到前，呈厅派员验收外，请察核。

五、财政厅呈报，嗣后凡属新设店号，由报领营业开张证之日起，十日内申报者，拟一律准免逾限申报罚金，逾限仍照定章办理，请察核备案。

六、财政厅呈报，定自本年十月一日起，所有入口旧洋文报纸杂志，概照原定税率，加倍征收，请察核备案。

七、财政厅呈缴二十二年十一月份行政报告书，请核存转。

八、民政厅呈缴区乡镇坊调解委员会规程补充办法，请察核备案。

九、教育厅呈报，录取公费留学生四名，取具履历，及考试会议录，请察核备案。

讨论事项

一、胡、李两委员会复，审查国货推销处所拟土敏土统制根本办法，暨各章则，经分别修正，请准予备案。

（议决）准照修正备案。

二、建设厅呈缴广东航海学校改编二十二年度临时费预算书，请察核分别存转案。

（议决）照准。

三、主席提议，关于李浩等因争承李公坑坎田岗田一案，不服财政厅所为之处分，提起诉愿到府，经秘书处派员审查，作成决定书，再送胡、金、李三委员审查，拟具意见送复，应如何办理，请公决案。

（议决）照审查意见通过。

四、主席提议，关于宏道学校校董余为超等因宏道小学校与致远小学校归并，发生争执一案，不服教育厅之处分，提起诉愿到府，经秘书处派员审查，作成决定书，再送胡、金、李三委员审查，拟具意见送复，应如何办理，请公决案。

（议决）照审查意见通过。

广东省政府第六届委员会
第三百二十六次议事录

十月五日　星期五

出席者　林云陔　金曾澄　林翼中　黄麟书　胡继贤　李禄超
　　　　区芳浦　何启澧
列席者　刘纪文　陆幼刚
主　席　林云陔
纪　录　陈广澧

报告事项

一、中国国民党广西省党部执监委员会陷日通电，拥护中委胡汉民诸先生齐、有两电，请一致主张，促其实现。

二、财政厅呈，为沙田减征五折一案，除潮州、钦廉、宝安三处，仍照原章办理外，其余南、番、中、顺、东、新、台等县，继续减征三个月，至本年十二月底止，请察核备案。

三、财政厅呈，拟具改善煤油营业税征税手续办法，请备案转呈西南政务委员会，分饬国外贸易委员会，及各海关监督知照。

四、建设厅呈报，琼崖港务管理分局所辖铺前琼乐万陵水崖县澄定，五派出所，及钦廉船务局管理所所辖防城分所，每月均入不敷支，经分饬裁并，请察核备案。

五、建设厅呈复，核议参议会提议利用各县城墙，筑环城公园一案，查办法未尝不善，惟（一）除原有城墙外，不宜收用民地，以免纠纷，（二）如该处城墙，确有足为交通之障碍，应须拆卸者，不宜改筑环城公园。至发行建设奖券一节，应由各县妥拟办法，呈请核准，方得劝销，请察夺。

六、建设厅呈，据三路购料委员会呈报，代广九局向渣甸洋行订购抽水机一座，附具抄约，请备案等情。除准备案外，抄同原约，请察核指遵。

七、建设厅呈复，核议第一蔗糖营造场所缴承办暂运制糖原料蔗章程一案，原呈所称，将输运原料糖工，作批商承办，使管理易于划一，支给工价亦简便易行，系属实情，所拟章程，亦尚无不合，似应准予所请办理，请察核。

八、建设厅呈缴肥田料厂筹备处开办费预算书，计实支三百元，请核指遵。

九、建设厅呈，据西村新电厂呈缴筹备处二十三年度每月预算书，查核散总尚属相符，请察核备案。

十、建设厅呈缴本年三月份下半月工作报告书，请察核。

十一、教育厅呈缴本年四月份行政报告书，请核存转。

十二、教育厅呈，据新兴县具缴教育局长黄巩樟履历，转请核明加委。

十三、南区绥靖委员公署呈，据遂溪县具缴与北海关订定批租老妇塘合约，经指复照准，请察核备案。

十四、紫金县铣日邮电，报属县各乡被水成灾情形，请察核。

十五、广东省电政管理局呈，奉部令，发电报局及无线电台更改名称表，饬遵照等因，查更改名称，系与地方名称一致，自应遵办，摘抄更改名称表一份，请核备案，并通令各机关一体知照。

十六、国货推销处呈，为派员分赴各地办理调查登记存糖，所需旅费共二千六百元，拟专案请准实报实销，在糖业溢利项下坐支，请察核备案。

十七、建设厅呈缴英德八宝山开矿专员办事处修正每月预算书，此项经费，拟在各矿税钨矿捐，及各矿溢利项下拨充，请察核备案。

讨论事项

一、建设厅呈，请准予提前拨发职厅二十三年度农矿临时费五万元，以资筹设第二缫丝厂案。

（议决）照准。

二、建设厅呈缴全省港务局二十三年度新增岁出经常费预算书，请核指遵案。

（议决）照准。

三、建设厅呈缴土地猪岭煤矿筹备处开办费预算书，及二十一年六月至二十二年七月每月预算书，请察核存转案。又呈缴二十二年八月至二十三年一月份预算书，及二十三年二月至八月份预算书。

（议决）照准。

四、财政厅呈，据缉私总处呈，请将购置队舰士兵服装，及煤炭油脂等费，援案免予扣成等情，似可准予十足支付，请核明指遵案。

（议决）照准。

五、教育厅呈，本厅办公等费，每月多有不敷，拟援照去年成案，将每月不敷之项，与同月节存之项，彼此流用，请准自八月份起照办案。

（议决）准照办。

六、主席提议，关于蔡××因与××号控争巷道宽度一案，不服建设厅所为之决定，提起再诉愿到府，经秘书处派员审查，作成决定书，再送金、李、胡三委员审查，拟具意见送复，应如何办理，请公决案。

（议决）照审查意见通过。

七、金、胡两委员会复，审查广东省合作事业委员会所缴合作事业指导员考绩规则等，暨各表式，尚属可行，拟请照准案。

（议决）准照备案。

八、胡、金、李三委员会复，审查建设厅拟订广东省保护民营实业办法大纲一案，本大纲各条，尚属妥善可行，请公决案。

（议决）照原办法大纲通过。

广东省政府第六届委员会
第三百二十七次议事录

十月九日　星期二

出席者　林云陔　金曾澄　林翼中　黄麟书　胡继贤　李禄超
　　　　　区芳浦　何启澧
列席者　刘纪文　陆幼刚
主　席　林云陔
纪　录　陈广澧

报告事项

一、建设厅呈，请令饬各县市长，嗣后呈请开辟马路，建筑公园游乐场等，必须加缴该处详细地形图，如将该图审核，确有派员查勘之必要，再行派员查勘，以昭慎重。

二、建设厅呈，据开平县民邓世焯等请承领县属第七区，土名芙芦山等处荒地，合将备查一联，缴请备案。

三、建设厅呈，据顺德蚕丝改良实施区呈，拟将各分区兼主任节存薪款，移拨各该分区补助实施费用等情，除指复照准外，请察核备案。

四、建设厅呈缴化学工业厂硫酸部二十二年度岁入预算书，请察核存转。

五、财政厅呈报截至本年九月二十九日止，停发本省各土制煤油厂补助费缘由，请察核备案。

六、教育厅呈复，奉饬核拟琼崖绥靖委员公署整理各县教育大纲，经分别修改，请察核。

七、勷勤大学呈缴合编二十二年度师范学院暨附中附小岁出临时费预算书，请核转呈西南政委会，饬发审计处备案。

八、广州市政府呈缴广州市娱乐场院附加教育费瞒报罚则，请察核备案。

九、中区绥靖委员呈，据卸模范林场场长呈缴产品收入支出数目，

272

并拟将该场农品收入项下，拨为造林费等情，除复准外，请察核备案。

十、广东省银行呈缴董事会第四十二次会议录，并七月份营业统计书，请察核。

十一、建设厅呈缴新委主任秘书邓拜言及各秘书科长视察等履历，请察核分别任命。

十二、卸兼代建设厅长呈，职任垫支过琼崖港务管理分局筹办费一千元，拟由本厅所属各机关经费节余项下，拨还归垫，不再请领库款，请核准照拨。

十三、海康县冬电，本月东夕飓风为灾，农产损失甚巨，荒象已成，除分饬查勘各区灾情，另文详报外，请察核。

讨论事项

一、建设厅呈，请饬国货推销处，将所委钨矿采运员一律撤销，拟订取缔钨商办法，连同更正钨矿运照联单式样，请察核指遵案。

（议决）照办。

二、建设厅呈，为制纸厂拟增收河南南石头惩教场东南偏贴近河旁地段，互易惩教场所有东偏莲塘，绘具详图，请核准增收，以资互易案。

（议决）照准。

三、建设厅呈，据化学工业厂硫酸部，遵将二十二年度岁出管理费预算书补缴，请将项目各数，准予变更等情，查核所称，尚属事实，散总各数，亦属相符，请核指遵案。

（议决）照准。

四、主席提议，关于胡××等因不服前广东全省官产清理处，核准谭利生承领本市河南蚤科乡×××庙产一案，提起诉愿到府，经秘书处派员审查，作成决定书，再送胡、金、李三委员审查，拟具意见送复，应如何办理，请公决案。

（议决）照审查意见通过。

五、主席提议，关于陈××等因与梅××等争承台山县属×××等山坦一案，不服财政厅决定，提起再诉愿到府，经秘书处派员审查，作成决定书，再送胡、金、李三委员审查，拟具意见送复，应如何办理，请公决案。

（议决）照审查意见通过。

六、胡、李两委员会复，审查广州市政府请解释县市区域权限划分审查意见书第五款条文一案，拟具意见，请公决案。

（议决）东沙住宅区建筑取缔事项，由广州市政府办理。

七、广东省治河委员会函，为广州进口水道日浅，经本会议决，照前原定改良计划，进行第一期工程，经费预算，计需港银三百一十三万三千三百四十元，抄同原定征收海关附加税办法，暨预算表，水道图，请与海关商筹征收附加浚河经费案。

（议决）事属可行，转呈政委会，令海关办理。

八、建设厅呈，据农林局呈缴二十三年度岁出经费预算书，查核散总相符，所请照核定四十七万四千三百元，提前由九月支付之处，呈〔是〕否可行，请核指遵案。

（议决）照准。

九、国货推销处呈，为本处经常各费，遵照通案九成支付，惟原定各项支出，不得不分别裁减，拟请准予在减定预算范围内，各项得互相流用，俾应支销案。

（议决）照准。

十、国货推销处呈，本处暨各公仓开办各费，系购置及装修之用，势难追回，营业各费，系因营业上需要，自难缩减，请转呈西南政委会，准予照十足支付案。

（议决）转呈。

十一、建设厅呈复，奉令核议东区绥靖委员请追加惠紫五路改善桥涵费一案，应如何拨支，请核示遵案。

（议决）该项经费，准各以半数，分列二十三年度二十四年度预算，其列入二十三年度者，由建设厅在本年度公路预算范围内，将次要之线停筑，即以该款移拨。

十二、民政厅提议，潮阳县县长温翀远拟予调省，遗缺以饶平县县长陆桂芳调署，请公决案。

（议决）照委。

十三、主席提议，建设事业基金委员会委员林直勉出缺，又组织大纲第二条规定，设委员五人至七人，兹拟加聘林国佩、黄季陆、陆匡文为委员案。

（议决）通过。

十四、教育厅呈，拟具广东省中小学经训实施办法，请核示遵案。

（议决）照办。

广东省政府第六届委员会
第三百二十八次议事录

十月十二日　　星期五

出席者　林云陔　金曾澄　林翼中　黄麟书　胡继贤　区芳浦
　　　　　何启澧　李禄超
列席者　刘纪文　陆幼刚
主　席　林云陔
纪　录　陈广澧

报告事项

一、财政厅呈，请通饬所属各机关团体，如须收用土地，应依法令办理。

二、财政厅呈报，改正改善煤油贩卖业营业税征收手续办法第三条，及同条第二项，请核转呈西南政委会，分饬国外贸易委员会，及各海关监督知照。

三、财政厅呈报，沙田旧照减成报承一案，拟照案续展限三个月，即自本年十月一日起，至本年十二月底止，请核指遵。

四、建设厅呈，据督理南路公路专员呈缴铺筑雷安路面支付预算书，查核散总相符，并据说明，此项工程费由路租收入节存项下拨支，请核指遵。

五、建设厅呈缴制造木炭汽车炉及修理汽车厂筹备处开办费一千元预算书，请核令遵。

六、民政厅呈缴二十三年五月份行政报告书，请核存转。

七、教育厅呈缴二十三年五月份行政报告书，请核存转。

八、建设厅呈缴二十三年四月份上半月工作报告表，请察核。

九、建设厅呈缴二十三年四月份下半月工作报告表，请察核。

十、建设厅呈，据农林局工业试验所会呈，拟具肥料研究委员会组织章程，请备案等情，转请察核指遵。

十一、建设厅呈，据开平县民关英国等请承领县属土名中坑等处荒地，合将备查一联，缴请备案。

十二、广州市政府呈缴二十三年六月份行政报告，请察核。

十三、西北区绥靖委员公署呈缴二十三年六月份工作报告表，请核存转。

十四、中区绥靖委员公署呈缴二十三年八月份工作报告表，请察核。

十五、防城县支电，报县属东日，又遭飓风，前未被水之东兴一带，亦被波及，乞加拨赈款，俾惠灾黎。又防城县第一区党部微电，同前情。

十六、钦县县长支电，报东夜飓风暴雨骤作，江水较前次尤涨，禾稻摧残殆尽，秋收绝望，损失情形，容俟水退续报。

十七、监督整理三路委员会呈缴八月份核签粤汉南段、广九两路进付款月报表，请察核。

十八、监督整理三路委员会呈缴四月份粤汉南段、广九两路购料收料月报表，请察核。

讨论事项

一、中国国民党广东省执行委员会函送办理第五次全国代表大会广东省选出席代表大会经费预算书，共三万九千八百元六毫三仙，除第一项各县市办理第一次复选代表大会经费八千六百元另列，请饬由各县市政府，及各铁路局坐支抵解外，其余之数，请转行财政厅，如数十足支付案。

（议决）照拨，由预备金项下支。

二、建设厅呈，据陆丰县呈，拟另辟县立第一苗圃一所，收用民地约一二九亩有奇，经组织评备〔价〕委员会，将价格评定，费用由职县田亩捐项下拨支等情，连同图表，评价会议录，转请察核办理案。

（议决）准收用，地价由亩捐留县部分拨支。

276

三、建设厅呈，据西村士敏土厂呈，拟购电力起重机卸落熟土，每年可节省八千余元，该机以慎昌洋行取价二万三千五百元为最抵〔低〕，连同各洋行价目表等，请核等情，应否照准，请核指遵案。

（议决）照准。

四、主席提议，关于黄藜阁因填筑承领官涌一案，不服财政厅吊销执照之处分，提起诉愿到府，经秘书处派员审查，作成决定书，再送胡、金、李三委员审查，拟具意见送复，应如何办理，请公决案。

（议决）照审查意见通过。

五、主席提议，关于梁××因对于契管河南蚤科乡×××地，误认市产一案，不服广州市政府所为之决定，提起再诉愿到府，经秘书处派员审查，作成决定书，再送胡、金、李三委员审审查，拟具意见送复，应如何办理，请公决案。

（议决）照审查意见通过。

六、财政厅呈，据汕头贫民工艺院呈，请将奉准有案之余款二万元，迅予分拨等情，应否准予拨支，请核指遵案。

（议决）准拨一万元，由财政厅分期支付。

广东省政府第六届委员会
第三百二十九次议事录

十月十六日　星期二

出席者　林云陔　金曾澄　林翼中　黄麟书　胡继贤　李禄超
　　　　区芳浦　何启澧
列席者　刘纪文　陆幼刚
主　席　林云陔
纪　录　陈广澧
报告事项

一、民政厅呈复，核议琼崖抚黎专员请增设乐安黎务局一案，似可照准，请核指遵。

二、财政厅呈，准广东省银行函，请将短期金库券发行期间展至本月底止，自应照办，请核备案。

三、财政厅呈报汕市发现伪商库证一案办理情形，请察核。又东区绥靖委员会呈同前情。

四、建设厅呈，据西村士敏土厂呈报，河南分厂尚存石坭原料，约十一月底用竣，拟俟用罄，再行结束等情，请核指遵。

五、建设厅呈，据合浦县民杨瑾光等请承领县属土名浸谷塘等处荒地造林，合将备查一联，缴请备案。

六、教育厅呈，据丰顺县具缴教育局长吴思存履历，转请察核加委。

七、西北区绥靖委员呈复，关于职区实业局翁源矿务专员办事处经费预算一案，并非增加预算，请准予备案。

八、梅县县长呈报，履勘属县第二、第十各区水灾情形，请派员复勘，分别蠲赈，以惠灾黎。又第九区区长李绍青等，电呈水灾损失情形，请派员会勘，分别蠲赈。

九、国货推销处呈缴九月份发给商人入口许可证存根，及允许证等各月报表，请察核备案。

十、国货推销处呈报九月份士敏土厂营业状况，请察核。

讨论事项

一、西北区绥靖委员呈报，会同视察英德走马坪移垦区情形，连同中大农科各教授视察意见书，请察核，将职区移垦局收归直辖，遴员接办，其经常事业各费，另行妥定，或由省库动支，或由洋米税项下拨发案。又梁设计委员冰弦函送视察移垦区报告，及处理意见。又农林局呈同前情。

（议决）自十月份起，每月由省库补助五百元，仍着西北区移垦局，继续办理。

二、主席提议，关于黄××等因争广州市××路第×号割余铺地一案，不服广州市政府所为之决定，提起再诉愿到府，经秘书处派员审查，作成决定书，再送李、金、胡三委员审查，拟具意见送复，应如何办理，请公决案。

（议决）照审查意见通过。

三、主席提议，关于赵××等因不服财政厅撤销江门市民国十八年以后铺底登记案之处分，提起诉愿到府，经秘书处派员审查，作成决定书，再送李、金、胡三委员审查，拟具意见送复，应如何办理，请公决案。

（议决）照审查意见通过。

四、建设厅呈，据广州航业同业公会呈，请令港务局，将白马轮船等处罚案撤销，并对于限制汽店办法，立予改善等情。关于处罚一节，经令局照案执行，未便撤销，谨拟具执行轮航锅炉水压试验办法，请察核指遵案。

（议决）准备案。

五、建设厅呈，据广州区第一蔗糖营造场呈缴扩大顺德县属蔗田章程，转请察核指遵案。

（议决）准备案。

六、国财〔货〕推销处呈，拟具糖业部缉获私糖给奖补充章程，请议决施行案。

（议决）各项缉私给奖，交由财政、建设两厅拟具划一办法呈核。

七、国货推销处呈，拟具广东桔水运销取缔暂行规则，请议决施行案。

（议决）修正备案。

八、防城县党部、参议会，防城县长微日联电，职县因灾后欠收，晚造禾稼，竟成绝望，请暂准东兴洋米免税入口，以资补救案。

（议决）该县灾情，由民政厅查明赈济，所请将洋米入口免税，未便照准。

九、审查预算委员会呈缴审定广东省地方民国二十三年度岁入岁出概算书，及会议录，请察核定期实行，以重预算案。

（决议）转呈政委会。

广东省政府第六届委员会
第三百三十次议事录

十月十九日　星期五

出席者　林云陔　金曾澄　林翼中　黄麟书　胡继贤　李禄超
　　　　区芳浦　何启澧
列席者　刘纪文　陆幼刚
主　席　林云陔
纪　录　陈广澧

报告事项

一、民政厅呈，据琼东县呈报，县府端山旧址，已修建完竣，拟定九月二十六日迁返办公等情，请察核备案。

二、民政厅呈，据钦县电报东夜飓风暴雨损失情形，经在账〔赈〕款项下，拨给五千元赈济，请核准备案。

三、民政厅呈，据防城县暨该县第一区党部先后电报，东日飓风，河水激涨，秋收无望各情，经再在账〔赈〕款项下，拨发五千元，分别赈济，请核准备案。

四、茂名县支日邮电报东日风灾损失略情，请查核。

五、建设厅呈，据西村士敏土厂呈报，河南分厂切砖司机司徒生，积劳身故，拟援案给予三个月之工资一百八十九元，以为抚恤，经准予照给，请查核备案。

六、财政厅呈报，调委番禺等县财政局长，及委用军校选送各学员为阳江等县财政局长，请察核。

七、财政厅呈缴二十二年十二月份行政报告书，请核存转。

八、教育厅呈缴二十三年六月份行政报告书，请核存转。

九、东区绥靖委员公署呈缴二十三年七月份工作报告书，请察核。

十、西北区绥靖委员公署呈缴二十三年七月份工作报告书，请察核。

280

讨论事项

一、财政厅呈，准军事政治学校深造班函，请将该班经费十足支付，并将九月份短支经费补发等由，请核饬遵案。

（议决）准援照各学校例，十足支付。

二、广州市政府呈，准特别市党部执委会函送工会工作人员养成所二十三年度岁出临时费预算书，及该所开办计划书，应否准予照列之处，请察核指遵案。

（议决）准备案。

三、建设厅呈缴广东航海学校改编二十三年度经常费岁出预算书，请核指遵案。又建设厅据港务局呈，请将广东航海学校二十三年度岁出预算，核准颁发，并请由八月份起，该校经费，准照新预算具领等情，请核指遵案。

（议决）照准。

广东省政府第六届委员会
第三百三十一次议事录

十月二十三日　星期二

出席者　林云陔　金曾澄　林翼中　黄麟书　胡继贤　李禄超
　　　　　区芳浦　何启澧
列席者　陆幼刚　谢瀛洲　刘纪文
主　席　林云陔
纪　录　陈广澧

报告事项

一、西南政务委员会令，据财特署呈，关于二十三年度预算，不敷甚巨，请核示一案，经报告本会第一二二次政务会议决议，直接生产机关，应照旧进行，间接生产机关，应力求减缩在案，仰即遵照。

二、西南政务委员会令，准执行部函送关于撤销新闻检查意见，抄发原意见，仰遵照办理。

三、西南政务委员会令发广东高等法院分院暂行组织条例，仰知照，并转饬一体所属知照。

四、财政厅呈报，遵照呈定办法，考核各县成绩，分别奖惩缘由，连同各县调查田亩已、未办竣一览表，请察核示遵。

五、财政厅呈，将改定广东省地方警卫队经费暂行章程草案，请察核备案。

六、财政厅呈缴本年五月份省库收支结算表，请核存转。

七、建设厅呈，据粤汉南段、广九、株韶铁路购料委员会呈报，代粤汉路南段管理局向永安公司订购桥枕桥压木，附具合约，请备案等情，经指令准予备案，合将原呈抄约，及投标比较表，请察核备案。

八、建设厅呈，据鹤山县民刘协成等请承领县属第六区土名羊盘岭等处荒地，合将备查一联，缴请备案。

九、惠阳县参议会微日邮电，惠地洪水为灾，冲塌民房二千余间，溺毙二百余命，禾畜损失百万，请拨款账〔赈〕济，以救灾黎。

十、广州市政府呈缴薪〔新〕电力厂筹备经过二本，请备查。至该项给付电机全部价款，系最后与西门子电机厂商定切实核减确定之数。

十一、西南政务委员会令知，本会第一四二次政务会议，决议中山县在未派委正式县长以前，着梁鸿洸暂行代理。

讨论事项

一、胡委员，何、林厅长会复，审查广州市政府议决，不动产登记税捐改良办法一案，拟具意见，请察核办理案。

（议决）照审查意见办理。

二、广州市政府呈，据电力管理处，请收用五仙路、马草涉等地段，为堆存煤炭之用，查所拟收用土地面积，与议案核定收用范围，尚属相符，所拟补偿土地，及上盖价值，亦尚公允，应否准照办理收用，连同清表，请核指遵案。又马草埗民人李蟠等状，为广州市政府，将五仙门马草埗等处营业地段，收作市电机厂贮煤场之用，请饬令撤销，以维农商两业案。

（议决）准照价收用。

三、财政厅呈，拟变通沙田征收成案，暂采招商投办之制，连同暂

282

行〈行〉处理沙捐护沙费规则，请核指遵案。

（议决）准如所拟办理。

四、教育厅呈，据省立第一中学校呈缴修葺校舍购置铁床临时费预算书，计共一千七百七十元，请核指遵案。

（议决）照准。

五、财政厅呈报，派员接收中山县护沙队，改编为第四营，及收回沙捐护耕等费，设处征收，并造具征收处旺淡月经费表等缘由，请察核示遵案。

（议决）准备案。

六、财政厅呈，据缉私总处呈，请自本年七月份起，在该处额支经费内互相流用等情，查与经费九成折支期内通案尚符，似可照准，请核明备案，转函审计处查照案。

（议决）照准。

七、广东省合作事业委员会呈，拟援照各机关经费流用成例，将每月不敷之项，与同月节存之项目，自职会成立日起，彼此流用，请察核准予照办案。

（议决）照准。

八、番禺县、广州区第一蔗糖营造场会呈，拟收用第二期田地，展拓场址，收用地价，拟在职场岁售废料项下支发，不另追加预算，连同蓝图，请核指遵案。

（议决）照准。

九、主席提议，关于郑鼎臣等因争承中山县属第五区土名茶头岗仁面洲围坦一案，不服财政厅处分，提起诉愿到府，经秘书处派员审查，作成决定书，再送胡、金、李三委员审查，拟具意见送复，应如何办理，请公决案。

（议决）照审查意见通过。

十、主席提议，关于邓氏与梅氏争执广州市××路××××巷门牌第×号、第×号中间众墙辟窗一案，不服广州市政府所为之决定，提起再诉愿到府，经秘书处派员审查，作成决定书，再送胡、金、李三委员审查，拟具意见送复，应如何办理，请公决案。

（议决）照审查意见通过。

十一、第一集团军总司令部函，据省会公安局长文日代电，以雷州东西南洋沿海一带，突遭飓风，塌屋数千，灾情奇重等情，请查照核办赈恤案。又参议会函，请教〔救〕济惠属及遂溪水灾。又遂溪县电同前由。

（议决）由民政、建设两厅派员分别查勘赈济。

十二、广州市政府呈，拟将第二届市自治区选举延期，准市民得继续登记，俟登记完毕，再办选举案。

（议决）照准。

广东省政府第六届委员会
第三百三十二次议事录

十月二十六日　星期五

出席者　林云陔　金曾澄　林翼中　黄麟书　胡继贤　李禄超
　　　　区芳浦　何启澧
列席者　刘纪文　谢瀛洲　陆幼刚
主　席　林云陔
纪　录　陈广澧

报告事项

一、财政厅呈报，定本年十月二十四日为广东卷烟统制实行日期，请察核。

二、财政厅呈报，派员接收中顺沙田缘由，请察核备案。

三、财政厅呈报，委员吴志强暂行代理中山县财政局长，请察核。

四、财政厅呈复，遵令饬库拨支广肇公学建筑校舍补助费一万元，请核备案。

五、财政厅呈，据汕头市商会，请将发行商库证面额，改为一百元至五元六种，经准改为一百元、五十元、三十元、二十元四种，请察核备案。

六、财政厅呈，据金库呈报，被白蚁蚀毁国省库库收之存根，抄录号码清单，请察核备案。

七、建设厅呈报，关于惠州矿务专员办事处稽查吴鹄缉获私钨，被宝安警卫队扣留一案情形，请饬该县，将杨荫伯等分别拘究。

八、建设厅呈缴肥田料厂筹备处再修正每月预算书，请核指遵。

九、建设厅呈，据恩平县民吴克张等请承领县属第八区土名旧波头等处荒地，合将备查一联，缴请备案。

十、建设厅呈，据梅县县民谢君弼等请承领县属土名坑仔尾、矮寨子等处荒地，合将备查一联，缴请备案。

十一、建设厅呈，据梅县县民邹贵琰等请承领县属土名夜坑子等处荒地，合行〔将〕备查一联，缴请备案。

十二、建设厅呈缴本年五月份上半月工作报告表，请察核。

十三、建设厅呈缴本年五月份下半月工作报告表，请察核。

十四、建设厅呈缴本年六月份上半月工作报告表，请察核。

十五、南区绥靖委员呈缴徐闻县开筑东山横断公路计划书，及概算办法，请察核备案。

十六、粤汉铁路南段管理局呈缴粤汉铁路三局第一届联席会议纪录，请察核备案。

十七、广州区第一蔗糖营造场呈，拟设糖业人员训练班，连同招生简章，及学生名册，请察核备案。

十八、民政厅呈复，关于省参议员刘永荣提议，各县行政诉状，应由本厅制发一案，拟议请核指遵案。

讨论事项

一、建设厅呈复，惠紫五路全部改善费，尚应再拨四十八万二千六百五十六元七毫二仙，请另行追加拨付，或一并列入二十四年度预算，饬由财政厅，于本年度先行借垫支给案。

（议决）准一并列入下年度预算，本年先借支十一万元。

二、建设厅呈复，核议中区绥靖委员，请拨助赤溪县，筑台赤公路赤溪段工程一案情形，请察核办理案。

（议决）准将行车权先行开投，由承商垫款建筑。

三、财政厅呈缴修正广东卷烟统制章程第八条条文，及该会暨钦廉、汕头、琼崖三办事处预算书，请核转备案。

（议决）准备案。

四、主席提议，关于刘××等因争承翁源县属××山及××山场造林一案，不服建设厅所为之决定，提起再诉愿到府，经秘书处派员审查，作成决定书，再送胡、金、李三委员审查，拟具意见送复，应如何办理，请公决案。

（议决）照审查意见通过。

五、建设厅呈，拟将潮汕渔业区管理所所址，移设汕尾，不另设分所，暨将平海澳头拨回该所管辖，附具理由，请核指遵案。

（议决）准备案。

六、建设厅呈复，关于广州市机器同业公会，请求扶植国产机器案，谨将财厅呈请发议各节，核议请察夺案。

（议决）照办。

七、中国国民党广东省广州特别市执行委员会函，据民众防空委员会呈，为完成本市防空计划，清理本会欠账，及购置高射炮车等，拟再抽收租捐一个月等情，希转广东省会公安局，遵照办理案。

（议决）照办，分两次抽收。

八、教育厅呈，请暂加督学一名，连前奉准增加一名，共计两名，薪俸全年五千八百八十元，拟在本厅临时费项下拨支，请核指遵案。

（议决）照准。

广东省政府第六届委员会
第三百三十三次议事录

十月三十日　星期二

出席者　林云陔　金曾澄　林翼中　黄麟书　胡继贤　李禄超　　　　　区芳浦　何启澧

列席者　刘纪文　谢瀛洲　陆幼刚

主　席　林云陔

纪　录　陈广澧

286

报告事项

一、民政厅呈复，封川县请将原日准发地方习艺所开办费一万元，拨为筹办救济院一案，查本厅从前接收赈务会移交未兑现中纸，现尚存六千二百七十八元，拟请令饬省银行，悉数兑换现金，以便转发。

二、民政厅呈缴广东省人口调查统计概要，请察核备案。

三、建设厅呈，据新会县民吴存庄等请承领县属土名果园山、青山等处荒地，合将备查一联，缴请备案。

四、建设厅呈，据潮安县民方利香等请承领县属土名龟山等处荒地，合将备查一联，缴请备案。

五、教育厅呈缴本年七月份行政报告书，请核存转。

六、广州市政府呈，据电力管理处呈，请通令各机关，如新装电灯，须先报明，以凭考虑该段变压器容量能力，妥为支配等情，转请通饬照办。

七、广川〔州〕市政府呈缴电力整委会提议，关于党政军警各机关，及公立学校，安装电镖〔表〕收费办法议案，及修正案等，请核转备案。

八、琼崖绥靖公署呈缴本年二、三两月份工作报告书，请察核。

九、琼崖绥靖公署呈缴本年四、五两月份工作报告书，请察核。

十、东区绥靖公署呈缴本年八月份工作报告书，请察核。

十一、中区绥靖公署呈缴本年九月份工作报告表，请察核。

十二、广东省会公安局呈，为垫支清洁垃圾船租各费共三万余元，拟在二十三年十月份洁净费开支，不敷之数，在各项存余项下流用，请准备案，转审计处，暨财厅知照。

十三、合浦县微日邮电，职县本月一日晚风雨为灾，较前更甚，除设法筹济，并俟体察情形，应否请赈，再呈报外，请察核。

十四、监督整理三铁路委员会呈缴本年九月份检查粤汉南段、广九两路现金报告表，请察核。

讨论事项

一、建设厅呈复，核议云浮县请准云腰公路筑委会，将收用田地照章给价免税一案，似可援例照准，请察核办理案。

（议决）照准。

二、建设厅呈，据西村士敏土厂呈缴该厂二十二年上半期员工兵役奖金分配清册，请核发是年七月至十二月奖金案。又建设厅呈，据西村士敏土厂河南分厂呈同前由。又建设厅呈，据西村士敏土厂呈缴技士绘图员监工等应领奖金数表等情，应否照发奖金，请核示案。

（议决）应照省营工业会计规则，每年奖金，不得超过盈利百分之十，及员工两个月薪额之规定发给。

三、广东省参议会函复，关于本会会址修葺一案，仍以修至妥当为度，不必过于铺张，拟定修筑办法两项，请查照办理案。

（议决）照办，由民政、建设两厅会同办理。

四、建设厅呈缴广东纺织厂组织章程及预算，请察核办理案。

（议决）章程修正备案，预算照核减之数改编。

五、广州市政府呈，据工务局查明，中央在广州建筑无线电话台所址地点情形，请察核案。

（议决）石牌地段，准借用，鹤边村附近一带岗岭地段，准依法征收。

广东省政府第六届委员会
第三百三十四次议事录

十一月二日　星期五

出席者　林云陔　金曾澄　林翼中　胡继贤　李禄超　区芳浦
　　　　　何启澧　黄麟书
列席者　刘纪文　陆幼刚
主　席　林云陔
纪　录　陈广澧

报告事项

一、中国国民党广东省执行委员会函，据饶平县党部呈，请再函省府，对于建筑黄岗丁未革命烈士公墓及纪念物一案，准予于中央决定办法成案外，劣〔另〕案拨给大洋二千元，为建筑黄岗丁未纪念亭之用等情，请查照办理。

二、国立中山大学函复，接收广东通志馆后，编纂省志情形，请迅拨款过校，以竟全功。

三、胡委员继贤函复，审查国货推销处，拟修正广东省营蔗糖营运商联合办事处分销商代理推销规则第十条条文各节，尚属可行，似可准予备案，请查照。

四、民、财政厅会复，核议省参议会，请规定每年八月一日，为广东省取销苛捐杂赌纪念日案情形，请察核指遵。

五、民、财政厅会复，核办防城县呈缴办理风灾清摺、调查统计表一案，经职民厅续据该县支电报告，十月一日，又遭飓风，经准五千元散赈在案，至摺内开列各项办法，查核尚无不合，请察核。

六、民政厅呈复，关于省会公安局文日代电，报告雷州东西南洋沿海一带飓风，请派员办理急赈一案，本厅前据海康县冬电呈报，经由赈款项下，拨发二千元，急赈在案，请察核。

七、财政厅呈复，奉令关于匹头捐中兴公司，五邑征收所会警检去古井邮局包裹一案，饬将送广州地方法院办理等因，经已遵办，请察核。

八、财政厅呈报，短期金融库券推销期限，再展至本年十二月七日止至偿发本息，则仍照章十二月十日抽签，不再展限，请察核备案。

九、财政厅呈，准省银行函，请添派税收视察员一案，经核定添派三员，兼任一员，除另委外，请察核备案。

十、建设厅呈缴广南船厂二十三年度岁出预算书，请核指遵。

十一、建设厅呈，据纺织厂呈缴丝织部辅助机件数目清单，请准拨款购办等情，应否准予拨款照购，请核指遵。

十二、广东省会公安局呈报，派员出席内政部召集之都市交通警察专员会议经过情形，请令行市政府，转饬公用局遵照办理。

十三、国贸推销处呈缴广东纺织厂丝织成品价目表，请察核备案。

十四、广东省银行呈缴建筑仓库工程，与大来公司协订合约，连同图则章程，请核备案。

十五、广东全省商业联合会敬电，拥护齐、有两电。

讨论事项

一、民政、教育厅会复，关于省参议会函请拨款设立国立医学院，及国医留医院一案，拟议先行组织国医学院及留医院筹备委员会，负责办理，限于二十四年三月以前，筹备完竣，并拟具组织大纲，请核指遵案。

（议决）照办。

二、建设厅呈，据汕头市政府，转据电话管委会，呈请将二十一年度收支数目，按照二十一年度预算办理，请核指遵案。

（议决）转呈政委会。

三、广东省合作事业委员会呈，拟具各县农民银行，办理农村合作社放款通则，请令行各县农行依照办理案。

（议决）交胡、李两委员审查。

四、建设厅呈，拟具保护民营实业委员会组织章程，请核指遵案。

（议决）照修正备案。

广东省政府第六届委员会
第三百三十五次议事录

十一月六日　星期二

出席者　林云陔　金曾澄　林翼中　黄麟书　胡继贤　李禄超
　　　　区芳浦　何启澧
列席者　刘纪文　陆幼刚
主　席　林云陔
纪　录　陈广澧
报告事项

一、民政、教育厅呈复，关于省参议员赵汉俊提议，拟订忠孝仁爱信义和平实施大纲一案，兹将原提案各项，分别拟议，请察核。

二、民政厅呈复，关于防城县党部参议会县政府微电，报告灾后歉收一案，奉饬分别赈济等因，查前据该县支电，及该县区党部微电，报告灾情，当以该县三月之间，两遭灾害，经在赈款项下，再拨五千元，饬县散赈在案。

三、民政厅呈，据本厅测量队第十一队呈，因迁站搭棚，所需共银九十六元，请准在十月份节存项下报销等情，经准在第二期测量队节存项下支给，请核备案。

四、财政厅呈复，拟议改善税收制度缘由，请核夺。

五、财政厅呈缴减征华资制造加工业税率表，拟由二十四年份第一期起实行，请察核备案。

六、建设厅呈缴顺德县蚕业改良实施区工作计划，及实施方针，请察核备查。

七、建设厅呈，查西北区绥靖公署公路股，既奉准裁撤，关于英阳连连路未完工程，自应由厅计划完筑，惟本年度路款不敷分配，该路工程，拟俟下年度列入预算，再行施工，请核准备案。

八、教育厅呈报办理编辑小学教科书进行情形，连同国语、社会、自然、常识四科教科书编辑大意，及教材大纲，请察核备案。

九、广州市政府呈缴电力整委会第五次会议录，及修正通过广州市分区坐收电费办法草案，请存转备案。

十、广州市政府呈缴二十三年七月份行政报告，请察核。

十一、广东省银行呈缴董事会第四十三次会议录，及八月份营业统计书，借贷对照表，请察核。

十二、广东省合作事业委员会呈，为原日会址，现准省参议会函请迁出修建，自应觅租民房，计需租金一百五十元，请令财政厅按月照拨，以便办公。

十三、广州市政府呈缴电力整委会第六次议事录，及电力整顿巡查队组织办法方案，请核转备案。

讨论事项

一、广州市政府呈，据卫生局呈缴修正取缔医药广告规则，请察夺施行案。

（议决）准备案。

二、主席提议，关于谢××因不服本委员会议决征收潮州府学署地址一案，提起诉愿前来，经秘书处派员审查，作成决定书，再送胡、金、李三委员审查，拟具意见送复，应如何办理，请公决案。

（议决）照审查意见通过。

三、民政厅呈复，关于省参议员周振德等提议，请设立警官训练所，以养成警察专材一案，谨将拟办情形，并造具预算书，请核示遵案。

（议决）准先办现任警官训练所，及警士教练所。

广东省政府第六届委员会
第三百三十六次议事录

十一月九日　星期五

出席者　林云陔　金曾澄　林翼中　胡继贤　李禄超　区芳浦
　　　　何启澧　黄麟书
列席者　刘纪文　谢瀛洲　陆幼刚
主　席　林云陔
纪　录　陈广澧

报告事项

一、民政厅呈，奉令据惠阳县参议会微代电，为惠地洪水为灾，请拨款赈济一案，仰核办具报等因，经由本厅在赈款项下，拨发一千元，交该县分别散赈，请察核备案。

二、建设厅呈，据三水县呈缴建设局长何海涛履历表，转请核准任命。

三、曲江县冬电，报县属各中小学罢课事，已解决复课。

四、监督整理三铁路委员会呈缴二十三年五月份粤汉南段、广九两路购料收料月报表，请察核。

五、第一集团军总司令部函，关于钦防海康等县风雨为灾一案，据该属灾区主任钟继业等，分别呈报灾情，请迅拨款救济等情，希查照办理。

六、财政厅呈复，奉发琼崖实业局二十三年度临时费岁出概算书，经送审查预算委员会，议决缓办在案，请核明饬遵。

讨论事项

一、财政厅呈复，奉发广东省会公安局民国二十三年度岁入岁出概算书，及追加保安队教导队二十三年度岁出预算书，经转送审查预算委员会审查，议决照列，请察核施行案。

（议决）转呈政委会。

二、教育厅呈，据省立第一农业学校呈报，罗江税厂撤销，请将该厂每年报效费筹抵等情，拟请将该校失收罗江税厂报效费，全年二千四百元之数，追加列入本厅本年度预算内，以便拨支案。

（议决）不准。

三、主席提议，关于魏汉成等因不服建设厅撤销嘉惠联运收回官办之处分，提起诉愿到府，经秘书处派员审查，作成决定书，再送胡、金、李三委员审查，拟具意见送复，应如何办理，请公决案。

（议决）照审查意见通过。

四、财政厅呈，准民政厅咨送汕头市电话管理委员会二十三年度岁入岁出经常概算，及岁出临时概算书，经转送审查预算委员会，议决照列在案，请察核施行案。

（议决）转呈政委会。

五、财政厅呈，准审查预算委员会转知，汕头市二十三年度岁出【岁】入概算书，及该市公安局增加经费预算表，经议决照列等由，请察核施行案。

（议决）转呈政委会。

广东省政府第六届委员会
第三百三十七次议事录

十一月十三日　星期二

出席者　林云陔　金曾澄　林翼中　黄麟书　胡继贤　区芳浦
　　　　　　何启澧　李禄超

列席者 刘纪文 谢瀛洲 陆幼刚

主 席 林云陔

纪 录 陈广澧

报告事项

一、民政厅呈，据封川县呈报，派员会勘木双墟边界情形，事关省界争执，应如何划分，请核办。

二、民政厅呈报，琼崖抚黎公署，请提前发给士兵服装囚粮医药等费，经列入二十三年度预算有案，自应饬库照付，请察核备案。

三、财政厅呈复，核议海丰县拟设立海丰农业银行，请借拨基金一案缘由，请察夺令遵。

四、教育厅呈，据儋县具缴教育局长彭成鲲履历表及证件，请核明加委。

五、建设厅呈报，办理海鹰巡船走私案情形，请察核。

六、建设厅呈报，招商建筑河南第二工业区电机房及锅炉厂缘由，连同抄白合约章则等件，请察核备案。

七、建设厅呈报，核发河南第二工业区电机房及锅炉底脚打桩工程增加工料费缘由，请察核备案。

八、建设厅呈报，核发河南第二工业区电机房及锅炉厂杉木打桩工料费缘由，请察核备案。

九、建设厅呈缴本年六月份下半月工作报告表，请察核。

十、西北绥靖委员公署呈缴本年八月份工作报告表，请察核。

十一、东区绥靖委员公署呈报，会商派员协办第二、四两干线，及紫河路建筑工程情形，请核备案，转行建厅知照。

十二、中山县呈缴公安局长李绍钦、建设局长兼土地局长宋式武履历表，请核准加委。

十三、广东纺织厂经理罗听余呈报到任以来办理厂内经过各项情形，请察核备案。

十四、国货推销处呈缴十月份许可证存根，及各报告表，请察核备案。

十五、广东省银行呈报，职行本年九月间，曾向盐运使公署，借用海周舰，赴北海支行提款，兹准该署函请拨还煤费港币三千五百二十元，经照数支付，请察核备案。

十六、建设厅呈缴河南第二工业区电机房及锅炉厂增加工料表，请核指遵。

十七、财政厅呈缴广东卷烟统制章程施行细则，请察核备案。

讨论事项

一、建设厅呈，据中山县呈，请饬中山船务所，将应拨之补助费拨解等情，职厅无案可稽，应否照拨之处，请核指遵案。

（议决）该项收入，不在税捐之列，无庸照拨。

二、主席提议，关于广州花纱同业公会主席陈玉桁因与广州织造土布业同业公会因抽收佣金纠纷一案，不服本府委员会议决，将该会职员停止职权，另行改选之处分，提起诉愿到府，经秘书处派员审查，作成决定书，再送胡、金、李三委员审查，拟具意见送复，应如何办理，请公决案。

（议决）照审查意见通过。

三、财政厅呈复，奉发顺德蚕业改良实施区二十三年度总分区岁出经常费预算书，及六个月分区开办费预算书，经送审查预算委员会议决，总区经费及每月增加经费六百元，仍由建设厅蚕丝改良费项下拨支，分区经临费照支在案，请核议准予追加预算案。

（议决）照准。

四、胡、金、李三委员会复，审查合作事业委员会呈缴各县农民银行办理农村合作社放款通则一案，拟修正各条，请公决案。

（议决）照修正通过。

五、建设厅呈，拟准港务局将船舶登记费留局为办理航业之用，限令将征额按月报厅，及不准挪作别用，若有支出必要时，仍须专案呈准，请察核备案。

（议决）照准。

广东省政府第六届委员会
第三百三十八次议事录

十一月十六日　星期五

出席者　林云陔　金曾澄　林翼中　黄麟书　胡继贤　李禄超
　　　　区芳浦　何启澧
列席者　刘纪文　陆幼刚
主　席　林云陔
纪　录　陈广澧

报告事项

一、勤勤大学呈报，石榴岗师范学院运输道路改线，加建停车场工程，补价一千三百二十八元三毫二仙，检同章则等件，请备案，饬行番禺县布告，限各坟主迁坟，以利工程。

二、财政厅呈复，勤勤大学工学院二十三年度学费岁入预算书，经审查预算委员会，审查议决照列在案，请察核施行。

三、建设厅呈，据制造木炭汽车炉及修理汽车厂筹备处，请将九、十上半月什役工食，移作购物用等情，请令财政厅，转函审计处查照备案。

四、建设厅呈缴肥田料厂筹备处，自十一月份起，每月经常费支付预算书，请核指遵。

五、建设厅呈报，核准景生公司，承建河南纺织厂麻纱绢丝部锅炉房工程，暨拟核发是项工程增加工料费缘由，请察核指遵。

讨论事项

一、主席提议，关于周伯雄因请求解释取缔建筑章程条文，不服广州市政府所为之命令，提起诉愿到府，经秘书处派员审查，作成决定书，再送胡、金、李三委员审查，拟具意见送复，应如何办理，请公决案。

（议决）照审查意见通过。

二、教育厅呈，据整理省立岭东商业学校委员会呈缴征收土地建筑校舍计划书，内容布置、计划图、收用民地段图，转请察核示遵案。

（议决）准收用。

广东省政府第六届委员会
第三百三十九次议事录

十一月二十日　星期二

出席者　林云陔　金曾澄　林翼中　黄麟书　胡继贤　区芳浦
　　　　　何启澧　李禄超
列席者　刘纪文　陆幼刚
主　席　林云陔
纪　录　陈广澧

报告事项

一、财政厅呈，据汕头市商库证发行委员会，呈报鉴别库证情形，请核示续发已登记完竣之库证，及定限处置伪证办法等情，经分别饬遵，请察核备案。

二、财政厅呈，据汕头市商会呈，拟定本月起，将保证纸币提前转换库证，以安市面，查属实情，经转后准如拟转换，请察核。

三、民政厅呈复，核议各县长调查田亩，已未办竣，分别奖惩缘由，请核指遵。

四、民政厅呈，据广东省地政工作人员养成所呈缴改编二十三年全年度预算书，转请察核备案。

五、建设厅呈，据仁化县民黄衍五等请承领县属第五区土名黄巢岭等处荒地，合将备查一联，缴请备案。

六、建设厅呈，据西村士敏土厂呈，为河南分厂，前奉令停止制土，惟现在积欠商人及各处需用之土甚多，拟在第二窑未开机前，该分厂仍旧照常烧制熟土等情，似可照准，请核指遵。

七、建设厅呈报，核准黄添记承建南石头纸厂码头厂路、运杉濠、贮杉塘等工程缘由，抄同合约章则，请察核备案。

八、建设厅呈报，核发丝织厂蓄水堤增加打桩工料费缘由，请察核备案。

九、建设厅呈报，核准合利隆公司，承建河南士敏土厂附近木桥工程，及增加工程缘由，抄同合约章则，及增加工程图则，请察核备案。

十、建设厅呈，据西村新电厂呈报，更正新电厂变压器室，及油掣房图则，并修正预算，请核定等情，查核尚无不合，除指复照准外，请察核备案。

十一、建设厅呈报，核发建造纺丝麻纱水结厂围墙工料费缘由，请察核备案。

十二、建设厅呈报，核发增加改造纺丝麻纱水结厂工料费缘由，请察核备案。

十三、建设厅呈报，核发纺丝麻纱水结厂染色部办事处货仓增加工程工料费缘由，请察核备案。

十四、建设厅呈报，核发丝织厂增加桐墙，及补按〔安〕磨砂玻璃工料费缘由，请察核备案。

十五、建设厅呈报，核发河南纺织工业场织造部打桩工料费缘由，请察核备案。

十六、建设厅呈，据景生建筑公司，请核发丝织厂蓄水池 A 堤增加工程工料费等情，请核指遵。

十七、建设厅呈报，核准大益公司，承建纺织工业场织造部缘由，抄具合约章程图则，请察核备案。

十八、西北区绥靖委员公署呈报，拟定南韶公路路租收益分配办法，请察核备案。

十九、广州区第一蔗糖营造场呈缴糖业人员训练班组织章程，及支付预算书，请核准备案。

二十、监督整理三铁路委员会呈缴本年九月份核签粤汉南段、广九两路、进付款月报表，请察核。

二十一、西村士敏土厂呈，拟与慎昌洋行，定购起重机附属之钢轨，抄同价函，请核准定购。

二十二、民政厅呈，平远县县长张章图，辞职照准，请以林公顿暂行代理平远县县长职务。

讨论事项

一、财政厅呈缴暂理中顺沙田征收处经费表，及职员名册，计每月经常费一千零八十四元，此项临时费，似应由库款项下支付，请核准备案。

（议决）照准。

二、财政厅呈缴追加广东卷烟统制委员会，暨各办事处二十三年度岁出经临费预算书，请核明准予追加，存转备案。

（议决）照准。

三、广州市政府呈，准中国国民党广州特别市执行委员会函送追加临时费预算书，计共七千元，此项经费，系属临时特别支出，未经列有预算，应否追加照数拨付之处，请核指遵案。

（议决）照准。

四、广州市政府呈缴本市自来水管理处及播音台追加二十二年度预算提前开支表，请核转备案，准在预算未核定前，从实行开支，或增支之月起，根据新预算报销案。

（议决）照转〔准〕。

五、李、金、胡三委员会复，审查关于周××等与李××等互争承开平县属×××山地一案，查本案系争地点，李、周两姓均有利害关系，何者较为密切，殊难决定，仍以维持广东财政厅原处分，以息纷争，请公决案。

（议决）照审查意见办理。

六、建设厅呈，拟具筹备开采狗牙洞煤矿办法，连同经费预算，及原意见书，请察核指遵案。

（议决）照办。经费实销实报。

七、主席提议，由省库拨款二万元，为总司令部及本府犒赏前方剿共将士之用案。

（议决）照办。

广东省政府第六届委员会
第三百四十次议事录

十一月二十三日　星期五

出席者　林云陔　金曾澄　林翼中　黄麟书　胡继贤　李禄超
　　　　区芳浦　何启澧

列席者　陆幼刚

主　席　林云陔

纪　录　陈广澧

报告事项

一、第一集团军总司令部函，据东区绥靖委员报告，遵办东区公路征集及铺筑砂石经过情形，请核备案等情，转请查照备案。

二、民政厅呈，据蕉岭县呈报，县属灾情奇重，无力筹赈，再乞酌拨巨款救济等情，拟在赈款项下，拨给一千元，请察核备案。

三、建设厅呈缴八宝山开矿专员办事处二十二年十一月起至二十三年八月份止，每月份支付预算书，请察核备案。

四、建设厅呈，据西村士敏土厂呈缴与道行公司签立开投承挖山岗土方合约，转请察核备案。

五、建设厅呈，据粤汉南段广九株韶铁路购料委员会呈缴与富国公司订购土煤合约，转请察核备案。

六、建设厅呈报，核准景生建筑公司，投承丝织厂蓄水堤工程缘由，抄具合约章程图则等件，请察核备案。

七、广州市政府呈缴电力整委会第八次议事录，及本市整理外线计划书等件，请察核分别存转备案。

八、西村士敏土厂呈，拟向礼和洋行定购各种啰〔螺〕牙工具，抄列清单，请核准照购。

讨论事项

一、主席提议，关于司徒××因不服财政厅限令将广州市河南草芳

300

天后庙前××等处地段缴价领回之处分，提起诉愿一案，经秘书处派员审查，作成决定书，再送胡、金、李三委员审查，拟具意见送复，应如何办理，请公决案。

（议决）照审查意见通过。

二、主席提议，关于陈××因被吴××控告侵占公地一案，不服财政厅所为之处分，提起诉愿到府，经秘书处派员审查，作成决定书，再送胡、金、李三委员审查，拟具意见送复，应如何办理，请公决案。

（议决）照审查意见通过。

三、财政厅呈缴广东省各县市局民国二十三年度县市地方税款岁入岁出概算书，请核定施行案。

（议决）准备案。

四、广州市政府呈报，再组公民发证处办理，继续登记，并将章程等件修正，请察核令遵案。

（议决）交民政厅审查。

五、建设厅呈，据制祇〔纸〕厂筹备处呈报，派员会议修筑凤凰岗至南石头马路情形，抄同原缴议事录，及图则章程预算，请察核备案。

（议决）照办。

广东省政府第六届委员会
第三百四十一次议事录

十一月二十七日　星期二

出席者　林云陔　金曾澄　黄麟书　胡继贤　李禄超　区芳浦
　　　　何启澧　林翼中
列席者　刘纪文　谢瀛洲　陆幼刚
主　席　林云陔
纪　录　陈广澧

报告事项

一、财政厅呈，为沙田未经调查入册，钱粮改征地税，对于沙田钱粮，拟暂由沙田征收处按沙捐征册带收，每亩征纳钱粮五毫，以维税收，请察核备案。

二、财政厅呈缴二十三年一月份行政报告书，请核存转。

三、建设厅呈缴求安公司承筑小江桥工程合约，暨图式章程，请察核备案。

四、建设厅呈缴木炭汽车炉及汽车修理厂二十三年十一月、十二月两月份管理费支付预算书、制造费支付预算书、岁入预算书，请察核指遵。

五、建设厅呈，据开平县民胡冠南等请承领县属第五区，土名石垦山、梭山等处荒地，合将备查一联，缴清〔请〕备案。

六、龙川县呈缴县属第四区水灾调查表，请察核。

七、监督整理三铁路委员会呈缴本年十月份检查粤汉南段、广九两路现金报告表，请察核。

八、国货推销处呈报，将蔗糖营运商联合办事处，及各属分销商所设稽查员，一律裁撤，改为调查员，及拟增加职处稽查员，缉私办法三项缘由，连同修正细则，请核准备案。

九、财政厅呈，为本厅办理二十三年二月至五月份揭封租金案，所有支过经费毫银七百二十元，拟援案在预备金项下开支，请准予备案，转函审计处查照。

讨论事项

一、教育厅呈，拟具广东省补助贫瘠县份义务教育经费暂行办法，请核准施行案。

（议决）照办。

二、广州市政府呈，据市立东郊麻疯院，请援案提前开支二十三年度经费预算，似属可行，请察核备案。

（议决）照办。

三、广州市政府呈，据工务局呈缴完成河南凤凰岗至南石头马路工程补助费概算书，请核办等情，经市政会议决议，追加预算，连同原书，缴请察核备案。

（议决）照准。

四、财政、建设、教育、民政〈呈〉厅会呈，拟订广东省政府所属各机关视察人员视察规程，请鉴核施行案。

（议决）照修正通过。

五、西南政务委员会令，据呈拟具高中以上学校施行军事管理暂行办法一案，仰即由该省府核定施行案。

（议决）照办。

广东省政府第六届委员会
第三百四十二次议事录

十一月三十日　星期五

出席者　林云陔　金曾澄　林翼中　黄麟书　胡继贤　区芳浦
　　　　　何启澧　李禄超
列席者　刘纪文　陆幼刚
主　席　林云陔
纪　录　陈广澧

报告事项

一、广西省政府咨，为广东钦县与广西邕宁两县争管那陈等处地方一案，拟请由西南政委会，遴派公正人员一、二人，率带测量妥员，实地测勘，秉公判断，以免纠纷。

二、财政厅呈，准民政厅咨，据赤溪县呈，县署因风倒塌，请拨款八千元修筑一案，经拨三千元具领，余数由县自筹，请察核备案。

三、财政厅呈，拟具广东省煤油贩卖业营业税总处，奉行改善煤油贩卖业营业税征收手续办法之简章，及预算表，请察核备案。

四、建设厅呈缴欧兴公司承筑河口桥及周江桥工程合约，暨施工细则，请察核备案。

五、建设厅呈，据开平县民何诒镜等承领县属第五区土名金鸡山等处荒地，合将备查一联，缴请备案。

六、教育厅呈，据琼山县具缴教育局长李志健履历表，转请核明加委。

七、财政厅呈复，关于筹建高明疯院，及扩充石龙、琼崖、汕头各疯院一案，高明县建筑费，自应遵照拨付，其扩充石龙等各疯院建筑等费，拟每处拔助一万元，不足之数，请饬由各县城方筹补。

八、教育厅呈，据感恩县具缴教育局长陆万良履历表，转请核明加委。

九、广东省银行呈缴董事会第四十四次会议录，请察核。

讨论事项

一、广州市政府呈，据卫生局呈，拟改善卫生区计划，经提出市政会议修正通过，惟每月约共增加经费三千余元，应否准予办理，请核指遵案。

（议决）照办。

二、南海县政府呈缴县农村救济委员会改良蚕种方案，请就舶来农产品专税项下，拨款设立南海蚕业改良实施区，并就救济农村案内之改良蚕种费五万元项下，赐拔半数，设立南海公营蚕种制造场案。

（议决）交建设厅核复。

三、广州市政府呈缴修正广州市卫生局中医考试章程，请察核备案。

（议决）照修正备案。

四、民政厅呈，连山县长俞守范，久假不归，拟予免职，请核指遵案。

（议决）照准。

五、民政厅提议，连山县长俞守范，有旷职守，经奉准免职，遗缺拟委考试及格县长刘德恒试署，请公决案。

（议决）照委。

广东省政府第六届委员会
第三百四十三次议事录

十二月四日　星期二

出席者　林云陔　金曾澄　林翼中　黄麟书　李禄超　区芳浦
　　　　　何启澧　胡继贤
列席者　刘纪文　陆幼刚
主　席　林云陔
纪　录　陈广澧

报告事项

一、财政厅呈，拟订广东财政厅与省内各海关，协定防范进口柴油原料，或煤油走漏煤油营业税之划一办法，分函各海关监督、各税司照办，请核转西南政务委员会备案。

二、建设厅呈，据南路省道第一行车管理处呈报，邀集各路公司，及车公司，讨论酌给养路费办法情形，查核所议办法，尚属平允，除令复照准外，抄原同缴会议录，请察核备案。

三、建设厅呈，据梅县县民林顺玉请承领县属土名蟾蜍石、瓮心里、伯公凹等处荒地，合将备查一联，缴请备案。

四、广州市政府呈，转电力整委会第九次议事录，及关于改善业务意见原提案，请存转备案。

五、民政厅呈，关于测量队迁站，及修葺费，经准予在第三期测量队节存经费项下开支，请察核备案。

六、民政厅呈，据汕头市长具缴工务科长何晏清履历表，转请察核委任。

七、民政厅呈缴本年六、七两月份行政报告书，请核存转。

八、西北区绥靖公署呈缴本年九月份工作报告表，请察核。

九、中区绥靖公署呈缴本年十月份工作报告表，请察核。

十、财政厅呈，拟定改征临时地税，仍用粮司清理旧粮，加扣一成公费缘由，请察核备案。

十一、建设厅呈缴纺织厂筹备处二十三年九、十两月份支付预算书，请察核备案。

十二、建设厅呈缴制造木炭汽车炉及汽车修理厂二十四年度预算书，请核示遵。

十三、财政厅呈缴二十三年六月份省库收支结算表，请核转备案。

十四、国货推销处呈复，关于化学工业品代理规则，第三条保证金，第四条推销额，未便明白规定，连同申请书合约式样，请核夺示遵。

讨论事项

一、建设、财政厅会复，审查广州区第一蔗糖营造场原缴组织章程，及职员名额薪俸表等件情形，连同改拟章表，请察夺施行案。

（议决）照改拟章表办理。

二、主席提议，关于蔡××因不服建设厅将丰顺县属南坑乡之××钨矿矿区，核准张××承领之处分，提起诉愿到府，经秘书处派员审查，作成决定书，再送金、李、胡三委员审查，拟具意见送复，应如何办理，请公决案。

（议决）照审查意见通过。

三、建设厅呈，据农林局呈，拟订禁止潮梅柑苗出口办法，转请察核指遵案。

（议决）由各海关禁止出口。

四、广州市政府呈，据公用局呈缴海珠桥追加电灯费二十二年度岁出经常费预算书，转请核准备案。

（议决）照准。

五、广州市政府呈，据工务局呈，请转呈核定白鹤洞等处地方取缔建筑事项权限等情，转核定令遵案。

（议决）白鹤洞住区建筑取缔事项，由广州市政府办理。

广东省政府第六届委员会
第三百四十四次议事录

十二月七日　星期五

出席者　林云陔　金曾澄　林翼中　李禄超　区芳浦　何启澧
列席者　刘纪文　陆幼刚
主　席　林云陔
纪　录　陈广澧

报告事项

一、财政厅呈报，煤油营业税改善征税手续实行后，原征收章程，关于总代理所负之责任，已有不同，自应将第五条第二项删除，另订补充办法，请察核备案。

二、建设厅呈，据东路公路处呈，奉东区绥靖署令，知修筑及改建二、四两干线，暨紫河路工程，统由署判工承包等情，转请察核备案。

三、建设厅呈，据纺织厂呈，拟将奉发办事系统表内材料股改为工料股，或工务材料股，使名实相符等情，请核指遵。

四、建设厅呈，据纺织厂呈缴该厂购料委员会章程，及第二次厂务会议议事录，转请察核令遵。

五、财政厅呈缴订定取缔私运大洋由内地绕越出口办法，请核明转呈西南政务委员会备案。

六、广州市政府呈缴本年八月份市库收支结算表，请核存转。

七、国货推销处呈，为分销商得向所属零沽店收取保证金之规定，流弊诸多，业已撤销，请察核备案。

八、国货推销处呈，拟自本年十二月十日起，统由职处填发五羊牌士敏土运单，请转行粤海关监督，分饬各关卡知照。

九、教育厅长呈报，出巡东江视察教育日期，请备案。

讨论事项

一、建设厅呈，据农林局呈报，择定揭阳曲溪圭头村附近地方，为潮汕区第一蔗糖营造场场址，拟将所需用民田，分为四等给价，连同图表，请核等情，似属可行，请察核办理案。

（议决）准收用。

二、建设厅呈，据恩平金矿经理呈缴矿区图及书类请备案，并请准将距离大肚婆矿山尚远之大小〔人〕山、小洞等处，准由人民依法承采等情，请核指遵案。

（议决）矿区图、书准备案；大人山、小洞等处，准人民依法承采。

三、主席提议，关于龙门县第十区私立辅安小学校，因与大东小学校，争执校款一案，不服教育厅所为之处分，提起诉愿到府，经秘书处派员审查，作成决定书，再送李、金、胡三委员审查，拟具意见送复，应如何办理，请公决案。

（议决）照审查意见通过。

四、教育厅呈，据省立庚戌中学校，请拨款一千九百零七元六毫，增置校具，及修葺校舍等情，拟请准予由教育临时费项下拨发案。

（议决）照准。

广东省政府第六届委员会
第三百四十五次议事录

十二月十一日　星期二

出席者　林云陔　金曾澄　林翼中　李禄超　黄麟书　区芳浦
　　　　何启澧
列席者　刘纪文　陆幼刚
主　席　林云陔
纪　录　陈广澧

报告事项

一、中央委员胡汉民诸先生，致南京第四届第五次中央委员全体会议鱼电，以同人等对于解决时局，及谋和平统一均权之实行，请履行二

308

十年上海和平会议，及第四次全国代表大会决定之方案，以期达到真正和平统一均权制度。

二、财政厅呈复，关于部商洋米专税，在最短期内，适用一种固定税率一案，合将拟议情形，请察核转复。

三、财政厅呈，为关于审定各县市二十三年度地方款岁入岁出预算案，拟具补充办法一项，"各县市二十三度地方款预算，关于岁入部分，所有正税附加，应另案呈请财厅核准，方得征收"，以资救济，请核明饬遵。

四、财政厅呈报，关于军阀时代所发之官产印收或执照，现再展限清理，至明年三月底止，请察核备案。

五、建设厅呈，据广东化学工业厂、硫酸部陶器厂制造场呈缴二十三年下半年度岁出制造费预算书，管理费预算书，及岁入预算书，查核散总相符，请核存转。

六、民政厅呈缴二十三年八月份行政报告书，请核存转。

七、琼崖抚黎专员呈，拟将兴隆黎务局经费，移拨乐安设局之用，兴隆改设指导员，经费由乐安黎务指导员办事处移用，请核示遵。

八、监督整理三铁路委员会呈缴二十三年十月份核签两路进付款月报表，请查核。

九、监督整理三铁路委员会呈缴二十三年六月份粤汉南段、广九两路购料收料月报表，请查核。

十、国货推销处呈缴本年十一月份发给舶来士敏土输入许可证存根及各种月报表，请察核备案。

讨论事项

一、主席提议，关于陈信平等为与袁润万等因争收业洲围亩捐一案，不服民政厅所为之决定，提起再诉愿到府，现经秘书处派员审查，作成决定书，再送金、李、胡三委员审查，拟具意见送复，应如何办理，请公决案。

（议决）照审查意见通过。

二、民政厅呈复，审查广州市地方自治公民发证处组织章程，及登记发证程序预算表情形，请核指遵案。

（议决）照审查意见办理。

三、教育厅呈缴二十四年春季中等学校毕业会考经费支付预算书，计需费六千元，请准令行财政厅，由本厅临时经费项下拨发案。

（议决）照准。

四、教育厅呈，据省立第二中学校呈，请给款六千零四十五元，购置及安装电灯自来水机等项，经派技士查明，系属必要，现拟由本厅教育临时费项下拨给，可否之处，连同原缴预算书，报价单图样，请核指遵案。

（议决）照准。

五、财政厅呈复，关于广州市政府及所属各机关二十三年度岁入岁出经常临时费概算书，经送审查预算委员会，议决照列，请察核施行案。

（议决）照转。

广东省政府第六届委员会
第三百四十六次议事录

十二月十四日　星期五

出席者　林云陔　金曾澄　林翼中　黄麟书　李禄超　何启澧
列席者　刘纪文　谢瀛洲　陆幼刚
主　席　林云陔
纪　录　陈广澧

报告事项

一、民政厅呈报，关于海康县风灾一案，派员查勘，及拨款账〔赈〕济情形，抄录各种调查表，请核准备案。

二、民政厅呈，据东莞县长等会呈，遵令筹划扩充石龙麻疯院情形，连同原缴图则等件，请核指遵。

三、财政厅呈，奉西南政务委员会核定，取缔邮递包裹运私瞒税暂行章程，抄同前项修正章程，请察核备案。

四、财政厅呈，准建设厅咨，云浮拟设电报支局，不敷经费，每月二百七十二元，拟由库拨补等由，此项补助费，拟暂在预备金项下开支，即饬由罗定桂税承商按月拨付，请察核备案。

五、财政厅呈，拟将调查完竣，开始评价各县份二十一、二两年旧粮宽免罚金，以期踊跃清欠，请察核备案。

六、财政厅呈缴本年二月份行政报告书，请核存转。

七、建设厅呈缴广东省林业协进会章程草案，请核准备案。

八、建设厅呈，据化学工业厂苛性钠部筹备处，修正二十三年度设备临时费预算书，查核散总相符，请察核指遵。

九、建设厅呈，据农林局呈，拟设立防除牛瘟注射技术人员训练班，附呈章程等件，请通令各县选送人员入班训练等情，转请察核备案。

十、民、财政厅呈复，关于省参议会提议，裁并各县骈枝机关一案，查所列拟裁并机关，或属临时性质，或已拟定新章，或先经通令裁并有案，似可毋庸另定办法，通令遵行，请察核指遵。

十一、民政厅呈报，本厅测量队，展期改编日期，并拟准各队长改编后，各项薪饷及什费移项流用，十足支发缘由，请核备案，并行财厅知照。

十二、教育厅呈，据三水县具缴教育局长李钟灏履历表，及证书影片等件，转请核明加委。

十三、广州市政府呈，准电力整委会函，以第十次会议议决，请党政军警及公立学校各机关，将所属机关名称地址，列册送会，以便依照五折收电费案办理等由，请通令所属各机关，一体查照办理。

十四、广州市政府呈报播音台宣传指导委员会成立情形，抄同原议案及章程，请核转政治研究会查照。

十五、琼崖绥靖委员呈缴琼崖各县冬防暂行条例，请察核备案。

十六、国货推销处呈报，十一月份士敏土部售土总数量，及实收现金欠账数目，支出佣金，补给运费各情形，请察核。

十七、国货推销处呈报糖业部九月份营业状况，请察核备案。

讨论事项

一、主席提议，关于黄桥因不服财政厅处罚瞒税煤油一案，提起诉愿到府，现经秘书处派员审查，作成决定书，再送金、李两委员审查，拟具意见送复，应如何办理，请公决案。

（议决）照审查意见通过。

二、财政厅呈，关于广九铁路管理局二十三年度上下两半期预算书，及员工额教〔数〕薪工预算细单，经送审查预算委员会议决照列，请核明饬遵案。

（议决）照转。

三、民政厅呈缴广东各县公安局长分局长选送训练规则，及选送现任警官训练所学员履历表式，请察核备案。

（议决）准备案。

四、建设厅呈，据琼崖实业局呈缴民有荒地承垦暂行章程，经饬农林局核拟，修改各节，尚无不合，请察核指遵案。

（议决）交金、李两委员审查。

五、教育厅呈，据省立第七中学校呈，请增加农科设备费五千元，似应准予在本厅临时费项下核拨，连同预算表，请核指遵案。

（议决）照准。

六、教育厅呈，据省立第六师范学校，请准照拨增班经费一千四百四十元等情，查事属必要，可否将该费追加，列入本厅本年度预算内，请核指遵案。

（议决）准在教育临时费项下拨给。

七、教育厅呈缴督学张忠仁履历，诸察核加委案。

（议决）照委。

广东省政府第六届委员会
第三百四十七次议事录

十二月十八日　星期二

出席者　林云陔　金曾澄　林翼中　黄麟书　李禄超　何启澧
列席者　刘纪文　陆幼刚
主　席　林云陔

312

纪　录　陈广澧

报告事项

一、略。

二、略。

三、民政厅呈，据缉私总处呈报，接收运署拨来海武等四舰，并将四舰更改名称，请察核备案。

四、建设厅呈缴琼崖港务管理分局裁并铺前等五派出所后预算书，请核存转。

五、建设厅呈缴本年七月份上半月工作报告表，请察核。

六、建设厅呈缴本年七月份下半月工作报告表，请察核。

七、建设厅呈缴各船务所及分所经费分配办法，并改编各船务所每月支付预算书，请核备案，准予自二十四年一月起实行。

讨论事项

一、广州市政府呈，据土地局呈，拟订清理本市历年积欠临时地税减成催征办法，并拟在征存款内，首先提出七万元，专款存贮，拨支各费等情，经提出市政会议修正通过，可否准予照办，请核指遵案。

（议决）照办，惟关于市区范围内，旧属南、番两县地域，经完纳地税后，即由市府函知财厅，饬南、番两县，照案免除粮税。

二、民政厅、建设厅、市政府会复，奉发公营事业人员保障暂行条例草案，暨修正案，经会同派员审查修订，请核指遵案。

（议决）照转呈。

三、建设厅呈复，关于海康、遂溪、徐闻、钦防等县风水为灾一案，遵经派员勘复，灾情重大，除咨商民厅核拟，专办赈济灾民事项外，至应如何筹款修堤之处，请核指遵案。

（议决）由财政厅筹借，交筑堤委员会办理，借款分三年摊还。

四、教育厅呈，省立第十中学校校长罗应祥，拟请着另候任用，所遗校长一职，查有吴炳宋堪以委充，连同该员履历，请察核加委案。

（议决）照委。

广东省政府第六届委员会
第三百四十八次议事录

十二月二十一日　星期五

出席者　林云陔　金曾澄　林翼中　黄麟书　李禄超　何启澧
列席者　陆幼刚　刘纪文
主　席　林云陔
纪　录　陈广澧

报告事项

一、民政、教育厅呈，请委派黄焯南等七人，为省立国医学院，及附设留医院筹备委员会委员，连同委员名单，请察核指遵。

二、财政厅呈，广州地方法院函知，古井邮局员蔡钧任等渎职一案，已提起公诉等由，抄呈起诉书，请察核。

三、建设厅呈报，将西村磷肥厂掘填土方工程，交由广东第一监狱承办缘由，抄具合约章则，请察核备案。

四、财政厅呈报，本厅装修电灯费，共二千八百四十五元八毫二分，拟在财政各杂费项下开支，请核准备案，转函审计处查照。

讨论事项

一、西南政务委员会令，据呈关于粤省钦县与桂省邕宁县争管那陈等地一案，拟请遴派粤桂以外之他省人员，勘测刊断等情，经本会议决，由两广政府派员会同办理，仰即知照案。

（议决）派胡委员继贤会同办理。

二、主席提议，关于王大宾，因东莞县政府，核准割让埔地与清溪小学校扩辟体育场一案，不服民政厅之决定，提起再诉愿到府，经秘书处派员审查，作成决定书，再送金、李两委员审查，拟具意见送复，应如何办理，请公决案。

（议决）照审查意见通过。

三、建设厅呈，据农林局，转据第四模范林场呈，拟以历年支余造

314

林抚育及其他各费，拨为本年度按年施肥，及松林补植之用等情，应否照准，请核指遵案。

（议决）照准。

四、广州市政府呈缴市府及所属各机关追加二十三年度岁入岁出经常费预算书及清表，请察核备案。

（议决）照转。

五、广州市政府呈，据教育局呈，市立各校经费，请援案提前开支，由二十三年九月份起计算等情，请察核备案。

（议决）照准。

六、民政厅呈，拟将广东全省地方纪要一书付印，需费六千三百八十元，拟暂在本厅结存经费项下开支，请核指遵案。

（议决）照准。

七、琼崖区绥靖委员呈，据琼崖赈灾委员会呈，拟将赈余之款，全数拨认码头股份等情，拟暂准借大洋一万元，以应码头之用，俟码头股款收集后归还，是否可行，请核指遵案。

（议决）照准。

八、建设厅呈，据蚕丝改良局呈缴扩充制造优良蚕种经常费预算书，计每月二千元，此款系由建设厅收存蚕丝改良费项下划拨，与由省库拨付者不同，请先行拨付七月份经费等情，连同原缴预算书，请核指遵案。

（议决）照准。

九、民政厅提议，清远县县长吴凤声，拟调署增城县县长，遗缺拟以开平县县长余启谋调署；递遗开平县缺，拟以增城县县长叶洁芸调署，请公决案。

（议决）照准。

广东省政府第六届委员会
第三百四十九次议事录

十二月二十五日　星期二

出席者　林云陔　金曾澄　林翼中　黄麟书　李禄超　何启澧

列席者　陆幼刚　刘纪文

主　席　林云陔

纪　录　陈广澧

报告事项

一、西南政务委员会令发严禁溺毙女婴恶习及收养婴孩办法，仰知照，并转饬所属一体知照。

二、教育厅呈，据文昌县具缴教育局长彭璋履历表，转请核明加委。

三、东区绥靖委员呈，为殷富损害民黑暗，及最不公平①，请明令一律禁止，以期收拾人心。

四、财政厅呈，拟如沙田征收员，代收澄海县属沙田钱粮暂行简章，请察核备案。

五、财政厅呈，据英德税收视察员呈，拟在原定办公费内，节用流支旅费等情，请核准备案。

六、财政厅呈，关于美国南方浸信会雷州、麻章等处物业税契一案，拟具酌予变通办法，请察核指遵。

七、建设厅呈，据蚕丝改良局呈，请转外交部，设法交涉，与安南、暹逻、印度各国政府订立新约，减轻广东生丝及丝织品入口关税等情，请察核办理。

八、建设厅呈缴改编航海学校二十三年十月份支付预算书，请核存转。

---

① 原文如此，似有刊误。

讨论事项

一、教育厅呈，据省立小学教员训练所呈，请拨银二千五百元，购置图书仪器等情，似可准予在本年度教育临时费内支拨，请核示遵案。

（议决）照准。

二、国货推销处呈报，修改及废止统制士敏土章则缘由，连同广东省士敏土统制章程，及修改各规则，请察核备案。

（议决）交金、李两委员审查。

三、建设、民政两厅会复，关于修筑广东省参议会会址一案，经会派技士勘复，修葺一节，拟以所列估价单二千八百余元为底价，公开投承，建筑一节，先将各该图征求建筑图案，请察核指遵案。

（议决）照办，款由预备金项下开支。

四、教育厅呈，据省立第三中学校，请拨款二千一百四十七元五角六分，购置仪器及填筑体育场等情，似应准予在本厅教育临时费项下拨支，连同原呈估价单，请察核指遵案。

（议决）照准。

五、教育厅呈，据省立第一中学校，请拨款三千八百元，建筑厨房等项，拟在本厅临时费项下照数拨支，连同原缴预算书，请察核指遵案。

（议决）照准。

六、财政厅呈缴改征临时地税清理旧粮办理①，请察核备案。

（议决）准备案。

七、广州市政府呈缴二十三年度各款经临费提前开支数目表，请察核备案。

（议决）照准。

八、湖南省政府何主席养电，请将株韶路坪石小小塘段之营业养路事项，暂时交由敝省公路局代办，俾汽车可径与铁路衔接，以利行车案。

（议决）交建设厅拟复。

---

① "理"疑为"法"。

广东省政府第六届委员会
第三百五十次议事录

十二月二十八日　星期二〔五〕

出席者　林云陔　金曾澄　林翼中　黄麟书　李禄超　何启澧
列席者　陆幼刚　刘纪文
主　席　林云陔
纪　录　陈广澧

报告事项

一、建设厅呈报，将各矿务专员管辖区域，从新分配，并将清三会矿务专员，改为西江矿务专员，连同管辖区域表，缴请察核备案。

二、建设厅呈，拟试探昌江县属石碌山铜矿，及陵水县保亭地方硫矿，并拟将八宝山钨矿所得溢利，及本厅收入钨矿捐，为试探经费，连同预算表，及说明书，请察核指遵。

三、建设厅呈缴江门、中山、阳江船务管理所新编每月支付预算书，请察核备案。

四、教育厅呈，据万宁县具缴教育局长曾肇禹履历表，及证书等件，转请核明加委。

五、教育厅呈，据五华县具缴教育局长魏麟圣履历表，及证书等件，转请核明加委。

讨论事项

一、主席提议，关于陈××因广州市××路第××号右便墙基，与××号业主刘兆南争执一案，不服广州市政府决定，提起再诉愿到府，现经秘书处派员审查，作成决定书，再送金、李两委员审查，拟具意见送复，应如何办理，请公决案。

（议决）照审查意见通过。

二、主席提议，关于肉业公会代表黄成等因不服广州市政府，对于肉业公会请求撤销附加猪牛羊卫生建设费一案之处分，提起诉愿到府，现经秘书处派员审查，作成决定书，再送金、李两委员审查，拟具意见送复，应如何办理，请公决案。

（议决）照审查意见通过。

三、建设厅呈缴广东全省港务管理局改编新增经费支付预算书，请核准分别存转案。

（议决）准备案。

四、教育厅据省立编印局呈，请修葺藏版楼及购置版架需费共四千一百一十六元八角等情，据准在本年度教育临时费项下移拨，连同原缴预算图说，请核示遵案。

（议决）照准。

五、广州市政府呈，据社会局呈缴所属第三赠医施药处二十二年度预算出〔每〕月份清表，请察核备案。

（议决）准备案。

六、金、李两委员会复，审查琼崖民有荒地承垦暂行章程一案，拟具意见，请公决案。

（议决）照审查意见通过。

广东省政府第六届委员会
第三百五十一次议事录

民国二十四年一月四日　星期五

出席者　林云陔　金曾澄　林翼中　黄麟书　胡继贤　李禄超　
　　　　何启澧
列席者　刘纪文　谢瀛州　陆幼刚
主　席　林云陔
纪　录　陈广澧

报告事项

一、民政厅呈，据测量队第十一队呈，第二分队十二月迁站费，请在第二期测量队节存项下拨支等情，经令复照准，请察核备案。

二、建设厅呈，据造船厂筹备处呈，请核准在该处九、十两月份余存经费项下，拨支八月份技正薪俸等情，似可照准，惟事关拨用不同月份余存经费，请核指遵。

三、西南政务委员会令，发惩治疯人妨害风化暂行条例，仰知照，并转饬所属一体知照。

四、教育厅呈，据省立小学教员训练所呈，请将每月经费不敷之项，与同月节余之项，彼此流用等情，请核指遵。

五、广东省银行呈缴董事会第四十五次会议录，连同十月份营业统计书，及贷借对照表，请察核。

讨论事项

一、教育、财政厅呈复，核议琼崖抚黎专员，拟在黎境设立学校，请每年援助经费一万七千元一案，似应准自二十四年春季起，由省库补助，惟本年度应在教育临时费项下拨支，下年度再列入预算，当否，请核指遵案。又琼崖抚黎专员呈，为前拟在黎境设立学校，请每年拨助经费一万七千元一案，现拟请在省立第六师范预算之经费一万零九百五十六元移拨，请核示遵案。

（议决）准在第六师范黎人教员训练班余款拨给，不足之数，由教育临时费项下开支。

二、教育厅呈，据省立第十中学校呈，请拨款三千一百三十五元四角，修葺膳堂盥漱所等情，拟请准由教育临时费项下照拨，连同原缴预算书，请核指遵案。

（议决）照准。

三、广州市政府呈缴工务局及宾馆音乐队二十三年度预算提前开支月份清表，请察核备案。

（议决）准备案。

四、广东省银行董事会董事林翼中等呈，为任期届满，请另行派员接替案。

（议决）派林翼中、金曾澄、李禄超连任省立广东省银行董事。

五、广州市政府呈缴卫生局追加扩充卫生区经临费二十三年度岁出预算书，请核转备案。

（议决）照转。

广东省政府第六届委员会
第三百五十二次议事录

一月八日　星期二

出席者　林云陔　金曾澄　林翼中　胡继贤　区芳浦　何启澧
　　　　　黄麟书　李禄超

列席者　刘纪文　陆幼刚

主　席　林云陔

纪　录　陈广澧

报告事项

一、民政厅呈报，刊印救济失业华侨纪实一书，印刷费共七百二十九元三毫，经援案在本厅所存账〔赈〕款项下开支，请察核备案。

二、民政厅呈，据廉江县呈缴风雨灾情调查表，请察核赈济等情，已在赈款项下，提拨一千元，交县散赈，请察核备案。

三、建设厅呈，据新会县民吴绍德请承领县属第九区土名右单蹄山等处荒地，合将备查一联缴请备案。

四、建设厅呈，据梅县县民李直等请承领县属第十二区土名茅窝坑、朱给士坑等处荒地，合将备查一联缴请备案。

五、建设厅呈，据潮安县民曾元之等请承领县属第三区土名沟嘴岭等处荒地，合将备查一联缴请备案。

六、建设厅呈缴广东饮料厂二十三年每月份预算书，请察核指遵。

七、教育厅呈，据宝安县具缴教育局长沈起英履历表、证书影片等情，请核明加委。

八、教育厅呈，据番禺县具缴教育局长雀〔崔〕耀祖履历表，请核明加委。

九、教育厅呈，据仁化县具缴教育局长练秉琦履历表、证书影片等件，请核明加委。

十、监督整理三铁路委员会呈缴二十三年十一月份核各〔查〕粤汉南段、广九两路进付款月报表，请察核。

十一、监督整理三铁路委员会呈缴二十三年十一月份检查粤汉南段、广九两路现金报告表，请察核。

十二、西村士敏土厂呈报，河南分厂二十三年一月至四月暨五、六两月份制造费支出数目，间有超过预算，拟在燃料费结存数，互相流用，请察核指遵。又建设厅呈，据西村士敏土厂呈同前情。

十三、教育厅呈，据省立第四中学校呈缴职员周石如事略，请核发养老年金四百二十元等情，应予照准，除发给证书外，请察核备案。

十四、建设厅呈，据西村士敏土厂呈缴二十三年五月份制造费各节目流用数表，及支出数比较增减表，请察核。

讨论事项

一、第一集团军总司令部函送广东全省地方警卫队干部训练班经常费、开办费预算书，计经常费二千六百零二元五角五分，开办费一万六千五百一十三元五角九分，请令财政厅，如数给领案。

（议决）照办，本年度由预备金项下开支，下年度列入预算。

二、建设、财政厅会复，核议中区绥靖委员呈，拟设立实业局，缴具章程，请援案借拨基金一案情形，请核指遵案。

（议决）缓办。

三、教育厅呈，据省立第二中学校呈缴二十三年度经常费支付预算书，计列二万二千零二十元，对比超列本年度该校经费二千零二十元，此款拟请由省教育临时费项下拨足，当否，请核指遵案。

（议决）照准。

四、教育厅呈，据省立第一师范学校，请拨款五千九百七十元零三毫二仙，为安装电灯发动机泵水机等各项费用等情，拟请准予在教育临时费项下，照数拨给，当否请核指遵案。

（议决）照准。

五、主席提议，关于潘××因不服广州市政府撤销核准保留×××××街地段一案之处分，提起诉愿到府，现经秘书处派员审查，作成决定书，再送金、李两委员审查，拟具意见送复，应如何办理，请公决案。

（议决）照审查意见通过。

六、主席提议，关于梁××因新会县政府处分××公路边坦地一案，不服财政厅所为之决定，提起再诉愿到府，现经秘书处派员审查，作成决定书，再送李、胡两委员审查，拟具意见送复，应如何办理，请公决案。

（议决）照审查意见通过。

七、广东省银行行长沈载和呈，为任期届满，请迅予派员接任，俾便交替案。

（议决）派该员继续连任。

八、略。

九、民政厅提议，陵水县县长林文柏，拟予调省，送军事政治学校政治深造班训练，遗缺拟以澄迈县县长关兆祥调署；递遗澄迈县县长缺，拟以考试及格县长马骏千试署，请公决案。

（议决）照委。

广东省政府第六届委员会
第三百五十三次议事录

一月十一日　星期五

出席者　林云陔　金曾澄　林翼中　黄麟书　胡继贤　李禄超
　　　　　区芳浦　何启澧
列席者　刘纪文　陆幼刚
主　席　林云陔
纪　录　陈广澧

报告事项

一、财政厅【呈】，拟定救济土油厂治标治本办法，请察核备案。

二、财政厅呈报，沙田登记费减征，再展期六个月，请察核备案。

三、建设厅呈，据蚕丝改良局呈报，办理第二缫丝厂情形，抄同订租顺德县第一区古楼堡绍成公司丝厂合约，请察咳指遵。

四、建设厅呈，据肥田料厂筹备处呈缴磷肥厂安装机器、购置机件杂物费用概算表，转请察核指遵。

五、建设厅呈，据新会县民吴贤德等请承领县属第九区，土名官冲乡后椅环山等处荒地，合将备查一联，缴请备案。

六、中区绥靖委员呈缴二十三年十一月份工作报告表，请察核。

七、西北区绥靖委员呈缴二十三年十月份工作报告书，请核存转。

八、国货推销处呈报，二十三年十二月二十五日至三十一日，继续支拨营造场糖款，及桔水费数目，请察核备案。

讨论事项

一、广州市政府呈，据卫生局呈缴市立医院二十三年度经常费预算，提前开支数目表，拟从二十三年十二月起，根据新预算报销等情，似可准予照办。请察核备案。

（议决）照准。

二、广州市政府呈缴市立银行二十二年度追加法律顾问费岁出预算书，请察核备案。

（议决）准在该行节存项下开支。

三、广州市政府呈，据公用局呈缴海珠桥二十二年度电灯费提前开支数目清表，请援案在预算未核定前，提前关〔开〕支，并从实行开支之月起，根据预算额报销等情，似属可行，请察核备案。

（议决）准备案。

四、财政厅呈缴汕头市立第七小学校二十三年度追加岁出概算书，请核指遵案。

（议决）照准。

五、教育厅呈，据省立第一女子师范学校，请拨款三万九千九百八十三元一毫，修建礼堂课室等情，拟请准在教育临时费项下，如数拨给，连同原缴估价单，请核指遵案。

（议决）照准。

广东省政府第六届委员会
第三百五十四次议事录

一月十五日　星期二

出席者　林云陔　金曾澄　林翼中　黄麟书　胡继贤　李禄超
　　　　　区芳浦　何启澧
列席者　刘纪文　谢瀛洲　陆幼刚
主　席　林云陔
纪　录　陈广澧

报告事项

一、民政厅呈，据鹤山县呈，拟议自治人员，被控吸食鸦片调验费用负担办法，查系为杜绝滥告起见，似可准予照办，请察核指遵。

二、建设厅呈，据本厅技士方干谦呈报调查琼崖矿产情形，连同报告书，转请察核备案。

三、财政、建设厅会呈，核议西北区绥靖委员，电拟将移垦局裁撤，归并实业局，请增拨经费一案，现本年度预算，不敷甚巨，未便增拨，拟仍照案补助五百元，请核饬遵。

四、财政厅呈报，沙田旧照减成报承一案，拟继续展限六个月，至本年六月底止，请察核指遵。

五、财政厅呈报，关于清理各县积欠旧粮，仍继续补充欠法办理情形，请察核备案。

六、建设厅呈缴茂信公路鉴江桥管理人员暨月支监理费预算表，请察核备案。

七、建设厅呈，据南路省道第一行车管理处呈，请于冬防期内，招护车队十名，以资保护等情，经函总部核办，并令县派拨警队，协同保护，抄同原缴各表，请察核备案。

八、建设厅呈，据合浦县具缴建设局长施大銮履历表，转请核赐任命。

九、民政厅呈，为新编第五、第六两期测量队开办费，拟请准在各队节存经费项下拨支，请核指遵。

十、民政厅呈报，合浦县前次风水灾情惨重，拟再由赈款项下，提拨三千元，交县散赈，请察核备案。

十一、广州市政府呈，据社会局呈缴修正映片审查征费暂行办法，请察核备案。

十二、广州市政府呈缴广州市电力整理委员会第十四次会议录，请察核分别存转备案。

十三、国货推销处呈缴二十三年十二月份许可证、允许证、报换许可证等月报表，请察核。

讨论事项

一、教育厅呈，据省立第三农业学校，请拨款五千元建筑农场畜舍，及各项设备等情，拟准由本厅教育临时费项下，如数拨给，请核指遵案。

（议决）照准。

二、广州市政府呈，据土地局呈缴提前开支二十三年度临时费数目表，请准在各款预算未核定前，提前开支，仍从实行开支之月起报销等情，似属可行，请察核备案。

（议决）照准。

三、民政厅呈，据连阳化瑶局呈缴增设化瑶特务队经费预算书，开办购置士兵服装文具用具预算表，枪枝子弹表，请核准将该队经费每月一百六十元拨发，并转函总司令部，拨给枪械案。

（议决）照准。本年度经费，由民政厅节存项下开支。

广东省政府第六届委员会
第三百五十五次议事录

一月十八日　星期五

出席者　林云陔　金曾澄　林翼中　胡继贤　李禄超　区芳浦

何启澧

列席者 刘纪文 陆幼刚

主　席 林云陔

纪　录 陈广澧

报告事项

一、西南政务委员会令，据广东军事政治学校，请于广东各县市教育局局长资格内，增加"第七条，曾在广东军事政治学校深造班普通组毕业者"一条，应予照准，仰转饬遵照。

二、民政厅呈，为各县市局，如有筹设平民医院，或救济院，请厅捐助者，拟一律在赈款项下捐拨二百元，当否仍候指遵。

三、财政厅呈，据龙川县补缴川华公路川蓝段路公司章程切结，请呈转豁免钱粮等情，加具本厅印结，请核准照额豁免。

四、建设厅呈，据督理南路公路专员呈，为安山公路，高桥驳岸，砌筑石坡工程，拟雇工自行办理，在预算内核实报销等情，请核指遵。

五、建设厅呈缴改编案办各工厂预算书，请核存转。

六、建设厅呈，据恩平县民龚子亨等请承领县属第五区，土名长坑山等处荒地，合将备查一联，缴请备案。

七、建设厅呈，据纺织厂呈缴总务部主任余朝杰、丝织部主任王建侯，制丝部主任周奕甸三员履历，转请核赐任命。

八、建设厅呈，据农林局呈缴防除牛瘟运动技正韩耀萱履历，转请核赐任命。

九、广州市政府呈，据自来水管理处呈报，二十二年度第一款至第四款临时费提前开支数目表，拟在预算未核定前，由实行开支之月起报销等情，似属可行，请察核备案。

十、国货推销处呈，据省营蔗糖营运商姚植芳呈报，调查参议员宋匡时控告南路缉私分处受贿放私案，及整理该属分销商情形，请察核。

讨论事项

一、财政厅呈，为本厅候审所囚粮，二十三年度原编预算，不敷支给，兹拟每月追加三百元，请核准备案，转函审计处查照案。

（议决）照准。

二、广州市政府呈，据公用局呈缴二十三年度提前开支经费数目表，请援案由实行开支之月份起，根据新预算额报销等情，似属可行，请察核备案。

（议决）照准。

三、主席提议，关于高要县第一区景福围围董龙竞持等因请求豁免以本围七十二鱼埗埗租款年缴广东省立第四师范学校学费一案，不服教育厅之处分，提起诉愿到府，经由秘书处派员审查，作成决定书，再送金、李、胡三委员审查，拟具意见送复，应如何办理，请公决案。

（议决）照审查意见通过。

四、民政厅呈，据连阳化瑶局呈，拟依土地征收法，征收吴怡怡堂承买之旧中府衙门地址，为建筑新局之用，拟具土地征收计划书，及图说，请转呈核准等情，似应照准，请核示遵案。

（议决）交连县县长依法收用。

广东省政府第六届委员会
第三百五十六次议事录

一月二十二日　星期二

出席者　林云陔　金曾澄　林翼中　胡继贤　李禄超　区芳浦
　　　　何启澧　黄麟书
列席者　刘纪文　谢瀛洲　陆幼刚
主　席　林云陔
纪　录　陈广澧

报告事项

一、民政厅呈复，奉交核办吴川县呈，准县参议会函，转请拨款赈灾一案，拟由赈款项下，提拨一千元，交县散赈，请察核备案。

二、民政厅呈，据南海县呈缴土地局增设测绘课经费支付预算书，请察核备案。

三、民政厅呈缴调厅服务碎部测量员，每月薪旅费支付预算书，及测量队编余图根员等薪水预算书，拟在各队节存经费项下开支，不另请领库款，请核准存转备案。

四、财政厅呈，据缉私处呈，请将该处现存各月节存经费，移作修舰之用等情，似可照准，请核转审计处备案。

五、财政厅呈缴二十三年七月份省库收支结算表，请核转备案。

六、建设厅呈，据顺德县蚕业改良实施区总区呈，请建筑各分区，简易模范蚕室，建筑工料费用，拟在实施费项下拨支，应否照准，请核示遵。

七、建设厅呈缴广东饮料厂筹备处开办费预算书，请核指遵。

八、广东省立勷勤大学呈缴追加军训经费岁出预算书，计共一万九千四百六十元，请核指遵。

九、略。

十、广西李总司令、白副总司令、黄主席真电复，谢惠赈灾黎。

十一、开平县呈转开平赤坎东埠筑堤委员会会议录，请察核备案。

十二、国货推销处呈缴上海分处二十四年一目至十二月岁出预算，请察核。又秘书处签复，修改上海及汕头分处组织章程，请核示。

十三、教育厅长黄麟书呈报，于一月十七日出发南路视察学务，出巡期内，日常事务，交由主任秘书黄希声代拆代行，请察核。

讨论事项

一、广东高等法院函送本院各监所二十三年度预算数目表，请照案核定，自二十四年一月份起施行，并令财厅，分饬库县，按月拨给经费案。

（议决）查案照办。

二、民政厅呈，据新会县呈转土地局，拟于本年三月一日，试征江门市地税，并拟照人民登记时所填申报书现值，推算税额等情，谨核拟转呈察夺案。

（议决）交财政厅审查。

三、主席提议，关于李××等因台山县政府展拓县城市区征收铺地一案，不服建设厅所为之决定，提起再诉愿到府，经由秘书处派员审查，作成决定书，再送胡、金、李三委员审查，拟具意见送复后，应如何办理，请公决案。

（议决）照审查意见通过。

四、主席提议，关于黎耀墀等因不服建设厅核准高明县政府裁撤该县建筑公路委员会之处分，提起诉愿到府，经由秘书处派员审查，作成决定书，再送胡、金、李三委员审查，拟具意见送复，应如何办理，请公决案。

（议决）照审查意见通过。

五、主席提议，关于杜益谦等因异议合成公司报承水坦一案，不服财政厅所为之处分，提起诉愿到府，经由秘书处派员审查，作成决定书，再送金、李两委员审查，拟具意见送复，应如何办理，请公决案。

（议决）照审查意见通过。

六、财政厅呈，据顺德县请奖调查田亩出力人员一案，现拟拨二十三年临时地税总额百分【之】零【点】一五，为特别有成效各县奖金，其他各县，能在二十四年三月底以前改税者，仍得酌予以百分【之】零【点】一奖金，俾免向隅，至该县请予保奖梁廷任、郑学韩二员，应如何核奖之处，并请示遵案。

（议决）照准，至顺德县请奖调查田亩得力人员，俟将来汇案办理。

七、教育厅呈，为推行义务教育起见，拟再择贫瘠县份十县，依照前定广东省补助贫瘠县份义务教育经费暂行办法，补助每县增设初给〔级〕小学校二间，请核准施行案。

（议决）照准。

八、教育厅呈，据省立第一职业学校呈缴临时设备费预算书，共计九千二百元，拟请由本厅临时费项下，如数拨给案。

（议决）照准。

广东省政府第六届委员会
第三百五十七次议事录

一月二十五日　星期五

出席者　林云陔　金曾澄　林翼中　黄麟书　胡继贤　李禄超
　　　　　区芳浦　何启澧
列席者　刘纪文　陆幼刚
主　席　林云陔
纪　录　陈广澧

报告事项

一、财政厅呈，据缉私总处呈，拟添置电轮四、五艘，每艘价约六千元，拟在该处修舰预备费开支等情，核与原预算案数目，亦无出入，似可照准，请核准转函审计处备案。

二、财政厅呈缴广东全省缉私总处，增编税警十小队，二十三年度临时服装各费预算书，计共一万八千七百四十四元，拟在总预算内财政各杂费项下开支，请核准备案。

三、建设厅呈，据新会县民区祝庭等请承领县属第六区土名冬瓜山等处荒地，合将备查一联缴请备案。

四、建设厅呈，据新会县民吴敬隐等请承领县属第九区土名岐林山等处荒地，合将备查一联缴请备案。

五、建设厅呈，据高要县民李履谦等请承领县属第四区土名犁坑等处荒地，合将备查一联缴请备案。

六、西北区绥靖委员公署，呈报组设曲英阳乳军警联防剿匪委员会缘由，抄同会议录，请察核备案。

七、建设厅呈报，东路省道行车管理处经理林炜耀调省，另委刘奋翘接充，并增委关倬为副经理，暨改定经理薪水各缘由，请察核备案。

八、建设厅呈报，核准远东公司承建纸厂、工程师宿舍、修机厂、货仓、贮纸仓工程缘由，连同合约章则，请察核备案。

九、监督整理三铁路委员会呈缴二十三年十二月份检查粤汉南段、广九两路现金报告表，请察核。

十、国货推销处呈缴糖业部二十三年十二月份营业总结表，请察核备案。

十一、国货推销处呈缴士敏土部二十三年十二月份营业总结表、代理销土表、特价销土表、零沽销土表，请察核备案。

讨论事项

一、教育厅呈复，奉发核议林汉阳留学比国，请资助公费一案，可否准予一次过拨助毫洋三千元之处，请核指遵案。

（议决）照准，在教育临时费项下拨支。

二、建设厅呈复，审核从化南路小海一合土桥工程图则预算一案，经核实减为三万八千五百三十一元二毫，请察核办理案。

（议决）准列入二十四年度预算。

三、主席提议，关于梁×××因××公司承领×××岗地一案，不服广州市政府所为之决定，提起再诉愿到府，经由秘书处派员审查，作成决定书，再送金、李、胡三委员审查，拟具意见送复，应如何办理，请公决案。

（议决）照审查意见通过。

四、教育厅提议，拟在汕头筹办省立水产科职业学校一所，自本学期起，派员筹备，于二十四年度学年开始时开办，请公决案。

（议决）照办，由教育、建设两厅筹备。

广东省政府第六届委员会
第三百五十八次议事录

一月二十九日　星期二

出席者　林翼中　金曾澄　胡继贤　区芳浦　黄麟书　何启沣
　　　　李禄超
列席者　刘纪文　陆幼刚

主　席　林翼中（代）

纪　录　陈广澧

报告事项

一、民政厅呈报，现任警官训练所，拟定本年二月一日成立，所长一职，并拟由厅长兼任，请核加委，暨颁发关防启用。

二、建设厅呈，据化学工业厂硫酸部呈缴改编二十三年下半年度硫化铁矿采运费支付预算书，请察核指遵。

三、建设厅呈，据广南船厂呈缴二十四年度岁出预算书，及二十四年一月份支付预算书，查核总散相符，请察核分别存转。

四、建设厅呈，据新会县民谭星等请承领县属第五区土名后岗等处荒地，合将备查一联，缴请备案。

五、建设厅呈，据翁源县民欧阳毓珍等请承领县属第一区土名大垠子等处荒地，合将备查一联缴请备案。

六、建设厅呈，请照准确定五羊牌，为省营各工业出品专用商标，所有市面上制售各项商品，一律不得袭取五羊牌作商标，由职厅严禁取缔，俾免与省营各工业出品发生影射。

七、财政厅呈缴煤油营业税总处二十三年九月至十一月份调查油底临时费预算书，拟在财政各杂费项下开支，请核准备案，转函审计处查照备案。

八、广州市政府呈缴二十三年度提前开支临时费数目清表，请察核备案。

九、琼琼〔崖〕绥靖委员公署呈缴二十三年八、九两月份工作报告书，请察核。

十、建设厅呈复，核议广东政治研究会函送提倡家庭手工业，以提高社会生产力，及救济失业计划大纲修正草案，尚属妥善，似应采择施行，请察核指遵。

讨论事项

一、广州市政府呈，据自来水管理处呈缴追加二十三年度临时费预算书，查核总散相符，请察核备案。

（议决）准备案。

二、主席提议，关于马××等因与马××争承××山地一案，不服财政厅处分，提起诉愿到府，经由秘书处派员审查，作成决定书，再送胡、金、李三委员审查，拟具意见送复，应如何办理，请公决案。

（议决）照审查意见通过。

三、主席提议，关于郭××等因不服建设厅划分陆丰县属×××地锡矿矿区之处分，提起诉愿到府，经由秘书处派员审查，作成决定书，再送金、李、胡三委员审查，拟具意见送复，应如何办理，请公决案。

（议决）照审查意见通过。

四、主席提议，关于廖××因不服民政厅划分关于增城县第一区东康、鹤岭两乡乡界之处分，提起诉愿到府，经由秘书处派员审查，作成决定书，再送金、李、胡三委员审查，拟具意见送复，应如何办理，请公决案。

（议决）照审查意见通过。

广东省政府第六届委员会
第三百五十九次议事录

二月一日　星期五

出席者　林云陔　金曾澄　林翼中　黄麟书　胡继贤　李禄超
　　　　　区芳浦　何启澧
列席者　刘纪文　陆幼刚
主　席　林云陔
纪　录　陈广澧
报告事项

一、建设厅呈缴广东造船厂筹备处钻探黄埔船厂地基工程费支付预算书，请核指遵。

二、建设厅呈缴二十三年八月份下半月工作报告表，请察核。

三、财政厅呈缴二十三年四月份行政报告书，请核存转。

四、广州市政府呈缴二十三年八月份行政报告，请察核。

五、广州市政府呈缴二十三年九月份行政报告，请察核。

334

六、广州市政府呈缴修正审查征费暂行办法，请察核备案。

七、广东省会公安局呈报，奉总司令部令，饬办理统一本市民办消防机关情形，请察核备案。

八、广东省会公安局呈，拟订购警用汽车七辆，共价港币一万四千三百五十九元，连同价目单，请核指遵。

九、广东省银行呈缴董事会第四十六次会议录，及二十三年十一月份营业统计书，暨对照表，请察核。

讨论事项

一、财政厅呈，据三水县呈，拟设县金库，缴具组织规程，收储支解办法，暨表式，请核准等情，经交经济设计委员会分别修正，拟准该县设立试办，并饬各县参酌办理，请察核备案。

（议决）准备案。

二、广州市政府呈缴自动电话管理委员会二十三年度提前开支经费数目清表，请察核备案。

（议决）准备案。

三、建设厅呈，据西村士敏土厂呈缴征选工程实习生章程，转请察核指遵案。

（议决）交建设厅拟具划一各工厂征选工程实习生章程呈核。

四、教育厅呈，准广东童子军事业整委会函，请拨款四百元，为整理经费，似应照准，拟由教育临时费项下拨给，请核指遵案。

（议决）照准。

五、民政厅提议，翁源县县长陈定策，拟予调省，送广东军事政治学校训练，遗缺以考试及格县长何银生试署，请公决案。

（议决）照委。

六、主席提议，准中山训政委员会电，请加委杨子毅为中山县长，应否加委，候公决案。

（议决）照委，在杨县长未到任以前，该县政务，暂由财政局长吴志强护理。

广东省政府第六届委员会
第三百六十次议事录

二月五日　星期二

出席者　林云陔　金曾澄　林翼中　黄麟书　胡继贤　李禄超
　　　　区芳浦　何启澧
列席者　刘纪文　陆幼刚
主　席　林云陔
纪　录　陈广澧

报告事项

一、财政厅呈，据煤油总处呈缴五邑检查所海晏分所开办费预算书，计一百五十元，核与前缴各属改组开办费数目相符，似可准予照列，请核准备案。

二、民政厅呈，据临高县呈报，该县风灾，请拨款赈济等情，经在赈款项下，拨给一千元散赈，请核准备案。

三、民政厅呈，据汕头市长呈缴秘书黄敬履历表，转请察核委任。

四、建设厅呈，据化学工业厂苛性钠部筹备处呈缴改善石灰窑铁梯图则等件，查属可行，请察核备案。

五、建设厅呈，据中山县民盛万生请承领县属第五区土名横尾龙等处荒地，合将备查一联，缴请备案。

六、建设厅呈，据开平县具缴建设局长王季明履历，转请察核任命。

七、建设厅呈缴二十三年八月份上半月工作报告表，请察核。

八、民政厅呈缴二十三年十月份行政报告书，请核存转。

九、民政厅呈，为编印广东省地方自治工作概况汇编一书，印刷费一千四百六十三元，拟在本厅各项结存经费项下开支，请察核准备案。

十、教育厅呈，据和平县呈缴教育局长黄其鉴履历表，转请察核加委。

十一、教育厅呈，据澄迈县呈缴教育局长王永旋履历表，转请察核加委。

十二、教育厅呈，据新丰县呈缴教育局长潘沛霖履历表，转请察核加委。

十三、广东省银行呈报，董事会议决裁撤东兴办事处，改在惠阳设立东江办事处，以东兴原日经费，为东江开支，请察核指遵案。

讨论事项

一、建设厅呈，据港务局呈，拟将航海学校学生修业时期，延长半年，请转呈准将一成五附加费，展征至本年年底止等情，请核指遵案。

（议决）该班毕业期间，准延长半年，附加费收至该班毕业时为止。

二、教育厅呈，据广东省体育委员会呈，请拨款三千九百四十五元四角五分，修筑会所等情，查该所年久失修，倒塌堪虞，拟请由教育临时费项下拨给案。

（议决）照拨。

三、教育厅呈，据省立第四师范学校呈，请拨款九千元，建筑附小校舍等情，拟由教育临时费项下拨给案。

（议决）照拨。

四、略。

五、主席提议，关于冼××等因不服民政厅对于高要县第三区高弟、小槎两乡界争执一案划分之处分，提起诉愿到府，经由秘书处派员审查，作成决定书，再送李、金、胡三委员审查，拟具意见送复，应如何办理，请公决案。

（议决）照决定通过。

六、主席提议，关于袁翰香因控自来水管理处员司渎职一案，不服广州市政府处分，提起诉愿到府，经由秘书处派员审查，作成决定书，再送金、李、胡三委员审查，拟具意见送复，应如何办理，请公决案。

（议决）照决定通过。

七、主席提议，关于黄×等因与王××争花县×××等处荒山一案，不服建设厅决定，提起再诉愿到府，经由秘书处派员审查，作成决定书，再送金、李、胡三委员审查，拟具意见送复，应如何办理，请公决案。

（议决）照审查通过。

广东省政府第六届委员会
第三百六十一次议事录

二月八日　星期五

出席者　林云陔　金曾澄　林翼中　胡继贤　李禄超　何启沣
　　　　区芳浦

列席者　刘纪文　谢瀛洲　陆幼刚

主　席　林云陔

纪　录　陈广澧

报告事项

一、建设厅呈缴钨矿专营惠州专员兼办东江矿务事宜办事处二十三年度下半年及二十四年度经费支付预算书，暨提要书，请核指遵。

二、建设厅呈，据西村士敏土厂呈报，河南分厂雇员潘镜荪，因病身故，请援案给予一次过三个月恤金一百五十元等情，应否照准，请核指遵。

三、建设厅呈，拟设立北路干线工程处，规划建筑北路各干线入市公路，并请以结束韶坪公路工程处经费，拨充北路干线工程处经费，请核指遵。

四、建设厅呈，据曲江县民林协记等请承领县属第四区土名剩鸡坑、桥头岭等处荒地，合将备查一联，缴请备案。

五、教育厅长呈报，出发西江视察各县学务，厅务交主任秘书黄希声代拆代行。

讨论事项

一、民政厅呈，据曲江县呈报，拟择定韶州市内九成南路，土名牛屎塘侧旁，胡、罗二姓菜地，依土地征收法征收为改建屠场地址等情，应否准予照办，请核指遵案。

338

（议决）准依法征收。

二、教育厅呈，据省立第二农业学校呈，请拨款三千零九十元，为修缮设备费等情，拟准由教育临时费项下照数拨给，请核指遵案。

（议决）照准。

三、广东省调查统计局呈，拟设统计工作人员函授训练所，于各县所属各科局职员中，遴选学习，拟具组织章程，办事细则简章办法，请核指遵案。

（议决）交金、胡两委员审查。

四、主席提议，关于赵再华因维新公司承办郊外长途汽车搀夺搭客一案，不服广州市政府决定，提起再诉愿到府，经将案送金、胡、李三委员审查，核定办法，交由秘书处，作成决定书，请公决案。

（议决）照审查意见通过。

五、主席提议，关于司徒发就因不服教育厅呈奉核准开平赤坎、长沙、水口三埠电灯附加二成教育费一案之处分，提起诉愿到府，经由秘书处派员审查，作成决定书，再送胡、金、李三委员审查，拟具意见送复，应如何办理，请公决案。

（议决）照审查意见通过。

六、教育厅呈报，省立第三中学校校长张燊林，调广东省立小学教员训练所服务，遗缺委本厅督学孔宪瑗调充；又省立第一女子中学校校长林宝权，调充本厅督学，遗缺委李粹芳接充；又省立第五中学校校长钟高光，另候任用，遗缺委黄金佑接充；又省立第一农业学校校长廖迪雍，另候任用，遗缺委刘其铭接充，连同各校长履历，请察核备案。

（议决）如呈办理。

七、广州市政府呈缴财政局二十三年度预算，提前开支经费数目表，请察核备案。

（议决）准备案。

八、广州市政府呈缴平民宫第一劳工安集所经费，二十三年度提前开支数目清表，请察核备案。

（议决）准备案。

九、建设厅呈，据蚕丝改良局呈缴筹办南海县蚕丝业改良实施分区组织计划大纲，暨经临费预算书，核与顺德县实施分区成案，大致相符，惟事关动支公帑，请核指遵案。又建设厅呈，据蚕丝改良局呈缴筹办中山县杬镇蚕丝改良实施分区组织大纲，暨经临费预算书，核与顺德县蚕业改良实施分区成案，亦属相符，惟事关动支公帑，请核指遵案。

（议决）准照办。

广东省政府第六届委员会
第三百六十二次议事录

二月十二日　星期二

出席者　林云陔　金曾澄　林翼中　黄麟书　胡继贤　区芳浦
　　　　何启澧　李禄超
列席者　刘纪文　陆幼刚
主　席　林云陔
纪　录　陈广澧

报告事项

一、西南政务委员会令，据呈报，将管理化学肥田料办法，及施行细则，暨处罚规则取消一案，经报告本会第一五七次政务会议，决议照准备案在案，仰即知照。

二、民政厅呈，为本厅测量队第一队至三十五队改编后，应添置器具费用，计每队一百七十元，拟在测量队节存经费项下开支，请核准备案。

三、财政厅呈报，省河机窑烧煤制砖行召费，定本年二月十日起，责由广州市水陆筵席捐花捐附加费办事处代收代缴，仍照核定原案，办至本年七月止，即行裁撤，请察核备案。

四、建设厅呈缴蕉岭县立第一模范林场追加预算书，该预算由地方款项下拨支，计全年一千四百四十元，请察核分别存转。

五、建设厅呈缴广东纺织厂职员请假规则，暨职工请假规则，请察核。

讨论事项

一、财政厅呈，为拟议提前办理二十四年度省地方概算，所有各机关第一级概算，应于二十四年二月二十八日以前送递到厅，汇编提审，倘逾限仍不送编，其经费则照核定旧额开支，将来总预算案一经确定，事后无论提出何项理由，一概不得追加，请核明准予通令遵办案。

（议决）照准限三月十五日以前送递到厅。

二、建设厅呈，据农林局呈，荐李象元为该局水产系技正，连同履历表，请察核委任案。

（议决）照委。

三、广州市政府呈缴自来水管理处二十三年度经临各款提前开支数目表，请察核备案。

（议决）准备案。

四、广州市政府呈缴工务局追加市府合署增加各项额外工程费，二十三年度岁出临时费预算书，请察核备案。

（议决）准备案。

五、主席提议，琼崖抚黎专员撤销，抚黎事宜，仍交民政厅办理，关于琼崖公路事宜，暂交绥靖委员办理，请公决案。

（议决）照办。

六、主席提议，将本年植树节费用，拨罗浮公园购苗造林，本府植树式，与广州市府合并举行，请公决案。

（议决）照办。

广东省政府第六届委员会
第三百六十三次议事录

二月十五日　星期五

出席者　林云陔　金曾澄　林翼中　李禄超　区芳浦　何启澧
　　　　　黄麟书
列席者　刘纪文　陆幼刚

主　席　林云陔

纪　录　陈广澧

报告事项

一、西南政务委员会令，据审计处呈，拟议审核执行制裁办法，嗣后凡有已受本处审核通知，逾限延不答复，及剔除之款未遵案返纳，经催促三次后，仍不遵办者，对于该机关，拒绝核准支付命令，以资制裁等情，经报告本会第一五六次政务会议照准，仰遵照，并转饬所属遵照。

二、建设厅呈，据顺德蚕业改良实施总区呈，请将两龙、容桂两分区节存项下拨充实施费用等情，经指令照准，请察核备案。

三、建设厅呈，据蚕丝收〔改〕良局呈缴第一蚕种制造场原种饲育特约组合规则，查核大致尚无不合，请核察备案。

四、建设厅呈，据花县县民谭兰甫请承领县属第三区土名鳅鱼岭等处地，合将备查一联缴请备案。

五、财政厅呈缴二十三年三月份行政报告书，请核存转。

六、民政厅呈缴二十三年九月份行政报告书，请核存转。

七、琼崖绥靖委员公署呈缴二十三年六、七两月份工作报告书，请察核。

八、教育厅呈，据开平县具缴教育局长伍英发履历表，转请核明加委。

九、参议会函，为本会于二月十五日举行第二次常会，请查照。

讨论事项

一、主席提议，关于郑××因与郑××等争承潮阳县属土名×××××处溢坦一案，不服财政厅决定，提起再诉愿到府，经由秘书处派员审查，作成决定书，再送胡、金、李三委员审查，拟具意见送复，应如何办理，请公决案。

（议决）照审查意见通过。

二、民政厅呈缴主任秘书朱念慈、第二科科长吕拔、第七科科长慕容清履历，请察核任命案。

（议决）照委。

三、建设厅呈缴恩平金矿经理办事处追加经常费支付预算书，请察核指遵案。

（议决）照准。

四、教育厅提议〈书〉，据广东省体育委员会呈，拟于本年四月内，举行全省第十三次运动大会，请拨款一万七千元等情，拟仍照核定预算一万元之数拨发，请公决案。

（议决）准照预算拨一万元。

广东省政府第六届委员会
第三百六十四次议事录

二月十九日　星期二

出席者　林云陔　金曾澄　林翼中　黄麟书　李禄超　何启澧

列席者　刘纪文　陆幼刚

主　席　林云陔

纪　录　陈广澧

报告事项

一、西南政务委员会秘书处函，关于取销代领恤金规定一案，经奉饬交第一集团军总司令部议复办法，报告本会第一五三次政务会议，决议准如所议办理在案，希查照办理。

二、建设厅呈，据蚕丝改良局呈缴桑枝制纸第二期试验成绩报告书，及样本等件，请核转等情，请察核。

三、财政厅呈报，将护沙队第三营，全营拨给两广盐运使公署指挥调遣缘由，请察核备案。

四、财政厅呈，拟订各县临时地税征收处主任或征收员保证办法，请察核备案。

五、财政厅呈缴二十三年五月份行政报告书，请核存转。

六、中区绥靖委员呈缴二十三年十二月份工作报告表，请察核。

七、西北区绥靖委员呈缴二十三年十一月份工作报告表，请察核。

八、广州市政府呈缴二十三年十月份行政报告，请察核。

九、广州市政府呈,据工务局呈,关于气象台建筑道路及平场工程,请免予开投,由该局雇工购料办理等情,似应照准,请核转备案。

十、胡委员继贤呈,准治河会函,请往汕接洽筑堤事宜,定本月十三日出发,约一星期,请察核。

十一、监督整理三铁路委员会呈缴二十三年七月份粤汉南段、广九两路购料收料月报表,请察核。

十二、监督整理三铁路委员会呈缴二十三年十二月份核签粤汉南段、广九两路进付款月报表,请察核。

十三、国货推销处呈报士敏土部二十四年一月份营业状况,暨缴月报表,请察核。

十四、监督整理三铁路委员会呈缴二十四年一月份检查粤汉南段、广九两路现金报告表,请察核。

十五、财政厅长函呈,因事还乡两天,省务会议未能出席,请察核。

讨论事项

一、主席提议,关于朱×因状请将大兴里第××号厕所发还,改建住宅一案,不服广州市政府之批示,提起诉愿到府,经由秘书处派员审查,作成决定书,再送金、李两委员审查,拟具意见送复,应如何办理,请公决案。

(议决)照审查意见通过。

二、建设厅呈复,核议南山移垦委员会所缴盘岱公路桥梁设计图,及工程预算表,大致尚无不合,惟预算总值,应减为九万三千七百元二毫七四〔仙〕,连同原发各图表,请察核办理案。

(议决)照准列入二十四年度预算。

三、教育厅呈缴修正广东考选国外留学公费生暂行规则,请核指遵案。

(议决)准备案。

四、番禺县呈,拟具番禺县沙田建设新农村租用土地暂行办法,请先予核准,俾便着手组织新农村案。

(议决)原则通过,办法交秘书处修正。

广东省政府第六届委员会
第三百六十五次议事录

二月二十二日　星期五

出席者　林云陔　金曾澄　林翼中　黄麟书　胡继贤　李禄超
　　　　　区芳浦　何启澧

列席者　刘纪文　谢瀛洲　陆幼刚

主　席　林云陔

纪　录　陈广澧

报告事项

一、建设厅呈报，保护民营实业委员会成立日期，连同会员名单，请察核备案。

二、建设厅呈缴广东饮料厂筹备处二十四年度上下两半期岁出经常费预算书，请核指遵。

三、广州市政府呈，据卫生局呈缴二十三年度追加扩充各卫生区事务所经费预算，提前开支数目表，请察核备案。

四、建设厅呈缴西江矿务专员办事【处】编制及预算表，请察核指遵。

讨论事项

一、教育厅呈复，关于整理中等教育一案，拟具实施办法三项，请察核指遵案。

（议决）修正备案。

二、教育厅呈，拟订广东省各级学校，及教育机关交代暂行办法，请察核施行案。

（议决）准备案。

三、财政厅呈复，核议新会县，拟试征江门市地税，照人民登记所填申报书现值推算税额一案，似应仍饬依照顺德呈准宅地调查办法，以期全省一致，请察核案。

（议决）照办。

四、教育厅呈，拟具广东省立体育专科学校计划书，及开办经常各费预算书，请察核指遵案。

（议决）照准，经费由体育委员会体育实验区暑期体育训练班原有经费移拨。

五、主席提议，关于卢××等与李××等因互争化县【县】属土名×××等处荒地，不服财政厅决定，各自提起再诉愿一案，经由秘书处派员审查，作成决定书，再送李、金两委员审查，拟具意见送复，应如何办理，请公决案。

（议决）照审查意见通过。

广东省政府第六届委员会
第三百六十六次议事录

二月二十六日　星期二

出席者　林云陔　金曾澄　林翼中　胡继贤　李禄超　区芳浦
　　　　　何启澧　黄麟书
列席者　刘纪文　谢瀛洲　陆幼刚
主　席　林云陔
纪　录　陈广澧

报告事项

一、财政厅呈，据江门分金库呈，以催收员兼任视察，办事困难，应否加委，及酌加办公费等情，经饬分别归并，照章增给旅费额，并将兼任一职撤销，请察核备案。

二、建设厅呈，据顺德蚕业改良实施区总区呈报，更正总区办事处等工程图则预算，请核等情，经予照准，请察核备案。

三、建设厅呈报，与中国电气股份有限公司，订购播音台机器缘由，连同合约图式，诸察核备案。

四、建设厅呈报，关于修筑凤凰冈至南石头马路一案，自以由工务局办理较为便利，经将负担之筑路费五千元，连前工务局送厅之五千元，送工务局查收，请察核备案。

五、教育厅呈，据省立民众教育馆，请将该馆每月不敷之款，与节余之款，彼此流用等情，似可照准，请核指遵。

六、粤汉铁路南段管理局呈报，粤汉铁路第二次三局联席会议，定期二月十五日在本局举行，请察核备案。

七、广州市政府呈，据教育厅呈报，市立第三中学校及第三职业学校迁移校址，拟增设特警，并请将购置物品修缮工程等，免予开投，转请备案由。

讨论事项

一、建设厅呈，拟改善东路省道行车管理处组织，及组织材料代办所，以资整理缘由，连同组织章程，预算规则等，缴请察核备案。

（议决）材料代办所缓设，余照备案。

二、建设、民政厅会呈，遵令选商修理省参议会会址，以景生公司取价毫银四千一百五十元为最低，经签订合约，计需追加预算一千三百四十三元二毫七仙，请核准令饬财政厅照数拨交建厅转给案。

（议决）照准。

三、财政厅呈，编具钱粮改征临时地税，应在税款开支各项经费计划预算书，请察核备案。

（议决）准备案。

四、财政厅呈，为本厅二十二年八月至二十三年六月份，支过印制煤油营业税证票各费，不敷五千一百五十余元，拟请准在二十二年度临时门预备金项下开支，请核准备案，并转审计处查照案。

（议决）准备案。

五、财政厅呈，拟发行民国二十四年短期金融库券四百万元，请核赐备案公布案。

（议决）照准。

六、主席提议，关于黄××因与刘××等争承台山县属×××山坦一案，不服财政厅所为之决定，提起再诉愿到府，经由秘书处派员审查，作成决定书，再送金、李两委员审查，拟具章见送复，应如何办理，请公决案。

（议决）照审查意见通过。

七、民政厅提议，拟拨款项及划分等级发款，俾各属迅速成立救济院及平民医院各缘由，请公决案。

（议决）照拨。

广东省政府第六届委员会
第三百六十七次议事录

三月一日　星期五

出席者　林云陔　金曾澄　林翼中　胡继贤　李禄超　区芳浦
　　　　　何启澧　黄麟书
列席者　刘纪文　陆幼刚
主　席　林云陔
纪　录　陈广澧

报告事项

一、建设、教育厅会呈，关于在汕开办省立水产科职业学校一案，拟加入汕市长翟宗心为筹备委员，请核示遵。

二、民政厅呈，据省地方自治工作人员训练所呈，拟自行安装自来水机，共需银三万二千七百五十二元五毫零六文，水机一项，拟交礼和洋行代购，建筑一项，仍招商投承，均在职所经费历月节存项下开支等情，请核准备案。

三、教育厅呈，据省立民众教育馆呈，拟将民众保健院，改在罗浮山附近择地建筑，似属可行，请核指遵。

四、建设厅呈，据新会县民赵卓旋等请承领县属第九区土名薄刀口山等处荒地，合将备查一联缴请备案。

五、建设厅呈，据新会县民吴襄谷等请承领县属第九区土名网山等处荒地，合将备查一联缴请备案。

六、财政厅呈缴二十三年八月份收支结算表，请核转备案。

七、广州市政府呈缴婴孩寄托所二十三年度临时费提前开支数目表，请察核备案。

八、国货推销处呈缴糖业部二十三年十一月份营业总结表，请察核备案。

讨论事项

一、财政厅呈复，关于琼崖绥靖署请拨给琼崖疯院口粮一案，应否照拨，请核指遵案。

（议决）每名伙食减为二元，由省库补助一元，照人数实销实报。

二、建设厅呈，据西村士敏土厂呈缴二十匹年度制造费管理费岁出预算书，营业岁入预算书，新机制造费管理费岁出预算书，营业岁入预算书，暨河南分厂管理费制造费岁出预算书，查核各数，散总相符，请察核备案。又西村士敏土厂监理呈请将办事规则第八条修改，准予援照蔗糖营造场监理室组织成例，增加职员，分担验收等工作，开列员额等级薪俸表，请核示遵案。

（议决）照准，照秘书处审查意见办理。

三、广州市政府呈缴广州市新电厂筹备委员会追加二十三年度经费临时费预备费岁出预算书，请察核备案。

（议决）准备案。

四、建设厅呈报，各前任保管琼崖赈灾余款，收买琼崖全属公路费办理经过情形，及拟将该款拨付为办理琼崖建设事业，请核办示遵案。

（议决）照秘书处签拟意见办理。

广东省政府第六届委员会
第三百六十八次议事录

三月五日　星期二

出席者　林云陔　金曾澄　林翼中　胡继贤　区芳浦　黄麟书
　　　　何启澧

列席者　刘纪文　陆幼刚

主　席　林云陔

纪　录　陈广澧

报告事项

一、西南政务委员会令，据缴省地方二十三年度岁入岁出概算书，及另款岁入岁出概算书，并缴补第一级概算书，经交预算委员会审查，分别议决，报告本会第一五八次政务会议照办在案，仰知照。

二、民政厅呈，据本厅测量队第二十三队，请发给搬迁费二百九十三元六毫，经准在本厅第三期测量队节存经费项下支给，请察核备案。

三、建设厅呈，请令行财厅，将韶坪公路工程处经费，由三月份起，拨充北路干线工程处经费，以资应用。

四、建设厅呈报，关于筹设十五基罗华德无线电播音台一案，查该机器价款，及筹备处一切经费，均须继续付给，拟由职厅暂行垫支，将来在收入项下拨还抵解，请察核备案。

五、建设厅呈，拟〔据〕生丝检查所呈请，自二十二年以后，支出报销，在九成经费数额内，准予移项流用等情，请核准，并行财厅转函审计处查照。

六、建设厅呈请，函令各机关，凡得照特价购用五羊牌士敏土者，均以通案每桶七元五毫，每包五元缴价，并非照原价七五折扣，以免误会。

七、建设厅呈，据制纸厂筹备处呈缴技士李青相履历，转请察核加委。

八、教育厅呈报，第四次全省教育会议，收支计算书，除原定预算外，计透支七百四十九元九毫一仙，请准由本厅临时费项下拨发归垫。

九、教育厅呈，据曲江县呈缴教育局长徐叔孟履历，转请察核加委。

十、教育厅呈缴二十三年八月份行政报告书，请核转备案。

十一、广东省合作事业委员会呈缴二十三年度推行合作事业报告书，请核示遵。

十二、国货推销处呈，请将国货推销处改名为广东省营产物经理处，以正名义。

十三、财政厅呈报，本厅裁撤直辖南番沙田登记处后，归并本厅第二科办理，所有添员及开支增加经费，共二百五十二元，拟在财政厅各杂费项下开支，请核准备案，转函审计处查照。

十四、财政厅呈，为民国二十四年短期金融库券，拟改为三月十一日发行，请备案公布。

十五、勷勤大学呈，据工学院呈，请将增加陶瓷玻璃两室试验费，及增设助教工役等薪工，在二十三年度教员薪奉〔俸〕盈余项下支销等情，似可照准，请核准拨支。

讨论事项

一、教育厅呈，据省立第二师范学校，请拨款五千一百六十二元，建设中山纪念堂，及图书馆等情，似可准予在教育临时费项下拨支，连同估价单图则，请核指遵案。

（议决）照准。

二、广州市政府呈，据工务局呈缴追加市立气象台改造仪器室，及开筑道路与平场工程费，二十三年度岁出预算书，转请察核备案。

（议决）准备案。

三、主席提议，关于陈奕因不服建设厅核准黄捷源补领潮阳县属苏安山石矿矿区执照一案，提起诉愿到府，经由秘书处派员审查，作成决定书，再送胡、金、李三委员审查，拟具意见送复，应如何办理，请公决案。

（议决）照审查意见通过。

广东省政府第六届委员会
第三百六十九次议事录

三月八日　星期五

出席者　林云陔　金曾澄　林翼中　黄麟书　胡继贤　李禄超
　　　　　区芳浦　何启澧
列席者　刘纪文　谢瀛洲　陆幼刚
主　席　林云陔
纪　录　陈广澧

报告事项

一、建设厅呈缴潮汕渔业管理所二十三年十一月迁移管理所临时费支付预算书，请核存转。

二、建设厅呈，据张佐朝等呈缴张族狮子岗义坟迁葬领费册，请照给迁葬费，以备购地置塔等情，自应照案给费迁葬，请察核备案。

三、建设厅呈，据清远县具缴建设局长黄连才履历，转请核赐任命。

四、粤汉铁路南段管理局呈，为前与黄道强批租乌石矿山一座，开采石料应用，订明以一年为期，现因批期届满，拟继续租用，检同山批合约，请查核备案。

讨论事项

一、广州市政府呈缴宾馆安装电泵汽古造热水箱工程费二十三年度岁出预算书，请核转备案。

（议决）准备案。

二、民政厅呈复，核议琼崖抚黎专员，经奉议决撤销，黎务局只系临时组织，似不如一并撤销，另就黎人居住区域，增设乐安、保亭、白沙三县治，并于新市霸王峒，分设佐理员办事处二所，每县一次过拨给建筑费一万元，每月拨助五百元，行政费每县每月各一千七百元，连同章表，请察夺施行案。

（议决）原则通过，原拟办法及章程预算，交区、黄两厅长，谢院长审查。

广东省政府第六届委员会
第三百七十次议事录

三月十二日　星期三〔二〕

出席者　林云陔　金曾澄　林翼中　黄麟书　胡继贤　李禄超
　　　　区芳浦　何启澧
列席者　刘纪文　陆幼刚

主　席　林云陔

纪　录　陈广澧

报告事项

一、西南政务委员会令，据呈，林公直勉治丧处请补助坟园建筑费一案，经提出本会第一六〇次政务会议决议，交该省政府拨给葬费一万元在案，仰即遵照。

二、民政厅呈报，派遣乡镇里自治训导员，同时出发各县，训练乡镇里自治人员，连同派遣办法，及姓【名】区域表等件，请察核备案。

三、民政厅呈报，更正广东省乡镇里自治训导员姓名区域表，请察核备案。

四、广州市政府呈缴二十三年十一月份市库收支结算表，请核存转。

五、广东省银行呈缴董事会第四十八次会议录，连同二十三年十二月份营业统计书，及贷借对照表，请察核。

六、琼崖抚黎专员呈，为前向琼崖路款保委会，在路款项下，借出大洋四百五十元，作黎教班学生赴黎区学校川资之用，刻本署奉令撤销，前项借款，恳请在黎区学校经费项下拨发，或在该会路款项下，准予注销备案。

七、建设厅呈缴修正广东省配合完全化学肥田料章则，暨定本年为试办配合时期，并规定印证收费解款办法各缘由，请察核公布施行。

讨论事项

一、教育厅呈，据省立民众教育馆，请拨款六千五百元，为临时修建设备费等情，似可准在教育临时费项下照拨，请核指遵案。

（议决）照准。

二、财政厅、高等法院、市政府会呈，奉发台山县民黄××等与刘××等争承台山县属羊婆荫山场，不服决定，提起再诉愿一案，经分别派员会同审查完竣，拟具决定书稿，请鉴核指遵案。

（议决）照审查意见通过。

三、民政厅提议，乳源县县长谢崧举呈请辞职，拟予照准，遗缺以考试及格县长区荣星试署；紫金县县长曾锡纯呈请辞职，拟予照准，遗缺以考试及格县长林建略试署，请公决案。

（议决）照准。

广东省政府第六届委员会
第三百七十一次议事录

三月十五日　星期五

出席者　林云陔　金曾澄　林翼中　黄麟书　胡继贤　李禄超
　　　　　区芳浦　何启澧
列席者　刘纪文　陆幼刚
主　席　林云陔
纪　录　陈广澧

报告事项

一、广东省参议会函，为本会参议员钟超如提议，各县行政囚粮，应全数由省库支拨，以减轻地方负担案，经本会第二次常会决议，照原案修正通过在案，录案请查照办理。

二、广东省参议会函，为本会参议员林樾华提议，咨请省府查明曾受水旱风灾匪患之县区，缓征或辖〔豁〕免旧粮，以恤灾黎案，经本会第二次常会决议修正通过在案，录案请查照办理。

三、财政厅呈报，契税减征，由二十四年三月十六日起，至九月十五日止，全省各县市，一律再继续展期六个月，列表请察核备案。

四、建设厅呈，为本厅二十三年度经费移项流用，拟仍照二十二年度核准成案办理，请察核备案，令行财厅知照，并转审计处查照。

五、建设厅呈报，垫支省府合署建设经费缘由，请察核备案，并将建筑合署经费，列入二十四年度预算，一俟核定，即行如数拨还归垫。

六、建设厅呈，据第一蔗糖营造场呈，拟将第二蔗糖营造场场址，改在霞村，较为适宜等情，请察核备案。

七、建设厅呈缴肥田料厂汕头办事处预算表，请察核指遵。

八、建设厅呈缴肥田料厂筹备处二十四年全年度预算书，请察核指遵。

九、建设厅呈缴广东造船厂筹备处改编二十四年度岁出预算书，请察核指遵。

十、广州市政府呈，据工务局呈缴临时费二十三年度预算开支月份清表，请准提前开支，根据新预算额报销等情，似可照准，请察核备案。

十一、东区绥靖公署呈缴二十三年一年来工作概况，请察核。

十二、番禺县呈报，划定县属第一区鱼窝头附近沙田五千亩，为建设新村区域，请察核备案。

讨论事项

一、民政厅呈，据吴川县呈复，查明关于维持该县原有自治区域一案情形，应否暂准照原定九区办理之处，请察核指遵案。

（议决）照办。

二、建设厅呈，据琼崖实业局呈，请转呈维持琼崖民有荒地承垦暂行章程第九条原文等情，请核指遵案。

（议决）准维持该章程第九条原文。

三、财政厅呈，为农业垦荒，向归职厅主管，兹核西北区所拟移垦办法，与垦荒条例，及附属细则，颇多不符，且该办法等，关于领荒开垦，并无规定缴纳保证金及地价，而开垦证书由局填发，尤与厅办主旨不合，究应如何核办之处，请核指遵案。

（议决）交胡、李两委员审查。

四、教育厅呈，据省立第六师范学校，请拨款五千九百九十三元二毫，建筑男生宿舍等情，拟准由本年度教育临时费项下拨给四千元，余由该校暂时挪支，至二十四年度再行拨给归垫，请核指遵案。

（议决）照准。

五、教育厅呈，据省立第七中学校呈，请拨款二百五十元，完成本校体育场，并加建阅兵台一座等情，拟请由教育临时费项下照拨，请核指遵案。

（议决）照拨。

六、广州市政府呈缴修正牙科医师招收生徒章程，请察核备案。

（议决）准备案。

七、广州市政府呈缴音乐队追加搬迁费二十三年度岁出预算书，请察核备案。

（议决）准备案。

八、主席提议，关于许章等因不服民政厅对于高明县第二区会一、会二两乡因乡界争执一案划分之处分，提起诉愿到府，经由秘书处派员审查，作成决定书，再送胡、金、李三委员审查，拟具意见送复，应如何办理，请公决案。

（议决）照审查意见通过。

九、主席提议，关于麦国兴因广州市工务局限期拆除私搭上盖一案，不服广州市政府所为驳回诉愿之决定，提起再诉愿到府，经由秘书处派员审查，作成决定书，再送李、金、胡三委员审查，拟具意见送复，应如何办理，请公决案。

（议决）照审查意见通过。

十、教育厅呈，据德庆县请附加悦城龙母祝捐，抵补县立中学不敷经费等情，事属可行，请核示遵案。

（议决）照准。

广东省政府第六届委员会
第三百七十二次议事录

三月十九日　星期二

出席者　林云陔　金曾澄　黄麟书　区芳浦　何启澧　林翼中
　　　　李禄超
列席者　刘纪文　谢瀛洲　陆幼刚
主　席　林云陔
纪　录　陈广澧
报告事项

一、广东省参议会函，为本会参议员黄蕃提议，请政府改善警卫后备队训练方法，俾免妨碍农工职业案，经提出第二次常会议决，照原案送政府酌量办理在案，录案请查照办理。

二、广东省参议会函，为本会参议员钟卓凡提议，请撤销戒烟室，以期逐渐杜绝烟毒案，游君寿提议，请先将贫瘠县份，实行禁绝鸦片，以树风声案，经提出第二次常会并案决议，照审查意见通过在案，录案请查照办理。

三、民政厅呈，据罗定县转据修筑城东北河防基围委员会，请依照议决案，拨款修筑城基等情，请核指遵。

四、财政厅呈报，旧洋文报纸，由本月九日起，照现行税率加倍征收，请察核备案。

五、建设厅呈，拟举办火柴限期登记，禁设新厂，以维工业，请核准转饬财厅知照，会同办理。

六、建设厅呈，据广州市橡胶业同业公会呈缴限制本省橡胶制鞋厂产额暂行办法，请备案，布告周知等情，应准如所拟办理，请察核备案。

七、建设厅呈，据梅县县民朱其楷等请承领县属土名田子尾等处荒地，合将备查一联，缴请备案。

八、建设厅呈，据曲江县呈缴建设局长梁振寰履历，转请察核任命。

九、财政厅呈，据新会属东南沙田征收员，呈请变更新会春耕日期情形，请察核备案。

十、教育厅呈，据省立民教馆，转据国乐研究会，请将节存经费约六百余元，并入开办费数内照实开支等情，似可照准，请核指遵。

十一、教育厅呈，据连山县呈缴教育局长李易周履历，转请核明加委。

十二、广州市政府呈缴教育局所管经训研究班提前照新预算开支经费表，请察核备案。

十三、广州市政府呈，据工务局呈复，计制石牌中山公园住宅区，经已设计完竣等事情，查核大致尚合，惟原定道路宽度过狭，经饬改为干路宽度十六公尺，次要道宽道〔度〕十公尺，请察核。

十四、广东粮食调节委员会呈，为编就广东粮食问题一书，拟印二千本，共需银三百九十八元，请准在本会办公费预算项下，按月挪支列报。

十五、广东调查统计局呈缴二十三年八月至二十四年一月止,六个月工作报告书,请察核备案。

十六、广东省营产物经理处呈缴士敏土部二十四年二月份营业月结表,请察核。

十七、广东省营化学工业厂硫酸部呈报,开始开采英德硫化铁矿情形,请察核备案。

十八、广州区第一蔗糖营造场呈报,收用市头民地,凡一百二十九亩三分七厘三毫三丝,共该银一万三千零一十九元六毫八仙,经布告各业户备领地价,请察核备案。

讨论事项

一、财政厅呈,拟再增发短期金融库券面额二百万元,请核赐备案公布案。

(议决)照准。

二、教育厅呈,拟于本年七月举行全省秋季中等学校毕业会考,计需费一万五千四百七十六元,请准令行财厅,由本厅本年度临时费项下拨给案。

(议决)照准。

三、主席提议,关于尹池因开设中央理发店与理发行必恭堂发生纠纷一案,不服民政厅所为之决定,提起再诉愿到府,经由秘书处派员审查,作成决定书,再送金、李、胡三委员审查,拟具意见送复,应如何办理,请公决案。

(议决)照审查意见通过。

四、主席提议,关于吴裕民等因不服民政厅关于高明县第二区太和第二、第三两乡,因乡界争执一案,划分之处分,提起诉愿到府,经由秘书处派员审查,作成决定书,再送李、金、胡三委员审查,拟具意见送复,应如何办理,请公决案。

(议决)照审查意见通过。

五、主席提议,关于卢政铨等因不服财政厅对于洋纸专税承商大同公司欠饷案,查封永泰纸店之处分,提起诉愿到府,经由秘书处派员审查,作成决定书,再送胡、金、李三委员审查,拟具意见送复,应如何办理,请公决案。

358

（议决）照审查意见通过。

六、教育厅呈，据广东省体育委员会呈，请拨款六千七百四十七元七角，建造排篮球场观众活动座位等情，查所需工料银太巨，拟准由教育机关学校修建购置设备费项下，拨给五千元，请核指遵案。

（议决）照准。

七、教育厅呈，据省立第六中学校，请拨款三千零五十元，购置图书仪器等情。拟由本年度各教育机关学校修建等临时费项下，照数拨给，请核指遵案。

（议决）照准。

八、广州市政府呈缴播音台追加临时费二十三年度岁出预算书，请核准备案。

（议决）准备案。

九、教育厅提议，本年度拟援照前例，考选欧美留学公费生十名，留日公费生二十名，连同一览表，请公决案。

（议决）准派欧美留学生十名，日本留学生十名。

广东省政府第六届委员会
第三百七十三次议事录

三月二十二日　星期五

出席者　林云陔　金曾澄　林翼中　李禄超　区芳浦　何启澧
　　　　　黄麟书
列席者　刘纪文　陆幼刚
主　席　林云陔
纪　录　陈广澧
报告事项

一、西南政务委员会令，据呈，拟将所有入口化学肥田料，须先报明农林局领证，方许入口等情，应予照准，除分令财政特派员，广东各海关监督，暨国立中山大学外，仰即知照。

二、广东省参议会函，为参议员钟超如提议，本省政府颁订全省所属机关团体学校，服用国货通则，通饬依照切实服用国货，以资提倡，而收实效案，经本会第二次常会决议，照审查意见修正通过在案，录案请查照办理。

三、广东省参议会函，为参议员廖强方提议，请改良人力车公司之组织，及车夫之生活，以恤苦力案，经本会第二次常会决议，照原案修正通过在案，录案请查照办理。

四、广东省参议会函，为参议员林永宏提议，拟咨请省政府，严令各县县长，照章任用各科局长员额数，并发足各长员薪金案，经本会决议通过在案，请查照办理。

五、广东省参议会函，为参议员黄郁周提议，整理人寿储蓄等会，以杜流弊案，经本会第二次常会决议通过在案，录案请查照办理。

六、广东省参议会函，为参议员胡锡朋提议，拟设立县调解委员会，以补区乡镇调解委员会，及法院附设调解处所不及案，经本会第二次常会决议通过在案，录案请查照办理。

七、广东省参议会函，为参议员卢寿椿提议，拟请本省最高军政机关，通令全省军队学校，及一切农工场所慈善机关，凡设备西医药之处，酌量增设国医国药案，经本会第二次常会决议修正通过在案，录案请查照办理。

八、广东省参议会函，为参议员周振德提议，禁绝娼妓，以维人道，而正风化案，经本会第二次常会决议修正通过在案，录案请查照办理。

九、广东省参议会函，为参议员麦振锴提议，取缔西医诊症，不得用暗号代药名，应以处方笺交求诊者，自由购药，并严密审查西医资格，以重民命案，经本会第二次常会决议，照审查意见通过在案，录案请查照办理。

十、广东省参议会函，为参议员颜菊泉提议，请省府转函第一集团军总司令部，严禁防军不得滥受民词，处理行政司法案件，以维法纪案，经本会第二次常会决议修正通过在案，录案请查照办理。

十一、财政厅呈，据煤油税汕头分处呈，拟增租办公地址，该租款请由原定办公费项下流用等情，似可照准，请察核备案。

十二、建设厅呈，据纺织厂呈缴二十三年度十月至十二月制造费岁出预算书，暨支付预算书，请分别存转等情，审核大致尚无不合，经予照准，请核指遵。

十三、建设厅呈缴纺织厂二十四年度管理费岁出预算书，及一月份支付预算书，请察核指遵。

十四、建设厅呈，据恩平县民陈玉池等请承领县属第四区土名龙舟山等处荒地，合将备查一联，缴请备案。

十五、省立勤勤大学呈报，本校参加省第十三次运动大会经费，未有列入预算，拟在各学院二十三年度节存经费项下酌拨应用，请核指遵。

十六、西北区绥靖委员呈，据职区实业局呈，拟将每月经常结余款项，拨充临时费，实销实报等情，查核尚属可行，请察核备案。

十七、监督整理三铁路委员会呈缴二十四年二月份检查粤汉南段、广九两路现金报告表，请察核。

十八、广东省营产物经理处呈报糖业部二十四年二月份省营糖品营业状况，制具营业总结表，请察核备案。

十九、秘书处签呈，查广东省国货推销处，现经改为广东省营产物经理处，关于该处与各项章则有关系之名称，似应一律修正，并略加补充，以符事实。

讨论事项

一、建设厅呈复，核议清远县请拨款补助建筑清潭公路源龙段，及花佛公路龙鳌段，纲〔钢〕筋三合土桥梁一案情形，请察核办理案。

（议决）准先行筹建经费，列入二十四年度预算。

二、建设厅呈缴保护民营实业委员会二十三年度三月至六月份岁出概算书，请核指遵案。

（议决）照准。

三、南山移垦委员会呈，请提前发给盘岱公路筑路费，或追加二十三年度预算，以应支付案。

（议决）准先借支一万元，并饬将经过及未完工程情形呈报，再行核办。

四、秘书处签呈，查省营工业会计规则第二十三条，与公营事业人

361

员保障暂行条例第七条，略有不同，应否加以修正，敬候核示案。

（议决）照修正。

广东省政府第六届委员会
第三百七十四次议事录

三月二十六日　星期二

出席者　林云陔　金曾澄　林翼中　胡继贤　李禄超　区芳浦
　　　　　何启澧　黄麟书
列席者　刘纪文　谢瀛洲　陆幼刚
主　席　林云陔
纪　录　陈广澧

报告事项

一、广东省参议会函，为本会第二次常会，冯参议员少强提议，请政府切实保障人民开办垦殖及矿区案，经议决修正通过在案，录案请查照办理。

二、广东省参议会函，为本会第二次常会，王参议员建民提议，请严令申诫各县公安分局，不得滥用职权，并罚款应用五联印收，及将罚款数目公布案，经议决通过在案，录案请查照办理。

三、广东省参议会函，为本会第二次常会，王参议员昌枬提议，拟请政府实施筹办翁江水力电厂计划，以发展工业案，经议决通过在案，请查照办理。

四、广东省参议会函，为本会第二次常会，劳参议员先鞭提议，拟请政府筹办全省蚕丝统制，以复兴粤丝救济农村案，经议决通过在案，录案请查照办理。

五、广东省参议会函，为本会第二次常会，缪参议员任梁提议，请政府重申前令，严饬所属，切实禁止公务人员吸食鸦片案，经议决修正通过，送省府办理在案，录案请查照办理。

六、广东省参议会函，为本会第二次常会，陆参议员炜提议，开采从化之煤与铁，以裕国用案，经议决照原案送省府参酌办理在案，录案请查照办理。

七、广东省参议会函，为本会第二次常会，赵参议员汉俊提议，拟请省府转请中央立法、司法两院，采择扩大自诉范围，废止检察制度，以维民权，而确保司法尊严案，经议决通过在案，录案请查照办理。

八、广东省参议会函，为本会第二次常会，宋参议员安衡提议，广东各县应积极筹办工厂，以资提倡工业案，经议决修正通过在案，录案请查照办理。

九、广东省参议会函，为本会第二次常会，吴参议员树勋等提议，请省政府确实保持民办公路专利，及民服〔股〕利益，以维政府信用，而保人民权益案，经议决修正通过在案，录案请查照办理。

十、广东省参议会函，为本会第二次常会，吴参议员梓芳提议，特别扶植足以抵抗舶来品之生产事业案，经议决通过在案，录案请查照办理。

十一、广东省参议会函，为本会第二次常会，崔参议员福祥提议，请省政府通令各县市医院，附设助产学校案，经议决修正通过之〔在〕案，录案请查照办理。

十二、广东省参议会函，为本会第二次常会，刘参议员瑞东提议，利用荒山荒地，栽种暹罗谷种，以救济农村经济案，经议决照审查意见修正通过在案，录案请查照办理。

十三、广东省参议会函，为本会第二次常会，谭参议员励余提议，设立本省警务处，以统一全省警政，而资整顿案，经议决照原案通过在案，录案请查照办理。

十四、广东省参议会函，为本会第二次常会，赵参议员汉俊提议，拟请省政府订定不动产抵押，与动产质权权利质权之暂行章程，货品抵押保管所章程，有价证券交易所章程，以救济社会经济案，经议决照原通过在案，录案请查照办理。

十五、财政厅呈报，对于未换营业证各土制煤油厂，停止发证办理情形，请察核备案。

十六、财政厅呈缴修正鹤山县属清理官田暂行办法，请察备案。

十七、建设厅呈，据东路省道行车管理处呈，以依照原日编制办理困难，拟将各股职工酌量增减，并将原定经费预算第一、二两项，彼此流用等情，似可照办，请准备案。

十八、广东省银行呈缴董事会第四十九次会议录，请察核。

讨论事项

一、教育厅呈，据国民大学校董会，请派校长吴鼎新为调查南洋教育专员等情，请核准并转呈发给官员出国护照，以便给领案。

（议决）照准。

二、广州市政府呈缴社会局第一劳工住宅管理处二十三年岁入预算书及岁出经常临时费预算书，请察核备案。

（议决）照准。

三、广州市政府呈，准治河委员会函，商拟改以车陂涌中线为黄埔港与广州市界线等由，应如何办理，请察夺指遵案。

（议决）改以车陂涌中线为界。

四、建设厅呈，据农林局呈缴广州区第二蔗糖营造场场址图，转请察核，迅予核准，以便取用案。

（议决）照准交顺德县政府，依法收用。

五、财政厅呈，准广州市商会函，请将补助商品陈列所，及国货征销场建筑费二万元，早日核拨等由，请核指遵案。

（议决）准补助一万元。

广东省政府第六届委员会
第三百七十五次议事录

三月二十九日　星期五

出席者　林云陔　金曾澄　林翼中　胡继贤　李禄超　黄麟书
　　　　区芳浦　何启澧
列席者　陆幼刚　刘纪文　谢瀛洲
主　席　林云陔
纪　录　陈广澧

报告事项

一、广东省参议会函，为本会第二次常会，曹参议员其华提议，限期完成广州市各级地方自治组织案，经议决通过在案，录案请查照办理。

二、广东省参议会函，为本会第二次常会，刘参议员焕文提议，拟请贵府通饬各县市政府，组织设计委员会，以促进三年施政计划案，经议决通过在案，录案请查照办理。

三、广东省参议会函，为本会第二次常会，林参议员永宏提议，拟咨请省府会同第一集团军总司令部，遵照中央颁布兵役法，订定本省施行条例，厉行征兵制度，以救危亡案，经议决通过在案，录案请查照办理。

四、广东省参议会函，为本会第二次常会，赵参议员汉俊提议，请革除司法积弊，以重法治案，经议决通过在案，录案请查照办理。

五、广东省参议会函，为本会第二次常会，刘参议员瑞东等提议，拟将各县市已决轻微罪案人犯，服工役抵罪，以利建设案，经议决照审查意见通过，送省府酌办在案，录案请查照办理。

六、广东省参议会函，为本会第二次常会，曹参议员其华提议，请政府裁减各县地方警卫常备队名额，以减轻人民负担案，及刘参议员焕文提议，赶紧训练各县后备队，减缩警卫常备经费，移充生产建设之用，以完成三年施政计划案，经并案议决，原则通过，送省府参酌办理在案，录案请查照办理。

七、广东省参议会函，为本会第二次常会，黄参议员传名提议，请修正县参议员及区乡镇里邻自治人员选举规则第二条，改用记名单记法案，经议决修正通过在案，录案请查照办理。

八、广东省参议会函，为本会第二次常会，陈参议员炳焕提议请政府重申前令，通饬各县，切实倡种杂粮，以备凶荒案，经议决照原案修正通过在案，录案请查照办理。

九、广东省参议会函，为本会第二次常会，周参议员颂清提议，拟请省府设立农林学艺人员养成所，造就农林人材，以助长农林事业发展案，经议决照原案通过在案，录案请查照办理。

十、广东省参议会函，为本会第二次常会，孔参议员繁枝提议，设置机关，专司指导农村水利建设，并指定专款，以供借贷案，经议决照原案，送省府参酌办理在案，录案请查照办理。

十一、广东省参议会函，为本会第二次常会，崔参议员福祥提议，请省政【府】通饬各县，切实修理人行路，以利民行案，经议决照原案通过在案，录案请查照办理。

十二、广东省参议会函，为本会第二次常会，林参议员炜燿提议，筹设各县长途电话干线，以利交通案，经议决修正通过在案，录案请查照办理。

十三、广东省参议会函，为本会第二次常会，张参议员仲绛提议，实行统一训练公务人员机关案，经议决通过在案，录案请查照办理。

十四、广东省参议会函，为本会第二次常会，张参议员仲绛提议，加紧训练各县乡镇里自治工作人员案，经议决通过在案，录案请查照办理。

十五、广东省参议会函，为本会第二次常会，陈参议员培元提议，各县市监狱，应设囚徒习艺所案，经议决通过在案，录案请查照办理。

十六、广东省参议会函，为本会第二次常会，岑参议员运鉴提议，拟请政府从速制定县市长选举法，及施行细则，并择若干县市先行选举县市长，以示还政权于民案，经议决通过在案，录案请查照办理。

十七、广东省参议会函，为本会第二次常会，梁参议员锡鸿提议，咨请本省政府，通令各属，依照监督寺庙条例，对于宗教寺庙，遵例保存，以维信教自由，而存古迹案，经议决照原案通过在案，录案请查照办理。

十八、广州市政府呈，据新电力厂筹委会呈，拟二十三年度预算未核定以前，请提前开支，根据新预算额报销等情，请察核备案。

十九、广州市政府呈缴二十三年十二月市库收支结算表，请核存转。

二十、广东省营产物经理处呈缴二十三年七月至十二月各部营业费支付预算书，请核存转。

讨论事项

一、财政厅呈缴建设厅北路干线工程处监理费预算表，计每月五千五百一十三元，请核准追加预算拨支案。

366

（议决）准列入二十四年度预算。

二、主席提议，关于谭×因不服建设厅对于国货推销处没收××公司钨矿一案之决定，提起再诉愿到府，经由秘书处派员审查，作成决定书，再送胡、金、李三委员审查，拟具意见送复，应如何办理，请公决案。

（议决）照审查意见通过。

三、主席提议，关于林伟侯因筑路派款一案，不服建设厅核定以四成缴款之处分，提起诉愿到府，经由秘书处派员审查，作成决定书，再送金、胡、李三委员审查，拟具意见送复，应如何办理，请公决案。

（议决）照审查意见通过。

四、主席提议，关于徐××及黄××等因争承中山县属土名×××西北基外、××××北基外各草坦一案，不服财政厅所为之决定，各自提起再诉愿到府，经由秘书处派员审查，作成决定书，再送胡、金、李三委员审查，拟具意见送复，应如何办理，请公决案。

（议决）照审查意见通过。

五、广东省立勷勤大学呈，拟另行划定石榴岗建校全部面积，以期减少收用民地，节省费用，连同图表，请核准令行番禺县长遵照案。

（议决）准依法收用，交番禺县政府办理。

六、教育厅呈，据广东省体育委员会呈，以第十三次全省运动大会经费，尚不敷八千元，请转省府增拨五千元等情，拟准由本厅留学经费节余项下照拨，请核指遵案。

（议决）照拨。

广东省政府第六届委员会
第三百七十六次议事录

四月二日　星期二

出席者　林翼中　金曾澄　黄麟书　胡继贤　区芳浦　何启澧
列席者　陆幼刚

主　席　林翼中（代）

纪　录　陈广澧

报告事项

一、西南政务委员会令发西南出版物编审会检查队组织规程，暨检查规则，仰知照，并转饬所属一体知照。

二、广东省参议会函，为本会第二次常会，张参议员仲绛提议，请政府尽先录用训练及格公务人员案，经议决照原案通过在案，录案请查照办理。

三、广东省参议会函，为本会第二次常会，宋参议员安衡提议，推广女子职业学校案，经议决修正通过在案，录案请查照办理。

四、监督整理三铁路委员会呈缴二十四年一月份核签粤汉南段、广九两路进付款月报表，请察核。

五、监督整理三铁路委员会呈缴二十三年八月份粤汉南段、广九两路购料收料月报表，请察核。

六、广东省参议会函，为本会第二次常会，赵参议员汉俊提议，请速定期限，厉行禁绝拍造麻雀牌，以戒酣嬉而促进励精图强之效能案，经议决修正通过在案，录案请查照办理。

七、财政厅呈，拟请将加二征收各税捐九种，自二十四年四月十五日起至十月十四日止，延长六个月，当否，请核指遵。

讨论事项

一、教育厅呈，据省立第四中学校呈，请拨给陶瓷科开办费九千元等情，拟由留学经费节余项下照拨，请核指遵案。

（议决）照拨。

二、教育厅呈，据省立第三师范学校呈，请拨给该校第一期建筑工料费三千一百一十五元零五分等情，拟由本年度各学校教育机关修建费项下照数拨给，请核指遵案。

（议决）照拨。

三、广东省调查统计局呈，拟专设总务主任一人，月薪一百六十元，自二十四年度起，列入预算开支，请核指遵案。

（议决）无庸增设。

四、建设、教育厅提议，拟将省立水产科职业学校改设汕尾案。

368

（议决）照办。

五、教育厅呈，为故前厅长黄节献身革命，有功文教，请酌给葬费案。

（议决）给营葬费三千元。

广东省政府第六届委员会第三百七十七次议事录

四月五日　星期五

出席者　林云陔　金曾澄　林翼中　黄麟书　胡继贤　李禄超　区芳浦　何启澧

列席者　刘纪文　陆幼刚

主　席　林云陔

纪　录　陈广澧

报告事项

一、广东省参议会函，为本会第二次常会，李参议员是男提议，请省政府迅速设法安置失业回国华侨案，经议决送省府酌量办理在案，录案请查照办理。

二、广东省参议会函，为本会第二次常会，张参议员国燏提议，请政府切实取缔违章额外征收门牌费用，以轻乡民负担，而杜滥索案，经议决照审查意见修正通过在案，录案请查照办理。

三、广东省参议会函，为本会第二次常会，黎参议员梓材提议，取缔各地烟赌馆招牌及地点，以肃观瞻而利施政案，经议决修正通过在案，录案请查照办理。

四、广东省参议会函，为本会第二次常会李参议员伯祥提议，请省政府从新厘定全省陆上交通规则案，经议决通过在案，录案请查照办理。

五、广东省参议会函，为本会第二次常会，邢参议员国玺提议，请省政府在洋米税项下拨款设置本省各县救旱机器，以资提倡而增生产案，经议决通过在案，录案请查照办理。

六、广东省参议会函，为本会第二次常会，黄参议员焯南提议，拟请省府通令各市县公安局对于征收房捐警费，及取缔摆街贩卖什物，设法改善，以恤贫民案，经议决照原案修正通过在案，录案请查照办理。

七、广东省参议会函，为本会第二次常会，张参议员仲绛提议，扩大地方自治宣传案，经议决照原案修正通过在案，录案请查照办理。

八、广东省参议会函，为本会第二次常会，詹参议员英烈提议，严禁军警包运私货案，经议决照审查意见通过在案，录案请查照办理。

九、广东省参议会函，为本会第二次常会，林参议员日强提议，偿还侨款以昭信用而资救济案，经议决修正通过在案，录案请查照办理。

十、广东省参议会函，为本会第二次常会，陈参议员辩惑提议，切实保障已呈准开发之矿权，对于华侨投资者，尤应特别优待案，经议决修正通过在案，录案请查照办理。

十一、广东省参议会函，为本会第二次常会，钟参议员超如提议，改善连阳化瑶方法，以宏化育而收实效案，经议决修正通过在案，录案请查照办理。

十二、广东省参议会函，为本会第二次常会，劳参议员先鞭提议，拟请取缔人造丝，保障粤丝，以挽救经济危机案，经议决照财政组审查意见，连同原案送省府办理在案，录案请查照办理。

十三、广东省参议会函，为本会第二次常会，廖参议员强方提议，请切实整理各县市教育经费，务使改〔收〕支适合以维教育案，经议决修正通过在案，录案请查照办理。

十四、广东省参议会函，为本会第二次常会，钟参议员超如建议，将本省各县插花地改归所在地之县管辖，以明统属，而便施政案，经议决照地改组审查意见修正通过在案，录案请查照办理。

十五、广东省参议会函，为本会第二次常会梁参议员锡鸿提议，咨请省府令行教育厅营造广东省教育基金林，以充实教育经费案，经议决修正通过在案，录案请查照办理。

十六、广东省参议会函，为本会第二次常会，周参议员振德提议，拟于本省各县自治区区公所在地，举办露天演讲坛，以普及平民教育案，经议决照审查意见通过在案，录案请查照办理。

十七、民政厅呈，为本厅前以省内各地时有猛虎出没伤人，迭经通令各县如人民杀毙或捕获猛虎一头，赏银五十元，此项赏金，如确系地方款不足，无法支给，似应准在正供项下支出作正开销，当否，仍候示遵。

十八、民政厅呈复，核议连阳化瑶局拟设瑶民竹木工场，及缝衣工场一案情形，请察核令遵。

十九、民政厅呈，为奉令拨款补助各县局办理救济院及平民医院一案，谨将督促办理情形，呈报察核备案。

二十、财政厅呈缴二十三年九月份收支结算表，请核存转。

讨论事项

一、财政厅呈缴新兴、罗定、仁化、阳春、乐会、陵水、万宁七县二十三年度县地方款岁入概算书，请核定施行案。

（议决）准备案。

二、教育厅呈，准广东童子军事业整理委员会函，请按月援助经费等由，本年二月十六日起，至六月三十日止，共援助一千八百元，拟在各教育机关学校修建费项下支拨，七月以后，列入二十四年度预算拨支，当否，请核指遵案。

（议决）照准。

三、教育厅呈，据省立编印局呈缴二十三年度特别费支付预算书，计共五百四十元等情，拟由本厅本年度各教育机关学校修建等临时费项下照数拨给，请核指遵案。

（议决）照准。

四、教育厅呈，据省立第十三中学校，请拨款大洋四千二百八十五元，建筑新宿舍第一期工程等情，拟由各教育机关学校修建费项下拨给，请核指遵案。

（议决）照准。

五、主席提议，关于染枝棠因不服教育厅将新会县横山沙禾虫鸭埠租款，拨归第四区私立健勋小学校之处分，提起诉愿一案，经由秘书处派员审查，作成决定书，再送金、李、胡三委员审查，拟具意见送复，应如何办理，请公决案。

（议决）照审查意见通过。

六、主席提议，关于何×因不服广州市政府，饬令工务局，督拆河南大涌口杏花直街第××号木屋后段一案之处分，提起诉愿到府，经由秘书处派员审查，作成决定书，再送李、金、胡三委员审查，拟具意见送复，应如何办理，请公决案。

（议决）照审查意见通过。

七、民政、教育厅会呈，据国医学院及附设留医院筹委会呈缴经常费预算书，计三个月共银三千四百八十九元，另一次过购置费二百元，拟准由本年度各教育机关学校修建设备临时费项下拨给，请核指遵案。

（议决）照拨。

八、财政厅呈，拟将舶来糖类捐征收章程，所抽糖类捐率，加倍征税，对于在港澳所制造之各种糖果饼饵，及洋米糖果饼饵，并课以值百抽一十五之税率，连同章程，请核指遵案。

（议决）照准。

广东省政府第六届委员会
第三百七十八次议事录

四月九日　星期二

出席者　林翼中　金曾澄　黄麟书　胡继贤　区芳浦　何启澧
列席者　陆幼刚　刘纪文
主　席　林翼中（代）
纪　录　陈广澧

报告事项

一、广东省参议会函，为本会第二次常会，王参议员昌棚提议，咨请政府增拨补助贫瘠县区义务教育及社会教育经费，以期全省教育平均发展案，经议决通过在案，录案请查照办理。

二、略。

三、广东省参议会函，为本会第二次常会，李参议员成提议，拟请省政府增加自治人员夫马费，修正各级自治机关经费标准，以利进行而宏自治案，经议决通过在案，录案请查照办理。

四、广东省参议会函，为本会第二次常会，黄参议员康平提议，改善广韶路车辆以保公共安宁案，经议决修正通过在案，录案请查照办理。

五、西南政务委员会令，据呈送修正公营事业人员保障暂行条例第七条条文，请准予修正案，经报告本会第一六四次政务会议决议，照修正通过在案，仰即知照。

六、民政厅呈，据开平县土地局，请减少或取销土地登记代收影契告白费用等情，拟嗣后凡面积不满一亩之土地，及产价不满一百元之铺屋，暨各乡村之无影相店地方，准予免缴影契，改用抄白，登报告白，并予取销，当否，仍候指遵。

七、民政厅呈，为核议各县市土地局办理土地登记，关于不相连属之土地，或田土与房屋合税一契者，如系在同在一土名之地段内，可以无须分契，准予并同一起登记，当否，仍候指遵。

八、民政厅呈复，核议连阳化瑶局拟设苗圃一案，似有设置之必要，至该局长原拟试植之棉花烟草杂粮等植物，既与育树苗本旨不符，自可饬其酌量改植，请核指遵。

九、民政厅呈，拟将广东省各县市土地局土地复测办法第六条，加以修正，请核指遵。

十、财政厅呈，拟订广九路车运税收查缉办法，请核准备案。

十一、财政厅呈报，遵令会同建设厅商议，关于惠来县竣〔浚〕筑靖海港，抽收各费一案情形，应如何办理，请核示遵。

十二、财政厅呈复，饬据阳春县查报第四、五区所属乡镇公所抽收木排捐，均系照历来成案收充警学经费等情，惟查事前均〈均〉未据列报到厅，究应如何核饬，请核示遵。

十三、建设厅呈，据制纸厂筹备处呈报，界外荒坟，经已迁葬，请将该地划入厂界，以建工程师宿舍等情，连同更正界线图，请察核备案。

十四、建设厅呈缴西村士敏土厂改编二十四年三月至十二月新机管理费岁出预算书，请核指遵。

十五、建设厅呈，据蚕丝改良局呈缴发明用化学药液炼染白胶绸样本，请核转参考等情，请察核备案。

十六、教育厅呈缴改正广东省第二届考选国外留学公费生简章，请察核备案。

十七、教育厅呈，据兴宁县呈缴教育局长罗新铭履历表及证件，转请察核加委。

十八、广东省银行呈缴董事会第五十次会议录，及本年一月份营业统计书表，请察核。

十九、广东省银行呈缴二十三年度财产目录，贷借对照表，营业发行报告书，净利分配案，损益计算书，请察核备案。

二十、广州区第一蔗糖营造场、广东省营产物经理处呈缴二十三年九月至十二月沽出桔水统计表，暨桔水类贷款收入附属表，请核准备案。

讨论事项

一、建设厅呈，拟嗣后矿商请领矿区，如矿区地面系属官荒，准予免纳官地偿金，以示鼓励，至从前商人所领矿区，仍应照旧缴纳所欠官地偿金，以免藉口，当否，请核指遵案。

（议决）照办。

二、财政厅呈复，奉发广州革命烈士坟祠园林管理委员会经费预算书，自应照拨，惟二十三年度预算，未将该会经费列入审定有案，仍请准予追加案。

（议决）准列入二十四年度预算。

广东省政府第六届委员会
第三百七十九次议事录

四月十二日　星期五

出席者　林云陔　金曾澄　林翼中　胡继贤　黄鳞〔麟〕书
　　　　　李禄超　区芳浦　何启澧
列席者　刘纪文　谢瀛洲　陆幼刚

主　席　林云陔

纪　录　陈广澧

报告事项

一、建设厅呈，据东路公路处呈复，大江桥及顺天河、白沙塘两桥工程，仍请由厅就近在省选商承办，订立合约，交由职处监理等情，请核指遵。

二、建设厅呈，据灵山县民宁领洲等请承领县属第一区土名凉粉坪岭等处荒地，合将备查一联缴请备案。

三、建设厅呈，据开平县民谭俊猷等请承领县属第七区土名龟山等处荒地，合将备查一联缴请备案。

四、建设厅呈，据潮安县民钟梦云等请承领县属土名坪岭等处荒山，合将备查一联缴请备案。

五、财政厅呈，为本厅购置加数机计算机各一架，由财政各项杂费项下开支，拟请准予专案报销。

六、财政厅呈，拟自本月二十一日起，将豆类每担改征大洋一元八角，生由〔油〕改征大洋三元五角，请察核备案。

七、民政厅呈，据警官训练所呈，请添置警士用品，需费三千二百九十元，拟在历月节存经费项下开支等情，请察核备案。

八、教育厅呈，据省立第一女子中学校呈，请将第一期建筑校舍余款，留归第二期建筑费用等情，似属可行，请核示遵。

九、广东省营产物经理处呈报，士敏土部二十四年三月份营业状况，并缴月报表，请察核。

十、财政厅、省银行会呈，拟定期本月十六日，实行将十元省券恢复十足无限制兑现，请核指遵。

讨论事项

一、财政厅呈，拟修正各属沙田征收员组织章程第七条第二项，增商店担保一项，请核指遵案。

（议决）照准。

二、广州市政府呈缴宾馆追加二十三年度电费预算书，请察核备案。

（议决）准备案。

三、教育厅呈，拟自本年七月九日起连续三星期，就省会各校军训二年级生，分区集中，实施严格之训练，需费约二万九千五百二十七元，拟将二十三年度女生救护训练费全数挪用，不敷之数，由教育机关临时修建费项下拨足，缴具办法编制表概算书，请核指遵案。

（议决）准集中训练，原拟办法，由该厅改正呈报。

广东省政府第六届委员会
第三百八十次议事录

四月十六日　星期二

出席者　林云陔　金曾澄　林翼中　黄麟书　胡继贤　李禄超
　　　　　何启澧
列席者　刘纪文　陆幼刚
主　席　林云陔
纪　录　陈广澧

报告事项

一、西南政务委员会令，据呈送修正广东省营工业组织大纲，及会计规则，暨广东省营产物经理处组织大纲，及上海、汕头两分处组织章程，经报告本会第一六五次政务会议决议"准备案"在案，仰即知照。

二、民、财政厅呈复，奉令派总部政训员赴厅服务，兹拟分别派赴各县任务，川资旅费在二十三年度岁出临时门预备金项下开支，请察核备案。

三、财政厅呈，据全省水陆缉私总处，请依照原预算服装费一万八千七百四十四元核发，实报实销等情，似可照准，请核明备案，转函审计处查照。

四、建设厅呈缴修正开采土猪岭煤矿经费预算书，请察核指遵。

五、建设厅呈，据南路省道行车管理处呈报，订购六轮车底价格，附缴合约，请准购用以利交通等情，似可准予照购，连同合约，请核指遵。

六、建设厅呈，据罗定县呈缴建设局长王君亮履历，转请核赐任命。

七、教育厅呈，据清远县具缴教育局长何雪亚履历及铨叙部甄别证，请核明加委。

讨论事项

一、广州市政府呈，据卫生局呈报，市立医院二十三年度第二款临时费，及第十款购换救护汽车临时费，拟在预算未核定前，由实行开支之月起，提前开支，根据新预算额报销等情，似属可行，请察核备案。

（议决）准备案。

二、广州市政府呈，据电力管理处呈缴追加二十三年度经常临时费预算书，查核散总相符，请核转备案。

（议决）交胡、李两委员审查。

三、胡、李两委员会复，审查西北区移垦局各项章则，与垦荒条例及其附属细则，确多抵触之处，于行政上不无窒碍，似宜交由财、建两厅，体察情势，酌予修正，务使于法无悖，于事可行，以收双方兼顾之效，是否有当，仍请公决案。

（议决）照审查意见办理。

四、主席提议，关于邓毛氏因广州市工务局督拆本市××路门牌第××号墙壁一案，不服广州市政府所为之决定，提起再诉愿到府，经由秘书处派员审查，作成决定书，再送李、金、胡三委员审查，拟具意见送复，应如何办理，请公决案。

（议决）照审查意见通过。

五、主席提议，关于梁耀屏因不服财政厅对于黄棠记瞒抗召费一案所为之处分，提起诉愿到府，经由秘书处派员审查，作成决定书，再送李、金、胡三委员审查，拟具意见送复，应如何办理，请公决案。

（议决）照审查意见通过。

六、民政厅提议，定安县县长林乔年拟予调省，另有任用，遗缺拟以电白县县长苏萍生调署；递遗电白县县长缺，拟以文昌县县长杨柱国调署；递遗文昌县县长缺，拟以琼东县县长李藻兴调署；递遗琼东县县长缺，拟以考试及格县长程云祥试署，请公决案。

（议决）照准。

七、民政厅提议，高明县县长何晏清拟予调省，另有任用，遗缺拟以赤溪县县长李光文调署；递遗赤溪县县长缺，拟以考试及格县长周怀瑛试署，请公决案。

（议决）照准。

广东省政府第六届委员会
第三百八十一次议事录

四月十九日　星期五

出席者　林云陔　金曾澄　林翼中　胡继贤　李禄超　区芳浦
　　　　何启澧　黄麟书
列席者　刘纪文　陆幼刚
主　席　林云陔
纪　录　陈广澧

报告事项

一、民、财政厅会呈，关于人民申请土地登记一案，拟变通办理，对于已设土地局之南海等十一县，凡持白契登记者，准觅保先行登记，发给假设登记收据，限三个月内补税红契，始行发给确定证，请察核备案。

二、财政厅呈报，由四月二十一日起，改正豆类及生油税率，请察核备案。

三、财政厅呈，据汕头市商库证监委会呈，拟限制领用产业，须在商业繁盛区一案，查所拟自属正当，请察核指遵。

四、财政厅呈，准海遂两属修筑洋田堤岸委员会函，请续借五万元以资接济等由，经饬库照拨，请察核备案。

五、财政厅呈，拟将二十三、四两年短期金融库券抽签费，规定每次额支二百元，在岁出预算临时门预备金项下开支，请核准备案。

六、民政厅呈复，关于钦县县党部等电请办米发县平粜一案，经在本厅赈款项下提拨一千元，交县办理，请核准备案。

七、教育厅呈，据电白县呈缴教育局长吴廷松履历表，转请核明加委。

八、广州市政府呈，据财政局呈，拟准猪捐、屠牛牛皮统税、特种娱乐捐、娱乐场院饷等四种附加收入，仿照财厅办理，延长六个月等情，应否准予办理之处，请核指遵。

九、琼崖视察团呈缴本团经济组各项调查报告，请察核。

十、第一集团军总司令部函，据湃亚士湾警备处呈，称缉获通州轮劫案匪犯及赃物，请照案给赏等情，请查照核办。

讨论事项

一、财政厅呈，据钦县呈，准该县参议会等函，请将二十三年份田亩捐暂缓一年，凡在亩捐项下应支警学各费，概由省库借垫，俟收补纳之款拨还等情，应否缓征借垫之处，请核饬遵案。

（议决）警学各费，仍由该县筹拨。所请借垫，未便照准。

二、广州市政府呈缴自来水管理处追加二十三年度第七、第八两款临时费岁出预算书，及宾馆追加购置费二十三年度岁出预算书，暨海珠桥追加二十三年度电灯费预算书，请察核备案。

（议决）照准。

三、主席提议，关于莫元体等因阳春县政府核准移设春湾市猪行地址，影响学款一案，不服教育厅决定，提起再诉愿到府，经由秘书处派员审查，作成决定书，再送李、金、胡三委员审查，拟具意见送复，应如何办理，请公决案。

（议决）照审查意见通过。

四、金、李、胡三委员会复，审查纸行、诗书等街开辟马路一案，格〔根〕据本府胡技正栋朝报告书理由，似应继续兴筑，并拟采用所拟第一办法，略加修正，是否可行，请公决案。

（议决）照审查意见通过。

广东省政府第六届委员会
第三百八十二次议事录

四月二十三日　星期二

出席者　林云陔　金曾澄　林翼中　胡继贤　李禄超　区芳浦
　　　　何启澧
列席者　刘纪文　谢瀛洲　陆幼刚
主　席　林云陔
纪　录　陈广澧

报告事项

一、财政厅呈报，旧洋文报纸入口，除照现行税率加倍征税外，兹决由本年四月二十一日起，每担增税大洋二元，请察核备案。

二、财政厅呈报，本厅派委协追卸办潮州十属防务等捐同德公司及各分商欠饷，核定每月发给薪旅费共二百七十元，拟在省地方预算财务费临时门财政各杂费项下开支，请核准备案，转函审计处查照。

三、民政厅呈报，汕头市增设自治科，每月共支薪水四百五十元，应列入该市二十四年度预算案内汇编办理，请察核备案。

四、建设厅呈，为北路干线工程处经费由三月份起至六月份止，请准追加拨付，或饬财厅先行垫支，将来在二十四年度公路建筑费预算案内北路公路费项下扣还，抑由钧府另行指定别款拨给，请核指遵。

五、建设厅呈报，西村士敏土厂收用许济羡等地段，据查复原日多属禾田，兹拟每亩给价三百元以示体恤，请察核备案。又呈报，林前任核准凡属禾田，一律给价三百五十元。

六、教育厅呈，据大埔县呈缴教育局长涂演凡履历表，请核明加委。

七、教育厅呈，据乐昌县呈缴教育局长李永楫履历表，请核明加委。

八、西南政务委员会令，据呈缴广东全省舶来糖类捐征收章程，准予备案，仰即知照。

九、广东省银行呈缴董事会第五十一次议事录，请察核。

十、广东省营产物经理处呈报，将钨矿部移交第一集团军军垦经理事务所接收情形，请察核备案。

十一、监督整理三铁路委员会呈缴二十四年三月份检查粤汉南段、广九两路现金报告表，请察核。

十二、清远县长真电寒电，又清远参议会文电，县属洪水为灾，请派员散赈。

十三、英德县长灰电，澄海县长文电，河源县长元电，县属霪雨为灾，乞赐拨款散赈。

十四、教育厅【长】呈报，出巡南路，十日内返省，厅务由主任秘书黄希声代拆代行，请察核。

讨论事项

一、琼崖绥靖委员元电，据海口市商会呈，以近来失业华侨日多，三月份支出伙食及途费大洋一千余元，原奉核拨每月毫洋三百元，不敷甚巨，请电省府加拨款等情，可否准于奉准拨还之琼崖赈灾余款项下，酌拨大宗专款，抑于每月酌加拨款，俾资办理，请核示遵案。

（议决）限于预算，未便加拨。

二、广东省会公安局呈，拟将原订征收洁净费章程取销，另订新章，请核指遵案。

（议决）交胡、李、金三委员审查。

三、秘书处签呈，现准教育厅高等法院财政厅会复，审查民政厅请将黎务局撤销，另设乐安、保亭、白沙三县治一案。查原编三县行政经费，比之现行特三等县经费，更加节缩，自应准予照支，准〔惟〕未列入预算。如在二十三年度期内设置，似应准在省地方预算临时门预备金项下开支，俟办理二十四年度预算，再行列入，至关于暂行章程，大致尚妥，如有来尽事宜，应俟实施后再行随时呈请修正等由，请鉴核指遵案。

（议决）照审查意见办理。

广东省政府第六届委员会
第三百八十三次议事录

四月二十六日　星期五

出席者　林云陔　金曾澄　林翼中　胡继贤　李禄超　区芳浦
　　　　何启澧
列席者　刘纪文　陆幼刚
主　席　林云陔
纪　录　陈广澧

报告事项

一、建设厅呈，据广州市土造火柴业同业公会呈报，拟具火柴厂登记补充办法，请核准公布施行等情，经令复照准，请察核备案。

二、建设厅呈缴飞鼠岩石矿场二十四年度岁出预算书，请核指遵。

三、建设厅呈报，于二十三年八月起，暂添设秘书一员，薪俸仍在本厅原有预算内支发〔拨〕，不另追加，请察核备案。转函审计处查照。

四、财政厅呈报，结束审查二十三年度预算委员会情形，请察核备案。

五、广州市政府呈，据公用局呈，拟修正交通规则第十章第七十四、七十五两条文，查核尚无不合，请察核备案。

六、广东省银行呈报，组织清算机关清理恒丰泰等盐馆资产情形，请察核备案。

七、广东省营产物经理处呈缴二十四年一、二、三各月份舶来土敏土发证各月报表、许可证存根等件，请察核。

讨论事项

一、财政厅呈缴汕头市市立第六小学校二十三年度下学期经费追加支出预算书，请察核指遵案。

（议决）照准。

二、主席提议，关于张耀松对于与陈振河因粮山争执一案，不服建设厅决定，提起再诉愿到府，经由秘书处派员审查，作成决定书，再送胡、金、李三委员审查，拟具意见送复，应如何办理，请公决案。

（议决）照审查意见通过。

三、主席提议，关于朱××等因承领开平县××、××等四〔处〕荒山造林一案，不服建设厅处分，提起诉愿到府，经由秘书处派员审查，作成决定书，再送金、李、胡三委员审查，拟具意见送复，应如何办理，请公决案。

（议决）照审查意见通过。

广东省政府第六届委员会
第三百八十四次议事录

四月三十日　星期二

出席者　林云陔　金曾澄　林翼中　胡继贤　区芳浦　何启澧
列席者　刘纪文　谢瀛洲　陆幼刚
主　席　林云陔
纪　录　陈广澧

报告事项

一、广东财政特派员公署函，据水陆缉私总处呈，订定限制旅客携带火柴暂行办法，转请饬属遵照，协助办理。

二、财政厅呈缴二十三年十月份省库收支结算表，请核存转。

三、建设厅呈，据广东化学工业厂硫酸部呈，拟将英德硫化铁矿经费，在该矿场二十三年下半度各月份预算不超过总额范围内，准予移项流用等情，请核指遵。

四、建设厅呈，据东路省道行车管理处呈，拟铺填惠州及水北车站地台，并建筑新作塘车站等情，抄呈预算表，请核指遵。

五、民政、建设厅会呈，修葺省参议会会址，增加工程工料费毫银一千二百四十元，未奉令饬财政厅照拨，请赐令饬拨交，以便转给承商

383

具领。

六、民政厅呈，为本厅开办第三期及第四期测量队，所需征用技术人员登报费印刷费，及搬运杂支购置等费，均拟在测量队结存经费项下开支，编造预算书，请核准备案，令行财政厅知照。

七、广州市政府呈缴广州市向导游览规则，请察核指遵。

八、南山移垦委员会呈报，自二十三年五月份起，至本年四月十五日止，补行移民登记人数，附缴表册，请核准备案。

九、粤汉铁路南段管理局呈缴粤汉铁路三局第二届联席会议纪录，请鉴核。

十、阳山县参议会呈，据县属各区先后报告水雹灾情，转请发赈拯救。

讨论事项

一、财政厅呈，准民政厅咨送，汕头市市立医院兼高级助产科职业学校二十三年度经费追加支出概算书，应否准予追加，请核指遵案。

（议决）照准。

二、教育厅呈，为举办二十四年小学教员暑期讲习会，该会经费预算，约需二千七百九十元，拟请准由本厅留学经费项下支给，连同办法大纲及预算表，请核指遵案。

（议决）准照办。

三、广东省银行呈，为职行惠阳办事处已租定处址，但须修建银仓，预算处款五千六百余元，连同图则等件，请核定，再行登报招投，兴工建筑案。

（议决）照准。

四、琼崖抚黎专员感电，关于乐安等三处黎务指导员经费，由四月份起，每月大洋五百元，应如何筹拨，乞电示。又呈，请缴本署暨所属四黎务局五月份预算书，请准饬财政厅发给案。

（议决）在县政府未成立以前，经费照旧拨支。

广东省政府第六届委员会
第三百八十五次议事录

五月三日　　星期五

出席者　林云陔　金曾澄　林翼中　黄麟书　胡继贤　区芳浦
　　　　　李禄超　何启沣
列席者　刘纪文　陆幼刚
主　席　林云陔
纪　录　陈广澧

报告事项

一、建设厅呈，据农林局荐委李锡周为该局农林经济系技正，连同原缴履历，请察核任命。

二、财政厅呈报，定本年五月五日起，依照修正"广东全省舶来糖类捐征收章程"所定税率，征缴港澳所制各种糖果饼饵，及洋来糖果饼饵，请察核备案。

三、教育厅呈缴修正广东考选外国留学公费生章程，请察核备案。

四、教育厅呈缴广东省教育机关图书仪器标本购置委员会章程施行细则，请核准备案。

五、广州市政府呈，据电话管委会呈报，二十三年第一款经临两费预算，提前开支，应由七月份起计，前列表误作二十四年一月起计，请准更正等情，请核备案，转函审计处查照。

六、广州市政府呈，据自来水管理处呈，拟改换增埗抽水机车页，由原机制造厂订制，请核准免投等情，连同签约，请核转备案。

七、东区绥靖委员呈报本年全潮戏厘捐支配，及招商承办情形，连同数目分配表，请察核备案。

八、翁源县呈报县属第二区打鼓岭粮垦被洪水冲毁情形，请设法赈救，拨款修垦。

九、西村士敏土厂呈报办理结束河南分厂情形，请察核备案。

十、监督整理三铁路委员会呈缴二十四年二月份粤汉南段、广九两路进付款月报表，请察核。

十一、监督整理三铁路委员会呈缴二十三年九月份粤汉南段、广九两路购料收料月报表，请察核。

讨论事项

一、教育厅、市政府、建设厅会呈缴广东省改良家庭手工业设计委员会组织简章，及支付预算书，请察核指遵案。

（议决）无庸设会及开支经费，先由广州市社会局办理。

二、建设厅呈，准广州市政府请先设汕头、海口、曲江、茂名、北海等五处测候所等由，各所开办费拟由各县钱粮项下作正开销，至经常费则由各当地县市政府在地方款收入就地筹足，惟已经成立市自治之汕头，并无钱粮挹注，概由地方款分期拨付，请核示遵案。

（议决）准先设汕头、北海、三亚三测候所，经费由二十四年度起开支。

三、建设厅呈，据农林局呈，复查韩江营造水源林一案，已列入三年施政计划建设项内，有从速营造必要，请转呈迅予拨款办理，或函全国经济委员会借拨款项举办等情，请核指遵案。

（议决）函全国经济委员会借拨。

广东省政府第六届委员会
第三百八十六次议事录

五月七日　星期二

出席者	林云陔　金曾澄　林翼中　黄麟书　胡继贤　李禄超　区芳浦　何启澧
列席者	陆纪文　陆幼刚
主　席	林云陔
纪　录	陈广澧

报告事项

一、省银行、财政厅会呈,拟具悬缉私印广东省银行辅币,及私运或代销伪辅币匪犯章程,请察核备案。

二、民政厅呈,为补发测量队第一至三十五队测量物品费,共三千五百四十六元五毫七仙,拟援案在测量队节存项下开支,请核准备案,令行财政厅知照。

三、建设厅呈,为编造二十三年八月份起至十月份止收支数目总分册,请予核销备案。

四、建设厅呈,据农林局荐委陆希澄为该局技正,兼总务课课长,连同履历,转请察核任命。

五、建设厅呈,据工业厂硫酸部呈,请将制造场二十三年七月至十二月份管理费,准予援照各机关移项流用成案报销等情,应否照准,请核指遵。

六、教育厅呈,据乳源县呈缴教育局长郑乃舒履历,转请核明加委。

七、广东省银行呈缴董事会第五十二次会议录,连同本年二月份营业统计书,及贷借对照表,请察核。

八、财政厅呈,关于军阀时代所发之官产印收或执照,拟由本年四月一日起,再展限六个月,请察核备案。

九、西村士敏土厂呈报新机开机日期,请察咳备案。

十、惠阳县党部有日代电,报告该县东潦暴涨情形,请拨款赈济。

十一、连平县第二区区长呈报水灾情形,请派员实地查勘,豁免税收,设法赈济。

十二、广东省营产物经理处呈,拟具广东省蔗糖运销商暂行章程,及投承广东省各区蔗糖运销商简章,请核指遵。

十三、西村士敏土厂呈,为飞鼠岩石矿,经奉令收回,拟请明令立为铁案,将矿业权移转西村土厂,永远管业,自行开采,不准批商承办,请察核施行。

十四、西北区绥靖委员呈报查勘南韶公路被水冲坏路基桥涵实情,拟具架设临时便桥及爆石赶筑护桥办法,请由省库拨给工程费,俾资归垫。

讨论事项

一、主席提议，关于李耀宇因不服建设厅核定汕头市公安路路线一案所为之批示，提起诉愿到府，经由秘书处派员审查，作成决定书，再送胡、金、李三委员审查，拟具意见送复，应如何办理，请公决案。

（议决）照审查意见通过。

二、主席提议，关于杨理德等与许玉潜等因开郭厝涵分流一案，不服建设厅所为之决定，提起再诉愿到府，经送由胡、金、李三委员审查，拟具意见，交秘书处作成决定书，请公决案。

（议决）照审查意见通过。

三、西北区绥靖委员呈，据本区实业局长胡铭藻呈请辞职，请核指遵案。

（议决）准辞职，并将该实业局撤销。

四、民政厅提议，梅县县长彭精一拟调署兴宁县长，遗缺拟以番禺县长梁翰昭调署；所遗番禺县长缺，拟以廉江县长林世恩调署；递遗廉江县长缺，拟以潮安县长辛煜桥调署；递遗潮安县长缺，拟以兴宁县长李慧周调署，请公决案。

（议决）准照调。

五、民致厅提议，查琼崖地方，添设三县，业经奉准有案，自应及时遴委县长以资治理，所有乐安县长缺，拟委考试及格县长尹耀辰试署；保亭县长缺，拟委考试及格县长洪士祥试署；白沙县长缺，拟委考试及格县长马宪文试署，请公决案。

（议决）照委。

广东省政府第六届委员会
第三百八十七次议事录

五月十日　星期五

出席者　林云陔　金曾澄　林翼中　黄麟书　胡继贤　区芳浦　
李禄超　何启澧

列席者　刘纪文　谢瀛洲　陆幼刚

主　席　林云陔

纪　录　陈广澧

报告事项

一、财政厅呈，为救济本省农村起见，外来生油与豆油税率每百斤应改征大洋五元四角，各种附加一律免征，由本年五月二十二日起实行，请察核备案。

二、建设厅呈，据南路省道第一行车管理处呈缴装置雪佛兰六轮车底合约，查核装置费，尚非昂贵，所缴合约，有〔亦〕无不合，似可准予照约装置，请核指遵。

三、建设厅呈，据顺德蚕业改良区呈，拟增设织染技佐一员，月薪在节存分区主任薪俸下支给等情，查核尚属可行，请核准备案。

四、建设厅呈，据西村士敏土厂呈，为纸包机未装妥以前，将新机制土费内所列之纸包费用，移转流用，作为麻包及木桶费用开支等情，请核示遵。

五、广州市政府呈缴二十四年一月份市库收支结算表，请核存转。

六、教育厅呈，据省立编印局呈，关于再行开投修茸藏版楼及新置藏版铁架情形，请核示遵。

讨论事项

一、建设厅呈缴职厅技正伍泽元、杨元熙、余骐、陈国机四员履历，请察核分别任命案。

（议决）照委。

二、广州市政府呈，据广州市公民发证处呈，请追加六项临时费预算，据呈称均属实在须办情形，数目亦属核实，可否照准，请察核施行案。

（议决）照准。

三、广州市政府呈缴自动电话管理委员会二十三年度提前开支经费清表，请察核备案。

（议决）准备案。

四、广东省银行董事会呈，奉令会商拨还教育厅借欠市行款项一案，谨将决定办法，并由行勘估情形，请察核指遵案。

（议决）准备案。

五、民政厅提议，汕头市市长翟宗心因病辞职，拟予照准，遗缺拟委李源和接署，请公决案。

（议决）照委。

广东省政府第六届委员会
第三百八十八次议事录

五月十四日　星期二

出席者　林云陔　金曾澄　黄麟书　胡继贤　李禄超　区芳浦
　　　　何启澧
列席者　刘纪文　陆幼刚
主　席　林云陔
纪　录　陈广澧

报告事项

一、建设厅呈，据纺织厂呈缴修正购料委员会组织规则，查核尚无不合，转请察核备案。

二、建设厅呈，据琼崖实业局呈缴修正琼崖民有荒地承垦暂行章程，核与钧府议案尚符，转请察核备案。

三、建设厅呈，拟就投承广东建设厅建筑工程商号登记章程，请察核指遵。

四、南山移垦委员会呈缴二十三年一月至四月份移民登记表册，请察核备案。

五、广东省营产物经理处呈复，查明二十四年二月份营业收支状况月结表不符各点，请核准更正备案。

六、广东省营产物经理处呈缴二十四年四月份舶来士敏土发证月报表许可证存根等，请察核。

七、秘书处签呈，关于河南士敏土分厂办理结束一案，经由本府令行建设厅及西村土厂，将该分厂工人分别登记，列册呈厅，分交省营各工场或介绍民营各工厂，酌予雇用，该厂二十三年下半期及二十四年上半期奖金，经准发给，未经各厂雇用之工人，并准给发恩饷一个月，请察核。

八、建设厅呈，据苟性钠部呈，请转呈分饬有关系各机关，遇本部向指定各场购配盐斤，概免征收各种税捐费用等情，请察核办理。

九、民政厅厅长呈报，返乡省亲，顺道视察南路各县政治，请假二十天。

讨论事项

一、建设厅呈，拟就广东全省度量衡检定所组织规程，及经常费开办费预算表，请察核示遵案。

（议决）交金、李、胡三委员审查。

二、财政、建设厅呈复，会核翁连路连平段架筑避车站及湾曲处一案，拟请将该路补助费六万八千元，另案核发，以便从速完成，请察核办理案。

（议决）列入二十四年度预算，先行支付。

三、民政厅呈复，审议关于省参议会函请设立本省警务处一案，当此省库收支尚未适合之际，兹拟于本厅暂设警务督察长一员，警务督察员六员，并酌拟各该员薪俸旅费领，倘认为可行，请令知财政厅于二十四年度内追加预算案。

（议决）列入二十四年度预算审查。

四、财政厅呈缴护沙各团营处由二十三年十二月份起至二十四年六月份止追加经常预算表，计共三十五万九千三百三十四元五毫，及追加临时费预算表，计共一万一千六百六十九元，请准由收回各县护耕留支各费项下开支案。

（议决）照准。

五、教育厅提议，将龙川县立简易师范学校，归并省立老隆师范学校办理；将开平县立乡村师范学校，归并省立长沙师范学校办理。并将该两县立校产，及每年经常费，各移拨省立两校，仍由本年度留学经费节余项下，拨给两校开办设备费各一万元，二十四年度每月各拨经常费一千元，临时设备费各三万元，并列入预算开支，当否，敬候公决案。

（议决）本年度开办设备费及二十四年度经常费照支至二十四年

度。临时设备费，俟二十四年度预算决定后，呈请核拨。

广东省政府第六届委员会
第三百八十九次议事录

五月十七日　星期五

出席者　林云陔　金曾澄　黄麟书　胡继贤　李禄超　区芳浦
　　　　　何启澧
列席者　刘纪文　谢瀛洲　陆幼刚
主　席　林云陔
纪　录　陈广澧

报告事项

一、财、民政厅会呈，拟将修正广东各县地方财政管理章程第五条修改，请察夺。

二、民致厅呈复，拟议佛冈县长云昌瀛被控浮支地方款，现经审计处查议，将冒支之款剔除追缴，似应再予以申诫处分，当否，仍候指遵。

三、民政厅呈，据防城县党部等有电，为新谷登场，尚须两月，请援照钦县成案，加拨赈款，俾资平粜等情，经在赈款项下拨发一千元，饬县办理，请核准备案。

四、民政厅呈报，派员查复清远县属水灾，花塘基崩决最为深阔，灾情最惨，其余大角小市等处较轻等情，兹拟由赈款项下提拨二千元，交县散赈，请察核备案。

五、建设厅呈缴化学工业厂苛性纳〔钠〕部筹备处二十四年二、三月份经常费预算书，及二、三月份请求追加预算书，请察核指遵。

六、建设厅呈，据广州市橡胶业同业公会呈缴限制本省橡胶制鞋厂产额施行细则，转请察核备案。

七、建设厅呈，据恩平县民莫哲猷等情〔请〕承领县属第五区土名马鞍山等处荒地，合将备查一联缴请备案。

八、建设厅呈，据新会县民钟裕群等请承领县属第九区土名五指山等处荒地，合将备查一联缴请备案。

九、建设厅呈，据新会县民吴存义请承领县属第九区土名鼍州山等处荒地，合将备查一联缴请备案。

十、建设厅呈，据合浦县民罗光禄请承领县属土名官路岭等处荒地，合将备查一联缴请备案。

十一、民政厅呈缴各测量队搬迁修葺等费支付预算书，该费已在测量队节存经费项下支给，请核准备案，令行财政厅知照。

十二、教育厅呈，据花县呈缴石矿附加用途表，请予存转等情，请察核。

十三、西北区绥靖委员呈，据职区实业局呈报各月份支出经费情形，拟统照通令，项与项流用等情，转请察核示遵。

十四、广东省营产物经理处呈报广东舶来桔水运销商联合办事处改组缘由，请察核备案。

十五、广州市政府呈，据工务、教育两局会勘市立各校舍情形，及修理办法，请拨款修理等情，经市政会议决定办法，请核指遵。

讨论事项

一、财政厅呈复，审查预算委员会经奉准结束，奉发广东全省港务管理局二十三年度岁出预算书，拟请即由钧府审核，毋庸再开会议，以省手续案。

（议决）照准。

二、勤勤大学校呈，遵将二十三年度本校经临各费及建筑开办费支过实数，按照预算科目，开具清表，请准予提前自七月起实行案。

（议决）交财政厅核复。

三、主席提议，关于黄×因本市太平分局辖内××街新编门牌××号铺业，被广州市财政局撤销原承业，不服广州市政府之决定，提起再诉愿到府，经由秘书处派员审查，作成决定书，再送金、李、胡三委员审查，拟具意见送复，应如何办理，请公决案。

（议决）照审查意见通过。

四、主席提议，拟修正广东省营工业组织大纲第四条条文，其余条文，与该条有关者，一并修改，请公决案。

（议决）照修正。

广东省政府第六届委员会
第三百九十次议事录

五月二十一日　星期二

出席者　林云陔　金曾澄　黄麟书　胡继贤　李禄超　区芳浦
　　　　何启澧
列席者　陆幼刚
主　席　林云陔
纪　录　陈广澧

报告事项

一、勷勤大学呈报，开投工学院修葺机械办事处工程，并无结果，经核准赖荣记承建，业已完竣，请察核备案。

二、财政厅呈，为本厅原有楼房，发生危险，拟另增建一座以利办公，所需经费三万零八百四十余元，拟在财务临时费及本厅节存经费项下开支，请察核备案，转函审计处查照。

三、建设厅呈缴试探昌江石碌山铜矿追加临时费预算书，请核指遵。

四、广州市政府呈缴追加拨助第十三次全省运动大会经费二十三年度预算书，请察核备案。

五、广东省银行呈缴董事会第五十三次议事录，请察核。

六、广东省营产物经理处呈缴征求五羊牌商标图案办法，请核指遵。

讨论事项

一、广州市政府呈缴自来水管理处追加二十三年度岁出临时费第九、第十两款预算书，请察核备案。

（议决）照准。

二、教育厅呈，为遵令改正本会军训学生暑期集中训练暂行办法，

394

及编制表、经费概算书等，请核指遵案。

（议决）照办。

广东省政府第六届委员会
第三百九十一次议事录

五月二十四日　星期五

出席者　林云陔　金曾澄　胡继贤　黄麟书　区芳浦　何启澧
列席者　刘纪文　陆幼刚
主　席　林云陔
纪　录　陈广澧

报告事项

一、民政、财政厅呈复，核议高等法院请由省库拨款修筑防城县监狱一案，查该县地方贫瘠，筹款维艰，所有修筑县监狱不敷毫银五百九十元，似应准由省库如数拨助，当否，请核指遵。

二、民政厅呈，据自治训练所呈，拟由二十四年三月份起，增设区长、副【区长】暨县参议员三班，所需经费，在该所节存经费项下开支等情，转请核准备案。

三、财政厅呈缴特务团队税警训练处组织简章，请察核备案。

四、建设厅呈缴探采狗牙洞煤矿办事处兼办八字岭煤矿经费预算表，请核准予异项流用。

五、建设厅呈，据三水县具缴建设局长兼技正蔡奋扬履历表，转请察核任命。

六、教育厅呈，据省立廉州中学呈报，该校书记兼仪器管理员伍雍谏因实验炸性药品，被炸致死，请发恤金八百四十元等情，核与恤金条例相符，经准发给，请察核备案。

七、防城县号电，县属东兴与越南属硔街隔河为界，中贯铁桥，向由中法两方合资建筑，现法使以该桥面柱损坏，函约会同重修，经派技士勘复，有急修必要，请核示遵。

讨论事项

一、财政厅呈，准两广盐运使公署函，请令琼崖各县，对于盐田一律暂免征捐等由，应否再准暂免，抑以二十三年份为限，二十四年份应饬各塭户一律缴捐，至开征地税时准将缴过捐款抵纳地税之处，请核示遵案。

（议决）二十四年份照免。

二、财政厅呈，准民政厅咨送汕头市立初级职业学校二十三年度追加支出概算书，二十四年二月份支付预算书，暨追加支出预算书，查核该校二十三年度追加经费一千八百五十元，应否准予照数追加，请核指遵案。

（议决）照准。

三、广州市政府呈，据土地局呈，拟具第三次强迫登记办法，经提出市政会议通过，应否照议决案办理，请核指遵案。

（议决）照办。

四、主席提议，关于曾君拔因违章运销糖品一案，不服建设厅决定，提起再诉愿到府，经由秘书处派员审查，作成决定书，再送胡、金、李三委员审查，拟具意见送复，应如何办理，请公决案。

（议决）照审查意见通过。

五、胡、金、李三委员会复，审查广东省会公安局所缴征收洁净费新章程，大致尚合，征费表所分种类，亦较旧制为善，惟第三表所列征收特种商店洁净费，间有超过普通商店洁净费三倍者，似属过高，拟改为特种商店洁净费，不超过普通商店洁净费两倍为率，是否可行，仍候公决案。

（议决）着照审查意见修正。

六、教育厅提议，拟请增加补助贫瘠县份办理义务教育经费案。

（议决）照办。经费交预算委员会审查，如预算不能增加时，由教育经费项下挪拨。

广东省政府第六届委员会
第三百九十二次议事录

五月二十八日　星期二

出席者　林云陔　金曾澄　黄麟书　胡继贤　李禄超　区芳浦
　　　　何启澧
列席者　刘纪文　陆幼刚
主　席　林云陔
纪　录　陈广澧

报告事项

一、西两〔南〕政务委员会令，准执行部函，凡各种证章及一切刊物，如刊有党徽者，不得在党徽范围内附刊字迹等由，仰遵照并饬属一体遵照。

二、财政、建设厅会呈，核议关于仁化至汝城公路测量队经费一案，拟列入二十四年度预算审定，再行拨付。

三、财政厅呈，据中山县请将护沙费拨助总理纪念学校经费，经指复准由二十三年下半年起，并由钱粮项下照拨，请察核备案。

四、财政厅呈，准海遂筑堤委员会函请续拨借款三万元等由，经饬库拨借一万元，请察核备案。

五、民政厅呈，为建筑制图印刷储藏室及修塈厕所各费，拟在本厅测量队结存经费项下开支，请察核备案。

六、建设厅呈，据顺德蚕业改良实施区呈，拟在节存项下拨支专刊费用，似属可行，请核照准。

七、建设厅呈，据梅县县民卢廷达等请承领县属第十五区土名窟嘴坑等处荒地，合将备查一联缴请备案。

八、建设厅呈，据梅县县民吴燊华等请承领县属土名猪母岽等处荒地，合将备查一联缴请备案。

九、建设厅呈，据梅县县民丘倩尹等请承领县属第十二区土名罗龙坑等处荒地，合将备查一联缴请备案。

十、建设厅呈，据潮阳县民郑应祥请承领县属第二区土名第一岭等处荒地，合将备查一联缴请备案。

十一、教育厅呈，据德庆县具缴教育局长黄霜华履历表，转请核明给委。

十二、广州市政府呈，据电力处呈，拟向慎昌洋行订购电掣拔机九件电力表一个，请准免投等情，请核转备案。

十三、广东省调查统计局呈，拟将新增调查队经费节余项下流用以补印刷不敷之数，请核指遵。

十四、【监督】整理三铁路委员会呈缴检查粤汉、广九两路局二十四年四月份现金报告表，请察核。

十五、广东省营产物经理处呈缴士敏土部本年四月份营业月结表，请察核。

讨论事项

一、财政厅呈缴清理中山县办沙田登记悬案办法，请察核指遵案。

（议决）准备案。

二、建设厅呈，据蚕丝改良局请在农矿临时费项下提前拨发五万元，俾建第二蚕种制造场等情，请核准在该费项下拨付三万元，俾济厥事案。

（议决）照准。

三、教育厅呈，据省教育会呈，为改建新议事堂，不敷三万元，请由省库加给等情，转请准将该建筑费，追加列入本厅二十四年度教育文化费岁出临时门预算案。

（议决）列入二十四年度教育文化费预算。

四、金、李、胡三委员会复，审查建设厅所缴广东全省度量衡检定所组织规程各条，尚无不合，拟照准。至该所经临各费预算，拟请列入二十四年度省地方预算，一并审查，请公决案。

（议决）照审查意见办理。

广东省政府第六届委员会
第三百九十三次议事录

五月三十一日　星期五

出席者　林云陔　金曾澄　黄麟书　胡继贤　李禄超　区芳浦
　　　　　何启澧

列席者　刘纪文　陆幼刚

主　席　林云陔

纪　录　陈广澧

报告事项

一、民政厅呈，据封川县呈，拟请征收道巫营业证以充教育经费等情，应否准予通融征收之处，请核示遵。

二、财政厅呈，准民政厅咨，据汕头市长呈缴市立第七小学校二十三年度追加支出概算书，该费系以裁减市立第三小学校经费拨给，于市库支出并无增加等情，应否准予追加，请核指遵。

三、财政厅呈复，关于钦县拟购米施赈及办平粜，请免予征税一案，查本省办理征收洋米专税以来，对于地方平粜购办入口洋米免税，并无先例，究应如何办理，请核指遵。

四、中区绥靖委员公署、民政厅呈复，关于省会公安局与番禺县争管大沙头六合堂地方一案，会同核议缘由，请核指遵。

五、广州市政府呈缴本年二月份市库收支结算表，请核存转。

六、广东省会公安局呈报，给价收用民地，拆建围墙，开筑直达惩教场门口支路，以便交通情形，连同草图，请察核备案。

七、民、财政厅会呈，关于防城县参议会呈请拨款救济灾民一案，核议情形，请察核指遵。

八、民政厅呈，据感恩县呈，关于县参议会拟抽各铺捐以充该会经费一案，查平均每月得大洋十三元六角，为数甚少，似可暂准照办，俟该会临时地税开征后，即行裁撤，请核示遵。

九、民政厅呈缴调厅服务碎部测量员每月追加薪旅费预算，及汕市土地局二十三年十二月至本年四月，增加测量员薪旅费预算，均在本厅测量队节存经费项下开支，请察核备案。

十、建设厅呈，据新会县呈，为筹办习艺所，拟在电灯费内附加经费，及减定每度电收费价额等情，应否准予照办，请核指遵。

十一、建设厅呈，据梅县县民钟筱轩等请承领县属土名松柏崃等处荒地，合将备查一联，缴请备案。

十二、广东省银行呈缴董事会第五十四次议事录，连同本年三月份营业统计书，及贷借对照表，请察核。

十三、第一集团军总司令部函送办理全省钨矿章程，请查照备案，分行所属一体知照。

十四、江苏省第七区党务指导员元电，汉口总工会铣日代电，为暹罗政府对我国侨民，横施压抑，种种苛待，请一致实行封绝暹米入口，以警顽瞶。

讨论事项

一、建设厅呈，据蚕丝改良局呈，拟请省府委派中山大学农学院院长邓植仪，顺道调查各国丝业状况，并请酌给旅费等情，请核指遵案。

（议决）照准。

二、金、李、胡三委员会复，审查财政厅呈缴广东省地方民国二十四年度岁入岁出概算书一案，拟具意见，请公决案。

（议决）派胡、李、金三委员，区厅长组会，由区厅长召集，依照下列原则审查：（一）行政经费不增加。（二）事业费非万不得已不得扩大。（三）不需要者，应裁撤或归并。（四）务求收支适合。

三、主席提议，关于郭润秋，因对于承办汕头市筵席捐大益公司违章苛勒一案，不服财政厅所为之决定，提起再诉愿到府，县〔经〕由秘书处派员审查，作成决定书，再送金、胡、李三委员审查，拟具意见送复，应如何办理，请公决案。

（议决）照审查意见通过。

四、主席提议，关于黎荣辉等因不服民政厅将云浮县秋风、云青两甲合并为秋云乡，改隶第一区管辖一案之处分，提起诉愿到府，经由秘书处派员审查，作成决定书，再送李、金、胡三委员审查，拟具意见送复，应如何办理，请公决案。

（议决）照审查意见通过。

五、主席提议，关于周以华等因与周遇文等建立波罗乡新墟，发生纠纷一案，不服建设厅处分，提起诉愿到府，经由秘书处派员审查，作成决定书，再送金、李、胡三委员审查，拟具意见送复，应如何办理，请公决案。

（议决）照审查意见通过。

六、广东省银行董事会董事区芳浦、陈耀垣呈，为任期届满，请另行派员接替案。

（议决）着连任。

广东省政府第六届委员会
第三百九十四次议事录

六月四日　星期二

出席者　林云陔　金曾澄　胡继贤　李禄超　区芳浦　何启澧
列席者　刘纪文　谢瀛洲　陆幼刚
主　席　林云陔
纪　录　陈广澧

报告事项

一、财政厅呈，据经济设计委员会呈，关于各机关临时追加经费，必先编送预算，俟核定后方得领支一案，系为尊重预算，慎重度支起见，似应照准办理，请核准通饬遵照。

二、财政厅呈，据汕市商库证会呈，为满期应还证之领户，无力收证偿还，请准将产业复估转领一案，经予照准，请察核备案。

三、财政厅呈，关于开建县请继续拨补行政经费一案，此案先经职厅核准由二十四年五月份起，照原定额每月三百元，继续由库拨补四个月，至二十四年八月份止在案，请察核备案。

四、财政厅呈，据阳春县请规定自治人员协催地税惩奖办法等情，拟比例县地方自治人员奖惩暂行章程第三、四两条，分别奖惩，请察核备案。

五、【监督】整理三铁路委员会呈缴二十三年十月份粤汉南段、广九两路购料收料月报表，请察核。

六、建设厅呈，为西江船务所燃点新兴江口等灯杆，月支工料费一百四十元，请准自本年六月起，将此项经费追加在该船税收入项下坐支，俾利航行。

七、建设厅呈缴广东化学工业厂硫酸部改编二十四年度岁入经常概算，暨管理费制造费采运费岁出概算书，请核指遵。

讨论事项

一、教育厅呈，据省立广雅中学呈，拟将二十、二十一两年度收入学费约三万六千余元，挪作重建冠冕楼备作图书馆之用等情，似可照准，请察核指遵案。

（议决）学费解库。建筑费列入二十四年度预算照支。

二、教育厅呈，为奉令筹设广东省立体育专科学校一案，该校工程原需款一十四万余元，现开学期过，拟将全部工程分期进行，第一期校舍建筑费二万元，设备费七千元，请准由二十三年度留学经费节余项下拨支，请核指遵案。

（议决）照拨。

三、勘界委员会呈，关于阳江、电白互争车仔墩一案，经将复查意见议决，请察核办理案。

（议决）交民政厅查明办理。

四、主席提议，关于林武合等因潮阳县政府令饬将私立述敬初级小学校停办一案，不服教育厅所为之批示，提起再诉愿到府，经由秘书处派员审查，作成决定书，再送李、金、胡三委员审查，拟具意见送复，应如何办理，请公决案。

（议决）照审查意见通过。

五、教育厅提议，请提前核定省立各校增班等经费，及将八月份增班经费拨充开办费缘由，列具清单，请公决案。

（议决）照准。

广东省政府第六届委员会
第三百九十五次议事录

六月七日　星期五

出席者　林云陔　金曾澄　林翼中　黄麟书　胡继贤　李禄超
　　　　区芳浦　何启澧
列席者　刘纪文　陆幼刚　谢瀛洲
主　席　林云陔
纪　录　陈广澧

报告事项

一、财政厅呈报，因延长九种税捐加二征收案，拍电费用共支过一千零四十元，拟在财政各项杂费项下开支，请核准备案，转函审计处查照。

二、建设厅呈缴化学工业厂苛性钠部二十四年四月份经费预算，及追加预算，请核指遵。

三、广州市政府呈，将所届各机关修购价在三百元以上，因特种情形未能开投各案，汇列清单，请核转备案。

四、广东省会公安局呈后〔复〕，关于南海县民雀龙文请取销入伙保证条例一案，体察现在情形，未能将迁入觅保之例完全取销，惟有仍本向来宗旨，将觅保范围，再加放宽，连同修正办法，请核指遵。

五、监督整理三铁路委员会呈缴二十四年三月份核签粤汉南段、广九两路进付款月报表，请察核。

六、广东省营产物经理处呈报，自六月一日起，汕头分处沽出士敏土每桶一十元，不再另收运费，请核准备案。

讨论事项

一、财政厅呈，为前奉核准各县征收临时地税经费表颁行以来，尚有室碍，兹拟略为更改，合将修正经费表，请察核备案。

（议决）准备案。

二、民政厅呈，据兴宁县呈缴建筑民众医院，收用民地给价清册，及收用地图，转请察核备案。

（议决）准依法收用。

三、广州市政府呈缴第二劳工安集所二十三年度岁入岁出经常费预算书，请察核备案。

（议决）准备案。

广东省政府第六届委员会
第三百九十六次议事录

六月十一日　星期二

出席者　林云陔　金曾澄　林翼中　胡继贤　李禄超　区芳浦
　　　　　何启澧　黄麟书
列席者　刘纪文　谢瀛洲　陆幼刚
主　席　林云陔
纪　录　陈广澧

报告事项

一、民政厅呈，据广东省人口调查事务处呈，拟变更户籍法及户籍法施行细则所定之登记簿用纸式样，及办理手续各节，系为节省经费及利便办理起见，是否可行，请核指遵。

二、建设厅呈缴改编制纸厂筹备处二十四年度临时费经常费预算书，连同核减清单，请核指遵。

三、建设厅呈，据新会县民邓昌补等请承领县属第九区土名狗山岗等处荒地，合将备查一联缴请备案。

四、建设厅呈，据新会县民钟沛霖等请承领县属土名槽山等处荒地，合将备查一联缴请备案。

五、中山大学函，据农学院函报，在梅县开办韩江稻作试验分场时，得梅县政府拨给沟湖荒地一段，检同地图，转请查照备案。

六、财政厅呈缴二十三年十二月省库收支结算表，请核转备案。

七、鹤山县宥日邮电报县属二十二日大雨山洪暴发，倒塌屋宇三十余间情形，请设法赈济。

八、广东省营产物经理处呈缴二十四年五月份舶来士敏土发证月报表、许可证存根等，请察核。

讨论事项

一、广州市政府呈缴财政局追加二十二年度岁出临时费预算书及扣领办公费数目表，请察核备案。

（议决）照转。

二、广州市政府呈缴二十三年度提前开支临时费数目表，请察核备案。

（议决）准备案。

三、财政厅呈，拟再发行民国二十四年广东省第二次短期金融库券五百万元，缮具章程，请察核备案。

（议决）准备案。

四、主席提议，据蚕丝改良局呈缴自制人造丝样本，应否准予酌拨经费试制，请公决案。

（议决）准由二十四年度农矿费项下，提前拨支五千元。

广东省政府第六届委员会
第三百九十七次议事录

六月十四日　星期五

出席者　林云陔　金曾澄　林翼中　黄麟书　胡继贤　李禄超
　　　　　区芳浦　何启澧

列席者　刘纪文　陆幼刚

主　席　林云陔

纪　录　陈广澧

报告事项

一、财政厅呈报，核定征收舶来及省外运入含有油质之生饼税率，由本年〔月〕二十日起实行，请核指遵。

二、广东省政治研究会函送请规定服装服用标准，以厚风俗而革奢靡案，暨日常服装暂行标准草案之修正案，请采择施行。

三、广东省会公安局呈，将修正征收特种商店洁净费情形，连同修正第三表，请核准备案。

四、广东省营产物经理处呈，拟设立酒精汽油厂一所，改名燃料厂，由产物经理处兼办，不增职员情形，请核准给委筹备。

五、广东省营产物经理处呈缴二十四年三月份营业收支月结表，请察核备案。

六、广东省营产物经理处呈缴修正广东糖业营运取缔暂行规则、糖品运销规则、糖品缉私及给奖章程，暨发证办事处组织章程，请察核备案。

讨论事项

一、修筑黄花岗委员会函请拨款三万四千元，俾修筑黄花岗墓道牌坊案。

（议决）先进行第一期工程，存款不足之数，由省库补助。

二、广州市政府呈复，关于电力管理处追加二十三年度经临费预算一案，拟将该预算内补工项下每月核减一千元，年共减一万二千元，以符厉行节约之意，请察核指遵案。

（议决）照准。

三、广州市政府呈，据工务局呈报，二十三年度临时门第六、第二十九、第五十二、第六十四、第七十三、第七十四等各款岁出预算，请援案提前开支等情，似属可行，请察核备案。

（议决）照准。

广东省政府第六届委员会
第三百九十八次议事录

六月十八日　星期二

出席者　林云陔　金曾澄　林翼中　黄麟书　胡继贤　李禄超
　　　　区芳浦　何启澧
列席者　刘纪文　陆幼刚
主　席　林云陔
纪　录　陈广澧

报告事项

一、民政厅呈，据阳春县呈报县属沿河各区乡受灾情形，已由赈款项下提拨一千元交县购米举办平粜，请核准备案。

二、财政厅呈，为各机关各项经费在二十四年度预算未审定前，拟暂照二十三年度预算开支，请核准照办通令遵照。

三、财政厅呈报，定期六月十六日起改用柴油煤油新照，连同式样，请察核备案。

四、财政厅呈，据金库库长呈报，发现省库保管金收据存根及报监察院之一联，被白蚁蚀毁，转请察核备案。

五、建设厅呈缴纺织厂二十四年度三月至十二月追加管理费岁出预算书，请核指遵。

六、公安局、市政府会呈，办理模范影戏院倒塌伤毙人命一案情形，暨死伤人姓名及赔款数目开列清表，请察核备案。

七、广东省银行呈报，董事会议决，设立韶州支行南雄办事处驻庾兑换所赣州分所，请核指遵。

八、广东省银行呈缴董事会第五十五次会议录，请察核。

九、广东省营产物经理处呈，拟改定广州区东江区暨南韶连及西江区各运销商，关于全年旺淡平月之规定，请察核备案。

讨论事项

一、财政、建设、民政厅会呈，审查关于胡委员继贤会勘邕钦两县界务纠纷一案解决办法，拟具意见，请裁夺令遵案。

（议决）照审查意见办理。

二、财政厅呈，拟议加征舶来皮革税以维土制，连同征收章程，请核指遵案。

（议决）照准。

三、广州市政府呈缴自动电话管理委员会追加二十年度第八款，省港长途电话经常费岁出预算书，请察核备案。

（议决）准备案。

四、主席提议，关于陈××对于张××承领本市××路××号左便废巷一案，不服广州市政府所为之决定，提起再诉愿到府，经由秘书处派员审查，作成决定书，再送李、金、胡三委员审查，拟具意见送复，应如何办理，请公决案。

（议决）照审查意见办理。

五、主席提议，各县农林推广处，应归并各县建设【局】或科办理，其原有经费，仍拨充建设事业之用，如各县长对于农林推广处认为有应保留者，仍可准其设立，至各县建设局或科办理农林推广事业，应酌量聘农林技士一员，当否，请公决案。

（议决）照办。

广东省政府第六届委员会
第三百九十九次议事录

六月二十一日　星期五

出席者　林云陔　金曾澄　林翼中　黄麟书　胡继贤　李禄超
　　　　　何启澧
列席者　刘纪文　谢瀛洲　陆幼刚
主　席　林云陔

纪　录　陈广澧

报告事项

一、民政厅呈复，本厅测量队第四、五、六、七各队增派助理员，所支薪旅各费，援照项与项流用通案办理，在各该队长员薪旅费九成支给余存项下流支一案，系由二十二年六月份起支给，请察核。

二、财政厅呈，准海遂两属修筑洋田堤岸委员会函，请续借二万元，经饬库再借一万元，请察核备案。

三、财政厅呈缴二十三年十一月份省库收支结算表，请核转备案。

四、广州市政府呈，据社会局呈报，第二劳工安集所经常费及救济院临时费，拟请援案提前开支等情，请察核备案。

五、西北区绥靖委员呈报，定期本月十五日起，停止征收附加一成筑桥费，请察核备案。

六、监督整理三铁路委员会呈缴二十三年十一月份粤汉南段、广九两路购料收料月报表，请察核。

七、监督整理三铁路委员会呈缴二十四年四月份核签粤汉南段、广九两路进付款月报表，请察核。

八、监督整理三铁路委员会呈缴二十四年五月份检查粤汉南段、广九两路现金报告表，请察核。

九、广东省营产物经理处呈报改定收买各机关缉获私糖公价及办法，请察核备案。

十、教育厅呈，为第六次环市赛跑冠军陈汉生系属军人，所请发给奖金，与原案不符，但与提倡体育原旨仍不相抵触，拟请一次过发给奖金三百元，当否，请核指遵。

十一、广州市政府呈缴规划二望岗为公共坟场预算表图则，暨管理章程，请核指遵。

讨论事项

一、建设、财政厅会呈，奉饬修正西北区移垦局章则一案，应否饬该局将以前所办垦案，依照通行垦荒条例，及附属细则，分别更正，以后悉依照办理之处，请核指遵案。又呈复，核议西北区绥靖委员请将第一移垦区划归本署直辖，补助费仍准由本署按月具领转给一案情形，请核示遵案。

（议决）着照财、建两厅所拟办理。

二、建设厅呈，拟举办本省第一期长途电话，连同与中国电气股份有限公司商订草约，暨材料单图等件，请察核指遵案。

（议决）照办。合约内关于利息、担保两项，交建设厅再与公司磋商。

三、主席提议，关于植梓卿因控陈日汉瞒承中山县属横档沥新沙东南侧土名新沙仔水坦一案，不服财政厅所为之决定，提起再诉愿到府，经由秘书处派员审查，作成决定书，再送胡、金、李三委员审查，拟具意见送复，应如何办理，请公决案。

（议决）照审查意见办理。

四、教育厅提议，拟停办省立小学教员训练所，并将该所经费家具分拨点交各机关缘由，请公决案。

（议决）照准。仍将各学校及委员会章则预算呈核。

五、民政厅提议，代理饶平县县长梁国武拟调省另有任用，遗缺拟以英德县长何乃英调署；递遗英德县长缺，拟以海康县县长覃元超调署；递遗海康县长缺，拟以前罗定县长，调省赴广东军事政治学校深造班训练毕业，候补县长林振德试署，请公决案。

（议决）准照办理。

广东省政府第六届委员会
第四百次议事录

六月二十五日　星期二

出席者　林云陔　金曾澄　林翼中　黄麟书　胡继贤　李禄超
　　　　区芳浦　何启澧
列席者　刘纪文　谢瀛洲　陆幼刚
主　席　林云陔
纪　录　陈广澧

报告事项

一、民致厅呈，为祀孔及祀关岳祭费，对于梅箓市尚未规定，是否应照特三等县支付，请核指遵。

二、财政厅呈，据汕头市商库证发行委员会呈，为议决定期五月二十九日发行新证掉换旧证等情，连同原缴新库证样本，请察核备案。

三、建设厅呈，据三路购料委员会呈报，代广九路局向宝祥源公司订购北江土煤二千吨，附呈合约抄本，请备案等情，转请察核备案。

四、建设厅呈，据蚕丝改良实施区总区呈，拟将所属各分区名称更正，并准由职区另行刊发钤记等情，请核指遵。

五、教育厅呈，据韩山师范学校呈报该校修缮购置费超出预算缘由，连同原缴编造八、九、十等月份超支预算书，请核指遵。

六、琼崖绥靖委员呈缴琼崖促进救济事业总会议拨各县办理救济事业开办费分配表，请察核备案。

七、财政厅呈缴订定取缔私运硬币由内地绕越出口补充办法，请核转备案。

八、广州区第一蔗糖营造场呈复，遵令改编二十四年度上半期岁出预算书表，请核准备案。

九、三水县县长养电报连日潦水暴涨情形，请察核。

讨论事项

一、财政厅呈，拟再增拨本期金融库券面额五十万元，请核备案公布案。

（议决）照准。

二、主席提议，关于赖标等因控冯乃麟侵吞校教一案，不服教育厅所为之决定，提起再诉愿到府，经由秘书处派员审查，作成决定书，再送李、金、胡三委员审查，拟具意见送复，应如何办理，请公决案。

（议决）照审查意见办理。

广东省政府第六届委员会
第四百零一次议事录

六月二十八日　星期五

出席者　林云陔　金曾澄　林翼中　黄麟书　区芳浦　何启澧
　　　　　胡继贤　李禄超
列席者　刘纪文　陆幼刚
主　席　林云陔
纪　录　陈广澧

报告事项

一、民政厅呈，为本厅第三期测量队购置仪器费，计九万零二百三十七元，拟在提拨自治训练所结存经费项下开支，编缴预算，请核准备案，令行财政厅知照。

二、建设厅呈，据吴川县民陈安华等请承领县属第七区土名石头岭等处荒地，合将备查一联缴请备案。

三、建设厅呈，据梅县县民杨标文等请承领县属土名塘仔坑山等处荒地，合将备查一联缴请备案。

四、教育厅呈，据陵水县呈缴教育局长符汉雄履历表，转请核明加委。

五、广州市政府呈缴本年三月份市库收支结算表，请核存转。

六、广州市政府呈复，核议广州国际无线电台拟订购建该台地亩房屋，暨将省播音台附设于石牌国际无线电台，及西瓜园电话委员会建新办公室一案情形，请察核办理。

七、民政厅、广州市政府会呈，遵令将部发暂拟修正公墓条例草案，暨原则，拟具补充意见，请察核转复。

八、建设厅呈，将拟修正本省第一期长途电话合约各条条文，抄呈察核，至于合约第二条规定，签订合约时，支付与公司之定款英金一千镑，应从何处拨支，并请指遵。

412

九、秘书处签呈，准建设厅函送省府合署修正图则，请转陈。

讨论事项

一、教育厅呈，据本省参加第六届全国运动大会委员会呈缴经费预算书，请转呈饬库拨支等情，似应照准，请察核准予饬库拨支案。

（议决）准照参加第五届全国运动大会额，列入二十四年度预算。

二、广州市政府呈，据卫生局呈缴筹建新麻疯医院计划及预算，计开办费十一万七千元，每月经常费一万零二百四十八元，应如何筹措，或统由省库拨支之处，请裁夺施行案。

（议决）由省库拨助开办费五万元，俟建筑时分期支付。

三、主席提议，关于蔡××因对于呈请承采揭阳县徐厝寮后山钨锡矿一案，不服建设厅令饬与徐光中订立批约之处分，提起诉愿到府，经由秘书处派员审查，作成决定书，再送金、李两委员审查，拟具意见送复，应如何办理，请公决案。

（议决）照审查意见办理。

五①、主席提议，关于赵××等因互争台山县属海晏区土名×××水坦一案，不服财政厅所为之决定，提起再诉愿到府，经由秘书处派员审查，作成决定书，再送胡、金、李三委员审查，拟具意见送复，应如何办理，请公决案。

（议决）照审查意见办理。

六、建设、教育厅提议，拟请将省立水产职业学校校址，仍改在汕头设立，该校开办设备费，由省立广州女子中学二十三年度建筑费项下，先行挪借七万元，检同预算书，请公决案。

（议决）准由女子中学原定建筑费项下拨支。

七、建设、教育厅会呈，为设立省立水产学校，预算需筹备费五千四百二十五元，拟由二十三年度留学经费节余项下拨支，请核指遵案。

（议决）照准。

---

① 原文缺第四项。

广东省政府第六届委员会
第四百零二次议事录

七月二日　星期二

出席者　林云陔　金曾澄　林翼中　黄麟书　胡继贤　李禄超
　　　　　区芳浦　何启澧

列席者　刘纪文　陆幼刚

主　席　林云陔

纪　录　陈广澧

报告事项

一、财政厅呈报，定由本年七月一日起，将广东全省进口舶来皮革税，饬由各舶来农产品杂项专税局兼征，将款解缴库收，请察核备案。

二、财政厅呈，准民政厅咨，关于平远县呈拟将原有监所地址投变，请厅拨款补助为改建监所基金一案，拟具意见，请核指遵。

三、建设厅呈缴广东第二缫丝厂筹备处开办费及经常费预算书，请核指遵。

四、教育厅呈，据佛冈县呈缴教育局长叶湛勋履历表，转请核明加委。

五、广东省银行呈缴董事会第五十六次会议录，连同二十四年四月份营业统计书，及贷借对照表，请察核。

六、高要县党部等敬电，报告县属头溪、陈塘、砚洲、香山、鹅塘等围相继崩缺情形，请设法急赈。

七、广宁县号日代电，报告县属连日大雨，潦水增涨，基围崩缺情形，乞派员赴县赶办急赈。

八、广东省营产物经理处呈报二十四年四月份营业情形，及收支实况，连同清表，请核准备案。

九、旅港要明会宁工商会电称，四会、高要、高明、广宁基围崩缺灾惨，请先行急赈，港侨愿为后盾。

414

讨论事项

一、广东省会公安局呈，拟收用百子路美孚电油站之西冯心怡堂白地，共二十六华井余，为建筑消防分所之用，每井拟给价二百五十元，共六千七百二十元，连同草图，请核指遵案。

（议决）准依法收用。

二、广东省体育委员会呈，为联合举办广东省第八次水上运动大会，恳请准予照去年成案拨款一千元，藉充经费案。

（议决）查案办理。

三、民政厅提议，连平县县长黄武呈请辞职，拟予照准，遗缺拟以考试及格县长谭仁训试署，请公决案。

（议决）照准。

四、主席提议，据秘书处签呈，准建设厅函送省政府合署图案及工程说明书等件，请查核等情，应如何办理，请公决案。

（议决）派林、区、黄、何四厅长，陆秘书长，为省府合署建筑委员会委员。

广东省政府第六届委员会
第四百零三次议事录

七月五日　星期五

出席者　林云陔　金曾澄　林翼中　黄麟书　胡继贤　李禄超
　　　　　区芳浦　何启澧
列席者　刘纪文　陆幼刚
主　席　林云陔
纪　录　陈广澧

报告事项

一、财政厅呈，拟将第二次短期金融库券发行日期，展至本年七月二十五日止，请察核备案公布。

二、民政厅呈报，已提拨赈款一千元，办理四会县水灾急赈，请察核，准予备案。

三、花县敬日代电，报告水灾情形，请迅拨巨款派员急赈。

四、财政厅呈，关于沙田登记减征五折一案，兹再展期六个月，至本年十二月底止，请察核备案。

五、广东省营产物经理处呈报二十四年五月份营业状况及收支各情形，连同清表，请核准备案。

六、秘书处签呈，准农林局长送来李炳芬报告查勘四会水灾情形，请察核。

讨论事项

一、广东省营产物经理处、广州区第一蔗糖营造场呈，拟就取缔运销舶来糖精办法，请鉴核指遵案。

（议决）原则通过。办法交区厅长、胡委员审查。

二、主席提议，关于何海安，因不服建设厅决定国货推销处在永泰兴渡缉获私钨，处罚毫银四千元一案，提起再诉愿到府，经由秘书处派员审查，作成决定书，再送李、金、胡三委员审查，拟具意见送复，应如何办理，请公决案。

（议决）照审查意见办理。

三、主席提议，此次西北江水灾，拟由省席拨十万元办理善后，以工代赈，该款由预备金项下拨支，请公决案。

（议决）照办。

四、主席提议，省营各机关预算决算，概由本府审核，及将各厂溢利，用以完成三年计划，各种工业建设有专案者，仍照原案办理，请公决案。

（议决）照办。

416

广东省政府第六届委员会
第四百零四次议事录

七月九日　星期二

出席者　林云陔　金曾澄　林翼中　黄麟书　胡继贤　李禄超
　　　　　区芳浦　何启澧

列席者　刘纪文　谢瀛洲　陆幼刚

主　席　林云陔

纪　录　陈广澧

报告事项

一、财政厅呈复，查明已故丰顺县长林彬给恤情形，应否仍照加倍给恤，抑照部发恤证通知等所注数目发给，请核令遵。

二、建设厅呈，据梅县呈缴建设局长叶卢渠履历，转请察核任命。

三、建设厅呈，据梅县县民杨慕新等请承领县属士〔土〕名大面岭等处荒地，合将备查一联缴请备案。

四、建设厅呈，据开平县县民周家烨等请承领县属第五区土名五指山等处荒山，合将备查一联缴请备案。

五、建设厅呈，奉建设委员会令发电气事业控制设备装置规则等因，应否遵照办理，请核示遵。

六、新会县第十三区英乡等电报，属乡一带禾田果基，连日水涨，尽成泽国，请设法救济以拯灾黎。

七、南海县第一区西岸五约乡呈报大槎等围被潦水冲决情形，请派员履勘，设法救济。

八、高要、高明县属泰和、秀丽等十三围防潦委员会有电报西潦泛涨，围基崩决情形，请设法救济。

讨论事项

一、勤勤大学呈，为本校对于二十四年度预算，确有特别情形，应请准将本校二十四年度预算，提出省务会议先予审定，以利进行案。

（议决）准照预算书所列数目办理。

二、财政厅呈，拟二十四年度七月开始钦廉各属沙田，每亩带征钱粮大洋一角，中顺南番东新及潮属沙田，每亩带收大洋二角，仍照从前办法，以二成留县，八成解库，当否，请核示遵案。

（议决）准备案。

三、建设厅呈，拟订广东全省公路汽车登记及检验规则，请察核施行案。

（议决）修正通过。

广东省政府第六届委员会
第四百零五次议事录

七月十二日　星期五

出席者　林云陔　金曾澄　林翼中　黄麟书　胡继贤　李禄超
　　　　区芳浦　何启澧
列席者　刘纪文　陆幼刚
主　席　林云陔
纪　录　陈广澧

报告事项

一、教育厅呈缴广东省补助贫瘠县份办理义务教育办法，请察核备案。

二、教育厅呈缴二十三年九月份行政报告书，请核转备案。

三、财政厅呈缴二十三年六月份行政报告书，请核存转。

四、中区绥靖委员公署呈缴二十四年一月份工作报告表，请察核。

五、西北区绥靖委员公署呈缴二十三年十二月份及二十四年一月份工作报告表，请核存转。

六、建设厅呈复，遵将广州区第一蔗糖营造场购蔗规则第九条修正，连同原规则缴请察核指遵。

七、广东省营产物经理处呈缴二十四年六月舶来士敏土发证月报表许可证存根等，请察核。

讨论事项

一、教育厅呈，拟订广东省各县市小学教职员年功加俸办法，请转核示遵案。

（议决）交金、胡、李三委员，刘市长审查。

二、广州市政府呈，为公用、财政两局提议，暂行招商承办本市无轨电车四线，以利交通一案，经市政会议议决原则通过，呈省府核示在案，是否可行，请鉴核令遵案。

（议决）由广州市政府酌办。

广东省政府第六届委员会
第四百零六次议事录

七月十六日　星期二

出席者　林云陔　金曾澄　林翼中　黄麟书　胡继贤　李禄超
　　　　　区芳浦　何启澧
列席者　刘纪文　陆幼刚
主　席　林云陔
纪　录　陈广澧

报告事项

一、财政厅呈，拟增建库房一座，工程费约九千元，请准在职厅二十四年度临时门预备金项下拨支，定期七月二十二日开投，请分别转函备案，并届期派员监投。

二、财政厅呈，关于沙田报承减征一案，拟续展限六个月，即自本年七月一日起，至本年十二月底止，请察核指遵。

三、财政厅呈，关于乐昌县呈复株韶段工程局征用地亩免粮一案，应否准免之处，请核指遵。

四、教育厅呈报，考取公费留学生，缴同履历及成绩表、考试委员会会议录等，请核转备案。

五、广州市政府呈，据音乐队呈缴二十三年度预算支出月份清表，请援案在预算未核定前提前开支，并从实行开支之月起，根据新预算报销等情，似属可行，请察核备案。

六、建设厅呈缴新编西村士敏土厂飞鼠岩石矿场二十四年四月至十二月岁出预算书，请核指遵。

七、财政、建设厅呈复，关于汕头市长饬据陈星阁呈复岩石海坦填筑各费及纯利计算方法，转请准其自行承领一案核议意见，请察夺办理。

八、广东省营产物经理处呈缴士敏土部二十四年五月份营业月结表，请察核。

九、广州市政府呈，据工务局呈缴修正整理东濠工程图式章程预算，转请察核备案。

十、彭卓任函，接喜泉农科职业学校函，为校董会议决请政府将本校改为省立职业学校等词，转请察核，转饬办理。

十一、中山县政府呈，请在水灾赈济款内拨款一万五千元施赈。

十二、□□□①报告呈，奉核准发行建设公债经过情形及条例。

讨论事项

一、财政厅呈，为本厅发行二十三、四两年短船库券，共支过印刷费一万三千元，拟在省地方岁出临时门预备金项下开支，请核准备案。

（议决）照准。

二、广州市政府呈，据文树声等请拨石牌马鞍冈为广州市体育会会址等情，拟予照准，并令行财政局查明该地段如属官荒，准即照拨；如有民业在内，亦拟依照土地征收法在划定范围内，分别收用，是否可行，请核指遵案。又呈，据文树声等呈，拟联合中外体育专家，组织广州市体育会等情，连同原缴组织章程，请察核备案。

（议决）会准设立，官荒照拨。民业该会自向业主收买，章程修正通过。

三、财政厅呈，准教导师函，以该部所驻造币厂内正座房屋将塌，请修筑一案，经委勘属实，拟准由该师部即饬黄润兴店，依照估定价格

———————

① 原文缺，字数不详。

420

一万五千七百三十五元承建，此款在二十三年预算预备金项下开支，请核指遵。

（议决）照准。

广东省政府第六届委员会
第四百零七次议事录

七月十九日　星期五

出席者　林云陔　金曾澄　林翼中　黄麟书　胡继贤　李禄超
　　　　　区芳浦　何启澧

列席者　刘纪文　谢瀛洲　陆幼刚

主　席　林云陔

纪　录　陈广澧

报告事项

一、财政厅呈报再清理各县积欠旧粮继续补充办法办理缘由，请察核备案。

二、建设厅呈缴港务局装造巡轮临时费预算书，计共九千七百九十五元，拟在该局防卫费收存项下拨支，请核存转审查。

三、教育厅呈，据梅县呈缴教育局长李蔚霞履历表，转请核明加委。

四、广州市政府呈，据电力处呈报，河南分厂油渣机发现裂痕，拟交太古船澳〔坞〕修理，需费港银二千二百二十元，请核准免投，转呈备案。

五、云浮县呈，据县属第五区及六都等乡呈报，本年西潦成灾，乞赐转请救济等情，请核加赈抚，以拯灾黎。

六、广东省营产物经理处呈缴士敏土部二十四年六月份营业月结表，请察核。

讨论事项

一、教育厅呈，准谢前任咨开，透支二十三年中学毕业会考费二千一百五十一元零八仙，请转呈省府核准追加，由教育厅二十三年度教育临时费项下拨支归垫等由，连同原送支出计算表，请察核指遵案。

（议决）准由二十四年度教育临时费项下拨支归垫。

二、第一集团军总司令部公函，据东区绥靖委员呈称，惠阳县长兼编练主任邓昙在任几及两载，对于警卫队经费，不思设法整理，至今仍属责令各区摊派及抽收，其他苛什，又复积欠甚巨，致该县警卫队因欠饷而败坏军风两纪，似应予以惩处等情，请查照核办见复案。

（议决）惠阳县县长邓昙撒〔撤〕职，遗缺交民政厅遴员请委。

广东省政府第六届委员会
第四百零八次议事录

七月二十三日　星期二

出席者　林云陔　金曾澄　林翼中　胡继贤　李禄超　区芳浦
　　　　　何启澧
列席者　黄希声　刘纪文　陆幼刚
主　席　林云陔
纪　录　陈广澧
报告事项

一、财政厅呈复，核议西北区绥靖委员，支付南韶公路第二期各段桥函土石方等工程费数目报销册，既经建厅核明数目相符，似可准予照销，请核明分别饬遵。

二、财政厅呈报，依限于本年七月底裁撤各行厘费及佛山补抽厘金局，请察核备案。

三、教育厅呈，为补助贫瘠县份义务教育经费一案，拟请准将二十四年度第一期补助经费六万零一百四十元提前照拨，以应度支。

四、建设厅呈缴饮料厂筹备处二十四年度下半期岁出预算书，改编七月份预算书，请核指遵。

五、建设厅呈，据恩平县民谢荣彦请承领县属第五区土名虎山等处荒地，合将备查一联缴请备案。

六、广东省银行呈缴董事会第五十七次会议录，请察核。

七、监督整理三铁路委员会呈缴二十四年一月份粤汉南段、广九两路购料收料日报表，请察核。

八、监督整理三铁路委员会呈缴二十四年五月份核签粤汉南段、广九两路进付款月报表，请察核。

九、监督整理三铁路委员会呈缴二十四年六月份检查粤汉南段、广九两路现金报告表，请察核。

十、增城县冬日代电，据第四区公所报告水灾情形，经派员履勘，谨先电呈察核。

十一、行政院皓电，近日各河流水势激涨，防护赈济，急不容缓，经本院决议：（一）电令各该省严为防护，并将各处灾情详查具报。（二）交内政、财政两部及赈务会妥筹办理。（三）函全国经济委员会查照。

讨论事项

一、民政厅提议，乐会县县长周仲天拟予调省训练，遗缺委考试及格县长吴良谟试署，请公决案。

（议决）照准。

广东省政府第六届委员会
第四百零九次议事录
七月二十六日　星期五

出席者　林云陔　金曾澄　林翼中　胡继贤　李禄超　区芳浦
　　　　何启澧
列席者　黄希声　刘纪文　陆幼刚
主　席　林云陔
纪　录　陈广澧

报告事项

一、建设厅呈缴硫酸厂二十三年三月至十二月管理费节目流用表，及比较增减表，请核指遵。

二、建设厅呈，据西村士敏土厂呈缴二十三年七月至十二月半年度结算报告书，员工奖金清册，请拨给奖金等情，查核总散数目相符，似应照准，请核指遵。

三、民政、教育厅会呈，请委任黄焯南为广东省立国医学院院长。

四、山东、湖南、河北、河南各省政府来电报告水灾情形，请拨款散赈。

讨论事项

一、财政厅呈，据汕头市长呈，拟宅地征税办法四端，似可准予照办，至开办费三百一十四元六角，土地局添设地税课预算每月经常费七百五十元，前经民政厅呈，拟开办费照支，经常费应将公费减支五十元，特警应俟开征地税时设立，似可仍照原拟办理，请核指遵案。

（议决）准照原拟办理。

二、民政、建设厅会呈，拟就广东省各县乡村公有林营造计划，请核指遵案。

（议决）交胡、李、金三委员审查。

三、主席提议，关于梁×因广州市×××路×××菜地一段，被认为市产一案，不服广州市政府所为之处分，提起诉愿到府，经由秘书处派员审查，作成决定书，再送李、金、胡三委员审查，拟具意见送复，应如何办理，请公决案。

（议决）照审查意见办理。

广东省政府第六届委员会
第四百一十次议事录

七月三十日　星期二

出席者　林云陔　金曾澄　林翼中　胡继贤　李禄超　区芳浦

何启澧

列席者 谢瀛洲 黄希声 刘纪文 陆幼刚

主　席 林云陔

纪　录 陈广澧

报告事项

一、民政厅呈缴限期完成保甲办法，请察核备案。

二、民政厅呈报，派员督促地方自治，及视察测量业务进行各项旅费，共支八百五十元零一毫一仙，经在本厅历月结存各项经费项下开支，请察核备案。

三、财政厅呈，据缉私处呈，关于特务营经费，请将每月节省煤炭费移项流用等情，转请核明照准备案。

四、财政厅呈，据煤油营业税总处造报经售抵纳证收支数目，并请注销已发未抵之抵纳证面额张数，请察核备案。

五、建设厅呈缴第二缫丝厂筹备处筹备费经临两项预算书，请核指遵。

六、建设厅呈缴二十三年九月份上半月及下半月工作报告表，请察核。

七、教育厅呈缴二十三年十月份行政报告书，请核存转。

八、广州市政府呈缴二十三年十一月、十二月两月份行政报告，请察核。

九、民政厅呈缴二十三年十一月、十二月两月份行政报告，请核存转。

十、中区绥靖公置〔署〕呈缴二十四年四月份工作报告表，请察核。

十一、西北区绥靖公置〔署〕呈缴二十四年二、三两月份工作报告表，请察核。

十二、琼崖绥靖公置〔署〕呈缴二十三年十月份工作报告书，请察核。

十三、广东省营产物经理处呈报二十四年六月份营业状况及收支情形，请察核备案。

十四、广东省营产物经理处呈缴各发证处本年上半年度经常费岁出预算书，请核存转。

十五、贵州赈务委员会电报水灾情形，请予赈济。

十六、广东省会公安局呈报，定期本年八月一日将辖内户口重行派员调查，请察核备案。

十七、民政厅呈，据汕头市公安局长何治伟辞职，请委宋德坚接充。

讨论事项

一、建设、民政厅会呈，奉令拨款十万元赈济西北江水灾一案，拟具分配赈款办法，请察核指遵案。

（议决）照委〔办〕。

二、教育厅呈，为广东省立体育专科学校经筹备完竣，校长一职，拟以省督学许民辉调充，请明令委任，以利进行案。

（议决）照办〔委〕。

三、教育厅呈，为省立长沙老隆师范学校经已筹备就绪，经分别委任钟国鑫为长沙师范学校校长，林乾祐为老隆师范学校校长，连同该员等履历，请察核备案。

（议决）照委。

四、主席提议，关于黎××等因与陈××等争圳水涉讼一案，不服建设厅决定，提起再诉愿到府，经由秘书处派员审查，作成决定书，再送金、李、胡三委员审查，拟具意见送复，应如何办理，请公决案。

（议决）照审查意见办理。

广东省政府第六届委员会
第四百一十一次议事录

八月二日　星期五

出席者　林云陔　金曾澄　林翼中　胡继贤　李禄超　区芳浦
　　　　　何启澧
列席者　刘纪文　陆幼刚　黄希声

主　席　林云陔

纪　录　陈广澧

报告事项

一、教育厅呈，据广东省参加第六届全国运动大会委员会呈，请将参加经费提前拨给等情，请核指遵。

二、西北区绥靖委员公署呈，请将仁汝公路测量费四千元，提前发给，以便办理。

三、广州市政府呈缴二十四年一、二、三各月份行政报告，请察核。

四、西北区绥靖公署呈缴二十四年四月份工作报告表，请核存转。

五、教育厅呈，请准在二十四年教育临时经费预算项下，拨支广东省办理儿童年实施事项经费八百二十元。

六、秘书处签呈，拟具本府及所属各机关职员捐薪助赈各省及本省水灾捐额表，请察核。

讨论事项

一、民政、教育厅会呈，缴省立国医学院及附设留医院章程预算图则等件，请核将该学院开办费八万元，特别费一千二百元，每年经常费五万七千一百九十二元，追列二十四年度教育文化费经临预算核定发给案。

（议决）交审查预算委员会审查。

二、教育厅呈复，核议拟准将喜泉初级农科职业学校，改为省立喜泉农业职业学校，办理农艺森林等科，除将该校校产及每年经费全数永拨新校外，仍请由省库拨给开办设备费一万元，每月经费一千元，并在二十四年度预算案内追加，以资办理案。

（议决）交审查预算委员会审查。

三、顺德县呈，请派员莅县视察施赈实况，并准将本县赴港购运赈饥米石免捐所有应缴税款，由钧府捐助以惠灾黎案。

（议决）由民政厅派员视察，准照中山县成案办理。

四、主席提议，关于曾××因代表揭阳县立第一中学校，与××堂系争揭阳县北×××××田坦一案，不服广东财政厅所为之决定，提起再诉愿到府，经由秘书处派员审查，作成决定书。再送胡、金、李三委员审查，拟具意见送复，应如何办理，请公决案。

（议决）照审查意见办理。

五、民政厅呈，拟将本厅现管土地行政一事，移归财政厅办理缘由，请核指遵案。

（议决）照办。

广东省政府第六届委员会
第四百一十二次议事录

八月六日　星期二

出席者　林云陔　林翼中　胡继贤　李禄超　区芳浦　何启澧
列席者　黄希声　刘纪文　陆幼刚
主　席　林云陔
纪　录　陈广澧

报告事项

一、财政厅呈报，定期八月十六日将潮梅轮电船附加费撤销，请察核。

二、建设厅呈缴改编纺织厂绢丝麻沙〔纱〕部二十三年十、十一两月份筹备费，十二月份制造费，岁出概算书，请核指遵。

三、建设厅呈缴修正广惠线临时费预算书，请核准备案。

四、建设厅呈，据河源县民张创艺请承领县属第一区土名长岗岌等处荒地，合将备查一联，缴请备案。

五、建设厅呈缴二十三年十月及十一月上下半月工作报告表，请察核。

六、财政厅呈缴二十三年七、八两月份行政报告书，请核存转。

七、中区绥靖委员公署呈缴二十四年二、三两月份工作报告表，请察核。

八、广州市政府呈缴二十四年四月份市库收支结算表，请核存转。

九、广东省银行呈缴董事会第五十八次议事录，连同本年五月份营业统计书，及借贷对照表，请察核。

十、广东省银行呈，为海口支行拟建筑行址，经董事会议决以大洋三万五千元为底价开投，连同图则预算表等件，请核准再行开投。

十一、湖北省政府皓日代电，敝省各县洪水为灾，乞惠拨赈款，或代劝募赈济。

十二、澄海县有日代电，报告天雨连绵，江水增涨情形，请察核。

十三、饶平县第二区长宥电，报告水灾情形，请察核。

十四、金委员函报，自本月六日起，请假两星期，赴南宁出席全国六大学术团体会议。

讨论事项

一、东区绥靖委员呈，据南山移垦委员会呈缴该会延期一年工作计划书，查核大致尚无不合，应如何办理，请察核指遵案。又第一集团军总司令部函送南山移垦委员会议决案，关于第一、第二及第四项，均属贵府职掌范围，请审核见复案。

（议决）交民政、财政、建设三厅审查。

二、财政厅呈，为二十四年第二次金融库券印刷费共约需三千一百元，拟请援案在预备金项下开支，请核准备案。

（议决）准备案。

三、教育厅呈，准省党部函，请拨助中国童子军学术院讲习费一千五百元等由，似可在二十四年度教育临时费项下照拨，请核指遵案。

（议决）照拨。

四、主席提议，关于余梅生因被台山县政府制止在荻赤公路荻海段行车一案，不服建设厅决定，提起再诉愿到府，经由秘书处派员审查，作成决定书，再送胡、金、李三委员审查，拟具意见送复，应如何办理，请公决案。

（议决）照审查意见办理。

五、主席提议，关于刘杰生因承领龙川县老隆司旧署，被县查封一案，不服财政厅决定，提起再诉愿到府，经由秘书处派员审查，作成决定书，再送胡、金、李三委员审查，拟具意见送复，应如何办理，请公决案。

（议决）照审查意见办理。

广东省政府第六届委员会
第四百一十三次议事录

八月九日　星期五

出席者　林云陔　林翼中　胡继贤　李禄超　区芳浦　何启澧
列席者　黄希声　刘纪文　陆幼刚
主　席　林云陔
纪　录　陈广澧

报告事项

一、教育厅呈复，遵令具缴本厅设计委员会组织大纲及预算书，暨长沙、老隆两师范学校体育专科学校预算书，又老隆学校不敷经费，拟由本厅本年度临时费项下每月增拨三百二十元，请核示遵。

二、广东省营产物经理处呈缴二十四年七月份舶来士敏土发证月报表许可证存根等件，请察核。

讨论事项

一、金、李、胡三委员会复，将广东省各县乡村公有林营造计划修正，请公决案。

（议决）照修正通过。

二、广州市政府呈，据电力管理处呈缴二十二年度经临费提前开支数目清表，请提前开支，并从各该款经费实行开支之月起，根据新预算额报销等情，似属可行，请察核备案。

（议决）照备案。

三、主席提议，关于陈××因潮安饶揭沙田征收员令饬承升白鲚港沙田一案，不服财政厅决定，提起再诉愿到府，经由秘书处派员审查，作成决定书，再送金、李、胡三委员审查，拟具意见送复，应如何办理，请公决案。

（议决）照审查意见办理。

四、民政厅提议，代理大埔县县长范其务呈请辞职，拟予照准，遗缺拟以阳山县县长梁若谷调署，递遣阳山县长缺，拟以考试及格县长崔亚基试署，请公决案。

（议决）照委。

五、民政厅提议，揭阳县长谢鹤年拟与鹤山县县长黄秉勋对调，请公决案。

（议决）照办。

广东省政府第六届委员会
第四百一十四次议事录

八月十三日　星期二

出席者　林云陔　林翼中　胡继贤　李禄超　区芳浦　何启沣
列席者　黄希声　刘纪文　陆幼刚
主　席　林云陔
纪　录　陈广澧

报告事项

一、西南政务委员会令，据审计处呈，各县漏未编送各种计算书，请依法执行处分一案，经本会第一八二次政务会议议决，交广东省政府酌办在案，仰即遵照。

二、教育厅呈，据新会县民罗德富等请承领县属第三区土名狮山等处荒地，合将备查一联，缴请备案。

三、西北区绥靖公署呈，据南雄县长呈报，组织该县清乡委员会，举办清乡及筹款办法，抄同原缴修正提案及议事录，请察核备案。

四、甘肃省政府来电报，兰州等三十余县，山洪暴发，淹毙人畜田庐无数，请赐赈恤。

讨论事项

一、财政、教育、民政厅会呈，核议关于省参议员钟超如提议改善连阳化瑶方法，以宏化育而收实效一案情形，请察核指遵案。

（议决）预算交审查预算委员会审查。

二、广州市政府呈，据社会局呈，为二十三年度鉴经常费，及劳工住宅管理处经常费，请援案提前开支，并从各该款实行开支之月起，照新预算额报销等情，似可准予办理，请察核备案。

（议决）准备案。①

三、主席提议，关于罗结平因万生祥号被省河药厘公所昭信堂控欠缴厘费一案，不服财政厅所为之处分，提起诉愿到府，经由秘书处派员审查，作成决定书，再送李、胡两委员审查，拟具意见送复，应如何办理，请公决案。

（议决）照审查意见办理。

四、主席提议，关于卢汉楠等因不服建设厅批准合益灰石矿公司变更代表之处分，提起诉愿到府，经由秘书处派员审查，作成决定书，再送李、胡两委员审查，拟具意见送复，应如何办理，请公决案。

（议决）照审查意见办理。

广东省政府第六届委员会
第四百一十五次议事录

八月十六日　星期五

出席者　林云陔　林翼中　胡继贤　李禄超　区芳浦　何启澧
列席者　黄希声　刘纪文　谢瀛洲　陆幼刚
主　席　林云陔
纪　录　陈广澧

报告事项

一、西南政务委员会令，查钦县与邕宁县争管那陈墟一案，现经黄委员季陆报告解决办法，提出本会第一八三次政务会议决议，照黄委员意见办理在案，仰即遵照。

二、建设厅呈，据蚕丝改良局转据第一蚕种制造场呈，拟将各月份

---

① 原文可能错刊，第一、二项"议决"部分似应互调。

432

经费互相流用等情，请核指遵。

三、财政厅呈，关于舶来板梹〔槟〕榔椰油税率，仍应照案另行增收二成，请察核备案。

四、教育厅呈，据省立体专学校筹委会呈报，建筑费尚余一千七百元，拟请移为装置电灯、自来水之用等情，似属可行，连同原缴预算表，请核指遵。

五、监督整理三铁路委员会呈缴二十四年二月份粤汉南段、广九两路进付款月报表，请察核。

讨论事项

一、财政厅呈，拟酌增地税征收经费一厘，及改征收员为督征员，另订督征员办事规则，请察核备案。

（议决）准备案。

二、主席提议，关于朱××等与朱××等因争承台山县属新昌区淡村堡土名××之北部山坦一案，不服财政厅所为之决定，提起再诉愿到府，经由秘书处派员审查，作成决定书，再送李、胡两委员审查，拟具意见送复，应如何办理，请公决案。

（议决）照审查意见办理。

三、主席提议，关于朱本秩等因不服财政厅责令完缴青砖台费之处分，提起诉愿到府，经由秘书处派员审查，作成决定书，再送胡、李两委员审查，拟具意见送复，应如何办理，请公决案。

（议决）照审查意见办理。

四、主席提议，关于梁明梧因不服民政厅划分关于德庆县第二区籍安、金安两乡乡界之处分，提起诉愿到府，经由秘书处派员审查，作成决定书，再送胡、李两委员审查，拟具意见送复，应如何办理，请公决案。

（议决）照审查意见办理。

五、主席提议，关于冼其祯等与李长等因互争幌伞冈山场管辖权，不服建设厅决定，提起再诉愿到府，经由秘书处派员审查，作成决定书，再送胡、李两委员审查，拟具意见送复，应如何办理，请公决案。

（议决）照审查意见办理。

广东省政府第六届委员会
第四百一十六次议事录

八月二十日　星期二

出席者　林云陔　金曾澄　林翼中　胡继贤　李禄超　区芳浦
　　　　何启澧
列席者　黄希声　刘纪文　陆幼刚
主　席　林云陔
纪　录　陈广澧

报告事项

一、第一集团军总司令部函，据防空委员会呈缴广州市救护总处组织大纲、编制、开办费经常费预算书，转请查照，将应拨该救护总处开办费二百元及每月经常费四百元，按月如数拨付过部，汇集转发。

二、财政厅呈复，查西北区建筑翁虔路第三期工程费等共四十四万一千余元，既经建厅核明更正各项数目，总散相符，本厅复核，亦属无异，似可准予照销，请核饬遵。

三、民政厅呈，据卸抚黎专员呈缴该署暨四局未经新县长留用各人员姓名清册，请发给恩饷一月等情，请察核转饬财政厅拨发。

四、广东省银行呈缴董事会第五十九次会议录，请察核。

五、广东省营产物经理处呈报士敏土部七月份营业状况及月结表，请察核。

六、省党部函，以本省党务经费原额定每年一百二十九万八千余元，现减为一百万三千余元，造具预算书表，请查照。

讨论事项

一、广东省银行呈缴建筑汕头分行图则预算，计需建筑费大洋七万零三百五十九元三毫六仙，另家私及装修费大洋三千六百元，请察核指遵案。

（议决）照准。

434

二、教育厅呈复，核议梅菉中学请由省库补助一案，似应由省库每月补助八百元，请追加列入二十四年度教育文化经常费预算拨付案。

（议决）交审查预算委员会审查。

三、教育厅呈，据省立琼崖师范学校校长王衍祚呈请辞职，经已照准，遗职查有省立廉州中学校长伍瑞锴堪以调充；递遗该缺，查有钧府派厅服务之国立武汉大学师范部中国文学系毕业生范公镇，堪以委充，缮具该员履历，请核准委任案。

（议决）照委。

四、教育厅呈，据省立庚戌中学呈，请拨款八千三百六十九元五角八仙，建筑礼堂宿舍等情，拟由二十四年度本厅教育文化临时修建费项下拨支案。

（议决）照拨。

五、主席提议，关于邓缀耕因请求撤销大源公司谢克敬及车滔等承买黄沙官地执照事件，不服前广州市政府之处分，提起诉愿到府，经由秘书处派员审查，作成决定书，再送胡、李两委员审查，拟具意见送复，应如何办理，请公决案。

（议决）照审查意见办理。

六、主席提议，关于谢××等因争×××等处山地一案，不服建设厅所为之决定，提起再诉愿到府，经由秘书处派员审查，作成决定书，再送胡、李两委员审查，拟具意见送复，应如何办理，请公决案。

（议决）照审查意见办理。

七、主席提议，关于余××因争广州市东郊×××地段，不服广州市政府决定，提起再诉愿到府，经由秘书处派员审查，作成决定书，再送胡、李两委员审查，拟具意见送复，应如何办理，请公决案。

（议决）照审查意见办理。

广东省政府第六届委员会
第四百一十七次议事录

八月二十三日　星期五

出席者　林云陔　金曾澄　林翼中　胡继贤　李禄超　区芳浦
　　　　何启澧
列席者　黄希声　刘纪文　谢瀛洲　陆幼刚
主　席　林云陔
纪　录　陈广澧

报告事项

一、财政厅呈，为四会等县水灾甚重，拟将各该县二十四年度临时地税准予八五折征收，请察核备案。

二、财政厅呈复，查核西北区所缴支付第四期各路款及监理费数目，总散相符，似可准予照销，请察核饬遵。

三、建设厅呈，拟变更征收云石矿产税率缘由，请核指遵。

四、建设厅呈，据保护民营实业委员会，讨论关于施行广东全省生丝贩卖统制大纲一案情形，连同审查意见书等件，转请核夺施行。

五、建设厅呈，据西村土厂呈，因支出安装电话及盖凉栅等费，超过数目，拟在三月份结存数移拨流用等情，经予照准，请察核备案。

六、教育厅呈，据增城县呈缴教育局长黄乐三履历表，转请核明加委。

七、西北区绥靖委员呈，据曲江县请拨款赈济犁市水灾等情，请察核。

八、乳源县呈报水灾情形，请拨款赈济。

九、广东省银行呈缴董事会第六十次会议录，请察核。

十、广东省合作事业委员会呈缴办理合作谷仓计划大纲，有限责任谷物运销储押合作社简章，暨上海银行广州分行草约，请核指遵。

436

讨论事项

一、胡委员函复，审查民政厅拟议再修正广东各县市土地登记，及征税条例暨施行细则条文意见各条，尚属妥协，似可照办，请公决案。

（议决）照办。

二、教育厅呈，据省立钦州师范学校校长林宾鸿呈请辞职，经已照准，遗职查有林鸿勋堪以委充，连同该员履历，请核准委任案。

（议决）照委。

三、主席提议，关于陈××因不服民政厅令饬汕头市政府，会同开投×××、××××两庄保证产业之批示，提起诉愿到府，经由秘书处派员审查，作成决定书，再送胡、金、李三委员审查，拟具意见送复，应如何办理，请公决案。

（议决）照审查意见办理。

四、广东省参议会函，拟将本会后座全部拆毁改建石屎楼一座，以为本会秘书处办公之用，请查核办理案。

（议决）交建设厅计划，建筑费由二十四年度预备金项下开支。

广东省政府第六届委员会
第四百一十八次议事录

八月二十七日　星期二

出席者　林云陔　金曾澄　林翼中　黄麟书　胡继贤　李禄超
　　　　区芳浦　何启澧
列席者　刘纪文　陆幼刚
主　席　林云陔
纪　录　陈广澧

报告事项

一、财政厅呈，为本厅发行二十四年第二次短期金融库券抽签费，每次额定二百元，拟在预备金项下开支，请核准备案。

二、广东省参议会函，为本会第三次常会，梁参议员祖诰提议，请广东省政府转请中央政府，确定洋米税为广东省地方税收以维农村案，经议决通过，录案请查照办理。

三、广东省参议会函，为本会第三次常会，梁参议员祖诰提议，再请中央政府从速实行兑回中央银行在粤发行之中央纸币，及偿还财政部三次在广东募集之有奖公债，及整理金融公债，以救吾粤金融而维信用案，经议决通过，录案请查照办理。

四、建设厅呈，据防城县呈缴钦防公路防城界段，增建大宝河桥茅岭码头工料费追加概算书，请核准备案等情，查核大致尚合，请核存转。

五、广州市政府呈缴二十四年五月份市库收支结算表，请核存转。

六、监督整理三铁路委员会呈缴二十四年七月份检查粤汉南段、广九两路现金报告表，请察核。

讨论事项

一、民政厅呈，拟定各县承审员任用暂行办法，请核指遵案。

（议决）照办。

二、建设厅呈，拟议奖励查缉私运矿产，连同章程，请察核指遵案。

（议决）交胡委员审查。

三、建设厅呈复，会同市政府，商办省参议员李伯祥提议从新整订全省陆上交通规则一案，经过及核议情形，请察核办理案。

（议决）交建设厅、广州市政府再行订定。

广东省政府第六届委员会
第四百一十九次议事录

八月三十日　星期五

出席者　林云陔　金曾澄　林翼中　黄麟书　胡继贤　李禄超
　　　　　区芳浦　何启澧

列席者　刘纪文　谢瀛洲　陆幼刚

438

主　　席　林云陔

纪　　录　陈广澧

报告事项

一、广东省侨务委员会呈，请一次过拨港币一千九百元，为购汽车之用，并请每月增加办公费一百四十九元六角，为雇车夫及车油等费用。

二、财政厅呈报，将暂行处理沙捐护耕费规则第十五条修正，增添两项，请察核备案。

三、民政厅呈，据保亭县呈，请准拨开会临时费五百元，经令复准予在该县建设费项下核实拨支，请察核备案。

四、民政厅呈报，本厅印发测量队各队手簿证章，及补发各种品物，共需价款一千五百零三元四毫五仙，拟在节存经费项下开支，请核准备案。

五、民政厅呈缴本厅第五、第六两期测量队开办费支付预算书，及购置仪器物品费支付预算书，请察核备案。

六、教育厅呈，据英德县呈缴教育局长梁莘墀履历表，请核明加委。

讨论事项

一、广州市政府呈复，播音台追加安装各公园收音机及购置机件临时费，二十三年度预算，未能并案追加缘由，请核指遵案。

（议决）照准。

二、财政厅呈复，拟就现行舶来皮革税章程内加征废烂胶轮税，每担征收大洋二元，连同章程，请核指遵案。

（议决）准备案。

三、广东省合作事业委员会呈，拟修正各县农民银行办理农村合作社放款通则第五条条文，请核指遵案。

（议决）准照修正。

广东省政府第六届委员会
第四百二十次议事录

九月三日　星期二

出席者　林云陔　金曾澄　黄麟书　胡继贤　李禄超　区芳浦
　　　　　何启澧　林翼中

列席者　刘纪文　陆幼刚

主　席　林云陔

纪　录　陈广澧

报告事项

一、西南政务委员会令，据中山大学呈缴全省党政军各机关捐薪建筑本校新校舍章程，及收据式样，经报告本会第一八五次政务会议决议准备案，执行日期在九月内在案，仰遵照，并饬属遵照。

二、广东省参议会函，为本会第三次常会，吴参议员在民提议，请省府根据中央实施义务教育暂行办法大纲，通饬各县市依限举办短期小学，并向地税项下额拨若干成为义务教育经费，以促义教之进行，案经议决通过，录案请查照办理。

三、财政厅呈缴加订限制省内输运银币及领照手续暂行办法，请转呈通令粤琼潮各关监督转各税务司查照。

四、财政厅呈，据缉私总处呈，拟购置轻便缉私汽车三辆，经费在预备费动拨，至薪公费在该处原有经费节挪开支等情，核与预算尚无出入，似可准照办理，请察核备案。

五、建设厅呈，据全省蚕业改良实施总区转据黄连分区，请将开办费第一款第二项第一目建筑简易蚕室费七百元，移作改良茧绸织造等之用等情，应否照准，请核指遵。

六、建设厅呈缴纺织厂制丝等三部二十四年度岁出制造费概算书，暨各部二十四年一月份制造费支付预算书，请核指遵。

七、建设厅呈缴纺织厂毛棉各部二十三及二十四年度岁出预算书，暨各月份支付预算书，请核指遵。

八、广东省银行呈缴董事会第六十一次会议录，连同二十四年六月份营业统计书，及借贷对照表，请察核。

九、建设厅呈请核准确定狗牙洞煤矿为省营，并请加委朱翔声为该矿办事处主任。

十、教育部陷电，中央补助贵省教费共十三万元，至希督饬所属教育员司，竭力推行普及教育。

讨论事项

一、民政厅呈，据乐安县长呈复，本县县名与江西省乐安县名相同，拟具更改乐东、琼南名称，请核转等情，查与全国县名尚无重复，抄录原缴事实表，请察核指遵案。

（议决）改名乐东县。

二、广州市政府呈复，查明救济院添购碌架床已经购置，该院呈请追加二十二年度购置碌架床临时费，预算书列数目按照九折伸算，核与定价亦属相符，请察核备案。

（议决）准备案。

广东省政府第六届委员会
第四百二十一次议事录

九月六日　星期五

出席者　林云陔　金曾澄　林翼中　黄麟书　胡继贤　李禄超
　　　　　区芳浦　何启澧
列席者　刘纪文　陆幼刚
主　席　林云陔
纪　录　陈广澧

报告事项

一、第一集团军总司令部函，为各县警卫费收据，由本年十一月一日起，改为三联，请查照转行财政厅知照。

二、民政、建设厅呈复，关于修复省参议会会议场背后通道及东边围墙，暨后座办公厅房屋等处一案，经派员会勘，分两项工程办理，请鉴核指遵。

三、建设厅呈，据蚕丝改良局呈，第二制种场经已开始工作，该费用在未奉核发以前，拟暂由两龙等各分区每月实施费及节存项下支销等情，应否照准，请核指遵。

四、建设厅呈，为矿商呈请承领矿区，多不遵批引勘，拟严予取缔，嗣后矿商奉批后，如不遵限到厅订期出发，又不往矿区所在地之县府候勘，即将承案撤销，测绘费及查勘旅费，概不发还，并将该矿区准由他商请领，请察核备案。

五、教育厅呈，据恩平县呈缴教育局长李宗明履历表，转请察核加委。

六、【监督】整理三铁路委员会呈缴二十四年三月份粤汉南段、广九两路购料收料月报表，请察核。

讨论事项

一、审查预算委员会呈，将审查本年度省地方概算及另款概算情形，暨分别编具审定岁入岁出概算书，未审查各费岁出概算表等件，请核定施行案。

（议决）照审定预算八折支付，其有自行减定者，仍照减定之数八折支，学校行政费八折支，教职员薪俸九折支，自十月一日起实行。

二、民政厅呈，关于召集军校政治深造班高级组毕业学员考试一案，合将拟议考试办法，及抄同军校原送学员名册，请核定考试日期案。

（议决）定十月五日为考试日期。

三、主席提议，关于麦××等因请求停筑广南公路横江乡段，及免征路款一案，不服建设厅决定，提起再诉愿到府，经由秘书处派员审查，作成决定书，再送胡、金、李三委员审查，拟具意见送复，应如何办理，请公决案。

（议决）照审查意见办理。

四、主席提议，关于赖××等因建筑武溪公园，不服建设厅撤销曲江县政府处分，由县转饬李××等，将占筑廖××已领地段交还管业一案之决定，提起再诉愿到府，经由秘书处派员审查，作成决定书，再送胡、金、李三委员审查，拟具意见送复，应如何办理，请公决案。

（议决）照审查意见办理。

五、主席提议，关于黄×与黄××等因互争潮阳县属沙浦都×××边水坦一案，不服财政厅所为之决定，分别提起再诉愿到府，经由秘书处派员审查，作成决定书，再送胡、金、李三委员审查，拟具意见送复，应如何办理，请公决案。

（议决）照审查意见办理。

六、主席提议，关于曹××等与刘××等因不服民政、教育两厅将×××田产八十亩，仍拨充郁南县民众教育馆经费之处分，先后提起诉愿到府，经由秘书处派员审查，作成决定书，再送胡、金、李三委员审查，拟具意见送复，应如何办理，请公决案。

（议决）照审查意见办理。

七、民政厅提议，拟设南山管理局，于警察所设警长四名、警士四十名，该局经临各费，由省库发给，连同章程预算各表，请公决案。

（议决）照准，经费就南山移垦委员会本年度预算内拨支，该会所余经费，酌拨作建设之用，俟呈奉核准后开支，警察缓办。

八、民政厅提议，拟委薛汉光为南山管理局长，开具该员履历，请公决案。

（议决）照委。

广东省政府第六届委员会
第四百二十二次议事录

九月十日　星期二

出席者　林云陔　金曾澄　林翼中　胡继贤　李禄超　区芳浦
　　　　　何启澧　黄麟书
列席者　刘纪文　陆幼刚
主　席　林云陔

纪　录　陈广澧

报告事项

一、西南政务委员会令，抄发国防设备所得捐数量表，仰即遵照，并转饬所属一体遵照。

二、西南政务委员会令，据高等法院呈，前广州地方检察厅区玉书任内呈，准挪用保证金，拟由法收盈余项下发还等情，经报告本会第一八六次政务会议，准由库款拨还在案，仰转饬财政厅遵照。

三、广东省参议会函，为本会第三次常会，张参议员昭芬提议，各县警卫常备队借用枪枝，应分期摊还各区，以充后备队军实，而保地方公安案，当经议决通过在案，抄同提议书，请查照办理。

四、广东省参议会函，为本会第三次常会，詹参议员英烈提议，督促各县市完成救济事业案，当经议决修正通过在案，抄同修正提议书，请查照办理。

五、财政厅呈报，契税减征由二十四年九月十六日起，至二十五年三月十五日止，全省各县市一律再继续展限六个月，列表请察核备案。

六、建设厅呈，为职厅买受湖南宜章县杨梅山煤矿一案，拟将该矿定为官商合办，请委朱国典为筹备主任，陈佐镪、傅益之为副主任。

七、建设厅呈缴南路省道第一行车管理处二十三年购置夏巴公司福特汽车一辆预算书，该费由职厅暂行垫支，将来由南路省道第一行车管理处车利项下拨还归垫，请察核备案。

八、建设厅呈，据农林局呈缴办理配合完全化学肥田料二十四年度岁出经常费预算书，请察核备案。

九、教育厅呈，据紫金县呈缴教育局长林瑞华履历表，转请察核加委。

十、监督整理三铁路委员会呈缴二十四年四月份粤汉南段、广九两路购料收料月报表，请察核。

十一、监督整理三铁路委员会呈缴二十四年六月份核签粤汉南段、广九两路进付款月报表，请察核。

讨论事项

一、广东省政治研究会函送关于拟以公务人员暂行兼办地方自治事务一案，并裁并地方机关以减轻人民负担，而增加自治实效一案之修正案，请查照采择施行案。

（议决）转呈政务委员会核示。

二、胡委员函复，审查建设厅所缴私运矿产缉私充赏章程一案，本章程第四条及第五条，拟照本厅秘书处意见修正，其余各条，尚无不合，请公决案。

（议决）照审查意见修正。

三、民政厅呈复，核议高要县水委会请再拨款修复各围决口一案，查该县灾情奇重，崩决基围，比他县为多，应否由钧府再行酌拨，抑由厅酌拨赈款之处，请核指遵案。

（议决）由民政厅在赈款拨给三千元。

四、民政厅呈，据廉江县呈，请将拨给之救济款二千元为建筑墟亭，以其租息为救济院经费之用，建亭不敷之三千元，由县制发慈善兑现票等情，应否照准，请核指遵案。

（议决）建亭照准，兑现票应毋庸议。

五、审查预算委员会呈，为省立国医学院等机关增加预算，共二十万二千三百九十二元，未及审查，拟请仍由钧府审定，再行汇编案。

（议决）照审定之数编列。

广东省政府第六届委员会
第四百二十三次议事录

九月十三日　星期五

出席者　林云陔　金曾澄　林翼中　胡继贤　李禄超　区芳浦
　　　　　何启澧　黄麟书
列席者　刘纪文　陆幼刚
主　席　林云陔
纪　录　陈广澧
报告事项

一、广东省参议会函，为本会第三次常会，李参议员成提议，咨请省政府切实执行本会历次决议案以收实效案，经议决修正通过在案，抄同修正提议书，请查照办理。

二、广东省参议会函，为本会第三次常会，曾参议员日初提议，请省政府从速设备琼崖国防，以固全省门户案，经议决审查意见修正通过在案，录案请查照办理。

三、广东省参议会函，为本会第三次常会，黄参议员海山提议，厉行清理行政、军事、司法积案，经议决照审查意见修正通过在案，抄同修正提议书，请查照办理。

四、广东省参议会函，为本会第三次常会，法制、社会、财政、特别四组，正副组长等提议咨请省府裁并一切骈枝机关，以增进行政效率，而期收支适合案，经议决通过在案，录案请查照办理。

五、广东省参议会函，为本会第三次常会，赵参议员汉俊提议，请省政府呈请行政院转咨立法、司法两院，采择修正新刑法第七条，以免有罪不罚而安华侨案，经议决通过在案，录案请查照办理。

六、广东省参议会函，为本会第三次常会，赵参议员汉俊提议，咨请省府转函高等法院，通令各法院于合议庭设评议簿，详录意见，汇送稽核，以符名实案，经议决通过在案，录案请查照办理。

七、广东省参议会函，为本会第三次常会，吴参议员树芬提议，请省府协同广东治河委员会，先行切实整理西江水利以除水患案；又赵参议员汉俊提议，浚治甘竹滩、围冲、勒竹、三山、石壁等处河道，以利航行案，经并案议决通过在案，录案请查照办理。

八、广东省参议会函，为本会第三次常会，张参议员光斗等提议，请政府限制海关缉私，以维秩序而重治安案，经议决修正通过在案，录案请查照办理。

九、广东省参议会函，为本会第三次常会，黄参议员焯南提议，请省政府查照本会第一次议决案，准予光汉中医学社、广东中医药学社恢复学校名称，以维教育案，经议决照审查意见修正通过在案，录案请查照办理。

十、民政厅呈报，救侨办事处裁撤，归并侨务会，及救侨费改由侨务会领发各缘由，请察核备案。

十一、财政厅呈，拟将私垦补价办法从新展期一年，由本年九月一

446

日起，至二十五年八月底截止，请核指遵。

十二、财政厅呈，据新会县呈复，查明外海乡筹赈会拟购办洋米施赈实情，转请察核指遵。

十三、建设厅呈，据恩平金矿经理呈，拟将工程结束等情，经准予停工结束，请察核。

十四、建设厅呈，拟嗣后矿商承领矿区，如地面系属民业，应向业主妥订用地批约，缴厅核验，如属官荒，即行给照开采，倘因批租价值争执，亦应呈厅饬县传集两造，按照相当时值核定批价，以资解决，请察核备案。

十五、广州市政府呈缴二十三年度宾馆第二款经常费提前开支数目清表，请察核备案。

十六、教育厅呈，拟将本省高中以上军训修习期间延长为三年，将每周授课时间酌量减少，请核备案，转行广州市政府转饬照遵。

十七、高等法院谢院长函，定于本月五日赴南京，出席司法会议，请查照。

讨论事项

一、建设厅呈复，饬据蚕丝改良局核议，南海县农村救济会请拨款设立南海制种场一案情形，请察核办理案。

（议决）在二十五年度筹设。

二、广州市政府呈，据自来水管理处呈缴追加二十三年度岁出经临费预算书，转请察核备案。

（议决）准备案。

三、李、金、胡三委员会复，审查中区绥靖委员呈复，番禺县办理中心农村议拟各节，与财、建两厅意见尚无抵触，惟第四节拟请指拨库款以资补助，当此库收短绌之际，恐难照办，所需款项，似宜另筹办法，较为妥善，请公决案。

（议决）交中区绥靖委员酌办。

广东省政府第六届委员会
第四百二十四次议事录

九月十七日　星期二

出席者　林云陔　金曾澄　林翼中　黄麟书　胡继贤　李禄超
　　　　区芳浦　何启澧
列席者　刘纪文　陆幼刚
主　席　林云陔
纪　录　陈广澧

报告事项

一、广东省参议会函，为本会第三次常会，高参议员在湘提议，取缔缉私人员滥用职权以杜流弊案，经议决修正通过在案，请查照办理。

二、广东省参议会函，为本会第三次常会，劳参议员先鞭等提议，拟请政府增设蚕种制造场，完成全省制造网以复兴粤丝案，经议决照审查意见修正通过在案，请查照办理。

三、广东省参议会函，为本会第三次常会，李参议员成提议，拟请省府饬教育厅颁布小学体育考查方法案，经议决通过在案，录案请查照办理。

四、广东省参议会函，为本会第三次常会，劳参议员先鞭等提议，请省政府划一各县市教育区与自治区次序以利进行案，经议决通过在案，录案请查照办理。

五、广东省参议会函，为本会第三次常会，严参议员觉非提议，请省政府豁免灾区临时地税以苏民困案，经议决通过在案，录案请查照办理。

六、广东省参议会函，为本会第三次常会，陆参议员炜等介绍从化县参议会建议各县开征地税，所有行政费，不得再向地方税款拨支，以示限制案，经议决照审查意见修正，送省府办理在案，录案请查照办理。

七、广东省参议会函，为本会第三次常会，颜参议员菊泉提议，咨请省府分别减免旧粮以纾民困案，经议决通过在案，录案请查照办理。

八、广东省参议会函，为本会第三次常会，黄参议员海山提议，改善航政以重人命案，经议决照审查意见修正通过在案，录案请查照办理。

九、广东省参议会函，为本会第三次常会，张参议员仲绛提议，确定本省各级地方自治基础组织，以固民信而收实效案，经议决通过在案，录案请查照办理。

十、广东省参议会函，为本会第三次常会，钟参议员超如提议，健全本省地方自治之基本组织案，经议决照审查意见修正通过在案，录案请查照办理。

十一、财政厅呈缴外国人永租及教会置买公产房屋，加建补税上盖执照式样，请察核备案。

十二、财政厅呈报，省外运粤麻油，应照生油豆油税率每百斤征税大洋五元四角，免征加二各款，由本年九月十六日起实行，请察核备案。

十三、建设厅呈，据高要县民邓锦泉等请承领县属第一区土名葵岭等处荒地，合将备查一联，缴请备案。

十四、建设厅呈，据新会县民林寅明等请承领县属第十区土名新山等处荒地，合将备查一联，缴请备案。

十五、建设厅呈，据梅县县民吴英琰等请承领县属土名圆岌墩等处荒地，合将备查一联，缴请备案。

十六、教育厅呈，奉教育部代电，决定就美庚款补助义教经费项下，拨给粤省义教经费一万元。此款俟庚款拨到时，即转发等因，请察核。

十七、教育厅呈，据省立广州女子中学请拨临时设备费等情，拟准由二十四年度该校建筑费项下，照拨设备费四千二百六十六元八毫，请核指遵。

十八、广州市政府呈缴广州市酒楼饭店及其他饮食店卫生取缔规则，暨理发业取缔规则，请察核指遵。

讨论事项

一、第一集团军总司令部函，拟订妨碍警卫队征编罚则草案，请查照核明见复，以便会衔颁布施行案。

（议决）交民政厅审查。

二、教育厅呈，据省立广州农工业职业学校呈，请拨给扩充校舍建筑及设备临时费共五万四千二百四十元，查预算所列，为数甚巨，似应分别缓急办理，兹拟由二十四年度各教育机关学校临时修建费项下，拨给该校建筑宿舍费一万四千元，请核指遵案。

（议决）照拨。

三、广州市政府呈复，查明自来水管理处二十三年度支出煤款，超过六万五千三百六十四元四毫，系属核实，尚无浮滥，所请追加，似不无理由，请察核指遵案。

（议决）准备案。

广东省政府第六届委员会
第四百二十五次议事录

九月二十日　星期五

出席者　林云陔　金曾澄　林翼中　胡继贤　李禄超　区芳浦
　　　　何启澧　黄麟书
列席者　刘纪文　陆幼刚
主　席　林云陔
纪　录　陈广澧

报告事项

一、第一集团军总司令部函，据茂名县呈报，县兵数量有限，无可缩编，乞准仍旧依照民厅核准改编原案办理等情，查所陈各点，不无理由，应否准免缩编之处，请查照核办。

二、广东省参议会函，为本会第三次常会，宋参议员安衡提议，请省府重申令饬各县严令各区切实保障农林案，经议决修正通过在案，请查照办理。

三、广东省参议会函，为本会第三次常会，陈参议员章衮等提议，请省政府饬令建设厅从速完成省道各段公路干线，并先拨款将已完成各段公路，一律改建三合土桥梁，以利交通而维路政案，经议决通过，录案请查照办理。

四、财政厅呈报，定期本年九月十六日起征收舶来皮革品入口税，连同税率表，请察核备案。

五、财政厅呈，拟定期二十五年七月一日起实行裁撤罗定桂税局，请核指遵。

六、建设厅呈缴东路省道行车管理处职员工役因公出差旅费规则，请核转备案。

七、建设厅呈缴职厅秘书邝嵩龄履历，请核赐任命。

八、教育厅呈缴广东省实施义务教育暂行办法，请核定施行。

九、教育厅呈，据惠阳县呈缴育局长张祖铿履历，转请察核加委。

十、教育厅呈，据潮安县呈缴教育局长叶海如履历，转请察核加委。

十一、广州市政府呈缴广州市公私立护士学校组织章程，请察核指遵。

十二、广州市政府呈缴广州市溢地承领章程，请察核备案。

十三、广东省会公安局呈报点封商办广东银行西堤分行仓库夹万家私情形，请察核。

讨论事项

一、民政厅呈，据防城县民邓××状请撤销封产一案，本厅及财厅、琼山县均无案可稽，据海口公安分局派员查复该屋业已处分有年，且多有移转按押变卖之事，应如何办理，请核指遵案。

（议决）照行政院核定办法，不发还。

二、建设厅呈复，核议关于政治研究会函送农业建设纲领原提案，暨修正案，请采择施行一案缘由，请察核案。

（议决）交胡、李、金三委员审查。

三、教育厅呈，据省立广雅中学等校呈缴二十四年度修建设备临时费预算书，计共二十四万零二百九十元零五毫，请予核拨等情，请核指

451

遵案。

（议决）照拨。

广东省政府第六届委员会
第四百二十六次议事录

九月二十四日　星期二

出席者　林云陔　金曾澄　林翼中　胡继贤　李禄超　区芳浦
　　　　何启澧　黄麟书
列席者　刘纪文　陆幼刚
主　席　林云陔
纪　录　陈广澧

报告事项

一、民政厅呈，据钦县呈，关于县属各机关，如有支用地方款建筑及购置各项开投有困难者，应否由该县审查等情，转请察核指遵。

二、财政厅呈，拟将所有各属清佃范围内田坦限期十二月底以前，自动承升，逾期或被人举报者，仍照章办理，请察核备案。

三、建设厅呈，据新会县民林薰尧等请承领开平县属第四区土名犀牛望月等处荒地，合将备查一联缴请备案。

四、广州市政府呈，据工务局呈缴河南凤凰岗至南石头马路工程费，及筑路费，二十三年度岁出岁入预算书，转请察核备案。

五、广州市政府呈，据工务局呈报，紫来街至培正路之马路工程三次开投不成，拟交商承造等情，应否准予免投，请察夺令遵。

六、广州市政府呈，据社会局呈，请准予先行贷支审查社会新闻二十四年度经费等情，可否准予先行贷给，请核指遵。

七、广东省会公安局呈，拟修理救火机，为参加国庆日检阅之用，计需款二千三百一十七元六角五仙，请核准，转呈西南政委会转行审计处知照。

八、广东省银行呈缴董事会第六十二次议事录，请察核。

九、广东省营产物经理处呈缴二十四年七月份本处营业收支月结表，暨上海银行代理上海糖款，及代支各账目月结表，请察核备案。

十、广东省营产物经理处呈，将二十四年上半年度临时费岁出概算书，分别改正，请核准审定照支。

十一、财政厅呈复，核办关于番禺县参议会据县属各区乡长声请，以田亩评价过高，请县府核减一案缘由，请察核备案。

讨论事项

一、民政厅呈，为现存赈款，不敷分拨，拟请援案再在惠济义仓仓款项下划拨二万元，俾资应付，请核指遵案。

（议决）照拨。

二、建设厅呈，为杨梅山煤矿定为官商合办一案，拟订招股章程，并开采与营业计划，及资本预算，请察核指遵案。

（议决）原则通过，章程交胡、李两委员审查。

三、广东省政治研究会函，为议决派员分赴各县审定县地方预算，并由省府派委员一人，督率办理，请采择施行案。

（议决）照办。

四、主席提议，关于陈××等因争执潮安县属土名×××××一案，不服建设厅决定，提起再诉愿到府，经送金、李、胡三委员审查，拟具意见送复，由秘书处作成决定书，请公决案。

（议决）照审查意见办理。

广东省政府第六届委员会
第四百二十七次议事录

九月二十七日　星期五

出席者　林云陔　金曾澄　林翼中　胡继贤　区芳浦　何启澧
　　　　　黄麟书
列席者　刘纪文　谢瀛洲　陆幼刚
主　席　林云陔

纪　录　陈广澧

报告事项

一、财政厅呈，为本厅改建旧承审股地址为特务大队部驻扎一案，其先行修理及购置各额，系属事后支出，计一千六百七十一元，拟在二十三年度财务费岁出临时门财政杂费项下开支，请核明备案。

二、财政厅呈缴第六科科长慕容清履历，请核准加委。

三、建设厅呈缴文昌县建设局长李启焕履历，请核赐任命。

四、教育厅呈缴定安县教育局长李日章履历，请核赐任命。

五、教育厅呈缴二十三年十一月及十二月行政报告书，请核转备案。

六、琼崖绥靖公署呈缴二十三年十二月份及二十四年一、二两月份工作报告书，请察核备案。

七、中区绥靖公署呈缴二十四年五月份工作报告书，请察核。

八、湖南省政府咨，据宜章县请转咨会勘厘定宜章、乐昌界域等情，请派员约期会勘，借息争议。

讨论事项

一、教育厅呈，为广东法科学院高中部经费，原预算全年列支二万八千二百一十一元，除征收学费外，实不敷一万八千九百六十二元，拟请由本厅临时费项下照数拨给，请核指遵案。

（议决）照拨。

二、广州市政府呈，为新电力厂地基工程，原奉核定九万七千元，现变更工程计划，增加六千七百四十元，合共港银一十万三千七百四十元，请察核备案。

（议决）准备案。

三、主席提议，关于梁×与郭××等因互争中山县届土名××××水坦一案，不服财政厅处分，提起诉愿到府，经由秘书处派员审查，作成决定书，再送金、李、胡三委员审查，拟具意见送复，应如何办理，请公决案。

（议决）照审查意见办理。

四、民政厅提议，台山县县长陈肇桑另有任用，遗缺拟以钦县县长章萃伦调署；递遗钦县县长缺，拟以德庆县县长邓衍芬调署；递遗德庆

454

县县长缺，拟以梅菉管理局局长伍季酬调署；递遗梅菉管理局长缺，拟以王广轩接充，请公决案。

（议决）照办。

广东省政府第六届委员会
第四百二十八次议事录

十月一日　星期二

出席者　林云陔　金曾澄　林翼中　黄麟书　区芳浦　何启澧
　　　　李禄超
列席者　刘纪文　陆幼刚
主　席　林云陔
纪　录　陈广澧

报告事项

一、财政厅呈，关于直接来应承升沙田业户欠缴花息等款，拟定取缔办法，限期清缴，以资督促，请察核备案。

二、财政厅呈缴技正李秩履历，请察核加委。

三、建设厅呈，据琼崖实业局呈，关于收用叶贻芹园地产价，拟在二十三年十二月份结存项下发给等情，请核指遵。

四、建设厅呈缴广东航海学校改编二十四年八月份支付预算书，请核转备案。

五、建设厅呈报，本厅第二科科长伍朝光辞职，照准，遗缺调第一科科长张蹑峰接充；所遗第一科科长缺，调第六科科长林时铎接充；所遗第六科科长缺，调委视察江家修接充，请察核分别任命。

六、建设厅呈，据潮安县民卢冠华等请承领县属第三区土名钟形山等处荒地，合将备查一联缴请备案。

七、建设厅呈，据梅县振兴小学校校长梁禹铸等请承领县属松口区土名苦竹岌及高起石等处荒地，合将备查一联缴请备案。

八、教育厅呈，据文昌县具缴教育局长丘国基履历，转请察核加委。

九、广州市政府呈缴二十四年六月份市库收支结算表，请核存转。

十、西北区绥靖公署呈，为本省二十四年度预算已确定，拟请照案发给仁汝公路仁化段路线测量费四千元，俾资办理。

十一、广东省会公安局呈报，保安队官兵服装迫急应用，拟召商承造，请援案准予免投。

十二、秘书处签呈，广东军校政治深造班毕业学员考试县长日期已近，应请派定典试委员及襄校委员，并派定人员办理考试事务。

讨论事项

一、财政厅呈，准教导师函，关于修改造币厂房屋工程，尚应再补工料四项，共银三千九百七十四元四角等由，转请核准，仍照案在预备金项下开支案。

（议决）照准。

二、广东省会公安局呈，据收用本市北郊外土名棱角石窑坑田地，建筑射击场一所，依照土地征收法备价收用，连同草图，请察核备案。

（议决）准依法收用。

三、建设厅呈复，核议政研会所送关于复兴农村应规定课农防灾案之修正案，查所拟办法，系利用农隙，强迫人民兴办水利，增加农地生产，尚属可行，请察核案。

（议决）修正通过。

广东省政府第六届委员会
第四百二十九次议事录

十月四日　星期五

出席者　林云陔　金曾澄　林翼中　胡继贤　黄麟书　李禄超
　　　　区芳浦　何启澧
列席者　刘纪文　陆幼刚
主　席　林云陔

纪　录　陈广澧

报告事项

一、财政厅呈，为新、台、开三属营业税合设一局，征收管理困难，现拟照旧设处征收，由厅委任，年可减支经费六百六十元，连同各该处组织经费表，请察核备案。

二、财政厅呈报二十四年度预算，关于囚犯口粮一项，经预算委员会拟定，包括在八折数内，应照原案八成支付，请察核备案。

三、建设厅呈，据南路省道第一行车管理处呈缴购置大同汽车行房车一辆支付预算书，请核转等情，请察核备案存转令遵。

四、建设厅呈，据工业试验所呈，拟在节存经费项下拨一千元，购置书籍，所请应否照准，请核指遵。

五、建设厅呈，据台山县呈缴获赤公路建筑立案声请书图等件，应否照准建筑立案，请核指遵。

六、建设厅呈，据花县县民黄世昌等请承领县属土名飞鹅岭等处荒地，合将备查一联缴请备案。

七、建设厅呈，据英德县呈缴建设局长黄恩仁履历表等件，请察核任命。

八、民政厅呈缴二十四年一月份行政报告书，请核存转。

九、财政厅呈缴二十三年九、十两月份行政报告书，请核存转。

十、教育厅呈缴二十四年一月份行政报告书，请核存转。

十一、西北区绥靖公署呈缴二十四年五、六两月份工作报告书，请核存转。

十二、中区绥靖公署呈缴二十四年六月份工作报告表，请察核。

十三、广州市政府呈缴二十四年四月份行政报告，请察核。

十四、广州市政府呈，据土地局呈报，印郊外经界图招投困难，拟以一千七百六十元之价，交陆军测量局代印，请准免开投，请核指遵。

十五、广东仁爱善堂呈缴统一全省慈善机关各项章则，请察核备案。

十六、第一集团军总司令部函送广东省会党政机关军训人员系统及编配表，请查照办理。

讨论事项

一、财政厅呈复，关于本年度省地方预算已审查完结，梅菉中学请补助经费每月八百元一案，拟请由钧府直接审查，似毋庸再开预算会议，是否有当，请核示施行案。

（议决）交教育厅就教育费项下酌量补助。

二、主席提议，关于林进鹏等因增城县政府处分投承麻车乡产业一案，不服民政厅决定，提起再诉愿到府，经送金、李、胡三委员审查，拟具意见送复，由秘书处作成决定书，请公决案。

（议决）照审查意见办理。

三、教育厅呈，请委任张上儒代理省立水产高级职业学校校长，连同履历，请察核案。

（议决）照委。

广东省政府第六届委员会
第四百三十次议事录

十月八日　星期二

出席者　林云陔　黄麟书　胡继贤　李禄超　区芳浦　何启澧
　　　　　林翼中

列席者　刘纪文　谢瀛洲　陆幼刚

主　席　林云陔

纪　录　陈广澧

报告事项

一、财政厅呈，为职厅后园新建公厅，与旧厅距离颇远，拟添建走廊，并增加四项工程，共需费五千零六十二元六角六仙，拟在财务临时费项下开支，请核指遵。

二、建设厅呈，据三路购料委员会呈报，代粤汉路南段局向德威洋行订购平车二十辆等情，连同抄约，请核准备案。

三、民政厅呈，据自治训练所呈，为便利管理及节省养机费用起见，拟将呈准办法变更，就原定三万二千七百五十余元内，一次过拨三万元与广东军校，作为增机件及养机之用，嗣后全所水电，均由军校供给，该三万元之款，拟改由职所及广东地政人员养成所节存项下开支等情，请核准备案。

四、广东侨务委员会呈，拟具本省华侨团体登记规则，请核指遵。

五、广东省会公安局呈，关于建筑陈塘分局等各项工程，请援案准免开投，转呈西南政务委员会转行审计处知照。

六、广东省会公安局呈报点封国民银行情形，请察核。

讨论事项

一、教育厅呈，据参加第六届全国运动大会委员会呈，请将核定经费准予十足发给等情，请核示遵案。

（议决）仍照八折支付。

二、李、胡两委员会复，审查建设厅所缴杨梅山煤矿股份有限公司招股章程草案，本章程各条，尚无不合，拟请照准，请公决案。

（议决）照审查意见办理。

三、李、金、胡三委员会复，审查开平县民谭芝华等状为承领虎山等荒地造林，不服建设厅决定，提起再诉愿一案，拟具意见，请公决案。

（议决）照审查意见办理。

四、主席提议，关于罗××等与王××等因建铺争执，不服建设厅决定，提起再诉愿一案，经由秘书处派员审查，作成决定书，再送金、李、胡三委员审查，拟具意见送复，应如何办理，请公决案。

（议决）照审查意见办理。

五、建设厅呈，拟于本年度在中山、南海、顺德三处，各增设蚕种制造场一所，该项经费，合为一十五万元，拟由省会公安局借拨一十万元，预借二十五年度农矿临时费五万元，拨充办理，请核定施行案。

（议决）照办。

广东省政府第六届委员会
第四百三十一次议事录

十月十一日　星期五

出席者　林云陔　林翼中　黄麟书　胡继贤　李禄超　区芳浦
　　　　何启澧

列席者　陆幼刚　刘纪文

主　席　林云陔

纪　录　陈广澧

报告事项

一、财政厅、教育厅、省银行会呈，关于二中校地按款办法一案，经会同商妥，由行增价四千余元，俾可划抵教厅欠市行本息，以了悬账，至在未拨账以前，关于教厅所欠市行款项，亦拟自本年九月底截息，庶使数目确定，以免利息地价，均有增加，请察核指遵。

二、民政厅呈，据南山管理局电称垦委会原办通讯排等项事务，所有经费及药物等款，约一千八百元，请由垦委会原领经费拨支等情，转请核办令遵。

三、建设厅呈，据开平县民谭业昌等请承领县属第六区土名牛山等处荒地，合将备查一联缴请备案。

四、广东省银行呈缴董事会第六十三次会议录，连同二十四年七月份营业统计书，及借贷对照表，请察核。

五、广东省营产物经理处呈缴士敏土部八月营业状况及月结表，请察核。

六、赈务委员会江电，再由国内外捐款项下，分拨四千元，交中国银行汇【拨】，请查收散账。

七、赈务委员会阳电，再由中国银行汇拨一千元，请查收散账〔账〕。

八、琼崖绥靖委员电报阳日飓风损失情形，请察核。

460

讨论事项

一、财政厅呈，为各县地方款支出各项经费，应否援照二十四年度省地方岁出预算一律八折支付，请核示遵案。

（议决）照通案办理。

二、民政厅呈，据曲江县呈，拟依照土地征收法，收用韶州市面对河土名沙丘园菜地沙灰地，为迁建屠场地址等情，连同原缴该地平面图，请察核指遵案。

（议决）准依法收用。

三、民政厅提议，新委德庆县县长伍季酬，拟与现署宝安县县长马灿荣对调，请公决案。

（议决）照办。

四、民政厅提议，博罗县县长刘均誉拟调署海丰县长，所遗博罗县长缺，拟以阳春县县长方乃斌调署，递遗阳春县长缺，拟以海丰县县长郑里镇调署，请公决案。

（议决）照办。

广东省政府第六届委员会
第四百三十二次议事录

十月十五日　星期二

出席者　林云陔　林翼中　黄麟书　胡继贤　李禄超　区芳浦
　　　　　何启澧
列席者　刘纪文　陆幼刚
主　席　林云陔
纪　录　陈广澧

报告事项

一、建设厅呈，据农林局呈，为职局施业费不敷，拟将各系试验产品收入存款共四百八十五元拨用，以资弥补等情，是否可行，请核示遵。

二、建设厅呈，据电政局呈复，核议中山县府停拨中山港电报局补助费一案情形，查中山县府现迁回石岐，无需中山港电报局通传政务，为节省公帑计，似应将该局裁撤，请核指遵。

三、财政厅呈，为省立广雅中学校冠冕楼建筑费，超出预算准支数额一千二百元，似应指定由省立各学校临时费项下拨补，请核指遵。

四、财政厅呈，据缉私总处呈，修舰经费一项，改编为第三款临时费，仍援照各款项流用等情，似可照准，请察核备案。

五、财政厅呈，拟酌改典税简章，利便典商营业，请察核备案。

六、财政厅呈，为奉行保险业法，另行拟订征收保险业税费章程，及施行细则，请转呈西南政委会核准公布施行，后将现行保险业条例废止。

七、财政厅呈，为改建候审所工程共七千四百四十元，拟在二十三年度岁出临时门财政各项杂费项下开支，请核明准予备案。

八、建设厅呈，据长途电话所呈缴修理广韶、广惠等段支线预算书计三百五十元，应否准予拨给，请核指遵。

九、建设厅呈缴第二缫丝厂二十四年度下半年收入预算书，及制造费管理费预算，及营业计划书，请察核指遵。

十、民政厅呈，据白沙县呈，为举行全县团董队长会议，所有会费，拟由六月份行政费盈余项下拨支，造具预算，请核等情，请核准备案。

十一、教育厅呈，拟依照修正广东省考选国外留学生章程，变更第一届考选各生学费给发办法，请核指遵。

十二、广州市政府呈，据工务局呈缴修正整理东濠第一期工程办法，请察核备案。

十三、钦县县长蒸电，报告本月八日忽作飓风，灾情骤难查悉，现在督饬赈委会调查中。

十四、遂溪县党部救济院轸电，虞夜飓风骤起，海潮特涨，十字堤崩缺多处，人畜田舍，损失重大。

报告事项

一、民政厅呈，拟订定广东省县长任期暂行规程，请察夺令遵案。（议决）准备案。

二、主席提议，关于廉江县第二区区立第二小学校校长李日鉴，因不服南区绥靖公署取销该校船捐之处分，提起诉愿一案，经送胡、金、李三委员审查，交由秘书处作成决定书，请公决案。

（议决）照办。

广东省政府第六届委员会
第四百三十三次议事录

十月十八日　星期五

出席者　林云陔　林翼中　黄麟书　胡继贤　李禄超　区芳浦
　　　　　何启澧
列席者　刘纪文　陆幼刚
主　席　林云陔
纪　录　陈广澧

报告事项

一、财政厅呈缴拟定本厅特务团全团编制表预算表等，请察核备案。

二、教育厅呈，拟由各教育权〔机〕关学校修建设备临时费项下，拨助广东省电影宣传委员会经费一百五十七元五毫，请核示遵。

三、教育厅呈缴本厅秘书邓章兴，科长邓鸿芹、徐锡龄履历，请察核任命。

四、建设厅呈，据省立女子中学呈，拟设备水机及家事室，请拨款一千四百六十元等情，拟准由该校二十四年度建筑费项下照拨，请核示遵。

五、南区绥靖委员呈缴徐闻县修正发给赈款购买耕牛办法及清册，请察核备案。

六、广东省营产物经理处呈报八月份营业收支情形，附缴月结表等，请察核备案。

七、广州市政府呈，据商民黎祺状请承办广州市计程汽车，拟具章程，请核准等情，经市政会议议决修正通过，可否批准承办之处，连同修正章程，请核指遵。

八、电白县文电报，鱼虞两日风雨为灾，民房船只禾苗路侨〔桥〕电话，多被摧毁，损失奇重，请拨款救济，派员勘明重建。

九、赈务委员会文电，贵省灾情惨重，兹再由中国银行汇拨二千元，以资救济。

讨论事项

一、建设、民政厅会呈，奉令发赈务委员会汇拨赈款申钞一万元一案，谨拟具分配办法表，请察核指遵案。

（议决）照办。

二、财政厅呈复，关于省立老隆师范学校每月不敷经费三百二十元，拟由省立各学校临时费项下开支，毋庸送预算委员会审查，请核定饬令教厅遵照案。

（议决）照准。

三、教育厅提议，琼崖教育，日形发展，亟应派定督学随时视察指导，兹拟在琼崖绥靖署设立督学处，并拟具组织大纲，请公决案。

（议决）准备案。

广东省政府第六届委员会
第四百三十四次议事录

十月二十二日　星期二

出席者　林云陔　林翼中　黄麟书　胡继贤　李禄超　区芳浦
　　　　　何启澧
列席者　刘纪文　陆幼刚
主　席　林云陔
纪　录　陈广澧
报告事项

一、建设厅呈报选商承办惠紫路紫金段内板大坝桥工程情形，连同原估价单等价，请核定示遵。

二、建设厅呈缴从新编配二十四年度本省公路建筑费预算表，请察核备案。

三、教育厅呈，据电白县呈缴教育局长程冠球履历表，转请核明加委。

四、广州市政府呈缴修正广州市建筑规则，请察核指遵。

五、广东省银行呈缴董事会第六十四次会议录，请察核。

六、西南航空公司筹备委员会呈缴本会新预算表，及第二、三次会议录，诸察核备案。

七、广东省政治研究会函送关于取缔市内机械业以维公共安宁案，及审查意见书，请采择施行。

八、广东省银行呈报，建筑海口支行工程，经依照董事会议决交永泰号承建，缴呈合章约则，请察核备案。

九、财政厅呈，据琼山县电，关于清理军阀盘踞时所发之官产印收及执照，拟请仍照原案办理，展限至本年十二月底止等情，经准仍照原案清理，请察核备案。

十、财政厅呈，为台山县土地局局长龙先浦因病辞职，遗缺拟委章泽柱接充，连同该员履历，请察核任命。

十一、建设、财政两厅会复，核议关于西北区铺筑翁虔公路，及将余款垫补各路工程费一案，似可准予照销，请核明饬遵。

十二、建设厅呈，据高要县民谢元贞等请承领县属第一区土名蛇头岭等处荒地，合将备查一联，缴请备案。

十三、合浦县佳日代电，报告阳夜飓风情形，请察核。

讨论事项（略）

广东省政府第六届委员会
第四百三十五次议事录

十月二十五日　星期五

出席者　林云陔　林翼中　黄麟书　胡继贤　李禄超　区芳浦
　　　　何启澧

列席者　刘纪文　陆幼刚

主　席　林云陔

纪　录　陈广澧

报告事项

一、民政厅呈，据乐东县呈，拟在黎峒增设十三校，每校每年补助二百元，由本县建设费项下划拨等情，拟予照准，请察核备案，令行财政厅知照。

二、财政厅呈，准琼崖公署函，据海口金融维持会请将办法变更一案，兹经核定变更办法，请察核备案。

三、建设厅呈，为广东第二缫丝厂筹备处，现经改为广东全省蚕业改良实施区总区第一制丝场，由总区直接管核【辖】，请察核备案。

四、省立勤勤大学呈，为职校附设电信交通专修科经费，二十四年度由九月起至二十五年六月止，合共需支一万八千三百四十元，拟将二十三年度本校各学院预算节存额划拨应支，并酌收学费弥补，编具岁出概算书，请核存转。

五、第一集团军总司令部函，为警卫队领款收据，改为三联一案，定由二十五年一月一日起实行，请查照转行财政厅知照。

六、广州市政府呈，据土地局呈报开投印刷本市五彩地图不成，拟交精一号承印等情，请察核备案。

七、茂名县灰日代电，报告齐晨飓风情形。

八、化县文日代电，报告本月七、八、九等日狂风暴雨情形。

讨论事项

一、建设厅呈缴奖励人民兴办实业章程草案，及调查统计临时费预算书，请核指遵案。

（议决）交胡、李两委员、区厅长审查。

二、主席提议，关于李××因诉争×××边及×××田坦一案，不服财政厅所为之决定，提起再诉愿到府，经由秘书处派员审查，作成决定书，再送胡、李两委员审查，拟具意见送复，应如何办理，请公决案。

（议决）照审查意见办理。

广东省政府第六届委员会
第四百三十六次议事录

十月二十九日　星期二

出席者　林云陔　金曾澄　林翼中　胡继贤　李禄超　区芳浦

列席者　刘纪文　陆幼刚

主　席　林云陔

纪　录　陈广澧

报告事项

一、西南政务委员会令发修正县地方自治条例暨施行细则，县参议员及区乡镇里邻自治人员选举规则，市地方自治条例暨施行细则，市参议员选举规则，仰知照，并转饬所属一体知照。

二、西南政务委员会令，据呈关于政治研究会函送裁并地方自治机关，以减轻人民负担，而增加自治实效一案，经饬据本会秘书处签具意见呈核在案，合将原签二、五两项及审查意见抄发，仰即遵照。

三、民政厅呈复，奉发省参议会决议健全本省地方自治之基本组织一案，经通饬各县遵办，请察核。

四、民政厅呈，据南山管理局请拨发账〔赈〕款三千元，俾施赈穷黎，及完成盘岱公路一案，经准予照拨，请察核备案。

五、民政厅呈，据现任警官训练所呈，拟由本年五月增加文具鞋袜等费，每月约增六百八十九元一毫，此款即在职所经费历月节存项下开支等情，连同原缴预算书，请察核指遵。

六、建设厅呈，据生丝检查所呈缴该所与业主所订正式续租约等情，转请察核备案。

七、建设厅呈，据纺织厂呈缴毛织部二十四年度四月至十二月份岁出概算书等，转请察核指遵。

八、建设厅呈，据开平县民周登祥等请承领县属第五区土名五指山等处荒地，合将备查一联缴请备案。

九、建设厅呈，据台山县民谭荫棠等请承领开平县属第六区土名响水潭等处荒地，合将备查一联缴请备案。

十、教育厅呈，据民众教育馆呈，本馆国乐研究会戏剧研究所经费，拟照学校教员例案九折支领等情，似属可行，请核指遵。

十一、财政厅呈，关于省立江村师范黎生经费，应照案由省立各校临时费支拨，请察核备案。

十二、财政厅呈，准建设厅咨请饬拨云浮电报局补助费等由，应否照案由二十四年十月成立日起拨付，仍暂在预备金项下开支，请核指遵。

十三、财政厅呈，准中区绥靖公署函请将改建卫兵宿舍工程费十足支给，核与通案不符，应否照准，请核指遵。

十四、财政厅呈缴二十三年十一月份行政报告，请核存转。

十五、中区绥靖公署呈缴本年七月份工作报告表，请察核。

十六、广州市政府呈，拟将社会局所属救济院贫民口粮费，照预算总额折减，至该院药殓等费，暂照旧支给，请察核指遵。

十七、广东省会公安局呈，为建筑白鹤洞保安队营房，以海通公司估价为最廉，拟交该商承建，请准免开投。

十八、广东省银行呈报与财、教两厅会商二中校地拨款案，经分别拨账，并将校地接收，暨酌减原定底价以期易于投变，请察核备案。

十九、琼崖绥靖公署呈缴白沙县三年施政计划进度表，请察核。

二十、勘界委员会呈缴第二十一次会议录等件，请核令民、财两厅，转饬各县遵照办理。

二十一、广州市政府呈，据财政局提议，本市猪捐等四项附征加二一案，拟仍继续办理六个月等情，应否照准，请核示遵。

讨论事项

一、广州市政府呈复，遵令查明财政局提议变更贫民教养费征收办法一案，请核指遵案。

（议决）照准。

二、民政、建设厅呈复，奉发赈务委员会再汇捐款二次共申钞五千元，拟仍依照前一万元案，分拨数目比例分配，是否有当，请核指遵案。

（议决）照办。

广东省政府第六届委员会
第四百三十七次议事录

十一月一日　星期五

出席者　林云陔　金曾澄　林翼中　黄麟书　胡继贤　李禄超
　　　　　区芳浦　何启澧
列席者　刘纪文　谢瀛洲　陆幼刚
主　席　林云陔
纪　录　陈广澧

报告事项

一、财政厅呈，据南海县马日代电，关于八折支薪案，支给士兵夫役饷项，拟请仍旧十足发放等情，应否照准，请核指遵。

二、民政厅呈，据视察吴鲁贤呈复，查明潮阳县利陂乡保甲警卫办理情形，抄同原缴路线图，请察夺。

三、教育厅呈，据惠来县呈缴教育局长石端履历表及证件等，转请察核加委。

四、教育厅呈，据海丰县呈缴教育局长陈柳池履历表，转请察核加委。

五、广州市政府呈，据卫生局呈报修葺芳村惠爱医院各房舍工程，招投不成，拟交全信号承造等情，似尚可行，连同原缴价单，请核指遵。

六、广州市政府呈缴修正职府秘书处暨七局组织章程，请察核备案。

七、民政厅呈报故员陈毅在职病故，遗族所借医药费三百元，拟准免其归还，在本厅经费节存项下开支，请核指遵。

八、教育厅呈，为预算决定，无从将琼崖抚黎专员所请将黎生黄保等三名补入公费生，若准补列，须追加每年经费共五百零三元一毫，请核示遵。

九、秘书处签呈，准设计委员会函复，关于提倡商业承兑汇票，以活动工商业金融案，拟具意见，请转陈察核。

十、广州市海康学会邮电报本月七日海康县飓风情形，请拨款赈济。

讨论事项

一、教育厅呈，据省立广州女子中学呈，拟增收民田建筑第二期校舍等情，似属可行，连同原缴地图，请核示遵案。

（议决）准依法收用。

二、教育厅呈，准童子军事业整理委员会函，拟适用公用土地征收法，收用番禺县属龙眼洞欧阳桥狮岭村附近山地一段，建设童军永久露营场，所需款项，由本会募集等由，似应准予照办，连同原送蓝图及计划，请核指遵案。

（议决）准依法收用。

三、教育厅呈，据省立民众教育馆请增拨保健院建筑购地等费一万元一案，似属可行，拟请由二十三年度留学经费节存项下照数拨给，请核指遵案。

（议决）照办。建筑费暂由该厅节存项下开支。

四、建设厅呈，据蚕丝改良局呈缴筹办合浦县蚕业改良实施分区组织计划大纲，暨经临费预算书，查核所拟尚无不合，请察核办理案。

（议决）由蚕丝改良局先派技术人员前往试验。

五、主席提议，关于潘霖鸿因请求发给前私立庚戌中学校所积欠各款，不服教育厅之批示，提起诉愿一案，经由秘书处派员审查，作成决定书，再送胡、金、李三委员审查，拟具意见送复，应如何办理，请公决案。

（议决）照办。

六、主席提议，关于梁君璞等因对于林姓松杞造林会承领鹤山、蟾蜍山各地造林一案，不服建设厅处分，提起诉愿到府，经由秘书处派员审查，作成决定书，再送金、李、胡三委员审查，拟具意见送复，应如何办理，请公决案。

（议决）照审查意见办理。

七、主席提议，关于黄××等因与李××等争承台山县属海晏区横岗乡土名××、××、×××三处沙坦一案，不服财政厅所为之决定，提起再诉愿到府，经由秘书处派员审查，作成决定书，再送胡、金、李三委员审查，拟具意见送复，应如何办理，请公决案。

（议决）照办。

广东省政府第六届委员会
第四百三十八次议事录

十一月五日　星期二

出席者　林云陔　金曾澄　林翼中　黄麟书　胡继贤　李禄超
区芳浦　何启澧

列席者　陆幼刚

主　席　林云陔

纪　录　陈广澧

报告事项

一、西南政务委员会令，据呈财政厅拟征收保险业税费章程，及施行细则草案，经报告本会第一九四次政务会议，决议照办在案，仰即转饬知照。

二、建设厅呈，为本厅二十四年度经费，自十月以后，拟请援照成

471

案，移项流用，请核准备案，令行财政厅知照。

三、建设厅呈缴广东纺织厂机械部电力室二十四年九月至十二月制造费岁出概算书，请察核指遵。

四、建设厅呈，据高要县民余达等，请承领县属第五区土名江边山等处荒地，合将备查一联，缴请备案。

五、广州市政府呈缴二十四年五月份行政报告，请察核。

六、广州市政府呈缴二十四年七月份市库收支结算表，请核存转。

七、教育厅呈缴二十四年二月份行政报告，请核存转。

八、财政厅呈缴二十三年十二月份行政报告书，请核存转。

九、广东省调查统计局呈，拟将每月租金流用于办公及印刷等费，请核示遵。

十、西南政务委员会令，特定缉私事权统一办法大纲四条，仰遵照办理具报。

讨论事项

一、民、财政厅呈复，派员查明新会县请将崖门企人角荒山拨给李光鉴建筑麻疯院，收容疯人一案，拟将原请拨筑界址，略予变更，并查明该地对于附近居民及该处国防，尚无妨碍等情，似可照所拟办理，请核指遵案。

（议决）准照所拟办理。

二、茂名县呈，拟依照土地征收法，收用城外西北隅一段民地，建筑高州公医院，缴呈地图，请察核备案。

（议决）准依法收用。

三、广东侨务委员会呈缴本会筹建会所及华侨招待所办法，请核示遵案。

（议决）照办。

四、主席提议，关于叶嘉安因负担梅县白渡桥建筑费一案，不服建设厅决定，提起再诉愿到府，经由秘书处派员审查，作成决定书，再送胡、金、李三委员审查，拟具意见送复，应如何办理，请公决案。

（议决）照审查意见办理。

五、主席提议，关于刘××等因与黄××等争承台山县属第一区缲背村土名×××处山坦一案，两造均不服财政厅决定，各自提起再诉

472

愿到府，经由秘书处派员审查，作成决定书，再送胡、金、李三委员审查，拟具意见送复，应如何办理，请公决案。

（议决）照审查意见办理。

六、主席提议，关于陈国森因不服民政厅对于阳江县第一区报平、报村头两乡，因乡界争执一案划分之处分，提起诉愿到府，经由秘书处派员审查，作成决定书，再送胡、李两委员审查，拟具意见送复，应如何办理，请公决案。

（议决）照审查意见办理。

广东省政府第六届委员会
第四百三十九次议事录

十一月八日　星期五

出席者　区芳浦　金曾澄　黄麟书　李禄超　何启澧　胡继贤
列席者　谢瀛洲
主　席　区芳浦（代）
纪　录　陈广澧

报告事项

一、建设厅呈缴二十三年十一月起至二十四年一月份止经管收支数目清册，请核销备案。

二、财政厅呈，据乐昌县呈缴粤路株韶段工程局收用地亩免粮册，应否准予免粮，请核示遵。

三、广州市政府呈报关于髹饰海珠桥工程投价超过预算之额，拟在该局马路电灯材料费预算项下，移拨以资调剂办理等情，是否可行，请指令饬遵。

四、南区绥靖委员呈报区属各县十月六日至九日风灾情形，请拨款急赈。

五、本府秘书长因病请假一天。

广东省政府第六届委员会
第四百四十次议事录

十一月十二日　星期二

出席者　区芳浦　金曾澄　胡继贤　李禄超　何启澧
列席者　黄希声　朱念慈
主　席　区芳浦（代）
纪　录　陈广澧

报告事项

一、财政厅呈，据商办广东银行广州分行呈缴复业清理债务办法，查大致尚无不合，似应照准，请察核备案。

二、民政厅呈缴广东省现任警官训练所暨附设警士教练所冬季制服预算书，请察核备案。

三、建设厅呈，据广东第二缫丝厂筹备处呈缴修建烘茧机房工程章程图则预算表等件，转请察核备案。

四、建设厅呈复核议云石税率一案，似应再订税率，拟每百斤征大洋一角，当否请核指遵。

五、建设厅呈缴西村士敏土厂河南分厂，二十四年一月至五月成本计算表，损益表，借贷对照表，现金收支对照表，请察核指遵。

六、教育厅呈，据省立广州女子中学呈，本年各项如礼堂宿舍操场等处设备工程，请免开投，由校招商承造等情，姑予照准，请察核。

七、建设、财政厅会复，关于治河委员会请拨款重筑各江基围一案，核议缘由，请察核指遵。

八、琼崖绥靖委员支电，请委琼崖区省督学叶光疆为督学处处长。

九、广州市政府呈，准市党部函，请将前编追加二十三年度五全代表大会代表出席旅费，及选举费共七千元，克日照拨等由，应否准予照拨，抑如何办理之处，请核指遵。

十、广州市政府呈报，工务局提议修改石牌中山公园住宅区章程一案，经市政会议议决修正通过，连同章程等件，请察核指遵。

十一、广东省营产物经理处呈缴土敏土部本年九月份营业状况月结表，请察核。

十二、胡、李两委员会复审查广东实业银行章程，请察核，附本府修正意见。

十三、财政厅呈，为保存省内现银调剂金融起见，拟定办法六项，请察核备案。

讨论事项

一、财政厅呈，准广东省参议会函请发给参议员分赴各县考察旅费等由，此项旅费，本年度预算并未列入，应如何支付，请核指遵案。

（议决）准由预备金项下开支。

二、财政厅呈，据农林局呈缴中山经济作物蕃殖场组织大纲，及预算表等件，请准备案等情，查该场系属变更组织，及变更预算科目，请察核指遵案。

（议决）准备案。

三、教育厅呈，据省立庚戌中学呈缴二十三年度短发经费清册等情，请察核令行财政厅照数补拨归垫案。

（议决）照拨。

四、建设厅呈，据省立肇庆中学呈报扩充农场收用地亩，经县查复地价尚属实在，请饬高要县政府代办等情，似可照准，连同原缴图则，请核示遵案。

（议决）准依法收用。

五、秘书处签呈，准设计委员会函送关于拨发库款，借拨庚款，设立广东水利银行发行公债，以供各机关团体人民借款经营水利一案审查意见书，请转陈察核等由，请核示遵案。

（议决）水利借款事，由实业银行办理，应如何筹款，即由该行拟定呈核，本案发交参考。

六、民政厅提议，乳源县县长区荣星因病呈请辞职休养，拟予照准，遗缺拟以遂溪县县长岑涤群调署；递遗遂溪县长缺，拟以考试及格县长崔福祥试署，请公决案。

（议决）照委。

七、民政厅提议，饶平县县长何迺英拟予调省，遗缺以代理丰顺县县长梁国材试署；递遗之缺，另文呈请派员代理，请公决案。

（议决）照办。

广东省政府第六届委员会
第四百四十一次议事录

十一月十五日　星期五

出席者　林翼中　区芳浦　金曾澄　胡继贤　李禄超　何启澧
列席者　黄希声
主　席　区芳浦（代）
纪　录　陈广澧

报告事项

一、财政厅呈，本省规定法币一案，经已实行，从前规定运银办法，自应同时取销，嗣后无论多寡，均不准携带，请核转备案。

二、财政厅呈，为职厅后园新建库房及办公楼，暨旧厅西边地层，拟添建木架卷柜等工料费，共需六千三百五十二元七角二仙，拟在职厅财务杂费项下开支，请核指遵。

三、建设厅呈，据东路省道行车管理处呈复，改建五先生等祠，为本处办公处所，工程原经遵令开投，情〔嗣〕因无人投承，故另招工建筑等情，似可准予备案，请核示遵。

四、建设厅呈，据农林局呈缴新会柑橘蕃殖场计划及预算书，请准备案等情，转请察核指遵。

五、民政厅呈报，发给雇员李士深恤金三个月，拟在节存经费项下开支，请察核备案。

六、民政厅呈缴二十四年二、三两月份行政报告书，请核存转。

七、中区绥靖委员公署呈缴二十四年八月份工作报告书，请察核。

八、西北区绥靖委员公署呈缴二十四年七月份工作报告表，请察核。

九、广东省银行呈报，定期本月十一日开始发行一百元券，缴呈样本，请备案，并令厅遵照。

十、广东省银行呈报，本市东昌大街等处三起屋业，经由行照章出价投承，请察核备案。

十一、广东省银行呈缴建筑汕头分行行址工程合约，请察核备案。

十二、教育厅长黄麟书呈报，出席第五次全国代表大会，厅务交由主任秘书黄希声代拆代行。

十三、广州市长刘纪文呈报，赴京出席第五次全国代表大会，日常事务，交由秘书甘尚仁代拆代行。

十四、审定各县地方预算委员会呈缴第四次会议录，请核准照案办理。

十五、奉政委会令，广东省法币发行准备管理委员会章程，准备案。

十六、广东省银行呈，拟将收存之一元十元大洋券加盖作银毫券用，与省法币一体行用，请核示遵。

讨论事项

一、教育厅呈，本厅督学李芳柏因病辞职，遗职拟调本厅教育设计委员会委员司徒优接充，取具该督学履历，请察核任命案。

（议决）照委。

广东省政府第六届委员会
第四百四十二次议事录

十一月十九日　星期二

出席者　区芳浦　林翼中　胡继贤　李禄超　何启澧
列席者　黄希声　谢瀛洲
主　席　区芳浦（代）
纪　录　陈广澧

报告事项

一、民政厅呈，为本厅由惠济义仓仓款项下拨支执信学校等补助费，及由账〔赈〕款项下拨支徐闻山医务所补助费，应否照通案八折支付，请核指遵。

二、民政厅呈，据曲江县呈报收用沙丘园地方为迁建屠场一案，经二次布告，均无人呈契缴验，拟作官产收用等情，请核指遵。

三、广州市政府呈，据土地、财政两局会呈，拟援提前征税成案，照二十四年额征二十五年地税等情，经如拟办理，请察核备案。

四、广州市政府呈缴市营市场管理规则，及商营市场管理规则，请核指遵。

五、广州市政府呈缴修正广州市车辆及驾驶人注册章程，请核指遵。

六、广东省会公安局呈，拟将职局建筑大厨房警士教练所车房，及改建梅花村分驻所等项工程，照价转交别商承建，请核转备案。

七、广东省银行呈报定期收回南雄大洋地名券，及结束赣州兑换分所，请察核备案。

八、广东省营产物经理处呈报本年九月份营业收支各情形，连同清表，请核准备案。

九、广州区第一蔗糖营造场呈，拟租用顺德县龙眼围等民地，以为蕃殖甘蔗之用，连同地图，请核备案，转饬顺德县政府协助办理。

讨论事项

一、主席提议，关于梁××等与麦××等因开水窦，发生争执一案，不服建设厅决定，提起再诉愿到府，经由秘书处派员审查，作成决定书，再送胡、金、李三委员审查，据〔拟〕具意见送复，应如何办理，请公决案。

（议决）照拟驳回。

广东省政府第六届委员会
第四百四十三次议事录

十一月二十二日　星期五

出席者　林翼中　区芳浦　金曾澄　胡继贤　李禄超　何启澧
列席者　黄希声
主　席　区芳浦（代）
纪　录　陈广澧

报告事项

一、民政厅呈，拟定县长任期暂行规程未施行前，现任县市局长任期计算办法，请核准备案。

二、民政厅呈复，广州市海康学会邮报该县飓风，海潮为灾，请赈一案，经准予在赈款项下拨发三千元散赈，请察核准予备案。

三、民政厅呈，据遂溪县呈缴五、九两区塌堤及各乡灾情图表，请予赈济一案，经拨发二千元赈济，请察核准予备案。

四、财政厅呈，拟核准番禺县亩捐，由二十五年早造起，一律停止征收，请察核备案。

五、建设厅呈，据农林局呈为东沙岛海产管理处开办费不敷之数，拟在该局经费项下拨支等情，似可准照，请察核备案。

六、建设厅呈，据北路干线工程处呈，关于二程绘画印晒图表等纸张，需购用洋纸等情，请察核备案。

七、建设厅呈，据杨梅山煤矿筹备处呈缴组织章程及办事细则，请核指遵。

八、建设厅呈，据杨梅山煤矿筹备处呈缴预算及特别购置表，该处经费，由何项收入拨发，请核指遵。

九、建设厅呈，据揭阳县呈缴该县建设局长岑冕朝履历，转请察核加委。

十、建设厅呈，据开平县民陈以饶等请承领县属第三区土名劳山等处荒地，合将备查一联，缴请备案。

十一、教育厅呈，请核准郁云联立喜泉初级农业职业学校，改为省立喜泉农业职业学校，关于经费事项，仍候审查预算委员会决定。

十二、教育厅呈报，依照教育部法规，改订本省义务教育委员会组织规程，请察核备案。

十三、教育厅呈，据开平县呈缴教育局长刘兴序履历表等件，请察核加委。

十四、广州市政府呈，据自来水管理处呈缴礼和洋行承供滤油粉五十包合约，请核转备案。

十五、广东省银行呈，拟再将印存五元大洋券加盖银毫券用，戳〔戳〕记发行，请核行财厅知照。

十六、广东省会公安局呈，拟增建贸易部及洗衣室，请援案准免开投，转呈西南政委会转行审计处知照。

十七、广东省会公安局呈，拟增加警士教练所第十六期学警寝室床位及台椅用具，请援案准免开投，转呈西南政委会转行审计处知照。

十八、勘界委员会呈缴第二十二次会议录议决各案，如属可行，请令行民、财两厅转饬有关系各县遵办。

十九、秘书处签呈，查实业银行条例，与现行法令有抵触之点，拟请修正，当否请核示。

二十、民政厅呈，拟增设卫生技士一员，办理卫生及医药救济事务。

讨论事项

一、民政、建设厅会呈，奉发赈务委员会再由国内外捐款分拨赈款二次，共申钞三千元，拟仍依照前案分援拨数目比例分配，拟具分配表，请察核案。

（议决）照办。

二、教育厅呈，请准予本厅将本年度各月份经费，援照去年成案项与项彼此流用案。

（议决）照准。

广东省政府第六届委员会
第四百四十四次议事录

十一月二十六日　星期二

出席者　区芳浦　金曾澄　胡继贤　李禄超　何启澧
列席者　黄希声　谢瀛洲
主　席　区芳浦（代）
纪　录　陈广澧

报告事项

一、财政厅呈报，拟将本厅天台拆卸，改建三合土面，并修补各部工程费用，在财务临时费项下开支，请核准备案，并派员监投，转函审计处查照。

二、民政厅呈，据南山管理局请增加警察所办公费，及增设警察所员伙夫等情，未便照准，惟所请增加伙夫两名，似可准予照办，请察核备案。

三、民政厅呈，据翁源县呈，为农村崩溃，复遭匪乱，请拨款一千元赈济等情，经准予照拨，请察核备案。

四、建设厅呈，准东区绥靖公署函，关于领发路款，拟改为由厅领款转发等由，不特办理困难，且工程延误，拟仍照原定办法办理，请察核饬遵。又东区绥靖公署呈同前由。

五、建设厅呈，据南路省道第一行车处呈，为遵令查明电白县车路公司否认议决案，意图将水东站撤销，并非无力负担养路费情形，及拟具根本解决办法，请核令遵等情，应否照准，请核示遵。

六、建设厅呈，据郁南县民傅耆天等请承领县属第八区土名牛栏坑等处荒地，合将备查一联缴请备案。

七、教育厅呈，据曲江县呈缴教育局长钟远图履历表，请察核加委。

八、广东省银行呈缴董事会第六十六次议事录，请察核。

九、民政厅长呈报，本月二十五日启程赴惠阳地方，视察县政，厅务由主任秘书朱念慈代拆代行，请察核。

讨论事项

一、第一集团军总司令部函复，关于鱼珠公园附近地点，对于国防工事，尚无妨碍，请查照办理案。

（议决）准依法收用。

二、财政厅呈，拟发行本年第三次短期金融库券一千万元，请察核备案公布案。

（议决）照准。

三、广州市政府呈缴广州市播音台二十三年度预算支出月份清表，请察核备案。

（议决）照准。

四、主席提议，关于黎××等因与吴××等互争茂北×××乡等处山场一案，不服财政厅所为之决定，提起再诉愿到府，经将本案送请李、金、胡三委员审查，拟具意见送复，由秘书处依照意见，作成决定书，请公决案。

（议决）照行。

五、主席提议，关于严标因不服财政厅对于请求下级茶台免课营业税一案之处分，提起诉愿到府，经由秘书处派员审查，作成决定书，再送李、金、胡三委员审查，拟具意见送复，应如何办理，请公决案。

（议决）照行。

六、主席提议，关于陈龙氏与翁××因承领地段一案，不服财政厅之处分，提起诉愿到府，经由秘书处派员审查，作成决定书，再送胡、金、李三委员审查，拟具意见送复，应如何办理，请公决案。

（议决）照行。

七、主席提议，关于骆佩南因对于增城县建筑增从公路在十五里外征工一案，一〔不〕服建设厅决定，提起再诉愿到府，经由秘书处派员审查，作成决定书，再送金、李、胡三委员审查，拟具意见送复，应如何办理，请公决案。

（议决）照行。

广东省政府第六届委员会
第四百四十五次议事录

十一月二十九日　星期五

出席者　区芳浦　金曾澄　胡继贤　李禄超　何启澧

列席者　谢瀛洲

主　席　区芳浦（代）

纪　录　陈广澧

报告事项

一、民政厅呈，据汕头市呈解国防设备所得捐等情，此项捐款，似应由各机关径解广东财政特派员公署保管，以昭慎重，请核指遵。

二、民政厅呈，据吴川县呈报该县风灾情形，请拨款散赈等情，经在赈款项下拨发一千元，请核准备案。

三、财政厅呈报，各县地方在法币未十分充足以前，准以毫银照值伸合法币缴纳，请察核备案。

四、财政厅呈复，查明办理征收舶来机器税情形，请察核指遵。

五、建设厅呈，据蚕丝改良局呈，蚕丝制种用纸，系用外国一百磅律纸，现无土纸可以替代等情，以后制种用纸，应如何检定，请核指遵。

六、建设厅呈缴西江矿务专员办事处组织章程及办事细则，请核指遵。

七、教育厅呈缴二十五年春季中等学校毕业学生会考经费预算书，请核指遵。

八、教育厅呈，据省立民众教育馆请拨款开办社教讲习会等情，所需经费，预计八百元，拟准由本年度省立各学校临时预算项下照拨，请核示遵。

九、广东省营产物经理处呈缴二十四年下半年度经常费岁出预算，请核转备案。

十、广东省银行呈报，定期本月二十七日发行一毫、二毫、五毫新辅币券，缴同样本，请察核备案。

讨论事项

一、财政厅呈，据顺德县呈请将借拨筹办农民银行之款，展期一年，由二十五年七月起，再行照案分年摊还等情，应否照准之处，请核指遵案。

（议决）准展期，但不得再展。

二、财政厅呈缴中山县二十三年度县地方岁入岁出概算书，请审议核示施行案。

（议决）交财政厅核明呈复再办。

三、番禺县呈报，设立市桥屠场地址，查有市桥海旁西街空地海坦一段，最为适合，拟照时值收用，面积六十余井，共补价一千九百余元，由报承人出资购用，请察核指遵案。

（议决）准依法收用。

四、惠阳县呈，为职县筹办农民银行，拟将惠州筹筑东新桥委员会交还之码头权，收回县有，继续招商投承，照成案拨支教育费及东新桥管委会费，余款概拨农民银行，作为官方股本，当否，请核指遵案。

（议决）交建、教两厅会核。

五、中国国民党广东省执行委员会函，准军事政治学校政治深造班函，请转函财厅拨给考察旅费一万六千五百元等由，关于该班经临两费，如何拨付，前经函请由本年十月份起决定在案，请查照办理案。

（议决）交财厅查明呈复再核。

六、区厅长提议，拟就本省公营实业机关，每年所获纯利项下，提百分之五为救济事业基金案。

（议决）省营各工厂营业总计，准提纯利百分之五，自二十五年起实行，市营各工厂，亦照案办理。

广东省政府第六届委员会
第四百四十六次议事录

十二月三日　星期二

出席者　区芳浦　金曾澄　胡继贤　李禄超　何启澧

列席者　黄希声

主　席　区芳浦（代）

纪　录　陈广澧

报告事项

一、财政厅呈，据经济委员会呈，关于赵委员提议将大小霖官田募护沙兵屯垦，以救济失业农民一案，本厅复核，尚属可行，当即列入第二期三年施政计划内，检同原案，请察核备案。

二、财政厅呈复，西北区改建南韶公路薪柴岭钢筋三合土桥工程费，核明数目相符，似可准予照销，请察核饬遵。

三、财政厅呈，据职厅测量队第三队呈缴修正十月份迁站及修葺费预算书，查所开数目，大致尚属核实，请察核备案。

四、建设厅呈，据工业试验所呈，拟将旧车变卖，另买新车，不敷之数，在节存经费项下开支等情，似可照准，请核指遵。

五、建设厅呈，据纺织厂呈，为购买打字机及计算机，未准发给免税护照，须缴纳关税保险等费，共超过银毫二百六十五元一毫一仙，仍在本年上半年管理费结余项下开支等情，请察核备案。

六、建设厅呈缴南路省道第一行车管理处编造民国二十三年购置太平洋行威利士汽车底六辆费用支付预算书，请核转备案。

七、西南政务委员会令，本会第一九九次政务会议决议，一派罗文干为广东治河委员会委员，二派罗文干兼筹办黄埔商埠主任，仰知照，并饬转建设厅知照。

八、广州市政府呈缴马克敦公司承造新电力厂透平机趸脚工程合约，请察核备案。

九、广东省营产物经理处呈报二十四年十月份营业收支，及上海商业银行代理上海糖款各情形，连同清表，请察核备案。

讨论事项

一、建设厅呈，据农林局呈缴各方经领抽水机及收回机价各数表，请核准，将收回机价添购水机，以应各方购领等情，应否照准，请核指遵案。

（议决）照准。

二、建设厅呈，据农林局呈缴农业改良实施区组织大纲，查核尚属可行，似应准予备案，请察核指遵案。

（议决）准备案。

三、财政厅呈缴各县市局二十四年度地方税款岁入岁出概算书，请审议核定施行案。

（议决）交审定各县地方预算委员会审查。

四、教育厅呈，据省立民众教育馆请转饬广州区第一蔗糖营造场照案继续按月拨助蓼涌民众教育实验区经费三百元，至二十六年底止，请核指遵案。

（议决）准延长半年。

五、广州市政府呈缴第十七款追加临时费二十三年度岁出预算书，请察核备案。

（议决）准备案。

六、广东省会公安局呈，请准将执信南路、执信西路等处划入职局管辖范围，设警保护，以维治安，并饬行番禺县转饬第四区将该处警卫队撤去，呈缴地图，请核示遵案。

（议决）照准。

七、主席提议，关于区燕寅因不服民政厅批示，不准撤销划分富岗乡原案之处分，提起诉愿到府，经由秘书处派员审查，作成决定书，请公决案。

（议决）照行。

八、主席提议，关于张××等因不服蕉岭县征收审查委员会对于该县电话局呈请收用旧×××地址之议定一案，提起诉愿到府，经由秘书处派员审查，作成决定书，再送胡、金、李三委员审查，拟具意见送

486

复，应如何办理，请公决案。

（议决）照行。

九、广东省政治研究会函送关于取缔私糖以扶植土糖，而救济农村案办法大纲修正案，请采择施行案。

（议决）第三、第四两条修正，除第四条应呈政委会核定外，余照行。

广东省政府第六届委员会
第四百四十七次议事录

十二月六日　星期五

出席者　区芳浦　金曾澄　胡继贤　李禄超　何启澧
列席者　黄希声
主　席　区芳浦（代）
纪　录　何启澧

报告事项

一、西南政务委员会令，据呈缴修正广东实业银行条例，准予备案，仰即知照。

二、民政厅呈缴修正县地方自治法规实施办法，请察核备案。

三、财政厅呈，编送毫币改铸厂保管委员办事处临时修缮费支付预算书，请核准存转备案。

四、财政厅呈，为发行二十四年第三次短期库券，关于主席签字，已将第二次库券之印鉴撮影照制，俟印竣即将影底缴销，请核准备案。

五、财政厅呈，关于解释规定法币后白银由甲县运乙县、甲乡运乙乡一案办法，请察核备案。

六、建设厅呈，据兼建筑鉴江桥工程专员呈复，查明承商同德公司水灾亏损数目，拟在士敏土运费节余项下补偿，应否准予照补之处，请核指遵。

七、建设厅呈缴狗牙洞煤矿办事处搬运机器预算表，请核指遵。

八、建设厅呈缴西材〔村〕士敏土厂二十五年度营业岁入预算书，及管理制造费岁出预算书，请核指遵。

九、财政厅呈缴二十四年一月份行政报告书，请核存转。

十、教育厅呈缴二十四年三月份行政报告书，请核存转。

十一、西北区绥靖委员呈缴二十四年八月份工作报告书，请核存转。

十二、琼崖绥靖公署呈缴二十四年五月份工作报告书，请核存转。

十三、广东省银行呈缴董事会第六十七次会议录，及九月份营业统计书表，请察核。

十四、审定各县地方预算委员会呈缴会议录及调查表式，请通令各县限期妥填，备各员到县审查。

讨论事项

一、第一集团军总司令部函，据警卫处呈报，关于赤溪县田头墟被匪攻陷焚杀一案，经过情形，拟对死难者家属一次过给予抚恤费五千元等情，兹定由本部拨恤款二千元，责成肇事各乡缴给一千元，其余二千元，拟请贵府拨给，以示体恤案。

（议决）于预备金项下拨支。

二、建设、民政厅会呈，奉发赈务委员会再由国内外捐款分拨共申钞五千五百元，拟仍依照前案分拨数目比例分配，嗣后如再有赈款转发，并依照办理，当否，请核指遵案。

（议决）存为购买杂粮种子之用。

三、建设厅呈，据东路公路处呈请核发潮汕护堤公路执照一案，核与呈准专利原案不符，拟请将原案取销，另行给予三十年专利年限。当否，请核示遵。

（议决）照办。

四、建设厅呈，据中山县呈报筹办石岐至江门，及石岐至第九区长途电话情形，连同借款筹还办法工料预算等件，请核备案等情，应否准予备案，请核指遵案。

（议决）石岐至江门电话不必由县办理，石岐至九区电话，应需敷设费若干，着另拟预算呈核。

五、建设厅呈复，派员查明硫酸厂地方确系不敷，似有收用民地必要，现拟于收用范围内，分甲乙两段，共约十一亩，总价二千零三十九元二毫①八分一厘二毫，应否准予给价收用之处，绘具收用田亩图则，请核示遵案。

（议决）照准。

六、财政厅呈报本厅组织成立三角测量队，及改编碎部测量队经过，比对原定测量队经费，尚余六万七千余元，并拟将本厅第六科内组织扩充，每年所不敷之数，四万四千余元，即在上项剩余流用，此外尚存二万三千余元，拟留作本厅办理地政增加职员经费之用，连同预算表，请察核备案。

（议决）准备案。

七、审定各县地方预算委员会呈，请核定本会调查团出发调查日期，应否定期二十五年二月十五日案。

（议决）照准。

八、主席提议，关于谢钜华等因不服民政厅划分高要县第八区腾江、金溪两乡乡界之处分，提起诉愿到府，经由秘书处派员审查作成决定书，再送胡、金、李三委员审查，拟具意见送复，应如何办理，请公决案。

（议决）照拟驳回。

九、主席提议，关于龚××因不服建设厅核准昌鑫公司承领乐昌县乐嘉湾邓家岭锑矿区之处分，提起诉愿到府，经由秘书处派员审查，作成决定书，再送胡、金、李三委员审查，拟具意见送复，应如何办理，请公决案。

（议决）照拟驳回。

---

① "毫"字似应为"角"字。

广东省政府第六届委员会
第四百四十八次议事录

十二月十日　星期二

出席者　区芳浦　金曾澄　黄麟书　胡继贤　李禄超　何启澧
列席者　谢瀛洲
主　席　区芳浦（代）
纪　录　陈广澧

报告事项

一、广东省会党政机关人员军事训练主任办公厅函送各队编组一览表，请查照转商同一编组之机关，将各大队长选定，以符编制。

二、财政厅呈报点收建设公债保管情形，请察核。

三、财政厅呈复，核议琼崖绥靖委员电请核示取缔行使现金一案缘由，请察核令遵。

四、建设厅呈，据蚕业改良实施区总区呈报修理葵棚，暨租用民地，增搭女职工宿舍各费用，恳准在职区二十二年度节存经费项下拨支，暨关于棚厂修理费补给办法，请准予通融办理等情，应否照准，请核指遵。

五、建设厅呈，据广州区第一蔗糖营造场呈，拟续聘金格为本场技正等情，连同聘约，请核示遵。

六、教育厅呈，据省立广州女子中学呈请准水机及家事室等设备援引成案，由校径行招商承造等情，姑予照准，请察核备案。

七、教育厅呈，据灵山县具缴教育局长赖宗光履历表等件，转请察核加委。

八、广州市政府呈，据教育局呈，拟购置高中女子救护训练用具，请援案免予开投等情，请核指遵。

九、广州市政府呈缴自来水管理处与礼和洋行承供高压机电力零件合约，及与怡和洋行承供炭精合约，请核转备案。

十、广东省会公安局呈缴向惩教场习艺股定购警靴估价单，请核准援案免予开投，转审计处查照。

十一、广东省全公安局呈，拟变卖火轮，换购油渣机轮，以广泰号估价抵〔低〕廉，请准援案免予开投，照交承办转审计处查照。

十二、粤汉铁路株韶段工程局函送本局沿线余地出租章程，请转饬沿线各县政府查照。

十三、广东省营产物经理处呈缴各公仓二十四年下半年变〔度〕营业费岁出预算书，请核转备案。

十四、广东省营产物经理处呈缴各公仓二十四年下半年度经常费岁出预算书，请核转备案。

十五、秘书处签呈，为扶植土糖办法内，第一条内有与本省现行糖业统制法令有抵触，应否予以删除，请核示。

讨论事项

一、建设厅呈，据农林局呈缴烟作试验场组织章程及预算书，查核章程，大致尚合，惟该场开办费在农矿临时费项下拨支，经费在中山经济作物蕃殖场经费项下拨付，事关动支款项及变更预算科目；至所请十足支付一节，核与通令又属不符，应否照准，请咳指遵案。

（议决）照准。仍照通案八折支付。

二、教育厅呈缴具冯伯球履历，请核准委任该员为省立喜泉农业职业学校校长案。

（议决）照准。

三、胡、金两委员会复，审查陆丰县拟处陈文蔚罚款一案，拟具意见，请公决案。

（议决）准保释候讯。

四、广东省合作事业委员会呈，关于办理谷物储押一案，现须筹拨补借二成五押款共三万元，请准令行广东省银行拨借，俾资办理案。

（议决）交省行议复。

五、主席提议，关于区家名因不服民政厅对〔〕云浮县第五区都骑乡板村抽收禾更谷、鹅鸭埗租、箔鱼租一案，所为之决定，提起再诉愿到府，经由秘书处派员审查，作成决定书，再送李、胡、金三委员审查，拟具意见送复，应如何办理，请公决案。

（议决）照拟驳回。

六、主席提议，关于×××堂因报承中山县属×××南便草坦，与××堂争执一案，不服财政厅所为之处分，提起诉愿到府，经由秘书处派员审查，作成决定书，再送金、李、胡三委员审查，拟具意见送复，应如何办理，请公决案。

（议决）照拟驳回。

七、主席提议，关于郭××因与陈××等互争潮阳县土名×××前及×××前田坦一案，两造均不服财政厅所为之决定，各自提起再诉愿到府，经由秘书处派员审查，作成决定书，再送金、李、胡三委员审查，拟具意见送复，应如何办理，请公决案。

（议决）照拟驳回。

八、广东省银行呈，拟变更各机关往来户口提支办法，请通令遵照案。

（议决）照准。

广东省政府第六届委员会
第四百四十九次议事录

十二月十三日　星期五

出席者　区芳浦　金曾澄　黄麟书　胡继贤　何启澧
主　席　区芳浦（代）
纪　录　陈广澧

报告事项

一、西南政务委员会令发惩治税务机关贪劣人员暂行条例，仰知照，并转饬所属一体知照。

二、财政厅呈复，西南航空公司第二年补息国币六万元，已照加三伸算，八成支付，请察核。

三、财政厅呈报，定于本年十二月十六日起开始征收舶来机器税，请察核备案。

四、财攻厅呈，拟将向章规定各种舶来果类，应一并改征百分之三十税率，请察核备案。

五、财政厅呈，为沙田钱粮随同捐费带收，其由承商认额包征部分，暂由商人照领缴纳，长征之数，给作征收费虚领抵解，请察核备案。

六、建设厅呈缴港务局原拟轮拖货渡载客征饷，及限制补充办法，请察核备案。

七、建设厅呈，据信宜县请补助重修罗信公路信宜段土方费一案，拟准援案在公路费项下开支，请察核备案。

八、建设厅呈，据新会县民刘直臣等请承领县属第一区土名冲天凤山等处荒地，合将备查一联缴请备案。

九、建设厅呈缴硫酸厂二十二年七月至十二月份制造费节目比较增减表，请察核指遵。又呈缴硫酸部二十三年一月至六月份制造费节目流用表，及节目比较增减表，请察核指遵。

十、建设厅呈缴西村土厂二十三年度制造费各节目流用表，请察核指遵。

十一、教育厅呈，拟〔据〕宝安县具缴教育局长丘逊美履历表，转请察核加委。

十二、广州市政府呈，拟关于墙壁关系割让土地，不超过二尺，及相连地交换，面积不超过一井，准将缘由批注契内，声请复测，免予变更产价，请察核备案。

十三、广东省会公安局呈缴学警黑绒制服及各项物品估价单，请核准援案免予开投，转呈西南政委会转行审计处知照。

十四、广州区第一蔗糖营造场呈，拟租用顺德西蚬沙地段，辟作蕃殖场，请察核备案。

讨论事项

一、财政厅呈，准广州市商会函，选出法币发行准备管理委员会代表六人，转请察核，照章圈定案。又呈，据广州市商办银行公会，选出代表六人，广州市银业公会选出代表三人，银业行忠信堂选出代表三人，请察核。又呈，据江门市商会，及琼山县、海口市商会呈报各选出代表三人，汕头市商会选出代表三人，省商会联合会选出代表六人，请察核。

（议决）圈定态〔熊〕少康、霍盈之、陈玉潜、梁定蓟、黄敬缘、邹殿邦、卢蔼云、唐品三、郑岭星、何辑屏、傅益之为法币发行准备管理委员会委员，又派钟荣光、蔡昌植、梓卿为法币发行准备管理委员会委员。

二、建设厅呈，据蚕丝改良局呈缴第二蚕种制造场每月经常费支付预算书，请核准在征存蚕丝改良费项下支拨等情，应如何办理，请核指遵案。

（议决）照准。

三、主席提议，关于黄××因与黄××、黄××等争承台山县属佛凹乡×××后山山坦一案，不服财政厅所为之决定，提起再诉愿到府，经由秘书处派员审查，作成决定书，再送胡、金、李三委员审查，拟具意见送复，应如何办理，请公决案。

（议决）照拟驳回。

四、主席提议，关于许芝挺因不服财政厅对于大埔县桃源公学征收茶担捐一案，所为之决定，提起再诉愿到府，经由秘书处派员审查，作成决定书，再送李、金、胡三委员审查，拟具意见送复，应如何办理，请公决案。

（议决）照拟驳回。

广东省政府第六届委员会
第四百五十次议事录

十二月十七日　星期二

出席者　林云陔　金曾澄　黄麟书　胡继贤　李禄超　区芳浦
　　　　何启澧
列席者　刘纪文　谢瀛洲　陆幼刚
主　席　林云陔
纪　录　陈广澧

报告事项

一、西南政务委员会令,据呈缴修正取缔私糖以扶植土糖而救农村办法大纲,经报告本会第二零一次政务会议,决议照办在案,仰知照。又令,据呈拟将取缔私糖扶植土糖办法大纲第一条"或洋糖已纳税者"字样删除,应予照准。

二、财政厅呈报,卸番禺县长梁翰昭逾六个月以上,交代仍然不清,请依法核办,并转饬民政厅限令该县长,将欠解库款于二十日内缴清,以维库帑。

三、民政厅呈,拟自本年十月份起,援照成案,将本厅各项经费移项流用,请核准备案。

四、民政厅呈,据自治训练所呈,拟由本年十月份起,将经常特别各费变更支配等情,请核准备案。

五、建设厅呈,为各属公路非营业汽车,拟饬一并遵章登记,请核准转函总部及财特署,并令财厅分别饬属遵照。

六、建设厅呈缴硫酸厂二十三年七月份至十二月份制造费节目流用表,请核指遵。

七、教育厅呈,据省立琼崖中学呈缴迁建教室及购置宿舍床铺台椅等预算书,并请派员监投等情,连同书表,请察核。

八、教育厅呈缴省立廉州中学修葺校务处预算书,及估价单,请核存转。

九、广州市政府呈,据自来水管理处呈报廿三年度追加第二款经常费,提前开支,并从实行开支之月起,根据新预算额报销等情,请察核备案。

十、广州市政府呈,据公用局呈请提前开支海珠桥油饰费,似可照准,连同原表,请察核备案。

十一、广州市政府呈,据工务局呈报横枝岗、黄花岗两路路基已由第一教导师派兵兴筑,尚余涵洞桥梁未造,拟准选商承筑等情,请核准予免投,俾资办理。

十二、广东省会公安局呈,拟补充士兵毡褛武器及各防用具,交各价廉商号承办,请援案免予开投,转呈西南政委会转行审计处知照。

十三、广州区第一蔗糖营造场呈缴职工俱乐部工人子弟学校开办费经常费预算书，请察核备案。

讨论事项

一、财政厅呈复，关于粤桂两省汇兑上之统制一案，现准省银行函，拟由两省省银行订立汇兑合约，所有两省汇款，均由两省银行接做等由，查所拟意见，尚属可行，似可予以试办，请教夺令遵案。

（议决）准备案。

二、建设厅呈，据罗浮山公园管理处呈，请援照成年〔例〕，将植树节费用一千元按年拨给罗浮公园购苗造林等情，应否照准，请核指遵案。

（议决）照准。

三、审定各县地方预算委员会呈，请派定委员五员，及函总司令部暨分行各厅，各派委员五员，各绥靖公署，各派委员一员，于二十五年一月底到省，以备依期分组出发案。

（议决）照办。

广东省政府第六届委员会
第四百五十一次议事录

十二月二十日　星期五

出席者　林云陔　金曾澄　黄麟书　胡继贤　李禄超　区芳浦
　　　　　何启澧

列席者　刘纪文　陆幼刚

主　席　林云陔

纪　录　陈广澧

报告事项

一、西南政务委员会令发中国社会教育社第四届年会经费预算书，仰遵照办理。

二、民政厅呈缴现任警官训练所二十四年度支付预算书，请察核办理。

三、财政厅呈复，西南航空公司展辟梅菉机场费用九百元，似应准由库发，并由本年度预备金项下开支，请核指遵。

四、财政厅呈缴二十四年第三次广东省短期金融库券样本三种，请察核备案。

五、建设厅呈，据生丝检查所呈，为烘丝室内电炉总掣一具损坏，不堪再用，拟与通用公司购换新掣，价款一百七十元，拟在蚕丝改良费项下拨支等情，经指复照准，请察核备案。

六、教育厅呈，据省立雷州师范学校呈，拟由二十三年度膳堂盥漱所建筑费算存款项二百九十三元，拨支购置童军军训用具等情，经令复准予照办，请察核备案。

七、教育厅呈缴省立惠州中学修建校舍估价预算书图则，请核存转。

八、财政厅呈缴测量队队务视察暨业务抽查办法，连同报告表式，请察核备案。

九、广州市政府呈缴修正电器店及自来水管店注册章程，诸察核备案。

十、审定各县地方预算委员会呈缴修正预算调查表，请令发各县，限文到十五日，依式制填七份，存候本会委员到县查核。

十一、秘书处签呈，准省会公安局函复，海遂两属修筑洋田堤岸委员会，仍然存在情形，请察核。

讨论事项

一、中国国民党广东省执行委员会函，请转饬财政厅迅将广东省第七次全省代表大会经费，照案如数十足拨付过会，俾资应用案。

（议决）照准。

二、财政厅呈，拟将民国十二年以前民欠旧粮一律豁免，十三年一月一日以后之旧欠，则自二十五年起，再限六个月内清缴，仍九折免罚，逾期不再宽假，倘有逃亡绝户，及有粮无田，或田已荒废，情愿没入官荒者，准予据实陈报，查勘属实，得转呈核销，请察核施行案。

（议决）照办。

广东省政府第六届委员会
第四百五十二次议事录

十二月二十四日　星期二

出席者　林云陔　金曾澄　黄麟书　胡继贤　李禄超　区芳浦
　　　　何启澧
列席者　刘纪文　谢瀛洲　陆幼刚
主　席　林云陔
纪　录　陈广澧

报告事项

一、西南政务委员会令发惩治公营事业贪劣人员暂行条例，仰知照，并转饬所属一体知照。

二、财政厅呈报，改定惩罚走漏舶来农产品及什项货物专税办法，请察核备案。

三、略。

四、建设厅呈缴纺织厂棉纺织部二十四年度由八月起至十二月底止，制造费岁出概算书等，请察核指遵。

五、广州市政府呈缴教育局所属各机关提前照二十四年度新预算开支经费清表，请核准备案。

六、广州市政府呈，据新电力厂筹备委员会呈报堤礅工程招投困难，已交新兴公司照投价承造，连同抄约，请核准免投，呈转备案。

七、广州市政府呈，据新电力厂筹备委员会呈报货仓工程，拟交新兴公司承造等情，连同抄约等件，请核准免投，呈转备案。

八、广州市政府呈，据新电力厂筹备委员会呈报西村临时办事处工程，拟交新兴公司承造等情，连同抄约等件，请核准免投，呈转备案。

九、广州市政府呈缴全信号承修惠爱医院工程合约，请核转备案。

十、财政厅呈，拟将民国二十四年第三次短期金融库券发行日期，展至本年十二月底止，至还本付息，则仍照原章办理，请核赐备案

498

公布。

十一、财政厅呈报,派梁致广为法币发行准备管理委员会本厅代表,请备案,并令该会知照。

十二、广东省银行呈缴董事会第六十八次会议录,请察核。

十三、广州区第一蔗糖营造场呈,拟再招考学习生四十人,继续训练制炼人才备用,连同招生简章,请察核备案。

讨论事项

一、教育厅呈,据广雅中学呈报奉核准重建冠冕楼交承商建筑兴工日期,均在颁布学校行政费八折支付之前,请准仍照原定预算十足支付等情,请核示遵案。

(议决)照准。

二、财政厅呈,为救济本市商业起见,拟由省银行举办商业放款,酌拟办法,请察核饬遵案。

(议决)照准。

三、广东省营产物经理处呈,拟具广东省土制白糖运销办法,请核定公布施行案。

(议决)交胡、李、金三委员审查。

广东省政府第六届委员会
第四百五十三次议事录

十二月二十七日 星期五

出席者 林云陔 金曾澄 黄麟书 胡继贤 李禄超 区芳浦
何启澧

列席者 刘纪文 陆幼刚

主 席 林云陔

纪 录 陈广澧

报告事项

一、财政厅呈复,核议治河会请借款八万元,转借各围修筑决口一案，查系为预防水患起见，事为需要，惟此款未经列入预算，似应由省银行照借，请核指遵。

二、财政厅呈，为省银行仓库不敷，拟在职厅西边空地，建筑贮藏库，节经协商办理，定期开投，检具图则简章，请核转备案。

三、建设厅呈，关于东路省道行车管理处收支预计算书类，应否仍照从前手续办理，由厅核销备案，抑转呈核办之处，请核指遵。

四、建设厅呈缴纺织厂丝织部二十四年度由七月至十二月，追加制造费岁出概算书，请核指遵。

五、教育厅呈复，拟将本年度核定全省教育会议经费五千元，全部拨充广东省体育委员会经费，请核准备案。

六、教育厅呈，据省立惠州中学呈，拟将本年上学期学费挪拨一千四百余元，为安装电灯等项经费等情，请核示遵。

七、广州市政府呈报，二十一年一月至六月收入水费根票，被白蚁蚀毁情形，请核转备案。

八、中区绥靖委员会呈缴本年九月份工作报告表，请察核。

九、广东省会公安局呈缴取缔女尼庵堂办法，请核准备案。

十、广东省会公安局呈报，改建长寿分局清道夫厂工程，拟交作新建筑公司承造，请援案准免开投，转请西南政委会转行审计处知照。

十一、西村士敏土厂呈缴二十一年度临时费节目流用数表，请核准转函审计处查照。

讨论事项

一、广东省粮食调节委员会呈缴仓库预算表，请核准将曲江、揭阳、兴宁三仓库，同时兴筑案。

（议决）交广东省银行会同粮食调节委员会筹办。

二、主席提议，关于吴徽因不服广东省会公安局批，饬将广州市杉术栏吴一堂原纳铺底捐额，并入租项计征之处分，提起诉愿一案，经由秘书处派员审查，作成决定书，再送胡、金、李三委员审查，拟具意见送复，应如何办理，请公决案。

（议决）照审查意见办理。

三、胡委员函复，关于行政院令，发内政部对于修正广东各县市土地登记及征税条例，暨施行细则，拟修正各点，谨具审查意见，请公决案。

（议决）照审查意见修正。

广东省政府第六届委员会
第四百五十四次议事录

十二月三十一日　星期二

出席者　林云陔　金曾澄　林翼中　黄麟书　胡继贤　区芳浦
　　　　　何启澧
列席者　刘纪文　陆幼刚
主　席　林云陔
纪　录　陈广澧

报告事项

一、西南政务委员会令知，本会第二〇二次决议，各机关购置建筑等支出超过三百元以上者，应遵章开投，其有特殊情况不能开投者，应呈转本会备案，始得举办，仰遵照，并转饬所属一体遵照。

二、第一集团军总司令部函送广东省地方警卫队常备队编组大队办法，及县政府警卫科组织章程，请查照会衔布告施行，并呈西南政务委员会备案。

三、建设厅呈，据西村士敏土厂呈缴二十四年上半年度新旧机制造费支出数比较，及各节目流用表，请核指遵。

四、建设厅呈，据农林局呈，请补委温耀文为徐闻垦殖场技正兼场长等情，连同原缴履历，请察核办理。

五、建设厅呈，据高要县民梁培基等请承领县属第一区土名虎脊山等处荒地，合将备查一联缴请备案。

六、建设厅呈，据三水县民林荫堂等请承领县属北区土名石迳山等处荒地，合将备查一联缴请备案。

七、广州市政府呈，据新电力厂筹备委员会呈报招投该厂码头工程，两〔无〕商到投，而工程又属急需，未及再投情形，连同原缴合约等件，请核准免投转呈备案。

八、广州市政府呈缴二十四年八月份市库收支结算表，请核存转。

九、广东省会公安局呈，为警士教练所建筑操场围栏，并办公厅辟门一度，拟交桐记公司承建，请援案准免开投，转呈西南政委会转行审计处知照。

讨论事项

一、财政厅呈复，奉发广州市政府及所属各机关二十四年度岁入岁出经常临时费概算书，经转送预算审查委员会审查，分别议决在案，连同会议录，请核示施行案。

（议决）转呈政委会。

二、财政厅呈，为广东省会公安局二十四年度岁入岁出概算书，经转送预算审查委员会审查，议决岁入岁出照列在案，请核示施行案。

（议决）转呈政委会。

三、中区绥靖委员公署呈报，成立中区筑围设计委员会，设计委员九人请由钧府委派，并经议决由职署政务处加设第三科，专责办理区内筑围事宜；开办费及经常费，请由省府拨发，连同会议录预算，请核行财厅自二十五年一月一日起，按月增发案。

（议决）交胡委员，区、何两厅长审查。

四、广东省银行呈报职行监事梁致广至本年底止任期届满，请察核案。

（议决）继续委任。

五、广州市政府呈，准市党部函，请将五全会代表出席旅费及选举费拨给一案，应否照实支数目拨给，抑仍照原列预算额七千元拨给，或照通案八折支付，请核指遵案。

（议决）准照预算八折支付。

六、主席提议，关于余××等因争×××一案，不服建设厅之处分，提起诉愿到府，经将案送胡、金、李三委员审查，拟具意见送复，由秘书处依照意见作成决定书，请公决案。

（议决）照审查意见办理。

广东省政府审定各县地方预算委员会
第一次会议议事录①

民国二十四年十一月二日

出席者　周　棠　何绍琼　冯焯勋　周裕章　谢群彬　陆师岐
　　　　　于士杰　崔龙文

主　席　周　棠

纪　录　崔龙文

报告事项

报告本案经过情形。

讨论事项

一、各县行政费现分等级，系由民政厅拟定，照核定办法第二项，应否仍由民厅从新编配审定，请公决。

（议决）由各厅提出意见，汇交民厅从新编配呈核。

财厅意见，不可超过预算总额。

民厅意见，一等县可裁总务料长，由秘书兼。

教厅意见，各局长一律待遇，拟加设督学，一等县二员，二、三等县一员。

各厅再有意见，限六日前，用书面补具。

二、各县地方款，关于下列各项，应如何从新厘定，请公决。

（一）各县收入，如正税附加杂捐等，其未呈奉核准，应予剔除者。

（议决）由财厅查明剔除。

（二）各县收入属于苛细，应予撤销者。

（议决）如性质繁碎者，数量太少者，征收手续苛扰者，属于重征者，由调查队斟酌该县情形呈报，饬令改善或撤销。

（三）各县之骈枝机关，应予归并或裁撤者。

（议决）由调查队调查其是否地方需要，有无常川办事人员，办理成绩良否，分别呈请裁撤或归并。

（四）各县不急之地方支出，应行裁减者。

（议决）由调查团体察该县情形，分别呈请裁留。

三、关于各县建设教育公安等费之分配，如何从新规定，请公决。

（议决）警卫费除外，依下列办法支配之：建设费百分之三十；教育费百分之三十；公安费百分之二十；其他占百分之二十。但各县有特殊情形者，得变通之。

广东省政府审定各县地方预算委员会
第二次会议议事录

十一月四日

出席者　于士杰　何绍琼　曾锡纯　周裕章　陆师岐　李国伦　　　　　崔龙文　谢群彬　冯焯勋

主　席　于士杰（代）

纪　录　崔龙文

报告事项

报告财厅补具意见。

讨论事项

继续讨论各县地方款之分配标准。

（议决）各县警卫费由警卫队审查改编。

顺德县预算书有遗漏，由财厅饬更正再议。

南、番两县预算书，由财厅依据总部意见，改编再议。东莞县预算书收入未列地税留县一目，支出来列警卫费一目，由财厅用快邮饬其补送，编入再议。

各县预算书，编列项目，有遗漏者，一律由财厅抽出改编，其余已完备者，先行核议。

广东省政府审定各县地方预算委员会
第三次会议议事录

十一月六日

出席者　周　棠　周裕章　李国伦　陆师岐　陈瑞符　谢群彬
　　　　　冯焯勋（陈经代）　于士杰　崔龙文　曾锡纯
　　　　　王耀长

主　席　周　棠

纪　录　崔龙文

报告事项

一、财厅补具意见。

二、教厅补具意见。

讨论事项

继续讨论审查各县地方款预算标准。

（议决）变更审查方法。

1. 各县预算书有漏列者，计六十县，由财厅电知限三日内补具核议。

2. 各县预算书已完备者，计三十县，由财厅会同民厅先行审查，拟具意见，提会核议。

3. 各县警卫费，由警卫处编列，送会一并审核。

广东省政府审定各县地方预算委员会
第四次会议议事录

十一月八日

出席者 李国伦　陆师岐　丁尔幢　南　区　王耀长　东　区
　　　　裴玉圃　琼崖区　冯焯勋（陈经代）　曾锡纯
　　　　丁士杰　崔龙文　周裕章　谢群彬　陈瑞符

主　席 于士杰（代）

纪　录 崔龙文

报告事项

报告上次会议议决事项，及呈请省政府转行民厅从新编配审定行政费情形。

讨论事项

继续讨论各县地方款预算标准，民厅代表提出审查各县地方款预算困难两点。

1. 关于收入方面，各县多未列入地税一目。

2. 关于支出方面，如各县教育经费管理委员会，警卫费管理委员会等，及各公安分局经费，多未列入预算。

故就书面审查，未免毫无根据，应否由各主管机关，就其主管范围内，开列项目，加以说明，由会汇编，拟定县地方款预算书项目格式，呈请省府通令各县限十日内依式编妥，听候调查团到时审核，如调查团到时，尚未编妥，即严加处分，当否，请公决。

（议决）呈省府核示，一面由各机关拟定项目，限本月十二日前交会汇编。

506

广东省政府审定各县地方预算委员会
第五次会议议事录

十一月十二日　星期二

出席者　丁尔幢　王耀长　周裕章　冯焯勋（陈经代）

裴玉圃　何绍琼（陈瑞符代）　李国伦　曾锡纯

张百川　陆师岐　崔龙文　谢群彬

主　席　张百川

纪　录　崔龙文

报告事项

报告上次会议议决，并呈报省府情形。

讨论事项

各机关因时间短促，预算书项目未能编妥，应否限期编妥送会，请公决。

（议决）各机关限期十六日九时前编妥提会讨论。

广东省政府审定各县地方预算委员会
第六次会议议事录

十一月十六日　星期六

出席者　张百川　林时铎　周裕章　裴玉圃　李国伦　简　峣

谢群彬　王耀长　冯焯勋（陈经代）　曾锡纯

何绍琼（陈瑞符代）　黄菊秋

主　席　张百川

纪　录　黄菊秋

报告事项

一、报告上次会议议决，并呈报省政府请核示审查各县预算项目由会汇编一案，奉令"准予照办"案。

二、南区绥靖委员公署来函，代表丁尔幢因感冒不能出席，改派主任简峣代表出席案。

讨论事项

关于审查民政厅拟定各县地方预算岁出概算书项目格式案。

（议决）照修正通过。

广东省政府审定各县地方预算委员会
第七次会议议事录

十一月十九日　星期二

出席者　冯焯勋（陈经代）　曾锡纯　王耀长　丁尔幢
　　　　　裴玉圃　谢群彬　何绍琼（陈瑞符代）　李国伦
　　　　　周裕章　林时铎　张百川　黄菊秋

主　席　张百川

纪　录　黄菊秋

报告事项

建设厅代表陆师岐因病不能出席，改派第一科长林时铎出席案。

讨论事项

一、继续审查教育厅议订各县市政〔教〕育经费预算科目方式案。

（议决）照修正通过。

二、关于各厅拟订各县市地方预算岁出项目格式，及各县警卫队预算书总表，一并汇齐送由民财两厅会同订定，提出讨论案。

（议决）照办。

三、本会下次开会日期，应定何日召集案。

（议决）俟民、财两厅汇编预算完妥送到后，再行通函召集开会。

508

广东省政府审定各县地方预算委员会
第八次会议议事录

十一月二十七日　星期三

出席者　张百川　林时铎　李国伦　周裕章　谢群彬
　　　　　何绍琼（何庭炜代）　丁尔幢　裴玉圃　王耀长
　　　　　冯焯勋（陈经代）　曾锡纯　黄菊秋
主　席　张百川
纪　录　黄菊秋
报告事项

接建设厅送来各县建设地方款概算书，经分送民、财两厅汇编送会。

讨论事项

一、继续审查各县地方款预算书方式案（留待下次再议，再行审查）。

二、关于本会下次开会日期，应定何日召集案。

（议决）定本月二十八日上午九时，召开第九次会议。

广东省政府审定各县地方预算委员会
第九次会议议事录

十一月二十八日　星期四

出席者　张百川　林时铎　周裕章　李国伦　谢群彬
　　　　　何绍琼（何庭炜代）　裴玉圃　丁尔幢　王耀长
　　　　　曾锡纯　冯焯勋（陈经代）　黄菊秋
主　席　张百川

纪　录　黄菊秋

报告事项

据告本会第八次议决案。

讨论事项

一、关于审查各县地方款预算书调查表方式案。

（议决）照修正通过。付印后呈请省政府通令各县长，限文到十五日内妥填存县，俟调查团到县时，根据审查。

二、本会调查团出发调查日期，应否定期明年二月十五日，请决定案。

（议决）呈请省政府核定。

三、关于本会出发各县调查旅费，应如何请领支拨。

（议决）（申述理由）呈请省政府一律照荐任待遇。

广东省政府审定各县地方预算委员会
第十次会议议事录

十二月七日　星期六

出席者　张百川　林时铎　周裕章　李国伦　何绍琼（陈瑞符代）
　　　　裴玉圃　丁尔幢　王耀长　冯焯勋（陈经代）　曾锡纯
　　　　谢群彬　黄菊秋

主　席　张百川

纪　录　黄菊秋

报告事项

一、奉省政府财字第六二九九号训令，据财政厅呈缴南海等九十一县市局地方二十四年度岁入岁出预算，请提会审议核定施行一案，经省议四四六次会议议决"交本会审查"，令仰遵照办理案。

二、关于本会出发各县调查预算日期案，现奉省政府指令，经提出省议第四四七次会议议决"照准"，仰知照案。

三、关于本会审定各县预算调查表方式，呈请省府通令各县长限文到十五日内妥填案，现奉省府令复"如呈办理"，经通令各县遵办仰知照案。

讨论事项

一、关于奉省政府令，交会审查南海等九十一县各县市地方款二十四年度预算案。

（议决）呈复省政府，在本会未审查完竣以前，仍照二十三年度预算及专案呈准者开支。

二、关于本会各员出发日期，已奉核定，至各组派定出发人员，应请各机关先行派出，以便召集，请公决案。

（议决）呈请省政府通令各机关从速派定，并限二十五年一月底以前将派出员名报府转知本会，以便召集。

三、关于本会出发前会议日期，应定何日案。

（议决）定二月一日。

四、关于本会审定各县地方预算调查表，前经印刷，呈请省政府通令各县妥填，仍有未臻完备，应否修正改印转发，请公决案。

（议决）照修正付印后，呈请省政府转令各县妥填，存候本会各员到县查核。

广东省政府审定各县地方预算委员会
第十一次会议议事录

民国二十五年二月一日　星期六

出席者　周　棠　张尔超　梁擎柱　邓　昙　郭见闻　章蔚伦
　　　　陈文烈　黄叔平　何诗迪　饶映华　丁尔幢　范　藻
　　　　张梅友　曾次参　李景宗　朱伯清　陈介卿　黄锡铨
　　　　黄道纯　吴为雨　曾锡纯　骆翰章　谢为何　李介眉
　　　　温翀远　廖叔度　吴学传　王耀长　李国伦　黄菊秋

主　席　周　棠

纪　录　黄菊秋

报告事项

一、奉省政府财字第六五一八号指令，本会呈请分别函令各机关派定委员，以便会同出发，各县调查预算一案，经第四五〇次会议议决"照办"，分别函令派员，仰知照案。

二、奉省政府财字第六五〇九号指令，本会呈奉令审查各县地方预算，议决在未审竣以前，仍照二十三年度预算及专案呈准者开支一案，仍着由会从速审查，呈候核定施行，以重计政案。

三、奉省政府财字第六五八四号指令，本会呈缴修正各县地方预算调查表，请令发各县，依式制填七份，存候审核一案，"准予照办"，已通令各县遵照办理案。

四、奉省政府财字第六六八八号训令，据建设厅呈报，遵令派定秘书张次眉、视察林介眉、陆师岐、吴为雨、股主任谢为何等五员为委员，会同出发，仰知照案。

五、奉省政府财字第四七号训令，据西北区绥靖委员呈报，派定中校秘书曾锡纯为委员，会同出发，仰知照案。

六、奉省政府财字第八五号训令，据南区绥靖委员呈报，派定科长丁尔幢为委员，会同出发，仰知照案。

七、奉省政府财字第一一三号训令，据中区绥靖委员呈报，派定少校科员李国伦为委员，会同出发，仰知照案。

八、奉省政府财字第一三八号训令，准第一集团军总司令部公函，派定上校秘书张尔超、温狮远、股员何诗迪、参议邓昙、秘书梁擎柱等五员为委员，会同出发，仰知照案。

九、奉省政府财字第二一五号训令，据民政厅呈报，派定股长黄叔平、郭见闻、自治训练员曾次参、陈文烈、章蔚伦等五员为委员，会同出发，仰知照案。

十、奉省政府财字第二五五号训令，据东区绥靖委员呈报，派定中校秘书王耀长为委员，会同出发，仰知照案。

十一、奉省政府财字第三六九号训令，据财政厅呈报，派定台山、新会税收视察员范藻南，始、曲、乐兼翁源、仁化税收视察员陈介卿，阳江、阳春税收视察员张梅友，海丰、陆丰税收视察员饶映华，海康、遂溪、徐闻税收视察员朱伯清等五员为委员，会同出发，仰知照案。

十二、奉省政府财字第四二五号训令，据琼崖绥靖委员养电，改派少校科员李介眉为委员，会同出发，仰知照案。

十三、奉省政府财字第四八八号指令，据本会签呈，请迅赐派委本府出发委员，以便会同出发一案，应由各机关派定人员，先行出发，再由本府派员复查，仰知照案。

十四、奉省政府财字第五二九号训令，据教育厅呈报，派定设计委员黄锡荃、骆翰章、黄道纯、省督学叶光肆叟、李景宗等五员为出发委员，仰知照案。

讨论事项

一、关于本会委员出发旅费川资，应如何请拨支配，请公决案。

（议决）根据本会第九次决议案，各组委员，应一律照荐任待遇，发给旅费，每员每日支八元，每组派书记一员，每员每日支四元，每组派什役四名，每名每日支二元，并定期三个月内调查完竣，舟车费什费，每组每月支一千元，一律请求十足发给，即日呈请省政府拨给。

二、关于本会各组委员出发，所有书记什役，应如何请派分配，请公决案。

（议决）俟下次小组会议时再定。

三、本会前奉省政府令发南海等九十一县二十四年度地方预算，仍着由本会审查一案，应如何审查，请公决案。

（议决）仍分发各组委员带赴各县调查报告到会，再行审定呈核。

四、本会各组委员出发，应由何人领队，以资统率，请公决案。

（议决）以总司令部派出委员为领队，并以该员为组主任，定名为某某区组。

广东省政府第六届委员会
第四百五十五次议事录

民国二十五年一月七日　星期二

出席者　林翼中　金曾澄　胡继贤　区芳浦　何启澧
列席者　刘纪文　陆幼刚
主　席　林翼中（代）
纪　录　陈广澧

报告事项

一、民政厅呈，据地政工作人员养成所呈，为购置测量仪器费共支二万五千八百三十八元零七仙，拟在二十二年度临时费项下支销等情，连同原缴清册，请核准备案。

二、财政厅呈，查各县仓捐，间有尚未购谷，仍存白银者，应令换入法弊〔币〕，连同溢出二成款，并储购谷，请核赐通令遵照。

三、财政厅呈，为广州市政府拨付广州市救护总处开办经常费一案，经由审查预算委员会议决照列，请核示遵。

四、财政厅呈，据琼山县呈，关于清理军阀盘踞时代变卖官产，准予十足补价换照一案，拟自二十五年一月一日起，再展限六个月等情，自应照准，请察核备案。

五、建设厅呈，拟就纺织厂水泵房图则，及工程预算，缴请核准，交大宝公司承办，不再招投，以期迅速。

六、广州市政府呈，据自动电话管理委员会呈称，刊印电话簿土纸合用者甚尠，请予变通办理等情，可否照准，请核指遵。

七、广州市政府呈，据教育局呈报，市立九十四小学校，拟向商务印书馆购自然科仪器模型甲组全组，请准免开投等情，请核转备案。

八、广州市政府呈，据教育局呈报，市立九十五小学校，拟向商务印书馆购自然科仪器模型甲组全组，请准免开投等情，请核转备案。

九、广州市政府呈，为自来水管理处招投特别油渣不成，旧商愿减

514

价续供等情，经权准订购，连同合约，请核准免投呈转备案。

十、广东省银行呈报二十四年十二月三十一日职行总结算账目，拟将营业发行代库三部分对外事项停止，请察核备案。

十一、广东省银行呈缴董事会第六十九次议事录，及二十四年十月份营业统计书表，请察核。

十二、广东省营产物经理处呈缴二十四年下半年度收入预算书，请察核存转。

十三、李委员禄超函报丁忧回籍奔丧，请转呈政委会准予给假两星期治丧。

讨论事项

一、财政厅呈，为广州市政府所属机关二十四年度概算书，经送预算审查委员会审查，分别议决照列在案，请核示施行案。

（议决）转呈政委会。

二、民政厅呈，据广东省儿童年实施委员会呈缴支付预算书，转请核办指遵案。

（议决）交财政厅审查。

三、主席提议，关于赵荫民等因报承新会县属鹭鹚沙田坦一案，不服财政厅所为之决定，提起再诉愿到府，经将案送金、李、胡三委员审查，拟具意见送复，由秘书处依照意见，作成决定书，请公决案。

（议决）照拟驳回。

广东省政府第六届委员会
第四百五十六次议事录

一月十日　星期五

出席者　林云陔　黄麟书　胡继贤　区芳浦　何启澧
列席者　谢瀛洲　陆幼刚　刘纪文
主　席　林云陔
纪　录　陈广澧

报告事项

一、西南政务委员会令发铨叙委员会组织条例，仰知照并转饬所属一体知照。

二、建设、教育厅会呈，核议惠阳县请将广惠轮拖码头继续招商投承，所得租项，除拨各机关经费外，余款拨作农民银行官股一案，事属可行，惟似应令饬参照东新桥码头分批湾泊办法办理，请察核。

三、建设厅呈，据督理南路公路专员请将薪额由旅费项下拨支等情，拟准项与项流用，分别改编预算，是否可行，请核指遵。

四、财政厅呈报，县市所发官产执照，再展限六个月清理，请察核备案。

五、财政厅呈报，清理中山县办沙田登记悬案，继续展期六个月，请察核备案。

六、财政厅呈报，结束省银行发行纸币监理委员会，移交法币发行准备管理委员会接管，请察核备案。

七、财政厅呈报，沙田登记减征五折案，仍继续展期六个月，请察核备案。

八、教育厅呈，据省立编印局呈缴修葺工程简章及预算书，请准将款项移用等情，请察核存转。

九、广东省营业物经理处呈报二十四年十一月份本处营业情形，及收支实况，请察核备案。

十、民政厅呈报，电白县鱼虞两日风雨为灾，经在账〔赈〕款项下拨发二千元账〔赈〕济，请核准备案。

讨论事项

一、广州市政府呈缴精神病疗养院组织章程，及岁入岁出经常临时及开办费预算书，请察核备案。

（议决）准备案。

二、财政厅呈，汕头市二十四年度追加市长公费概算书，经送审查预算委员会审查，议决照列在案，请核指遵案。

（议决）照转。

三、财政厅呈，汕头市自动电话管理委员会二十四年度岁入岁出经临费概算书，经送审查预算委员会审查，议决职员薪俸办公费不增加，余照列在案，请核指遵案。

（议决）照转。

四、财政厅呈，汕头市政府及所属机关二十四年度岁入岁出概算书，经送审查预算委员会审查，议决照列，岁出除照案八折支付外，如仍有不敷，自行切实裁减在案，请核指遵案。

（议决）照转。

五、财政厅呈，广九铁路管理局及广东省银行二十四年度预算书，经送预算审查委员会审查，议决照列，广东省银行并应补造岁入预算送核在案，请察核饬遵案。

（议决）照转。

六、主席提议，拟设立广东省营工业审核委员会，将组织章程提请公决案。

（议决）修正通过。

广东省政府第六届委员会
第四百五十七次议事录

一月十四日　星期二

出席者　林云陔　金曾澄　黄麟书　胡继贤　李禄超　区芳浦
　　　　　何启澧
列席者　刘纪文　陆幼刚
主　席　林云陔
纪　录　陈广澧

报告事项

一、西南政务委员会令，关于二十四年度本省党务各项经费核减数目表，及各项支付预算书，经由西南执行部第一九四次常会决议准备案，仰即知照。

二、民政厅长呈报，奉令赴星欢迎中央委员胡汉民先生回国，厅务暂交主任秘书朱念慈代拆代行，请察核备案。

三、民政厅呈，据江门商会请举办商业放款等情，查核所缴办法大纲，尚无不合，经函广东省银行转饬江门支行酌借六十万元，请察核备案。

四、建设厅呈报变通公路汽车登记及检验，并统一各县征收公路汽车牌费缘由，请察核指遵。

五、建设厅呈，据广州区第一蔗糖营造场呈，拟将前订贷款农民种蔗章程及购蔗规则修订等情，加具审核意见，请察核备案。

六、教育厅呈，据饶平县具缴教育局长李芳园履历表，请察核加委。

七、东区绥靖委员呈，为增加人员负责办理领发东路干线路款事宜，每月约支薪公旅费四百五十元，由路款项下开支，不再增加预算，请察核备案。

讨论事项

一、财政、建设厅会同拟就西北区私有荒山申报造林暂行办法，及造林证书，暨申报书式，请察核指遵案。

（议决）照办。办法修正通过。

二、建设厅呈，据蚕丝改良局呈缴调查合浦蚕业情况报告书，请察核指遵案。

（议决）归并第二期施政计划关于改良蚕丝案办理。

三、教育厅呈，准广东童子军事业整委会函请分担经费六百元，拟由二十四年度省立各学校修建设备等各项临时费预算项下，照数十足拨给，请核示遵案。

（议决）照拨。

四、教育厅呈，据省立体育专科学校呈，请拨给三万六千六百二十六元二毫三仙，完成室内运动场及礼堂建筑工程等情，拟饬分期进行，先由核定二十四年度教育文化临时费预算全省运动会经费项下一万五千元，拨充第一期工程费，请核指遵案。

（议决）照拨。

广东省政府第六届委员会
第四百五十八次议事录

一月十七日　星期五

出席者　林云陔　金曾澄　黄麟书　胡继贤　李禄超　区芳浦
　　　　　　何启澧

列席者　刘纪文　谢瀛洲　陆幼刚

主　席　林云陔

纪　录　陈广澧

报告事项

一、西南政务委员会令，据审计处呈，请通令各机关，凡经常费经核准移项流用者，应于每月十五日以前，将次月流用数目先行开具流用清单，连同月份支付预算书，分别呈候核准后，始得动支等情，经报告本会第二〇四次政务会议决议照办在案，仰遵照，并转饬所属遵照。

二、民政厅呈复，茂名县请拨款赈济该县风灾水患一案，经在赈款项下拨发三千元，请核备案。

三、财政厅呈，据缉私总处呈，关于购置各费，因有特殊情形，请免予招投等情，转请核准备案。

四、建设厅呈，据农林局补呈，荐委陈桂生为技正，兼代昆虫系主任，连同原缴履历，请察核办理。

五、建设厅呈缴饮料厂二十五年度上半期经常费岁出预算书，请察核指遵。

六、教育厅呈，据封川县具缴教育局陈绍英履历表，转请察核委任。

七、广州市政府呈，请转呈核准将二十四年六月以前迳支各案免予补行呈核，以省繁牍。

八、广州市政府呈，据工务局呈报二望冈公共坟场道路建筑工程两投不成，拟招商估价承办等情，应否照准，请核指遵。

九、广州市政府呈，据自动电话管理委员会呈缴建筑鱼珠无线电台估价单图样，请准交由联兴号承建等情，可否准予照办，请核转备案。

十、广东省会公安局呈，为建筑本局警察审判所前园石屎椅及行人路工程，拟交义利和承建，检同估价单图则预算书等件，请察核援案准免开投，转呈备案。

十一、广州市政府呈，拟具广州市自来水新厂建设计划书，连同蓝图等件，请核示遵。

十二、广东省法币发行准备管理委员会呈报，选定常务委员，请察核备案。

十三、财政厅呈，准省银行拟定收买纹银首饰烂银价格，请布告及通令各县，准商人自由收集，交银行验收给值等由，拟定办法布告，请转呈西南政委会令行各海关监督转各税务司一体遵照。

讨论事项

一、财政厅呈缴广东省二十四年度钱粮改征临时地税专案岁入岁出概算书，请察核备案。

（议决）准备案。

二、教育厅呈，据民众教育馆呈请拨款四千二百零三元，就净慧公园建造古榕亭等情，拟由本年度省立各校修建设备临时费项下，如数十足拨给办理，连同原缴设计图及说明书预算等，请核示遵案。

（议决）照准。

三、教育厅呈报，核准由海康县政府代省立雷州师范学校，收买民地及官产情形，连同原缴图则，请察核备案。

（议决）准依法收用。

四、主席提议，关于李佩秋等因关于商人罗廷熙、黄严斋等私运草菰瞒捐被罚一案，不服财政厅决定，提起再诉愿到府，经由秘书处派员审查，作成决定书，再送胡、金、李三委员审查，拟具意见送复，应如何办理，请公决案。

（议决）照审查意见办理。

广东省政府第六届委员会
第四百五十九次议事录

一月二十一日　星期二

出席者　林云陔　金曾澄　林翼中　黄麟书　胡继贤　李禄超
　　　　区芳浦　何启澧
列席者　刘纪文　谢瀛洲　陆幼刚
主　席　林云陔
纪　录　陈广澧

报告事项

一、民政厅呈复，化县请拨款救济该县水灾一案，经在赈款项下拨给二千元赈济，请核准备案。

二、民政厅呈，据临高县请抚恤故参议员郑开贵等情，拟给予一次过恤金六十元，由该县地方款项下拨支，请核指遵。

三、民政厅呈报，于赈款项下拨给四千元，交平远县施赈情形，请核准备案。

四、财政厅呈报，关于沙田旧照减成报承案，拟照案展限六个月，即自本年一月一日起，至六月底止，请核指遵。

五、财政厅呈，据汕市商库证发行委员会请展限发行商库证日期，经准展限六个月结束，请察核备案。

六、建设厅呈，拟核准在船税收入项下，支发江门船务管理所绞捞新联安电船费用三百余元，请核指遵。

七、教育厅呈，据省立广州女子中学呈缴第二期校舍围墙体育馆章程、图则、预算书，请察核存转。

八、教育厅呈，据省立惠州中学请拨款二千一百六十四元，修筑校堤，拟准由二十四年度省立各学校修建设备等临时费预算项下照拨，请核指遵。

九、广州市政府呈，据电力管理处呈，拟向慎昌洋行订购机炉上之极热汽管，请准予免投等情，请核指遵。

十、广东省会公安局呈，拟交海通公司承建大北外菱角石窑坑射击场，请援案准免开投，转呈西南政委会转行审计处知照。

十一、广东省银行呈缴董事会第七十次议事录，请察核。

十二、国立中山大学教授杨成志等函请设立广东省博物院，先由政府组织一广东省立博物院筹备委员会，以统其成。

讨论事项

一、财政厅呈，据番禺县呈请准予展期一年，于民国二十六年度起，停止征收附加沙田亩捐等情，请核指遵案。

（议决）照准。

二、广州市政府呈，为救济院人额已满，应否仍以奉核定照原额八折之数为准，此后续有贫民解院，应如何办理，请决定办法饬遵案。

（议决）现在超过名额口粮准追加。

三、广州市政府呈，据工务、土地两局会复，摄测广州市地图各费用，共需一万零九十九元六毫，经提出市政会议议决请示省府在案，应否准予照办，请核指遵案。

（议决）准列入下年度预算。

四、文昌县呈，拟依照土地征收法，给价收用县属第一区便学乡民有田地辟作苗圃，连同地图，请核准收用案。

（议决）准依法收用。

五、主席提议，关于郑××因陆丰县政府处分××××铺业一案，不服财政厅决定，提起再诉愿到府，经由秘书处派员审查，作成决定书，再送李、胡两委员审查，拟具意见送复，应如何办理，请公决案。

（议决）照审查意见办理。

六、主席提议，关于梁冠民等因不服广州市政府撤销东山临时小贩场一案之处分，提起诉愿到府，经由秘书处派员审查，作成决定书，再送金、胡两委员审查，拟具意见送复，应如何办理，请公决案。

（议决）照审查意见办理。

广东省政府第六届委员会
第四百六十次议事录

一月二十八日　星期二

出席者　林云陔　金曾澄　林翼中　黄麟书　胡继贤　区芳浦
　　　　何启澧
列席者　刘纪文　陆幼刚
主　席　林云陔
纪　录　陈广澧

报告事项

一、财政厅呈，拟提前办理民国二十五年度省地方概算，检同预算科目暂行规则，暨概算预算表式说明书，请核准通令遵办。

二、民政厅呈，据丰顺县请拨款以工代赈，修筑公路桥梁等情，经准在赈款项下拨发三千元，请核准备案。

三、建设厅呈，据兼建筑鉴江桥工程专员呈报，鉴江桥增加防水设备，及补购士敏土费，可否准在职厅二十三年度已领广州总站建筑费项下挪拨，连同预算表，请核指遵。

四、广州市政府呈缴市党部追加临时费第三款二十四年度岁出预算书，请察核备案。

五、建设厅呈，据韶坪公路行车管理员呈报，该韶坪路行车处收支比较不敷甚巨，请按月补助等情，拟酌予补助三百元，由南路车利项下按月拨补，请核指遵。

六、广东省营工业审核委员会呈缴本会二十五年度经常费预算书，暨一月份支付预算书，请核指遵。

七、广东省会公安局呈，为各员警所用警笛，向系向天祥洋行定制，请准援案，仍向定制，免予开投，转呈西南政委会转行审计处知照。

八、财政厅呈，拟定二十四年度征收地税核奖办法，请核指遵。

九、审定各县地方预算委员会呈，请派定委员，俾得依期出发，调查各县地方预算。

讨论事项

一、教育厅呈复，关于梅菉市立初级中学校请补助经费一案，拟由本年度省立各学校修建设备等临时费项下，一次过拨给三千元，请核示遵案。

（议决）照准。

二、主席提议，关于谢树本与黎钰笙等因不服财政厅废弃番禺县政府处分泗栈鱼栏专营一案之决定，提起再诉愿到府，经由秘书处派员审查，作成决定书，再送金、胡两委员审查，拟具意见送复，应如何办理，请公决案。

（议决）照审查意见办理。

三、主席提议，关于范××因承建×××路第×××号铺，被工务局撤销建筑凭照一案，不服广州市政府所为之决定，提起再诉愿到府，经由秘书处派员审查，作成决定书，再送金、胡两委员审查，拟具意见送复，应如何办理，请公决案。

（议决）照审查意见办理。

四、主席提议，关于罗×因本市芦荻南第×号铺屋门前余地建筑矮墙一案，不服广州市政府所为之决定，提起再诉愿到府，经由秘书处派员审查，作成决定书，再送金、胡两委员审查，拟具意见送复，应如何办理，请公决案。

（议决）照审查意见办理。

广东省政府第六届委员会
第四百六十一次议事录

一月三十一日　星期五

出席者　林云陔　金曾澄　林翼中　胡继贤　李禄超　区芳浦
　　　　　何启澧　黄麟书

列席者 　刘纪文　谢瀛洲　陆幼刚
主　席　林云陔
纪　录　陈广澧

报告事项

一、广东省参议会函，为本会第四次常会，游参议员寿培提议，函省府转呈政委会请规定区民代表名额，应照各乡镇之里数比例增加案，经议决修正通过在案，录案请查照办理。

二、广东省参议会函，为本会第四次常会，周参议员瑞祥提议，全省人民应为公众服务，以增加全省生产案，经议决通过在案，录案请查照办理。

三、广东省参议会函，为本会第四次常会，游参议员寿培提议，订定国防教育方案，经议决照审查意见修正通过在案，录案请查照办理。

四、广东省参议会函，为本会第四次常会，游参议员寿培提议，请政府设化学战争研究班及训练班，以造就人材而同国防案，经议决修正通过在案，录案请查照办理。

五、广东省参议会函，为本会第四次常会，古参议员德畲等提议，请省府通饬所属务须遵令严密检验轮船，切实执行取缔，以重航业案，经议决修正通过在案，录案请查照办理。

六、广东省参议会函，为本会第四次常会，陈参议员学探提议，请政府分别豁免匪患区域地税以苏民困案，经议决通过在案，请查照办理。

七、广东省参议会函，为本会第四次常会，李参议员颂勋提议，为促进本省各县市地政工作，应请省府订颁农地旷地以白契登记办法，令各县市土地局遵办案，经议决通过在案，请查照办理。

八、民政厅呈，据五华县呈，为奉准拨赈款二千元，派员赴领等情，经在赈款项下拨发具领，请核准备案。

九、建设厅呈缴二十四年二月份起至五月止经管收付各款数目总分册，请准核销备案。

十、教育厅呈，据省立广州农工业职业学校拟将二十三年度节存经费，移充扩充工场建筑费等情，似属可行，请核指遵。

十一、广东省会公安局呈复，关于南武中学与警察教练所争马岗地段一案，拟请准照教育、财政两厅所拟，另觅公地划拨，请核令遵。

十二、秘书处签呈，准广东省银行函复，关于杨必达卷逃行款案办理情形，请察核。

十三、胡委员签复，审查广东实业银行章程草案意见，请察核。

讨论事项

一、广东省参议会函，为本会第四次常会议决推定钟荣光等代表赴京，向中央政府请愿，从速兑回前中央银行在粤发行之中央纸币，及偿还财政部三次在粤募集之有奖公债，及整理金融公债案，请查照拨给本会代表川资旅费六千元，以便启程案。

（议决）照拨。

二、民政厅呈，为现存赈款小敷分拨，拟援案再在惠济义仓仓款项下划拨二万五千元，以资应付，请核指遵案。

（议决）照拨。

三、建设厅呈复，核议曲江、茂名二处测候所开办费，似应援案由各该县钱粮项下作正开销，经常费由各该当地政府就地筹足，请核指遵案。

（议决）各测候所开办经常费，均由省库照拨，列入二十五年度预算开支。

四、西南航空公司筹备委员会呈复，核议关于属会请扩辟北海飞机场一案，合浦县勘复辟场地图过广，需款似嫌过巨，兹为节省财力起见，拟按照原有面积南北边扩展至八百七十尺，东西边扩展至一千六百尺，似属办理较易，请察核施行案。

（议决）照准。

五、教育厅呈，据省立钦州师范学校校长林鸿勋呈请辞职，似可照准，查有关纾堪以接充，连同履历表，请核准委用案。

（议决）照准。

广东省政府第六届委员会
第四百六十二次议事录

二月四日　星期二

出席者　林云陔　金曾澄　林翼中　胡继贤　李禄超　区芳浦
　　　　　何启澧　黄麟书
列席者　刘纪文　陆幼刚
主　席　林云陔
纪　录　陈广澧

报告事项

一、广东省参议会函，为本会第四次常会，林参议员日强等提议，请撤销中山县训政委员会，还政邑人，并提前试行民选县长，以树模范而维自治案，经议决通过在案，请查照办理。

二、广东省参议会函，为本会第四次常会，王参议员衍祚提议，函省府饬令各县取销户口捐，以减轻人民负担案，经议决通过在案，请查照办理。

三、广东省参议会函，为本会第四次常会，郑参议员岭星提议，函请省府豁免椰油专税以维本省工商业案，经议决修正通过在案，请查照办理。

四、广东省参议会函，为本会第四次常会，陈参议员培元提议，请政府对于土产花生油，在内地准予自由运销，以兴土产而维农村案，经议决通过在案，请查照办理。

五、广东省参议会函，为本会第四次常会，吴参议员在民提议，请省府行建设厅，通令全省省营直通车之使用民办或商办公路者，须由行车之日起，照给路租或养路费，以昭公道而恤民艰案，经议决通过在案，请查照办理。

六、广东省参议会函，为本会第四次常会，黄参议员康平提议，咨请省府迅速完成清花佛公路案，经议决通过在案，请查照办理。

七、广东省参议会函，为本会第四次常会，王参议员衍祚提议，请省政府筹设广东省立博物院，以促进文化案，经议决照审查意见修正通过在案，请查照办理。

八、广东省政治研究会函送统制外汇管理、对外贸易及法币准备意见书，及审查意见书，请采择施行。

九、西南航空公司筹备委员会呈报，属会第七次会议议决，广琼南线，准予照案缩减航站，请察核备案。

十、广东省银行呈缴董事会第七十一次会议录，连同二十四年十一月份营业统计书，及借贷对照表，请察核。

十一、广东省法币发行准备管理委员会呈报开始办公日期，请察核备案。

十二、财政厅呈报结束二十四年度预算审查委员会情形，请察核备案。

十三、财政厅呈报，将中山沙田登记专员兼办清佃事宜，照案展期六个月，自本年一月一日起，至六月底止，请察核备案。

十四、财政厅呈缴二十四年二月份行政报告书，请核存转。

十五、建设厅呈缴二十三年十二月份至二十四年三月份上下半月工作报告表，请察核。

十六、教育厅呈缴二十四年四、五两月份行政报告书，请核存转。

十七、广州市政府呈，据电力管理处呈，拟向独家经理慎昌洋行订购炉通七十二条，转请核准免予开投。

十八、广州市政府呈缴二十四年九月份市库收支结算表，请核存转。

十九、广州市政府呈缴二十四年六月份行政报告，请察核。

二十、中区绥靖公署呈缴二十四年十月、十一月两月份工作报告表，请察核。

二十一、琼崖绥靖公署呈缴二十四年六、七、八、九各月份工作报告书，请察核。

二十二、西北区绥靖公署呈缴二十四年九、十两月份工作报告书，请察核。

二十三、广东女界联合会呈，为提倡齐家运动，举办齐家训练实习班，请每月补助一百五十元，俾速开办。

二十四、考核县市长成绩委员会呈缴会议录，请令催各厅及绥靖委员，将考核成绩表限期填缴。

讨论事项

一、建设厅呈，据中山县呈缴架设石岐至三、九两区电话线路工料预算表、借款筹还办法，及线路略图等件，查核所拟确属便利，预算大致亦无不合，应否准予照办，请核指遵案。

（议决）照准。

二、主席提议，关于赵温其等因对于台赤公路第二届股东代表选举争执一案，不服建设厅决定，提起再诉愿到府，经由秘书处派员审查，作成决定书，再送胡、金、李三委员审查，拟具意见送复，应如何办理，请公决案。

（议决）照审查意见办理。

三、主席提议，关于黄景云因请改新兜公路路线一案，不服建设厅所为之决定，提起再诉愿到府，经由秘书处派员审查，作成决定书，再送胡、金、李三委员审查，拟具意见送复，应如何办理，请公决案。

（议决）照办。

四、主席提议，关于叶××等因与陈××等互争台山县属×××内山场一案，不服财政厅决定，提起再诉愿到府，经由秘书处派员审查，作成决定书，再送胡、金两委员审查，拟具意见送复，应如何办理，请公决案。

（议决）照办。

广东省政府第六届委员会
第四百六十三次议事录

二月七日　星期五

出席者　林云陔　金曾澄　林翼中　黄麟书　胡继贤　李禄超
　　　　　区芳浦　何启澧

列席者 刘纪文　陆幼刚

主　席 林云陔

纪　录 陈广澧

报告事项

一、广东省参议会函，为本会第四次常会，游参议员寿培提议，请政府依照建国方略实业计划，于最短期间，改良广州为一世界港，以利运输，而增进地方繁荣案，经议决通过在案，录案请查照办理。

二、广东省参议会函，为本会第四次常会，詹参议员慕禅提议，函省府收回准汕头市府展拓市区成命，并饬各县沿海地方，勿划归商埠管辖，以免妨碍国防案，经议决通过在案，录案请查照办理。

三、广东省参议会函，为本会第四次常会，王参议员衍祚提议，请省府积极推行义务教育，以促进教育之普及案，经议决照审查意见修正通过在案，录案请查照办理。

四、广东省参议会函，为本会第四次常会，李参议员伯祥提议，请政府实行劳工造产办法，以救贫安国案，经议决照审查意见修正通过在案，录案请查照办理。

五、广东省参议会函，为本会第四次常会，林参议员明伦提议，请省府转行两广盐运使严饬全省盐税机关，对于渔船配盐腌制，照章征收税费，不得任意苛勒，以维渔业案，经议决照审查意见修正通过在案，录案请查照办理。

六、广东省参议会函，为本会第四次常会，黄参议员焯南介绍新会县参议会建议，函省府通告全省各属，严禁八十字会票厂私设字胆博具，以免杂赌复活，流毒地方案，经议决照审查意见通过在案，录案请查照办理。

七、广东省参议会函，为本会第四次常会，张参议员光斗提议，请政府统一缉私部队，以示整齐而杜流弊案，经议决通过在案，录案请查照办理。

八、广东省参议会函，为本会第四次常会，李参议员汉兴提议，函请省政府令行建设厅将全省公路植树建站，以便行旅案，经议决送省府酌办在案，录案请查照办理。

九、民政厅呈，据徐闻县呈报风灾，请拨款赈济等情，经准在赈款项下拨发二千元，请察核备案。

十、民政厅呈，据梅县呈请由救济款项下拨发二千元，补助该县平民医院建筑新院舍建筑费等情，拟在赈款项下照拨，请察核备案。

十一、民政厅呈，据梅县呈请由救济款项下拨助盲女院一千五百元，拟在赈款项下照拨，请察核备案。

十二、建设厅呈，据广东省无线电播音台筹备处呈，拟向上海市面采购起重机等情，可否准予照购，请核指遵。

十三、广州市政府呈缴本市公有建筑物报建办法，请核准转呈西南政务委员会备案。

十四、广州市政府呈，据土地局呈缴补办证登记簿及登记年刊临时费二十四年度预算书，请察核备案。

十五、广州市政府呈，据工务局补缴横枝冈新横路涵洞桥梁工程图式价单等件，拟交坚丽公司承造等情，请核转备案。

十六、广州市政府呈，据工务局呈报白云路大渠工程，三次开投不成，拟改为招商估价评定交承，请核准免投。

讨论事项

一、广东省参议会函，请核发本会参议员二十三人赴各县地方考察旅费，共一万二千四百二十元，以便转给案。

（议决）照拨。

二、财政厅呈复，核明中山县二十三年度县地方款岁入预算，似可照案办理，岁出预算，似应饬令详细补注清楚，另呈核办，请核指遵案。

（议决）照办。

三、建设厅、市政府会呈，将广东全省陆上变通管理规则，从新厘定，请察核施行案。

（议决）照修正通过。

四、财政、建设厅会呈，核议关于中区绥靖公署转据龙门县，请拨款建筑增龙公路一案，该增龙公路建筑费，既未列入预算，应否准予追加，抑如何拨发，请核指遵案。

（议决）准列入二十五年度预算拨支。

五、建设厅呈，据全省长途电话管理委员会呈缴汕头市无线电话收话台及发话台地段图样等件，转请核准收用，并令行澄海县布告周知各属民业，饬令所有人将契据缴验，并查明该两段地价，呈复核办案。

（议决）准依法收用，交澄海县政府办理。

六、主席提议，关于林奉天因不服省会公安局关于李一鸣投承谦和号家私货物一案批示之处分，提起诉愿到府，经由秘书处派员审查，作成决定书，再送李、胡、金三委员审查，拟具意见送复，应如何办理，请公决案。

（议决）照办。

七、主席提议，派何厅长、区厅长、胡委员、蔡昌、陈元瑛为实业银行董事，梁冰弦为监事案。

（议决）照派。

广东省政府第六届委员会
第四百六十四次议事录

二月〈二〉十一日　星期二

出席者　林云陔　金曾澄　林翼中　胡继贤　李禄超　区芳浦
　　　　何启澧　黄麟书
列席者　刘纪文　陆幼刚
主　席　林云陔
纪　录　陈广澧

报告事项

一、西南政务委员会令，据国立中山大学呈，请令行省政府转饬财政厅，将中国社会教育社第四届年会经费，照案拨足等情，经报告本会第二零八次政务会议，决议照准在案，仰即遵照。

二、广东省参议会函，为本会第四次常会，刘参议员瑞东、张参议员佐材提议，改善各县防军驻所，俾军民相安案，经议决并案交秘书处修正，送省府办理在案，录案请查照办理。

三、广东省参议会函，为本会第四次常会，黄参议员焯南提议，咨请省政府令饬广州市政府，凡前任卫生局长所发中医生开业证书，赓续有效，以维政府信用案，经议决通过在案，录案请查照办理。

四、广东省参议会函，为本会第四次常会，刘参议员瑞东提议，函省府行厅通令各县市，对于适用两部编制之小学，从速实行采用，以促进教育普及案，经议决照审查意见修正通过在案，录案请查照办理。

五、广东省参议会函，为本会第四次常会，张参议员佐材提议，国难日深，拟请本省军政当局，施行全省民众军事训练，以备应付非常，案经议决通过在案，录案请查照办理。

六、建设厅呈报，在潮梅冥镪捐项下，拨助和平县被水冲坏和定路木桥及和忠路径背桥修筑费情形，请察核备案。

七、建设厅呈，据罗浮山公园管理处呈，请将地租收入作为建设费用，俟核准备案，然后将应建设事项，开具预算，呈准动支等情，查属实情，应否准予备案，请核指遵。

八、东区绥靖委员呈，据紫金县党部呈缴第七次全县代表大会决议，请政府准予提前禁绝本县烟赌，原提案转请察核示遵。

讨论事项

一、广州市政府呈，准辟路审查委员会函，送议决东山寺贝底西路照案开辟一案，应否准予开辟之处，连同原送议事录等件，请核指遵案。

（议决）照准。

二、广州市政府呈，据设计委员会呈，关于工务局实测河南后乐新横街至宝和市马路路线图一案，似应依照十八年市政会议原案办理等情，究应如何审定之处，连同原缴蓝图，请核指遵案。

（议决）交金、胡、李三委员审查。

三、主席提议，关于郑兆祥因不服民政厅划分海康县第二区夏岚、大埔两乡乡界之处分，提起诉愿到府，经由秘书处派员审查，作成决定书，再送胡、金、李三委员审查，拟具意见送复，应如何办理，请公决案。

（议决）照办。

广东省政府第六届委员会
第四百六十五次议事录

二月十四日　星期五

出席者　林云陔　金曾澄　黄麟书　胡继贤　区芳浦　何启澧
列席者　刘纪文　陆幼刚　谢瀛洲
主　席　林云陔
纪　录　陈广澧

报告事项

一、教育厅呈，拟自二十三年八月起，至二十四年六月止，所有本厅各月份结存经费，移入下月流用，核实开支，请核指遵。

二、广州市政府呈，据新电力厂筹委会呈，拟向独家经理两广汽车行，订购雪佛兰牌汽车一辆等情，请核准免投，以资办理。

三、广州市政府呈，据自来水管理处呈，拟向独家经理礼和洋行订购高压抽水机上所用零件等情，请核准免投，以资办理。

四、广州市政府呈，据工务局呈报惠吉东西路渠道工程五次招投不成，拟招商评价承办等情，拟予照准，请核指遵。

五、广东省会公安局呈，拟向亚美洋行订购德国夫喇打厂所制救火机，请援案准免开投，转请西南政委会转行审计处知照。

六、广东省法币发行准备管理委员会呈，为委员因事缺席，能否委托委员外之人为代表出席会议，请核指遵。

七、财政厅呈缴修正广东省地籍测规则，请核指遵。

八、建设厅呈缴狗牙洞煤矿办事处二十五年度岁出预算书，请核指遵。

九、广州市政府呈，据卫生局呈报，关于卫生展览会开支之经费，倘须经评价及开投手续者，概请豁免等情，请核转备案。

十、广州市政府呈，据电力管理处呈，拟向独家经理天祥洋行订购特别火砖，请免开投等情，似可照准，请核指遵。

讨论事项

一、教育厅呈复，遵令拟具广东省立博物馆筹备委员会章程预算，请察核指遵案。

（议决）交金、胡、李三委员审查。

二、民政厅呈，本厅第一科科长岑嘉秦业经辞职，遗职已委本厅股长陈宝书升充，连同该员履历，请核赐任命案。

（议决）照委。

三、广州市政府呈缴所属卫生局购置巡回救护车临时费二十四年度预算书，请察核备案。

（议决）准备案。

四、广州市政府呈，据卫生局呈报，市立精神病疗养院二十四年度各款经临费，有提前开支必要，请援案在预算未核定前，从二十五年一月份改组成立起，根据新预算报销等情，似属可行，请察核备案。

（议决）准备案。

五、主席提议，关于李冠臣等因猪市收益与刘庆云等发生争执一案，不服教育厅决定，提起再诉头〔愿〕到府，经由秘书处派员审查，作成决定书，再送胡、金、李三委员审查，拟具意见送复，应如何办理，请公决案。

（议决）照办。

六、主席提议，关于邓××等与邓××等因争承开平县属×××山官荒一案，不服财政厅处分，提起诉愿到府，昙〔经〕由秘书处派员审查，作成决定书，再送金、李、胡三委员审查，拟具意见送复，应如何办理，请公决案。

（议决）照办。

广东省政府第六届委员会
第四百六十六次议事录

二月十八日　星期二

出席者　林云陔　金曾澄　林翼中　黄麟书　胡继贤　李禄超
　　　　区芳浦　何启澧
列席者　刘纪文　陆幼刚
主　席　林云陔
纪　录　陈广澧

报告事项

一、广东省参议会函，据汕头市土糖业同业公会等呈，为省政研会拟设立土糖贸易场，集中运销等办法，有碍民生，请转请覆议驳回，以符真正扶植土产等情，抄录原呈，请查照办理。

二、财政厅呈，为本厅派员前赴亳币改铸厂监视试制铜仙样本，垫支各费，拟请准在本年度预算财务各杂费项下开支，请核准备案。

三、财政厅呈，据中山县呈报于本年二月十六日起，实行废娼，并请将关于花捐附加费，同时废除止办等情，经予照准，请察核。

四、建设厅呈，据农林局转据冼村水利会，请准在应还款内扣除添配机件所需费用半数一案，经准予照扣等情，请核准备案。

五、建设厅呈，据农林局呈缴改编办理配合完全化学肥田料二十四年度岁出预算书，转请察核存转。

六、建设厅呈，据五华县民陈亚祐等请承领县属第四区土名园山里等处荒地，合将备查一联缴请备案。

七、建设厅呈，据新会县民许乐等请承领县属土名龟山等处荒地，合将备查一联缴请备案。

八、建设厅呈缴狗牙洞煤矿办事处二十五年度探矿临时费预算书，请核指遵。

九、财政厅呈，拟定复查复评田亩办法，请察核备案。

536

十、民政厅呈，拟派县长考试取录及格人员，分赴各县学习，每员月给生活费一百元，暂由本厅节存经费项下支给，将来列入预算追加，请核指遵。

十一、民政厅呈报，派员分赴各县考察自治，共需旅费一千零五十元，拟在本厅节存经费项下开支，请察核。

十二、教育厅呈，据省立高州中学呈报，建筑实验室预算不敷二千零六十九元零四仙，拟由校暂时挪垫，俟二十五年度再行拨还，似属可行，请核示遵。

十三、广东省银行呈报，董事会议决各机关汇款，概照定率减半收取汇费，请函令遵照。

十四、西南政务委员会令，据派员查复光汉中医学社及广东中医药学社情形，该两学社，应暂准恢复学校名称，由教育厅督促依照专科学校之规定，迅将各项设备，妥为补充，以臻完善，仰转饬遵照。

讨论事项

一、广州市政府呈，据电力管理处呈缴二十三年度各款经临费提前开支数目表，请援案在预算未核定前，后〔从〕实行开支之月起，根据预算额报销等情，似属可行，请察核备案。

（议决）准备案。

二、建设厅呈，据西村士敏土厂呈缴二十四年一月至六月半年度结算员工奖金清册，查核总散数目，尚属相符，应否准照发给之处，请察核办理案。

（议决）照奉〔章〕办理。

三、建设厅呈，据鹤山县呈缴改正龙口桥图则及修正预算表，查明尚属适合，惟该桥预算需费九千七百元，该县以地方款不敷，无从筹拨，兹拟在职厅已领二十三年度设置广州总站及购车费盈余项下，挪拨补助五千元，余仍由县自行筹足，请核指遵案。

（议决）照办。

广东省政府第六届委员会
第四百六十七次议事录

二月二十一日　星期五

出席者　林云陔　金曾澄　林翼中　黄麟书　胡继贤　李禄超
　　　　区芳浦　何启澧
列席者　刘纪文　陆幼刚
主　席　林云陔
纪　录　陈广澧

报告事项

一、民政厅长呈报出巡东区各县视察所得情形，请察核。

二、广东省会公安局呈，为警察医院补充新建病室，应用物品，急于需用，拟交各商号承办，连同估价单，请援案准免开投，转呈西南政委会转行审计处知照。

三、汕头市政府呈报，奉东区绥靖公署令，将汕头市立医院经费，移拨扩充汕头医院移项流用情形，请核准备案。

四、广东省调查统计局呈缴本局调查员调查证，及购票半价凭证，请核准各调查员照旧半价乘搭舟车，以利调查。

讨论事项

一、财政厅呈，拟具本省禁运金饰出口暂行办法，请转呈西南政务委员会通饬各海关监督遵照办理案。

（议决）转呈政委会。

二、广东侨务委员会呈缴汕头、海口、江门等处侨务处组织章程，连同预算书，请核示遵案。

（议决）照办。预算交财政厅审查。

三、李、胡两委员会复，审查广州区第一蔗糖营造场所缴检验蕃殖贩卖蔗种办法，拟具意见，请公决案。

（议决）照审查意见办理。

四、主席提议，关于梁××等因与劳××等争承大闩牛路山地一案，不服建设厅所为之处分，提起诉愿到府，经由秘书处派员审查，作成决定书，再送胡、金、李三委员审查，拟具意见送复，应如何办理，请公决案。

（议决）照办。

五、主席提议，关于谭启邦等因不服民政厅关于高明县第一区安居乡与联乐乡因乡界争执一案划分之处分，提起诉愿到府，经由秘书处派员审查，作成决定书，再送金、李、胡三委员审查，拟具意见送复，应如何办理，请公决案。

（议决）照办。

六、建设厅提议，拟将广东全省港务局名称，更正为广州港务局；潮汕、琼崖两局更正为潮汕港务局、琼崖港务局，请公决案。

（议决）照改。

广东省政府第六届委员会
第四百六十八次议事录

二月二十五日　星期二

出席者　林云陔　金曾澄　林翼中　胡继贤　区芳浦　何启澧
　　　　　黄麟书　李禄超
列席者　刘纪文　谢瀛洲　陆幼刚
主　席　林云陔
纪　录　陈广澧

报告事项

一、建设厅呈，据新会县民赵植庭等请承领县届第十一区土名象山斜坡等处荒地，合将备查一联，缴请备案。

二、教育厅呈缴二十四年六、七两月份行政报告书，请核存转。

三、广州市政府呈缴二十四年七、八、九三月份行政报告，请察核。

四、东区绥靖委员呈报二十五年全潮戏厘捐款分配情形，列具分配表，请察核备案。

五、广东省会公安局呈，为建筑海幢分局，拟交义利和号承建，连同估价单图则等件，请援案准免开投，转呈西南政委会转行审计处知照。

六、广东省营产物经理处呈缴更正二十四年下半年度营业费预算书，请核指遵。

七、审定各县地方预算委员会呈报各区组主任出发各县工作日期，请察核备案。

讨论事项

一、建设厅呈，据农林局呈，拟举办南雄农民种烟贷款，及鹤山烟作表证场等情，连同原缴备件，请核指遵案。

（议决）交胡、李两委员审查。

二、建设厅呈复，会核中区绥靖委员拟建筑所属各县潮田基围一案情形，究应如何办理之处，请核指遵案。

（议决）设全省水利委员会，先从三角洲办起。

三、广东省会公安局呈，拟扩充南石分局，将省营纸厂、警士教练所及南石头村、棣园村、白蚬壳南边村西部等处，暨沿公路迄西濒河一带铺户，均划入警界范围，归南石分局直接管辖，连同略图，请核准照办，并饬行番禺县转饬第三区警卫队知照案。

（议决）由金、胡两委员，林厅长，会同广州市政府、省会公安局，将全市区应划入警界范围勘定。

四、主席提议，关于陈××因建筑广州市××巷住宅拆卸右邻众墙一案，不服广州市政府所为之决定，提起再诉愿到府，经由秘书处派员审查，作成决定书，再送金、李、胡三委员审查，拟具意见送复，应如何办理，请公决案。

（议决）照办。

五、主席提议，关于林××等因不服教育厅对于饶平县政府处分××寺产一案所为之决定，提起再诉愿到府，经由秘书处派员审查，作成决定书，再送胡、李、金三委员审查，拟具意见送复，应如何办理，请公决案。

（议决）照办。

六、民政厅长提议，顺德县县长陈同昶拟与汕头市市长李源和对调，请公决案。

（议决）照准。

广东省政府第六届委员会
第四百六十九次议事录

二月二十八日　星期五

出席者　林云陔　金曾澄　林翼中　黄麟书　胡继贤　李禄超
　　　　　区芳浦　何启澧
列席者　刘纪文　谢瀛洲　陆幼刚
主　席　林云陔
纪　录　陈广澧

报告事项

一、广东省政治研究会函送设立货币证券交易所，以树立金融交易中枢案，及审查意见书，请采择施行。

二、财政厅呈报，定由民国二十五年二月二十七日起，开始征收外煤入口税，请察核备案。

三、财政厅呈报，暂将渔课变通整顿缘由，连同办法，请察核备案。

四、财政厅呈报，南海县财政局长唐瑞东等七十八员，在职均满一年以上，开列清表，连同履历，请分别加委。

五、建设厅呈缴安装顺德甘竹滩木灯杆，及新会潮莲河面浮标，临时费支付预算书，暨估价单等件，请核准将该项安装费在船税收入项下拨支。

六、教育厅呈，据省立民众教育馆呈报建筑罗浮医院工程，开投不成，请准予径行交商承办等情，请核示遵。

七、广州市政府呈，据工务局呈，拟印刷整理东濠下游报告书，交估价最低之永同生号承印等情，请核准免投，转呈备案。

八、广州市政府呈，据土地局呈报印制郊外经界大图，经费不敷，拟移项流用等情，请察核备案。

九、广州市政府呈，据工务局呈缴估价承造白云路大渠工程四商所估价单，拟评定交黄添记承造等情，请核转备案。

十、东区绥靖公署呈缴二十四年份工作概况，请察核。

十一、广东省会公安局呈缴警察医院改革新病室工程估价单图则，请援案准免开投，转呈西南政委会转行审计处知照。

十二、广东实业银行董事会呈报，遵令组织成立董事会，连同第一次会议录及议事规则，请核准备案。

十三、广州区第一蔗糖营造场呈报，验收檀香山公司承造之新造糖厂，及斯可达工厂承造之市头糖厂经过情形，请察核照准存案。

十四、建设厅呈缴蚕丝改良局修正第二期三年施政计划书，请核予审查。

讨论事项

一、民政厅呈，拟具广东省现任警官训练所第三期学员选送办法，并拟继续办理警士第三期教练，请核指遵案。

（议决）准备案。

二、财政厅呈，为派员分赴各县视察地税，所支川资旅费共五千零四十元，拟请援照省府调查各县地方预算委员团出差成案，准在去年增加征收费预留解库整理经费项下十足支拨，在各县未解到之前，由厅库垫支，请察核备案。

（议决）准备案。

三、财政厅呈，为广东全省水陆缉私总处迁移处址，所有装修等各费，共四千七百六十四元，似可准予由库拨领，在本年度预算财政各项杂费开支，请核转备案。

（议决）照准。

四、广州市政府呈缴广州年鉴委员会追加编印《广州年鉴》二十四年度岁出临时费预算书，及发售《广州年鉴》〈价〉收入价款二十四年度岁入临时预算书，请察核备案。

（议决）准备案。

五、胡、李、金三委员会复，审查教育厅所拟广东省博物馆筹备委员会章程、预算，拟具意见，请公决案。

（议决）由教育厅筹备。

六、胡、李、金三委员会复，审查工务局所计划之河南后乐新横街至宝和市马路之路线，实比十八年市政会议所定路线，较为湾〔弯〕曲，似应依照市政会议原案办理，请公决案。

（议决）照审查意见办理。

广东省政府第六届委员会
第四百七十次议事录

三月三日　星期二

出席者　林云陔　金曾澄　林翼中　黄麟书　胡继贤　李禄超
　　　　　何启澧
列席者　刘纪文　陆幼刚
主　席　林云陔
纪　录　陈广澧

报告事项

一、西南执行部西南政务委员会有电，顷致中央文电一通，请严拒日人要挟于所谓三原则者，据理驳斥，以彰正义，一切所谓外交秘密，尤应立予剔除，予天下人民以共见等语。

二、西南政务委员会令，据第一集团军总司令呈称，国防设备所得捐期满，应否继续征收等情，经报告本会第二一一次政务会议决议，继续征捐半年在案，仰遵照，并转饬所属一体遵照。

三、西南政务委员会令，据省会党政机关军事训练主任呈，请核示五项办法，经本会第二一一次政务会议决议：（一）军训已满足本会所定时间总数者，准予毕业。（二）各县市得酌量地方情形，仍以满足训练时间总数为限。（三）增加工作人员，由各机关调用，照办。（四）经费准予酌增预算。（五）衔名照改。在案。仰即知照。

四、财政厅呈，为本厅碎部测量队第十三队第四组，由番禺迁往顺德施测迁站修葺费，拟在本厅测量队节存经费项下开支，连同预算书，请察核备案。

五、财政厅呈，据本厅沙田测丈第三队，请在原定预算内电船费，移拨二百四十元，为交通费，核与预算尚无出入，似可照准，请核存转备案。

六、教育厅呈，据省立国医学院呈，拟将教授薪俸及校警余款，移设救护训练班等情，事关经费流用，请核指遵。

七、广州市政府呈缴与慎昌洋行订立购用极热汽管合约及估价单，请存转备案。

八、广州市政府呈缴广州市家庭工业贷款处组织简章，请察核备案。

九、广州市政府呈缴二十四年十月份市库收支结算表，请核存转。

十、民政厅呈缴二十四年六、七、八三月份行政报告书，请核存转。

十一、西北区绥靖公署呈缴二十四年十一、十二两月份工作报告表，请核存转。

十二、中区绥靖公署呈缴二十四年十二月份工作报告表，请察核。

十三、广东省营产物经理处呈报二十四年十二月份营业收支情形，连同清表，请察核备案。

十四、建设厅呈，拟将东路省道行车管理处监理委员会撤销，另设监理，暨增设稽核，各缘由，请核指遵。

十五、民政厅呈，请派委何治伟代理文昌县县长。

十六、财政厅长呈报，因病不能出席会议，请假。

讨论事项

一、广州市政府呈，据卫生局呈报本局经常及临时等各费，或因事实上急需，或因工程及契约之关系，均未便延滞开支，拟在预算未核定以前，请准予提前开支等情，连同清表，请察核备案。

（议决）准备案。

二、教育厅呈，据民众教育馆请依法收用花塔街民房三间，建筑古榕亭等情，似属可行，请令饬广州市政府将××街门牌××号、××

号、××号，民房三间，依法给价收用案。

（议决）准依法收用。

三、教育厅呈，据私立执信学校请拨款添购仪器标本等情，拟准由省立各学校修建设备等各项临时费预算项下，拨款三千元，请核示遵案。

（议决）照拨。

四、教育厅呈，据私立世德初级农科职业学校请拨款开辟农场等情，拟准由二十四年度省立各学校修建设备等各项临时费预算项下，拨给三千元，请核示遵案。

（议决）照拨。

五、主席提议，关于×××公司、陈××等因争承××甲乙两段官地一案，对于财政厅二十三年一月十三日之处分，提起诉愿到府，经由秘书处派员审查，作成决定书，再送李、金、胡三委员审查，拟具意见送复，应如何办理，请公决案。

（议决）照办。

六、主席提议，关于吴××因与黄××等争承××山、×山等处荒山造林一案，不服建设厅所为之决定，提起再诉愿到府，经由秘书处派员审查，作成决定书，再送李、金、胡三委员审查，拟具意见送复，应如何办理，请公决案。

（议决）照办。

七、民政厅提议，潮阳县县长陆桂芳拟调署潮安县长；所遗潮阳县长缺，拟以茂名县县长缪任仁调署；递遗茂名县长缺，拟以潮安县县长李慧周署理，请公决案。

（议决）准照办。

广东省政府第六届委员会
第四百七十一次议事录

三月六日　星期五

出席者　林云陔　金曾澄　林翼中　胡继贤　黄麟书　区芳浦　何启澧

列席者　刘纪文　陆幼刚

主　席　林云陔

纪　录　陈广澧

报告事项

一、民政厅呈，据番禺县呈缴举办保甲缩编第四区乡镇图表，请察核备案。

二、财政厅呈，为本厅碎部测量队第十三队第二组二十五年一月，由番禺迁顺德施测迁站修葺费，拟仍照案在本厅测量队节存经费项下开支，连同预算书，请察核备案。

三、财政厅呈，为本厅碎部测量队第六队第三组，由番禺迁顺德施测迁站修葺费，拟仍照案在本厅测量队节存经费项下开支，连同预算书，请察核备案。

四、财政厅呈，拟改善征收临时地税收据，订定式样及纸价解支填用办法，招投章程，请察核备案。

五、教育厅呈报，省立体育专科等校建筑各种防毒演习屋等工程，开投不成，拟由厅径行交商办理，请核示遵。

六、教育厅呈，据省立体育专科学校呈报，开投体育馆及礼堂工程，超过原预算三千一百元，请核示遵。

七、广州市政府呈，据土地局呈报补办登记簿，及登记年刊临时费，有提前开支必要，请援案在预算未核定前，提前开支，并从实行开支之月起，根据预算额报销等情，似属可行，请察核备案。

八、广州市政府呈，据电力管理处呈，拟向独家经理通用公司订购锅炉吹煤炱管咀等情，请核准免投，呈转备案。

九、西南政务委员会令，关于施行印花税法及其施行细则各案，经饬据财政特派员议复，提出二一二次政务会议决议照办，定二十五年三月五日实行在案，仰遵照。

十、民政厅呈，据中山县呈复，查明第二区公所经费情形，并拟征收横水渡每人过海附收一仙以维经费等情，应否照准，请核示遵。

十一、政治研究会函送广东省民众风化训寻委员会组织简章修正案，请采择施行。

十二、西南政务委员会训令，本会第二一三次政务会议决议，国立中山大学无庸兼办附属学校，所有附属中学，附属小学幼稚园，即拨归省办，仰遵照。

十三、李委员赴港请假。

讨论事项

一、民政、建设、财政三厅会呈，审查广东省参议会议决发行空防公债一千万元一案意见，请察核指遵案。

（议决）照审查意见办理。

二、财政厅呈，为二十四年度预算委员会已经结束，广州市自动电话管委会筹办国际无线电台等项预算书，拟请直接审查，请核示办理案。

（议决）准照列。

三、教育厅呈，据省立肇庆师范学校呈报经费不敷，请准将临时费拨补等情，拟准在已奉核定拨给该校，本年度建筑校舍临时费六千元八折四千八百元项下，划拨四千三百七十四元，弥补本年度不敷；至二十五年度，即请准予列入预算，照数拨支，请核示遵案。

（议决）准一次过补助四千三百七十四元。

四、广州市政府呈缴自动电话管理委员会年终奖金临时费，二十四【年】度岁出预算书，请察核备案。

（议决）准照章办理。

五、省会党政机关人员军事训练主任函缴每月追加预算数目清册计共三千零八十二元，请查照交由省府秘书处再编追加预算书，缴转拨支案。

（议决）交财政厅核复。

六、李、胡两委员会复，审查建设厅转据农林局所缴南雄农民贷款种烟办法、预算、合约、贷款申请书，及鹤山烟作表证费预算等件，除文字应照修正外，大致尚无不合，至于所需经费，既有着落，似可照准，请公决案。

（议决）照准。

七、主席提议，关于余××等因与余××等争承山坦及建筑碉楼发生纠葛一案，不服财政厅饬将碉楼报效为燕山乡公有之决定，提起再诉愿到府，经由秘书处派员审查，作成决定书，再送李、金、胡三委员审查，拟具意见送复，应如何办理，请公决案。

（议决）照办。

广东省政府第六届委员会
第四百七十二次议事录

三月十日　星期二

出席者　林云陔　金曾澄　林翼中　黄麟书　胡继贤　区芳浦
　　　　何启澧
列席者　刘纪文　陆幼刚
主　席　林云陔
纪　录　陆幼刚

报告事项

一、民政厅呈复，关于省参议会函请收回准汕头市府展拓市区成命，并饬各县沿海地方，勿划归商埠管辖，以免妨碍国防案，合将拟议意见，请核令遵。

二、财政厅呈，为本厅碎部测量队第七队第三第四两组，由南海迁清远施测迁站修葺费，拟援案在测量队节存经费项下开支，请察核备案。

三、财政厅呈，为本厅碎部测量队第十三队第一第三两组，由番禺

548

迁顺德施测迁站修葺费，拟援案在测量队节存经费项下开支，请察核备案。

四、财政厅呈报契税减征，再由二十五年三月十六日起，至九月十五日止，继续展期六个月，请察核备案。

五、建设厅呈，据第一蔗糖营造场呈，为遵令将贷款植蔗章程修正及拟将购蔗规则改正，请核转备案等情，请核指遵。

六、建设厅呈，据开平县民胡维璞等请承领阳江县县属第二区土名松柏山等处荒地，合将备查一联缴请备案。

七、教育厅呈，据海康县具缴教育局长何寿康履历表，请察核加委。

八、广州市政府呈，为订定广州市政府职员给假规则，请察核备案。

九、广东省合作事业委员会呈，据各合作社请转呈令行各机关对农业上一切设施，及协助合作社，有优先权利等情，请核指遵。

讨论事项

一、财政厅呈，为二十四年度预算审查委员会，经已结束，广东省会公安局二十四年度追加岁出预算书，似应改由钧府审查，连同该局原缴预算书，请核示施行案。

（议决）准照列。

二、广州市政府呈，为职府二十三年度第十七款追加临时费岁出预算，有提前开支必要，拟援照成案，在预算未奉核定以前提前开支，仍从实行开支之月起，根据预算额报销，请察核备案。

（议决）照准。

三、广东省法币发行准备管理委员会呈，为拟定职会组织规则，职会委员会议规则，常务委员会议规则，专门委员会议规则草案，请核定施行案。

（议决）交区厅长审查。

四、民政厅长提议，广宁县长王仁守拟调署合浦县长，遗缺拟以普宁县长曾友文调署；递遗拟以合浦县长陈猛孙调署，当否，请公决案。

（议决）准照调署。

广东省政府第六届委员会
第四百七十三次议事录

三月十三日　星期五

出席者　林云陔　金曾澄　林翼中　胡继贤　李禄超　区芳浦
　　　　　何启澧　黄麟书
列席者　刘纪文　谢瀛洲　陆幼刚
主　席　林云陔
纪　录　陈广澧

报告事项

一、西南政务委员会令，兹定本年三、四、五、六各月为三年来施政之整理及改善时期，仰分饬各厅长，于期内轮流亲赴各县市视察督促各县市长，将过去要政，切实兴革，转报备核。

二、财特署、财政厅会呈，前以发行金库凭票五种，计共需工料费三万八千六百五十元五角，拟在省地方预算岁出临时门财政各杂费项下开支，请核准备案，转函审计处查照。

三、建设厅呈，据农林局转据中山经济作物蕃殖场呈，以经费短绌，拟将农产品收入拨充蕃殖费等情，应否照准，请核示遵。

四、建设厅呈缴恒益公司承建西路第一干线高要段木桥十四座工程合约，及图式章程，请察核备案。

五、建设厅呈，据信宜县民李绍远等请承领博罗县属第十区土名仙娥献宝冈等处荒地，合将备查一联缴请备案。

六、建设厅呈报，商同总部警卫处，订定广东省各县市高中以上学校军训生，出任警卫后备队教练办法，请察核示遵。

七、教育厅呈，请准由本厅二十四年度修建设备临时费项下，拨给已故省立女师职员苏棣华恤金四百二十元。

八、教育厅呈，据省立广雅中学呈报增设校警，拟将经费移项流用等情，请核指遵。

九、教育厅呈，据琼崖中学呈请将该校经常费节存项下，拨支第二期迁建教室，连同原缴计划书，预算图则，请核存转。

十、广州市政府呈缴自来水管理处与慎昌洋行签订承供黏度机合约，请核转备案。

十一、财政厅呈报，棉子油一种，应照省外运粤生油税率征收，由本年三月六日起征，请察核备案。

十二、财政厅呈缴原定征收沙捐护沙考成暂行条例，并两次修正条文，请察核备案。

十三、广东省营工业审核委员会呈缴开办费支付预算书及支出计算书表，请备案核销，并饬实业银行如数拨付。

十四、广东省营产物经理处呈缴汕头分处二十四年下半年度及二十五年上半年度经常费预算书，请核准存转备案。

讨论事项

一、建设厅呈，拟筹设电表较验所，缴同开办费预算书，每年支出经常费预算书，每年收入预算书，请核准将广州市内所有各用户电表，一并划归职厅电表较验所较验案。

（议决）交广州市政府先就广州市试办。

二、教育厅呈，据省立民众教育馆请拨给设备费等情，拟由二十四年度省立各教育机关学校修建设备等各项临时费项下，拨给一万二千元，请核示遵案。

（议决）照拨。

三、建设厅呈，据广州港务局呈，拟请设立南石头派出所，开办费一千元，经常费四百一十五元，请准在船钞加三附捐及船舶登记费两款收入项下，移挪开支等情，似属可行，请核指遵案。

（议决）照准。

四、东区绥靖委员呈复，遵令饬据南山管理局查明，刘联三等请收回减租五成一案情形，拟具意见，请核示遵案。

（议决）准如所拟办理。

广东省政府第六届委员会
第四百七十四次议事录

三月十七日　星期二

出席者　林云陔　金曾澄　林翼中　黄麟书　胡继贤　李禄超
　　　　　区芳浦　何启澧

列席者　刘纪文　陆幼刚

主　席　林云陔

纪　录　陈广澧

报告事项

一、建设厅呈，拟具选用高级及普通会计人员及甲乙种技术人员标准，请察核备案。

二、建设厅呈，据农林局呈报派员赴菲律滨考察畜牧兽医，出差旅费，共需五百六十七元四毫二仙，请准备案等情，应否准予备案，请核指遵。

三、建设厅呈，据罗浮山公园管理处呈报，关于增建厅房案，请饬原商建筑，准免招承手续等情，请核准令行财厅转复审计处查照。

四、财政厅呈缴本厅第六科改组新增经费二十四年十二月份预算书，请核存转，并准予异项流用。

五、财政厅呈，据遂溪县呈，以本县临时地税督征处之催征旅费，较原定每月超过三十余元，拟请准在薪给项下节盈之款，互相流用等情，似可照准，请核备案，转函审计处查照。

六、财政厅呈复，关于民政厅请核发购买杂粮种子不敷之数，经照拨发，请察核。

七、广州市政府呈缴广州市营事业审核委员会组织章程、组织系统及工作分配等件，请察核备案。

八、广州市政府呈，据电力管理处呈，拟向独家经理慎昌洋行订购高力线圈，及磨打线圈等情，请核准免投，呈转备案。

九、汕头市政府呈报，派委徐希仁接收海港所，呈缴该员履历、接收公物清册，请转呈备案，并行财厅准予在契税项下坐支，经费由财署拨交，省库归垫。

十、广东省实业银行呈缴第二次董事会议录，连同本行俸薪简章，总分支行职务规则，请察核备案。

十一、民政厅呈，据南山管理局呈报办理保甲事宜，垫支过八百一十六元二角五分，请将款发还等情，应否在省库收入项下如数发还，及准予核销之处，请核指遵。

讨论事项

一、财政厅呈复，遵令审查侨务委员会设置汕头、海口、江门等处侨务处经费预算情形，请核示施行案。

（议决）经临费准由侨委会节存项下开支。

二、广州市政府呈缴自来水管理处第三款追加经常费二十四年度预算书，请察核备案。

（议决）准备案。

三、广州市民众防空委员会呈，拟于本年四月及六月，在广州市区内各征收铺屋码头租捐半个月为防空经费，并请转饬汕头、佛山、江门、海口、北海等各市镇，同时征收案。

（议决）照准。

四、主席提议，关于邓××因与李××等争承新会县属×××等处山地造林，不服建设厅处分，提起诉愿一案，经由秘书处派员审查，作成决定书，再送胡、金、李三委员审查，拟具意见送复，应如何办理，请公决案。

（议决）照办。

五、民政厅呈，拟就本厅节存经费增拨各县局救济基金，连同支配简表，请核指遵案。

（议决）如拟办理。

广东省政府第六届委员会
第四百七十五次议事录

三月二十日　星期五

出席者　林云陔　金曾澄　林翼中　黄麟书　胡继贤　区芳浦
　　　　　何启澧
列席者　刘纪文　陆幼刚
主　席　林云陔
纪　录　陈广澧

报告事项

一、西南政务委员会令发扩大民族主义宣传运动办法，仰遵照，并饬所属分别遵照办理。

二、民政厅呈缴核定准予保留之各县公安分局局名表，请察核备案。

三、财政厅呈缴本厅碎部测量队第十四队二十四年十二月迁站修葺费，支付预算书，请察核备案。

四、财政厅呈报，潮阳县财政局长彭富文应与潮安县财政局长邓颂唐对调，请察核分别加委。

五、建设厅呈缴顺德县政府及蚕业改良实施总区，推行各期杂粮种植情形报告书，请察核备查。

六、教育厅呈，据省立两阳中学呈，请将二十四年度下学期所收得学费一千二百余元，拨抵装设电灯自来水超支款项，尚差一千余元，请于二十五年度预算核定拨还清欠等情，似属可行，请核示遵。

七、教育厅呈，据省立民教馆呈缴社会教育讲习会支出计算书，请将不敷数一千余元，十足拨还归垫等情，拟由本厅本年度各校修建设备临时费项下拨发，请核指遵。

八、教育厅呈，据汕领〔头〕水产职业学校呈，为购置学生练习采艇二艘，与原定预算超出二百余元，请准将原设备费预算流用，并径

554

行批商承办等情，请核示遵。

九、教育厅呈，据大埔县呈请加委郑玉麟为教育局长，连同履历，请核指遵。

十、广州市政府呈，据电力管理处呈报将透平机叶轮四个原报港币价格，改照减实美金五千五百四十元之价立约情形，请核转备案。

十一、广州市政府呈，据新电力厂筹委会呈报，招投安装透平机房机件及锅炉房机件等工程，拟交明錩机器公司承办等情，请核准免再招投，呈转备案。

十二、广东省会公安局呈，为职局惩教场出品分销所现新建落成，关于该所一切设备，由该场派工程师指导装修，只须购备材料，连同估价单，请核准援案免投，转审计处知照。

十三、广东省会公安局呈，为增掘警士教练所水井，并装水泵，以桐记公司取价最廉，请核准援案免投，转审计处知照。

十四、广东省会公安局呈，为增建女拘留所、济良所厨房天面栏河①，及惩教场分销处后门铁闸等项，拟饬原商桐记公司承办，连同工程价单，请核准援案免投，转审计处知照。

十五、广东省会公安局呈，为本局大厨房加长十二尺，及增加军械库前座一间，拟交桐记公司承建，连同工程价单，请核准援案免投，转审计处知照。

十六、西南航空公司筹备委员会呈报，定期由本月十七日起，实行将茂名站迁设梅菉，开始经营邮客货运业务，请察核备案。

讨论事项

一、广州市政府呈，准广州特别市党部函送追加临时费二十四年度岁出预算书，计编印工作报告及办理选举经费共六千元等由，查该项经费，系临时特别支销，未经列入预算，应否准予追加，及照数拨给之处，请核指遵案。

（议决）照准。

二、主席提议，关于黄××等因与廖××等争×××、×××等山场造林一案，不服建设厅决定，提起再诉愿到府，经由秘书处派员审

---

① 栏河，即栏杆。

查，作成决定书，再送李、金、胡三委员审查，拟具意见送复，应如何办理，请公决案。

（议决）照办。

三、主席提议，关于黎××与邓××等因争执矿区一案，不服建设厅处分，各自提起诉愿到府，经由秘书处派员审查，作成决定书，再送胡、金、李三委员审查，拟具意见送复，应如何办理，请公决案。

（议决）照办。

四、教育厅提议，拟援照前例，考选二十五年度国外留学公费生二十二名，连同简章，请公决案。

（议决）照办。

广东省政府第六届委员会
第四百七十六次议事录

三月二十四日　星期二

出席者　林云陔　金曾澄　林翼中　黄麟书　李禄超　区芳浦
何启澧

列席者　刘纪文　陆幼刚

主　席　林云陔

纪　录　陈广澧

报告事项

一、西南政务委员会令，为厉行改善公文程式及其处理方法一案，此后各级长官，应将公务人员妥为分配，于公文力求简明，必要时得采用军事机关报告式以求便利，仰遵照，并饬属一体遵照。

二、西南政务委员会令，准执行部函，据中山文化馆理事会，请由广东省政府一次过补助十万元，广州市政府补助五万元，以为基金一案，经报告本会第二一四次政务会议决议照办在案，仰遵照，并转饬广州市政府遵照。

三、广东省参议会函，为本会第四次常会，刘参议员瑞东临时动

556

议，各级地方自治工作人员，捐款购机，以固国防案，经议决通过在案，兹由会依照原案印备一、二、三等县及汕头市参议会募捐册，送请令行民厅转发办理。

四、财政厅呈报停止征收商业牌照费缘由，请察核备案。

五、财政厅呈报，本厅第二次派员监视试制铜仙样本经费，照案仍在本年度预算财政各杂费项下领支，请察核备案。

六、财政厅呈，为本厅碎部测量队第八队第三第四两组，由南海迁回高要施测，迁站修葺费，拟援案在测量队节存经费项下开支，请察核备案。

七、财政厅呈缴修正审定民国二十四年度省地方岁出概算书，及另案岁出概算书，请核明备案。

八、民政厅呈，据地政工作人员养成所呈报，购置测量仪器，有特殊情形，不能开投，请准向礼和洋行订购等情，请核准备案。

九、民政厅呈，据地政工作人员养成所呈报，购置测量天文仪器有特殊情形，不能公开投承，请准向礼和洋行订购等情，请核准备案。

十、建设厅呈，据海康县呈缴建设局长黄祖皓履历表，请察核任命。

十一、广州市政府呈，据工务局呈缴白云路大渠工程图则、章程、估价单等件，请转呈核办。

十二、广州市政府呈，据电力管理处呈缴天祥洋行特别火砖估价单，请转呈核办。

十三、广州市政府呈，据电力管理处呈，拟向独家经理天祥洋行订购特别火砖十四种等情，请核准免投，转呈备案。

十四、广州市政府呈，据电力管理处呈，拟向独家经理慎昌洋行订购发电机配件五套等情，请核准免投，转呈备案。

十五、广东省会公安局呈，为建筑消防救护练习室，及防毒实习室，拟交广章号承建，请援案准免开投，转呈西南政委会转行审计处知照。

十六、广东省会公安局呈，将职局及所属民国二十四年度十月份支出数目暨流用情形，列表请核转备案。

十七、高要县寒日邮电，据各区乡民报告米价陡涨情形，经报告禁止贩运谷米出口，请核准备案。

十八、广州区第一蔗糖营造场呈报，扩大市头分厂榨蔗量，及增建制造方糖机等，与斯可达工厂签订合约，连同说明书，请察核备案。

十九、秘书处签呈，查西村土厂向史密芝公司订购第三套制造机一案，前经本府核准，并饬审核委员会先付第一期价款有案，现据该厂将合约缴呈前来，经指复准备案，请察核。

讨论事项

一、民政厅呈，关于连阳化瑶局拟将瑶境地方改县治理一案，谨将办理情形，并拟具意见，请鉴核示遵案。

（议决）改设安化管理局，局址移置油岭，经费仍旧。

二、建设厅呈，为公路汽车运邮窒碍，拟请饬行邮局自备汽车载运邮件，请察核办理案。

（议决）照办。

三、建设厅呈报，任命本厅视察吴为雨等，连同各员履历，请察核案。

（议决）准备案。

四、财政厅呈，为二十四年度预算审查委员会，业已结束，关于汕头市修路材料费预算，拟请改由钧府审查案。

（议决）准照列。

五、建设厅呈缴长途电话管理委员会二十四年度岁出概算书，计每月五千零八十九元，比原日电话所每月减九十八元，请察核存转案。

（议决）准照存转。

六、财政厅呈复，核议东区麻疯医院第一期建筑费，因受币制改革影响，所需补贴银水大洋一千三百二十元零五毫一案，查此款并无预算，本年度预备金早经支付逾额，无款可拨，应如何办理，请核指遵案。

（议决）列入下年度预算审查。

558

广东省政府第六届委员会
第四百七十七次议事录

三月二十七日　星期五

出席者　林云陔　金曾澄　林翼中　李禄超　区芳浦　何启澧
　　　　　胡继贤　黄麟书
列席者　刘纪文　谢瀛洲　陆幼刚
主　席　林云陔
纪　录　陈广澧

报告事项

一、西南政务委员会令，本会第三一五次政务会议，决议粤汉铁路总局应设广州，仰即遵照。

二、建设厅呈报，核准港务局于清明节借用军舰协助执行取缔船舶工作，及拟准支给煤炭费缘由，请察核备案。

三、建设厅呈，据梅县梅州农业职业学校请承领县属第一区土名东厢山等处荒地，合将备查一联缴请备案。

四、建设厅呈复，核议广东省营产物经理处所拟广东麻织厂供给梅电灯办法，大致尚无不合，购用供电器料，价格亦属平允，请察核。

五、财政厅呈，据卸台山防务收饷委员，请抚恤因公毙命员兵何振超等五名等情，拟请准照该故员兵月薪饷领，各给予三个月一次过恤金，共五百零一元，在省库支给，请核指遵。

六、财政厅呈，据高要县呈，为土地局缮写工作极多，拟将薪俸节存，添用雇员等情，查所呈各节预算并未变更，尚属可行，请察核备案。

七、财政厅呈，据清远县呈缴土地局长邓粤超履历，请察核加委。

八、教育厅呈报，派女师校长李雪英、女中校长李粹芳赴日本考察教育，各支旅费大洋一千元，由本厅留学经费项下支给，请备案，并转发给护照。

九、教育厅呈缴本省各县市义务教育委员会组织大纲，请察核备案。

十、广州市政府呈，据电力管理处呈，拟向独家经理夏巴汽车公司订购福特货车底盘一辆，及传力机等件等情，请核准免投，转呈备案。

十一、广东省会公安局呈，拟向亚美洋行订购消防救火机一架，及电船六艘，连同价目单预算书，请核准免投，转呈西南政委会转行审计处知照。

十二、广东省会公安局呈，拟向亚美洋行订购装甲警用巡查汽车一辆，连同价目单预算书，请核准免投，转呈西南政委会转行审计处知照。

十三、广东省营产物经理处呈报士敏土部二十五年元月份营业状况，连同月结表，请察核。

十四、广州市政府呈缴卫生局劳工浴室管理规则，及二十四年度预算书，请察核备案。

十五、东区绥靖委员呈报办理改选汕头市商会经过情形，附缴当选候圈执监委姓名表，请察核圈定指遵。

讨论事项

一、财政厅呈复，审查广东省法币发行准备管理委员会各种规则草案意见，请核指遵案。

（议决）照审查意见办理。

二、广东省银行呈，拟具委托县政府收买白银暂行办法，及收买白银各县市分别办理一览表，请核准通令各该县政府遵照办理案。

（议决）交财政厅审查。

广东省政府第六届委员会
第四百七十八次议事录

三月三十一日　星期二

出席者　林云陔　金曾澄　胡继贤　李禄超　区芳浦　何启澧
　　　　　黄麟书

列席者　刘纪文　陆幼刚

主　席　林云陔

纪　录　陈广澧

报告事项

一、民政厅呈，为奉派本厅服务员分赴各县工作，续领川旅费，拟即在各月份本厅服务员川旅费结存项下开支，请察核备案。

二、财政厅呈，拟将新会县属沙田春耕护耕费停征，改分早晚两造征收，请察核备案。

三、财政厅呈报，典税改称营业税，定四月一日起实行，请察核备案。

四、财政厅呈缴二十四年三、四月两月份行政报告书，请核存转。

五、教育厅呈缴二十四年八、九两月行政报告书，请核存转。

六、民政厅呈缴二十四年九月份行政报告书，请核存转。

七、中区绥靖委员公署呈缴二十五年一月份工作报告书，请察核。

八、琼崖绥靖委员公署呈缴二十四年十月份工作报告书，请察核。

九、广东省会公安局呈缴修正年资加薪方案，请察核备案。

十、广东省会公安局呈，为警察医院增加女护士宿舍工程，拟仍由源发公司承办，请援案准免开投，转呈西南政委会转行审计处知照。

十一、广州市政府呈，据电力管理处呈，拟购油渣机配件，交由最廉价之西门子电机厂承供，请核准免投，转呈备案。

十二、胡委员签复，关于内政部拟将修正广东各县市土地登记及征税条例第六、七、九条"财政厅"字样，仍改为"民政厅"等词，按之法理，固应如此，惟揆之事实，则室碍殊多，似宜仍旧，不必修改。

讨论事项

一、教育厅呈，奉教育部令发各地保送随代表团赴德考察体育专员办法，规定该团由各省市教育厅局派员组织，每员支旅费大洋二千元，由保送机关筹措，本厅应否派员之处，请核示遵案。

（议决）照派。

二、教育厅呈，为省督学林宝权已调充本厅教育设计委员会委员，所遗督学一职，拟委陈作樑接充，连同该员履历，请察核任命案。

（议决）照委。

三、广东省银行呈，准广东省法币发行准备管理委员会函，请由行拨地出资建筑房屋，租作会址，经董事会讨论可行，设计约需建筑费五万元，应否登报开投，连同图则章程，请核指遵案。

（议决）准由该行拨地出资建筑。

四、主席提议，关于曾××因×××堂罗××承领××铺地事件，不服广州市政府处分，提起诉愿到府，经由秘书处派员审查，作成决定书，再送胡、金、李三委员审查，拟具意见送复，应如何办理，请公决案。

（议决）照办。

五、主席提议，关于李××等因与陈××等互争优先承领矿区事件，不服建设厅所为之处分，提起诉愿到府，经由秘书处派员审查，作成决定书，再送胡、金、李三委员审查，拟具意见送复，应如何办理，请公决案。

（议决）照办。

广东省政府第六届委员会
第四百七十九次议事录

四月三日　星期五

出席者　林云陔　金曾澄　胡继贤　区芳浦　何启澧
列席者　刘纪文　谢瀛洲　陆幼刚
主　席　林云陔
纪　录　陈广澧

报告事项

一、财政厅呈报，本厅缉获林日伪造本厅契据一案，所有支过线人侦查各费用，拟在岁出预算临时门财政各杂费项下开支，请核准备案。

二、财政厅呈报，定本年四月十五日开始实行禁运本省金饰出口，请察核备案。

三、财政厅呈，拟由二十五年四月十五日起至二十五年十月十四日止，将屠牛牛皮税等九种税捐加二征收，展期半年，请核指遵。

四、财政厅呈，为修筑黄花岗补助工料费，应由何项预算支付，请核示遵。

五、财政厅呈缴碎部测量队临时开办费预算表，请核转备案。

六、财政厅呈报，派员分赴各属收买白银，旅费拟在本年度岁出预算临时门财政各杂费项下开支，请核准备案，转函审计处查照。

七、建设厅呈，据生丝所呈请由二十四年十月起，在三十元以下之员役薪工于八折经费原额内，准予移项流用，自由支配一节，应否照准，请核指遵。

八、建设厅呈，据港务局呈报南石头派出所已遵谕提前筹办，该所经费，亦经提前于本月五日开支等情，请察核备案。

九、建设厅呈报拟增订公路汽车登记检验规则各缘由，请察核指遵。

十、略。

十一、建设厅呈缴罗浮山公园管理处安装电灯工料费预算书，请核指遵。

十二、教育厅呈缴二十四年春季会考支出经费计算书表，请将余存银一千九百四十余元，悉数拨入二十四年秋季会考之用，并准予移项流用。

十三、广州市政府呈，据电力管理处呈，拟向独家经理慎昌洋行订购电机配件等情，请核准免投，呈转备案。

十四、广州市政府呈缴广州市装设发动机工场取缔规则，请察核指遵。

十五、广州市政府呈缴教育局短期小学经临费二十四年度岁出预算书，请核备案。

十六、广州市政府呈缴二十四年十一月份市库收支结算表，请核存转。

十七、广东省会公安局呈，拟具广州市铺屋场所码头第三次防空租捐一个月，分两期征收章程，请察核指遵。

十八、党政机关人员军训办公厅函，为本厅兼办各县市军训事宜，业于本年三月份起，由各机关增调人员办公，计共应追加经费九百八十元，请查照办理。

十九、广东省调查统计局呈送二十五年全省乡镇调查表，请分发各县市政府，转饬各区乡镇公所遵照办理。

讨论事项

一、教育厅呈，据合浦县立初级农科职业学校请拨助经费等情，拟准由二十四年度省立各学校修建、设备等各项临时费项下，拨给该校设备费三千元，请核示遵案。

（议决）照拨。

二、胡委员、区厅长、何厅长会呈，拟具广东省水利委员会组织大纲，请察核办理案。

（议决）准备案。

三、李、金、胡三委员会复，审查东莞、宝安两县因管辖观澜墟发生争执一案，本案拟照勘界委员会决议案办理，请公决案。

（议决）照审查意见办理。

四、胡、金、李三委员会复，审查××堂黄××与×××堂因争承海坦发生争执一案，本案拟照高等法院审查意见办理，请公决案。

（议决）照办。

五、主席提议，关于谭××因与陈××等争承沙田事件，不服财政厅决定，提起再诉愿到府，经由秘书处派员审查，作成决定书，再送胡、金、李三委员审查，拟具意见送复，应如何办理，请公决案。

（议决）照办。

广东省政府第六届委员会
第四百八十次议事录

四月十日　星期五

出席者　林云陔　金曾澄　胡继贤　李禄超　区芳浦　何启澧
列席者　刘纪文　陆幼刚
主　席　林云陔
纪　录　陈广澧

报告事项

一、民政厅呈，据封川县查复，县属都罗尾等处与开建县境交错，并非插花飞地，似应各安其旧等情，请察夺指遵。

二、民政厅呈，据合浦县呈缴二十四年八月水灾及十月风灾损失调查表，请拨款赈济等情，经在赈款项下拨发五千元，请核准备案。

三、建设厅呈，据南路省道第一行车管理处呈缴承批江恩公路行车合约，查大致尚无不合，似可准予备案，请核指遵。

四、建设厅呈，据新会县民宋昭迟等请承领县属第九区土名鹤咀山等处荒地，合将备查一联缴请备案。

五、财政厅呈复，审查儿童年实施委员会经费本年度并未列有预算，如奉核准照支，似应仍于省立各学校临时费项下拨用，请核指遵。

六、财政厅呈报，洋米入口由本年四月一日起至五月二十一日止，照现行税率减去四分之一，请察核备案。又呈报洋谷入口，准照洋米入口减征案办理，请备案。

七、教育厅长呈报，于四月一日出巡北江视察，约二十日内返省，厅务交主任秘书黄希声代拆代行，请察核。

八、教育厅呈，为编辑小学教科书一案，由厅垫支过三千零一十元，拟将省立南雄中学缴回谢任拨给后之停兑十元省券三千零五十九之款，拨支归垫，请核指遵。

九、教育厅呈，准总部函，据保亭县团董请依案待遇黎生谭学芳等十名一案，兹拟照二十三年度标准，暂由二十四年度各校临时费项下，拨支一千六百七十七元，请饬财厅核发。

十、教育厅呈，据省立韩山师范请将建筑中山纪念堂投余存款，拨支增加工程费，并预定图书仪器价款等情，请核示遵。

十一、广州市政府呈，据市立银行呈缴历年发行辅券总额、焚毁额、现在库存及流通各数额分类表，转请察核备案。

十二、广州市政府呈，据工务局呈，拟具七星公园土地限制使用办法，经市政会议修正通过，请察核备案。

十三、广东省会公安局呈，为修建本局男犯拘留所墙砖，以林记公司取价最廉，拟予承修，请援案准免开投，转呈西南政委会转行审计处查照。

十四、广东省营产物经理处呈缴二十五年一月份营业收支情形并月结表，请察核指遵。

讨论事项

一、财政厅呈缴汕头市追加增设警岗二十四年度岁出概算书，计追加八百二十三元五毫，请核指遵案。

（议决）照准。

二、广州市政府呈，据自来水管理处呈缴追加髹饰水塔临时费二十四年度岁出预算书，计共需款三千七百二十元等情，请察核备案。

（议决）准备案。

三、金委员签复，审查关于高要南约乡与高明会二乡界线纠纷一案，本案拟照勘界委员会议决案办理，将蚰蛇坑仍割归高明所有，东北部均以天然之溪水为界，西南部亦仍照勘界委员会所定，请公决案。

（议决）照办。

566

四、金委员签复，审查关于南海、花县互争小埔汤村一案，本案拟照勘界委员会议决案办理，将小埔赤岗等乡属南海，汤坑上下社属花县，以免纠纷，请公决案。

（议决）照办。

广东省政府第六届委员会
第四百八十一次议事录

四月十四日　星期二

出席者　林云陔　金曾澄　胡继贤　李禄超　区芳浦　何启沣
列席者　刘纪文　谢瀛洲　陆幼刚
主　席　林云陔
纪　录　陈广澧

报告事项

一、西南政务委员会秘书处函复，关于行政院令，责成各机关长官省察清除公务人员侵吞公款等十六条弊端，限两月据实具报一案，经陈奉本会常务委员谕该省政府酌办等因，请查照办理。

二、财政厅呈，据惠来县请饬库拨支补助建筑县府费六千元，似应照准，惟此款未列入本年度预算；预备金支出，早已逾额，无款可拨，应如何筹拨之处，请核指遵。

三、财政厅呈，请将调充合浦县财政局长刘子忠、阳春县财政局长姚礼维、阳山县财政局长李国香，分别加委。

四、建设厅呈，据农林局转据琼崖热带作物农场主任呈，拟由本场开办费建筑项下，酌拨千元，为保亭县黎境民教小学建筑校舍等情，请核指遵。

五、建设厅呈报，韶坪公路九坪东段及中西段铺筑碎石路面工程，两次开投无效，拟饬选商铺筑，请察核备案。

六、建设厅呈报，裁撤南路省道第一第二两行车管理处，另设南路省道行车管理处接管，请察核备案。

七、建设厅呈缴蚕丝改良局修正组织大纲及办事细则，请察核指遵。

八、建设厅呈缴狗牙洞煤矿办事处二十五年度预算，第四项钻探工资，因工人增加工作时间增加工资预算书，请察核指遵。

九、建设厅呈，据开平县民周宝源等请承领县属第三区土名北立山等处荒地，合将备查一联缴请备案。

十、建设厅呈，据灵山县民劳昌远等请承领县属第一区土名罗伞岭等处荒地，合将备查一联缴请备案。

十一、建设厅呈，据高明县民黎树棠等请承领县属第三区土名香山等处荒地，合将备查一联缴请备案。

十二、教育厅呈，据省立江村师范学校呈报，该校教员黄炳森在职病殁，请从优抚恤等情，拟给与恤金五百一十元，请核准备案。

十三、教育厅呈缴广东省补助各县市推行义务教育办法，请察核备案。

十四、教育厅呈，请准由本厅二十四年度省立各教育机关学校修建设备临时费项下，拨还二十四年中等学校教员暑期讲习班，及广东省小学教员暑期讲习会垫支经费，连同支付书表，请核指遵。

十五、教育厅呈缴陵水县教育局长翁诗言履历表，请察核加委。

十六、广州市政府呈，据教育局呈报装修市一中大钟工程，拟准交亨达利号承装等情，请核准免投，转呈备案。

十七、广州市政府呈缴广州市卫生局牙科师考试办法，请察核备案。

十八、广东邮政管理局呈复，关于建厅请饬职局自备汽车载运邮件一案，缕陈实在情形，请予再行考虑，在未商定办法之前，现行汽车运邮办法，暂拟不稍变更，以免延误邮件。

十九、秘书处签呈，查工业奖励法第二条奖励方法第三项，"减低国营交通事业之运输费"等语，其运输费减低范围，条文无规定，应否依照建厅所呈饬减运输费半数，请察核。

讨论事项

一、财政厅呈复，审查广东省银行所缴委托县政府收买白银临时暂行办法，经分别修正，请察核指遵案。

568

（议决）准备案。

二、建设厅呈，据全省长途电话管委会呈，拟收用曲江县属土名马蹄脚余屋附近，及西河坝五祖庙旧址附近之两地段，以为建筑该处收发两电话台等情，连同原缴图样，请核准依法收用，并令行曲江县政府办理案。

（议决）准依法收用。

三、主席提议，关于李仲诚等因批商行驶汽车，与新宁铁路公司发生争执一案，不服建设厅决定，提起再诉愿到府，经由秘书处派员审查，作成决定书，再送胡、金、李三委员审查，拟具意见送复，应如何办理，请公决案。

（议决）照办。

广东省政府第六届委员会
第四百八十二次议事录

四月十七日　星期五

出席者　林翼中　金曾澄　胡继贤　李禄超　区芳浦　何启澧
列席者　刘纪文
主　席　林翼中（代）
纪　录　陈广澧

报告事项

一、建设厅呈缴荣益公司承建省道西路第一干线四会段木桥四座工程合约，及图式章程，请察核备案。

二、建设厅呈，据督理南路专员呈，拟装造安山路排里河渡车船，附缴预算书图表，请准就地觅工订价包办等情，可否准予照办，请核指遵。

三、建设厅呈缴南路省道第一行车管理处二十三及二十四年度冬季服装费预算书，请核指遵。

四、财政厅呈复，奉饬发警卫队干部训练班第三届学员服装各费，查该款系在预备金开支，本年度预备金业已超越，究应在何项开支，请核指遵。

五、教育厅呈，据兴宁县呈请加委冯懋度为该县教育局长，连同该员履历，请核指遵。

六、广东省银行呈报，会同财厅派员分赴各属设立收买白银临时办理处，开列一览表，请电令各县长切实协助。

七、陆秘书长本日因病请假。

讨论事项

一、建设厅呈，据广州港务局呈，拟请增加巡轮经费，及外勤人员薪俸，每月共九百四十六元，在船课项下拨支等情，是否可行，连同原表请核指遵案。

（议决）准增加四百三十二元。

二、李委员签复，审查关于番禺、花县互争石角镇一案，拟依照勘界委员会决议，该地治权划归花县管辖，一切经济关系，仍照旧办理，请公决案。

（议决）照办。

三、主席提议，关于梁×因不服建设厅撤销承采南海县属土名×××××石矿矿权之处分，提起诉愿到府，经由秘书处派员审查，作成决定书，再送李、金、胡三委员审查，拟具意见送复，应如何办理，请公决案。

（议决）照办。

广东省政府第六届委员会
第四百八十三次议事录

四月二十一日　星期二

出席者　林云陔　金曾澄　林翼中　胡继贤　李禄超　区芳浦
　　　　　黄麟书
列席者　刘纪文　谢瀛洲

主　席　林云陔

纪　录　陈广澧

报告事项

一、财政厅呈缴广东省煤油贩卖业营业税广州检查所二十五年三月份临时费支付预算书，计二百元，请核准在该处预备费项下开支，并存转备案。

二、财政厅呈，据新委恩平县财政局长周仁杰因病辞不就职，经予照准，遗缺查有临高县财政局长陈昌伍堪以调充，请察核加委。

三、建设厅呈，据农林局呈，为琼崖热带作物农场请安装电话，计安装费大洋四百元，似可姑准备案，请核指遵。

四、中国国民党广东省执行委员会函送调整各县市党部组织及工作方案，请酌核见复，如荷赞同，请转饬所属遵办。

五、广东省会公安局呈，拟制发警察学校学生夏季制服，交永隆店承造，该款六百八十六元二角，由二十五年四月份筹备费服装费项下开支，请援案准免开投，转呈西南政委会转行审计处知照。

六、西南政务委员会令，本会陈、李两委员提议，饬令两粤省内国立省立各专门大学，省市县立各中等学校，及受省库补助之各私立专门大学及中等学校，设立优才生奖学学额以资奖励案，经决议照通过在案，仰转饬所属遵照。

七、西南政务委员会令，本会陈、李两委员提议，出国留学生，无论公费私费，均须具有大学毕业资格，暨回国后应实行考试，以储备实用人材一案，经决议照通过在案，仰转饬所属一体知照。

八、何厅长、陆秘书长，今日因病请假。

讨论事项

一、民政厅呈，准琼崖区绥靖委员函，请将昌江、感恩两县裁并一县治理等由，应如何办理，请核指遵案。

（议决）交金、李、胡三委员审查。

二、财政厅呈报，组织成立承审处所需经费，仍由职厅核定经费，撙节拨支，拟具承审处组织暂行条例，请察核令遵案。

（议决）准备案。

三、主席提议，关于江昌藉因伊子江国益，在煤油贩卖业营业税五邑征收处出纳员差内，亏空税款一案，不服财政厅查封屋产之处分，提起诉愿到府，经由秘书处派员审查，作成决定书，再送胡、李、金三委员审查，拟具意见送复，应如何办理，请公决案。

（议决）照办。

四、民政厅呈，为白沙县长马××到任以来，一善莫举，废弛政务，似应即予撤职，请核令遵案。

（议决）照准。

五、民政厅提议，白沙县县长马××玩视职守，拟予撤任，遗缺拟以考试及格县长黄鸿光试署，请公决案。

（议决）照委。

广东省政府第六届委员会
第四百八十四次议事录

四月二十四日　星期五

出席者　林云陔　金曾澄　林翼中　黄麟书　胡继贤　李禄超
　　　　　区芳浦　何启澧
列席者　刘纪文
主　席　林云陔
纪　录　陈广澧
报告事项

一、建设厅呈，据蚕丝改良局呈，请购置显微镜等情，似可准予照购，连同估价单样本，请察核指遵。

二、财政厅呈报，各业户承升沙田欠缴花息取缔办法，拟变通展期至六月底止，仍准缴款领照，暂免适宜处置，请核准备案。

三、广州市政府呈缴二十四年十二月份市库收支结算表，请核存转。

四、广东省银行呈缴二十四年度财产目录、借贷对照表、营业发行报告书、损益计算书、净利分配表等件，请察核备案。

五、广东省会公安局呈，为芳村分局扩充警室，拟以一千一百五十元之价，交桐记公司承建，连同估价单、图则、预算书，请援案准免开投，转呈西南政委会转行审计处知照。

六、广东省会公安局呈，拟向德商仕德洋行订购救火药泡机二架，背药罐二个，药泡一箱，连同估价单、图式、预算书，请核准免投，转呈西南政务委员会转行审计处知照。

七、广州市政府呈，据财政局呈，拟仿照财厅对九种税捐展征办法，将本市猪捐屠牛牛皮统税，特种娱乐捐，及各娱乐场院各饷，加二专款，再续展期征收六个月，应否照准，请核指遵。

八、广东省营产物经理处呈缴上海分处二十五年上半年度经常岁出概算书，请核指遵。

九、广东治河委员会函复，推定胡委员毅生为广东省水利委员会委员，请查照。

讨论事项

一、财政、建设厅会呈，拟就广东西北区各县私有荒山申报造林办事处暂行组织章程，请核指遵案。

（议决）准备案。

二、建设厅呈，据港务局呈复，拟具民营南洋各埠直通广州轮船奖励及补助办法意见书，请察核指遵案。

（议决）照办。

三、广东粮食调节委员会呈复，核议三水县党部请设法救济该县民食一案，谨拟具救济民食办法四项，请采纳施行案。

（议决）第二、三、四项由本府酌办，第一项呈西南政务委员会。

四、主席提议，关于刘××因不服建设厅撤销承领乐昌县乐嘉湾邓家岭锑矿区案之处分，提起诉愿到府，经由秘书处派员审查，作成决定书，再送金、李、胡三委员审查，拟具意见送复，应如何办理，请公决案。

（议决）照办。

五、民政厅呈缴安化管理局组织章程及预算表，请察核办理案。

（议决）照办。

广东省政府第六届委员会
第四百八十五次议事录

四月二十八日　星期二

出席者　林云陔　金曾澄　林翼中　胡继贤　李禄超　区芳浦
　　　　何启澧　黄麟书
列席者　刘纪文　陆幼刚
主　席　林云陔
纪　录　陈广澧

报告事项

一、民政厅呈，据仁化县及该县党部参议会先后电报风雹为灾，请拨款赈济一案，经派员查复，并在赈款项下拨发五百元散赈，请察核备案。

二、财政厅呈，为关于清理大沙头案业户登记产价及计划第三期地段开投，拟准登记业户参加竞投，以地抵价，请核指遵。

三、建设厅呈，据南路省道第二行车管理处呈，为奉南区绥靖公署令，派兵护送车辆，士兵伙食每日一元三毫，请准按月临时报销等情，经准予由车利收入项下拨支，请察核备案。

四、建设厅呈缴南路省道第一行车管理处二十四年度夏季服装预算书，请核指遵。

五、建设厅呈，据兴宁县呈缴建设局长陈载睿履历，转速察核任命。

六、建设厅呈报，紫河路锦口桥工程开投无效，拟将该桥工程发交督理东路公路专员办理，开列各商投价及核定底价表，请察核备案。

七、广州市政府呈，据公用局呈报招投制糖磁吊灯工程不成，拟向联侨铸造公司订购等情，请核准免投，转呈备案。

讨论事项

一、民政厅呈，拟就本厅节存经费项下，分拨南海、防城等十八县

574

及汕头市救济基金各一千元，及增拨保亭、白沙、乐东三县救济基金各一千元缘由，请核指遵案。

（议决）照准。

二、审定各地方预算委员会呈，准职会西北区组主任以船期迟滞工作未完，请延期半月，及增发各员役等膳宿费共九百六十六元等由，应否照准，请核指遵案。

（议决）照准。

三、主席提议，关于林与翰等因被林怡兴等控告侵吞路款一案，不服建设厅所为之决定，提起再诉愿到府，经由秘书处派员审查，作成决定书，再送胡、金、李三委员审查，拟具意见送复，应如何办理，请公决案。

（议决）照办。

四、建设厅提议，查罗浮山除划定农林区居留区外，其余荒地尚多，亟应划定地段，辟为特别垦荒区，招人领租开垦，拟具章程，请公决案。

（议决）照办。章程修正通过。

广东省政府第六届委员会
第四百八十六次议事录

五月一日　星期五

出席者　林云陔　金曾澄　胡继贤　李禄超
列席者　刘纪文　陆幼刚
主　席　林云陔
纪　录　陈广澧

报告事项

一、财政厅呈报本省办理土地清丈登记，及推行土地税各情形，请核转。

二、财政厅呈，为严禁开始收买白银各县市人民行使白银处罚，及提成给奖办法，请转呈转饬各海关邮局一体遵照。

三、财政厅呈复，核议揭阳县核准红十字分会照收石矿渡头捐充经费一案，似可准予照办，列入县地方款收支计算书报核，请核饬遵。

四、建设厅呈缴督理南路公路专员办事处廉化路，化州车渡船购置费支付预算书表、图则、单据等件，请核存转。

五、建设厅呈，据督理南路公路专员呈，拟建筑工人宿舍，附缴预算书图表，请准予自办，材料就地觅选，工人订价包工等情，应否照准，请核指遵。

六、建设厅呈，据陈佛船务管理所呈缴甘竹滩灯塔经费预算书，请准照原缴每月经费六十二元从四月一日起给领等情，请核指遵。

七、教育厅呈，拟由本年七月七日起继续举办省会军训生集中训练，请核示遵。

八、教育厅呈，据省立广州女子中学呈，请发第二期校舍第一段工程打桩工料费二千六百二十七元六毫等情，似可准由该校第二期校舍建筑费项下照拨，请核示遵。

九、教育厅呈，据留美公费生林士谔请发暑期学费美金二百零五元等情，拟准在二十四年度留学经费项下如数汇发，请察核备案。

十、教育厅呈，为二十四年秋季会考经费不敷，请准由本厅二十四年度省立各校修建费项下，拨还归垫，缴呈支出计算书表，请核存转。

十一、广东省营产物经理处呈缴二十五年上半年度本处及所属公仓发证处经临岁出概算书，及本处岁入概算书，请核存转。

十二、广东省营产物经理处呈报本处二十五年二月份营业收支，及上海银行代理营造场糖款各情形，连同清表，请核准备案。

十三、教育厅长、财政厅长，呈报四月二十九日出巡顺德、中山等县，约四日内回省。建设厅长呈报五月一日出巡东江各县，出巡期内，厅务交主任秘书代拆代行。

讨论事项

一、财政厅呈复，核议东区麻疯医院增加工程费及开办费一案，似应改列入二十五年度预算审查，核定后再行拨支，请核饬遵案。

（议决）列入二十五年度预算审查。

二、李委员函复，审查高明县请设置该县秀丽等围抽水机一案意见，请核夺案。

（议决）交建设厅将原计划审查。

三、广东省法币发行准备管理委员会呈，请核准广东全省统计局长，兼任本会管专会当然专门委员案。

（议决）照准。

四、主席提议，关于陈朝宪因不服民政厅对于该乡与官堂乡互争三围田管辖权一案，所为划归官堂乡管辖之处分，提起诉愿到府，经由秘书处派员审查，作成决定书，再送胡、金、李三委员审查，拟具意见送复，应如何办理，请公决案。

（议决）照办。

广东省政府第六届委员会
第四百八十七次议事录

五月五日　星期二

出席者　林云陔　金曾澄　林翼中　黄麟书　胡继贤　李禄超　区芳浦
列席者　刘纪文　谢瀛洲　陆幼刚
主　席　林云陔
纪　录　陈广澧

报告事项

一、民政厅呈，据翁源县呈，为职县灾情奇重，请再拨五千元救济等情，合将办理情形，及再在赈款项下拨发一千元，交县赈济，请核准备案。

二、财政厅呈，据英德县呈，为门园太乡运解地税沉没损失一案，将证明切结缴核等情，应准核销，抄同原结，请察核备案。

三、财政厅呈，为本厅三角测量队第三、五两组在东莞迁往清远、茂名施测，迁站费用仍照案在本厅测量队节存经费项下开支，请察核备案。

四、财政厅呈缴本厅技正谭天锡简历表，请察核加委。

五、建设厅呈缴文昌县建设局长李少达履历表，请察核任命。

六、建设厅呈缴合浦县建设局长刘侠生履历表，请察核任命。

七、建设厅呈缴灵山县建设局长何书沉履历表，请察核任命。

八、建设厅呈，据新会县民高绪纶等请承领县属第九区土名飞鹅山等处荒地，合将备查一联缴请察核备案。

九、建设厅呈，据吴川县民张炎等请承领县属第一区土名大话三等处荒地，合将备查一联缴请察核备案。

十、建设厅呈缴八宝山开矿专员办事处增加矿警经费预算书，请核指遵。

十一、教育厅呈，为第七届环市赛跑，冠军除〔徐〕国萍奖金三百元，应否援案发给，请核示遵。

十二、广东省会公安局呈，为本局及各分局队场所校院等处凉棚，经照上半年成案召商估价，以公兴棚厂取价最廉，拟交承办，请援案准免开投，转呈西南政委会转行审计处知照。

十三、广东省银行呈报，定期五月一日起，准持有五元、五十元中纸者来行十足换回法币，请察核备案。

十四、南区绥靖委员艳电，区属各县春雨稀少，禾田亢旱，难于播种，杂粮亦受影响，农民渐形恐慌，除饬属设法补救，并加种杂粮外，谨报。

十五、香翰屏电，司浦等各区，旱象已成，恳饬北海支行假款二万元，俾办米平粜，此款两月后归还。

十六、公布钢铁厂筹备委员会组织章程。

讨论事项

一、教育厅呈，据省立喜泉农业学校请拨林场维持费等情，据〔拟〕准由二十四年度省立各学校修建设备等各项临时费项下，一次过拨给五百元，请核示遵案。

（议决）照准。

二、广州市政府呈缴广州市市立小学校长考试暂行章程，请核指遵案。

（议决）准备案。

578

三、广东省法币发行准备管理委员会呈缴本会秘书科长履历表，请察核加委案。

（议决）照委。

广东省政府第六届委员会
第四百八十八次议事录

五月八日　星期五

出席者　林云陔　金曾澄　林翼中　黄麟书　胡继贤　李禄超　区芳浦

列席者　刘纪文　谢瀛洲　陆幼刚

主　席　林云陔

纪　录　陈广澧

报告事项

一、民政厅呈，据钦县呈报上年十月间风雨为灾，请拨款赈济一案，经准予在本厅赈款项下拨一千元赈济，请察核备案。

二、民政厅呈报，二十四年十一、十二月间厅长出巡旅费，拟在历月结存经费项下开支，请察核备案。

三、建设厅呈，据纸厂呈请将码头迤东一带海坦拨作堆积木材之用，请派员测勘划界，核准拨厂永远管业等情，连同海坦图则，请察核办理。

四、财政厅呈缴清理欠饷办法，请察核备案。

五、财政厅呈，为普宁县财政局长邝高鸣经饬另候差委，遗缺查有乐会县财政局长何鸿楷堪以调充，请核准加委。

六、广东省会公安局呈，为制发职局特务警察及司机杂役等夏季制服，经召商估价，以维新号取价最廉，拟交订制，该款由二十五年四月份筹备费服装项下开支，请准援案免予开投，转呈西南政委会转行审计处知照。

七、广东省会公安局呈缴髹饰德宣分局墙壁板障①，并增建警外俱乐部储物室余丁室估价单，请准免投，交何其昌店承修，转呈西南政委会转行审计处知照。

八、广东省会公安局呈缴制发保安队官长士兵夫役等夏季制服估价单，请准免投，交惩教场习艺股承办，转呈西南政委会转行审计处知照。

九、广东省会公安局呈缴向亚美洋行订购福特汽车一辆估价单，及追加预算书，请准免投，转呈西南政委会转行审计处知照。

十、粤汉南段广九株韶铁路购料委员会呈报，代粤汉路南段局向建隆公司订购枕木一万根，检同抄约，请察核备案。

十一、南区绥靖公署呈缴遂溪县与雷州关订立增租老扫塘、上坡公地租约及图则，请察核备案。

十二、民政厅呈，据合浦县各界电报旱灾已成，请拨款账〔赈〕济等情，拨在账〔赈〕款项下拨发六千元，交县散赈，请核指遵。

十三、民政厅呈，据灵山县电报县属地震灾情，拟在本厅赈款项下拨给三千元，交县赈济，请核指遵。

讨论事项

一、财政厅呈，为东莞稍潭麻疯院补助费每月一千四百元，原系照民厅派员查报该院不敷实数补助，故前系十足支给，兹因照核定八折通案办理，据该院请予维持，将扣折二成如数赐回等情，查所呈似属实情，应否照准，请核指遵案。

（议决）照准。

二、金、胡两委员会复，审查茂名、吴川两县互争何屋底村一案，本案拟照勘界委员会复查意见，何屋底村仍归吴川管辖，请公决案。

（议决）照办。

三、教育厅呈，拟依照部定增加义教费一倍之原则，将二十五年度工教经费，定为三十万元，请提前核定，俾按照规划案。

（议决）照准。

四、民政厅提议，紫金县长林建略呈请辞职，拟予照准，遗缺拟以

---

① 板障，即房间隔板。

仁化县长戴旭昇调署；递遗仁化县长缺，拟以连平县长谭仁训调署，请公决案。

（议决）照办。

五、民政厅提议，郁南县长冼维祺拟与封川县长宁师彭对调，请公决案。

（议决）照办。

广东省政府第六届委员会
第四百八十九次议事录

五月十二日　星期二

出席者　林云陔　金曾澄　林翼中　黄麟书　胡继贤　区芳浦
列席者　刘纪文　陆幼刚
主　席　林云陔
纪　录　陈广澧

报告事项

一、财政厅呈复，核议高明县请由库补助该县麻疯院经费一案，该院既属筹拨不易，拨酌增加按名每月疯人口粮二元，至请全数并由库拨，似难照准，请核指遵。

二、教育厅呈，据省立惠州中学呈，为修筑校堤工程，请委由黄耀记照底价一千七百三十元承造，免予开投等情，请核示遵。

三、广东省会公安局呈，据警察医院请制发病室白布被单，经召商估价，以维新商店取价最廉，拟交承造，请援案准免开投，转呈西南政委会转行审计处知照。

四、广东省会公安局呈，据消防队请制发长员队警夏季制服，经召商估价，以维新商店取价最廉，拟交承造，请援案准免开投，转呈西南政委会转行审计处知照。

五、广州市政府呈，据卫生局呈请急修检疫所广海第一号电船，拟交新活公司承修，连同价表，请核准免投转呈备案。

六、粤汉南段广九株韶铁路购料委员会呈报，代粤汉路株韶段局向新旗昌洋行订购炸药，检同抄约，请察核备案。

讨论事项

一、财政厅呈复，核议琼崖绥靖委员请将琼崖麻疯院疯人伙食医药等费，按月每人加拨大洋三元一案，似应援照补助高明县疯人伙食成案，改为每名每月补助毫币二元，列入二十五年度预算，俟预算核定后照拨，请核指遵案。

（议决）照准。

二、财政厅呈复，分别拟定法币准管会各委员之出席费办公费、专门委员及顾问之薪津等项，请察核指遵案。

（议决）照准。

三、建设厅呈，据北路干线工程处呈请增加监理费，在工程费项下开支等情，连同修正预算书及清单，请察核准予备案。

（议决）准备案。

四、主席提议，关于王冯氏等因不服财政厅决定维持琼山县原处分，认县城×××前旧谷仓后边地段为官荒一案，提起再诉愿别府，经由秘书处派员审查，作成决定书，再送胡、李、金三委员审查，拟具意见送复，应如何办理，请公决案。

（议决）照办。

五、主席提议，关于高明县请设置该县秀丽围抽水机一案，经派刘专员庆勋审查，拟具意见送复，应如何办理，请公决案。

（议决）交水利委员会办理。

六、主席提议，关于暂定省会警界区域一案，据公安局呈复，又准胡委员将审查意见送复，并经陈总司令商议将白云山、沙河、燕塘、簸箕村、寺贝底、东山游泳场一带，增入警界范围之内，应否照增划入范围办理，请公决案。

（议决）通过，照办。

广东省政府第六届委员会
第四百九十次议事录

五月十九日　星期二

出席者　林云陔　金曾澄　林翼中　黄麟书　胡继贤　区芳浦
　　　　　何启澧
列席者　刘纪文　谢瀛洲　陆幼刚
主　席　林云陔
纪　录　陈广澧

报告事项

一、财政厅呈报，关于阳江北津汛捐所抽料酒等项，仍应照案剔除，请核指遵。

二、财政厅呈，据高要县转据土地局，请暂缓征收土地增价税等情，查尚可行，应准照办，请察核备案。

三、财政厅呈，为本厅碎部测量队自本年三月起每队加派补助图根员一名，所增经费，在测量队节存项下开支，请察核备案。

四、建设厅呈缴西江船务管理所修葺新兴江口等处灯杆工料费预算书等件，请核准在船税收入项下拨支。

五、建设厅呈，据港务局呈，为清明节广安、仲元两舰协助巡查，用去燃料费超过预算额，拟仍在征存船钞附加或罚金项下支销等情，自应照准，请察核备案。

六、建设厅呈，据云浮县民苏尧森等请承领县属二区土名西坑上半傍等处荒地，合将备查一联缴请备案。

七、财政、建设厅呈复，会同核明番禺县所拟筑围办法及组织章程，大致尚合，拟可准予备案，请察核。

八、广州市政府呈，据电力管理处呈，拟向独家经理天祥洋行订购特别火砖等情，连同估价单，请核准免投转呈备案。

九、广东省会公安局呈，为警士教练所购置收音机及乐器，以电声行取价最廉，拟准照购，诸援案免予开投，转呈西南政委会转行审计处知照。

十、广东实业银行呈，为建设公债第一期本息，应否仍援公债常例，准为该承受债券人享有利益，请核指遵。

讨论事项

一、财特署、财政厅会呈，核明缉私总处请增加经费，完成统一缉私计划缘由，检同原缴附件，请核指遵案。

（议决）照准。

二、广东省银行、广东财政厅会呈，关于本省收买白银，拟将其价格规定期限分别差等，以促人民之兑换，拟定分期办法三项，请察核指遵案。

（议决）准备案。

三、教育厅呈，拟具广东省小学教员暑期讲习会办法大纲，经费支付预算表，请核准照办案。

（议决）照办。

四、教育厅呈，拟订改组梅县县立女中为省立师范办法，请核指遵案。

（议决）照准。

五、茂名县呈，为县属惨遭水旱两灾，拟将本县义仓存款万余元，往港购办洋米平粜，请令财厅转饬税收机关，准予免税四个月，并准发给运照，以资救济案。

（议决）准援照中山县成案办理。

六、民政厅提议，龙门县县长招念慈呈请辞职，拟予照准，遗缺拟以新丰县县长吕树芳调署，请公决案。

（议决）照办。

广东省政府第六届委员会
第四百九十一次议事录

五月二十二日　星期五

出席者　林云陔　金曾澄　黄麟书　区芳浦　何启澧　林翼中
　　　　　胡继贤
主　席　林云陔
纪　录　陈广澧

报告事项

一、民政厅呈，据清远县呈报太平乡冰雹为灾，请设法救济等情，经准在本厅赈款项下拨给五百元赈济，请核准备案。

二、民政厅呈，拟购备诊症机械及救急药物，饬由本厅卫生技士赵子林兼任诊疗工作，该项药费约需二百三十元，在节存经费项下拨支，请察核备案。

三、民政厅呈，据警官训练所呈，拟增加助教及实习津贴，由本年四月起，每月一百九十五元，均在职所节存经费项下开支等情，连同原缴预算书，请察核备案。

四、民政厅呈，据汕头市长呈报该市救济院基金缺乏，办理困难，拟准在本厅节存经费项下拨给三千元为该院基金，请察核备案。

五、财政厅呈复，核议广州市橡胶业同业公会请增加舶来胶鞋入口税，归入广州农税局征收一案情形，请核指遵。

六、建设厅呈，据北路干线工程处呈报，韶坪公路九坪段第一、二、三、四、五各小段，铺筑碎石路面工程，已遵令选商承筑，抄同原缴合约副本章程等件，请察核备案。

七、建设厅呈缴广州港务局巡轮修缮临时费支付预算书，请核准予在船课收入项下拨支。

八、建设厅呈缴南路省道行车处二十三年下半年度岁出预算书，请核指遵。

九、教育厅呈报，遵照部令，规定二十五年秋季中等学校会考科目及师范会考科目，请核准备案。

十、广州市政府呈，据工务局呈报惠吉东西路改良路面及建筑渠道工程，开投不成，经招商估价，以和兴公司取价最廉，拟交承筑，请核转备案。

十一、广东省合作事业委员会呈复，奉发南顺各属蚕丝业调查报告，关于金融救济蚕农及合作事业各节，饬转办理一案，请迅予设立省农民银行，使蚕丝经济，赖以流通，合作事业，因以发展。

十二、广东省水利委员会呈报组织成立日期，连同第一次议事录，请察核。

十三、广东省营产物经理处呈，拟具广东省营蔗糖代理章程，请核准备案。

十四、修筑黄花岗委员会函，请令饬财厅将修筑黄花岗补助费十足支付。

讨论事项

一、建设厅呈，据卸长途电话所长呈，请将该所原奉核准列入二十四年度预算之补助费，每月一千二百二十二元四毫，提前由七月起照九折拨支，以清积欠等情，可否准予提前由七月份起拨支，并转行财厅将七、八、九各月份款项按九折照数补发之处，请核指遵案。

（议决）准由建厅收入项下陆续筹拨。

二、建设厅呈复，核议实业部请拨款建国货陈列馆一案，拟具意见，请核指遵案。

（议决）交该厅筹备。

三、广东省银行呈，为职行因收买白银支出各项费用，除法币印刷费不计外，已达十一万余元，拟请由省库拨还归垫，以清界限案。

（议决）照准。

四、广东省会公安局呈缴瞽目妇女教养所二十四年度追加开办费及经常费预算书，又二十五年全年度经常费预算书，请核转备案。

（议决）准备案。

五、广东省法币发行准备管理委员会呈，为职会议决于组织规程第四条"设顾问若干人"句，规定为设有给职顾问一人，无给名誉职顾问若干人，录案请核示遵案。

（议决）准备案。

广东省政府第六届委员会
第四百九十二次议事录

五月二十九日　星期五

出席者　林云陔　金曾澄　林翼中　胡继贤　区芳浦　何启澧
列席者　刘纪文　谢瀛洲　陆幼刚
主　席　林云陔
纪　录　陈广澧

报告事项

一、西南政务委员会令知，本会第二二二次政务会议陈委员济棠提议崇祀忠烈一案，经决议建祠崇祀粤省忠烈，及与粤省有历史关系之外省忠烈，其建筑费暂定十万元在案，仰遵照办理。

二、民政厅呈，据番禺县呈缴第六、七两区水灾调查表，请准予赈济等情，经在赈款项下拨发一千元赈济，请核准备案。

三、民政厅呈，据地政工作人员养成所呈，拟在该所结存项下，拨支四千五百六十九元一毫二仙，以抵填第七期折扣实习费之数等情，请核准备案。

四、民政厅呈，据现任警官训练所呈缴该所附设警士教练所添购第三期警士蚊帐支付预算书，请察核备案。

五、财政厅呈，为本厅印刷财政纪实一书，及续印中下两册，所需各项费用，仍照案在地方岁出概算财政各杂费项下开支，请核准备案。

六、建设厅呈，据东路省道行车管理处呈，拟将领存未发砂石费停止发给，移作铺筑河龙江及紫河两路，并将余力铺筑各干线路面砂石等情，拟准照办理，请察核备案。

七、建设厅呈，据琼崖实业局呈，拟改琼崖各地植树节为九月九日举行等情，似应转咨实业部核办，抄同温度表，请核指遵。

八、建设厅呈，据开平县民梁儒丰等请承领县属第一区土名车狗岭等处荒地，合将备查一联缴请备案。

九、教育厅呈报，核减儿童年实施委员会经费为一千七百元，除前已拨外，尚应拨八百八十元，请准在各校临时费项下照数增拨。

十、教育厅呈，拟一次过拨足高州中学建筑实验室费，共七千零六十九元零四仙，由二十四年度各学校修建临时费项下开支，请核示遵。

十一、广州市政府呈，据电力管理处呈，拟向富国公司再订购细煤一千吨等情，请核准免投转呈备案。

十二、广州市政府呈，据电力管理处呈，拟向礼和洋行订购十匹马力电动小抽水机等情，请核准免投，转呈备案。

十三、审定各县地方预算委员会呈，据东区组主任函报未能如期结束，拟展期二十天等由，应否照准，请核指遵。

十四、连山县呈，为政费困难，职员生活无着，请饬库借拨三千元下县，以应急需。

讨论事项

一、民政厅呈，据自治训练所请转呈，令行财厅补发扣折之第十四期特别费七百五十四元一毫，如数补发，并嗣后按期准予十足拨给等情，请核指遵案。又呈，请令行财厅，对于该所学员伙食费，由第十五期起，嗣后每期十足拨给。又财政厅呈，准民政厅咨同前由，请核示。

（议决）经费照学校经费通案办理，不敷之数，准在节存项下开支。

二、财政厅呈，据新会县呈，请将本县二十四年度地方款预算，提前在二十四年七月一日起开支等情，应否照准，请核指遵案。

（议决）准提前开支。

三、建设厅呈，据蚕丝改良实施总区转据第一制丝场请拨款五千一百元，添置煮茧机等情，应否准予拨款购置，请核指遵案。

（议决）交建设厅酌量筹拨。

四、广州市政府呈缴第三、第四、第五平民宿舍组织章程管理规则，及二十四年度岁入经常暨岁出经常临时费预算书，请察核备案。

（议决）准备案。

五、高要县呈，据县属第五区呈请转呈省府拨款助赈，发给赴港购米免税票等情，请察核指遵案。

（议决）准照中山县成案办理。

六、财政厅呈缴广东省地方二十五年度岁入岁出概算书，及另款岁入岁出概算书，请核定施行案。

（议决）派胡、李、金三委员，区厅长，组会审查，由区厅长召集。

广东省政府第六届委员会
第四百九十三次议事录

六月二日　星期二

出席者 　林云陔　金曾澄　黄麟书　胡继贤　林翼中　李禄超
　　　　　区芳浦　何启澧
列席者 　刘纪文　陆幼刚
主　席 　林云陔
纪　录 　陈广澧

报告事项

一、民政、建设、财政厅呈复，会核高要县请借给回龙围六万元，兴办水利一案，拟议请核指遵。

二、民政厅呈报出巡翁源等六县视察所得，及拟议整理意见，请核指遵。

三、财政厅呈，拟议补充禁用白银惩奖办法，请察核备案。

四、建设厅呈，据梅县县民朱少谦等请承领县属土名镜面、大阳岌山脊之右等处荒地，合将备查一联缴请备案。

五、建设厅呈，据梅县县民古秀山等请承领县属土名塘尾岌等处荒地，合将备查一联缴请备案。

六、教育厅呈，拟订各县市津贴国外留学生办法，请察核备案。

七、广州市政府呈缴二十五年一月份市库收支结算表，请核存转。

八、广东省银行呈报建设公债第一次中签号码单，请察核备案。又本府财政股长崔龙文呈报建设公债第一次抽签监视情形，请察核。

九、广东省会公安局呈报，警察医院增加琐碎工程九项，仍交源发公司承修，请援案准免开投，转呈西南政委会转行审计处知照。

十、广东省会公安局呈，拟向亚美洋行配置各种消防用具，请援案准免开投，转呈西南政委会转行审计处知照。

十一、广东省会公安局呈，拟建筑马厩一所，交林记公司承建，请援案准免开投，转呈西南政委会转行审计处知照。

十二、粤汉铁路株韶段工程局函送本路株乐段内整段铁路地亩官契式样，请令乐昌县府查照办理。

十三、河源县党部等养日邮电，县属霪雨为灾，请设法救济。又博罗县参议会漾日邮电，县属大雨成灾，请拨款赈济。

十四、秘书处签呈，准设计委员会函复，审查公安局规定外国人暂租铺屋规则，及业主租铺屋与外国人报告表一案，经议决于规则内"业主"之下加"或出租人"四字等由，请察核。

十五、省府合署建委会呈送投承省府合署工程各厂商价表，请察核。

讨论事项

一、财政厅呈复，连山县请由省库补助八百元建筑礼堂、办公厅、住房一案，事属可行，但此款为二十四年度预算所无，应如何开支之处，请核示遵案。

（议决）列入二十五年度预算。

二、民政厅呈，据警官训练所请转呈，令行财政厅对于该所学员学警膳费，准予十足发给等情，应否照准，请核指遵案。

（议决）照准。由民政厅节存项下开支。

三、广东省银行呈报，董事会议决本行增加资本一千七百万元，请核饬库照拨案。

（议决）准由省库照拨。

四、审定各县地方预算委员会呈，准东区组函，请再发公旅费一千五百元等情，应否准予拨发，请核指遵案。

（议决）照准。

五、广东钢铁厂筹备委员会呈缴本会岁出经常费预算表，计年支八千五百二十元，请核示遵案。

（议决）准备案。

六、区厅长提议省银行已印而未发行之纸币，连同印纸币合约，应并送法币发行准备管理委员会保管。

（议决）照准。

广东省政府第六届委员会
第四百九十四次议事录

六月五日　星期五

出席者　林云陔　金曾澄　林翼中　黄麟书　胡继贤　李禄超
　　　　　区芳浦　何启澧
列席者　刘纪文　陆幼刚
主　席　林云陔
纪　录　陈广澧

报告事项

一、财政、建设厅会呈，核明番禺县六乡九约第二期筑围委员会分田办法，及投田简章，大致尚合，似可准予备案，请察核。

二、民政厅呈，据惠来县呈，为奉准拨助办公厅建筑费六千元，现奉财厅令暂从缓议等因，请转呈另行设法筹拨等情，请核示遵。

三、建设厅呈缴农林局办理肥田料二十四年九月至二十五年六月岁出试验费预算书，请存转备案。

四、建设厅呈，据梅县县民古大荣等请承领县属土名龙福山等处荒地，合将备查一联缴请备案。

五、建设厅呈，据梅县县民潘兆煊等请承领县属土名高固寨、东山岌等处荒地，合将备查一联缴请备案。

六、建设厅呈，据梅县县民张舫庭等请承领县属土名挑树坑等处荒地，合将备查一联缴请备案。

七、财政厅呈缴临高县财政局长林鸿履历，请察核加委。

八、教育厅呈缴翁源县教育局长傅家环履历，请察核加委。

九、教育厅呈缴茂名县教育局长陈泽履历，请察核加委。

十、广州市政府呈，据市教育局呈，市立第三中学校修建及改革校舍添置校具等，拟交各商号承办，请准免开投等情，请核转备案。

十一、广州市政府呈，据自来水管理处呈报开投鸿基大煤不成，查系四维公司独家经理，拨向径购等情，请核准免投，转呈备案。

十二、广州市政府呈，据电力管理处呈，拟仍向慎昌洋行订购第四号透平机配件等情，请核准免投，转呈备案。

十三、广东省会公安局呈，拟将东堤老龙桥垃圾码头，从新改建，照八千三百元价交广章公司承建，请援案准免开投，转呈西南政委会转行审计处知照。

十四、广东省法币发行准备管理委员会呈缴职员保证规列草案，请核准令饬广东省银行遵照办理。

十五、粤汉南段广九株韶铁路购料委员会呈报，代粤汉铁路南段局向免那洋行定购枕木一千根，检同抄约，请察核备案。

十六、粤汉南段广九株韶铁路购料委员会呈报，代广九铁路管理局向澳洲公司定购枕木一万根，请察核备案。

讨论事项

一、建设厅呈，拟具广东省奖励归国华侨投资兴办实业暂行办法，请察核施行案。

（议决）准备案。

二、教育厅呈，据私立广东光华医学院呈，请每年在省库拨给补助经常费六万元等情，可否照准，请核指遵案。

（议决）交预算委员会审查。

三、主席提议，关于陈××等因与叶××等互争县属山场一案，不服财政厅决定，提起再诉愿到府，经由秘书处派员审查，作成决定书，再送金、胡两委员审查，拟具意见送复，应如何办理，请公决案。

（议决）照办。

广东省政府第六届委员会
第四百九十五次议事录

六月九日　星期二

出席者　林云陔　金曾澄　林翼中　黄麟书　胡继贤　李禄超
　　　　　区芳浦　何启澧
列席者　刘纪文　谢瀛洲　陆幼刚
主　席　林云陔
纪　录　陈广澧

报告事项

一、财政厅呈报，核准广州农税局购置汽车一辆，以便追缉私漏缘由，请核指遵。

二、财政厅呈报，洋米税自六月二日起每担减为征大洋七角，洋谷每担减为征大洋三角五分，以五十日为限，请察核备案。

三、财政厅呈报征收舶来木料专税办法，请察核备案。

四、财政厅呈，据汕头市商库证委员会呈报，对于近郊产业，前经领证者准予一体复估转领一案，经准如拟办理，请察核备案。

五、建设厅呈，据农林局转据中山经济作物蕃殖场呈缴建筑办事处临时费支付预算书等情，此项建筑费，似可准在中山农事试验场开办费存款项下拨支，请核指遵。

六、民政厅呈，据汕头市政府呈缴该市府职员履历清册，转请察核加委。

七、民政厅呈缴二十四年十月、十一月两月份行政报告书，请核存转。

八、中区绥靖公署呈缴二十五年二月份工作报告表，请察核。

九、西北区绥靖公署呈缴二十五年一月份工作报告表，请察核。

十、广州市政府呈缴二十五年一月份市库收支结算表，请核存转。

十一、广州市政府呈，据电力管理处呈，拟向联侨公司定制隔灰片及炭磨槌柄等情，请核准免投，转呈备案。

十二、广东省会公安局呈，拟于黄沙东边堤岸从新建筑垃圾码头一座，拟交林记公司承建，请援案准免开投，转呈西南政委会转行审计处知照。

十三、广东省法币发行准备管理委员会呈，为职会专门委员会经已组织成立，如有提案，请随时令发下会，俾提出讨论。

讨论事项

一、教育、民政、财政厅会呈，审查各属船户负担船课以外各税费一案，拟具意见，请核指遵案。

（议决）照审查意见办理。

二、教育厅呈，请准予在本厅二十四年度省立各学校修建设备临时费项下，核拨合办乡村教育实验区六月份经费九百元案。

（议决）照拨。

三、教育厅呈，据省立汕头水产学校呈复，收用蚬田为校址实在情形，连同原缴地图，请核准予依法征收，以资建筑案。

（议决）准依法收用。

四、教育厅呈，据省立老隆师范学校呈缴收用铁场坑山田为校地办法，及平面图，查核似可照行，请核示遵案。

（议决）准依法收用。

五、财政厅呈，拟具取缔铜元运出省境暂行办法，请察核指遵案。

（议决）准备案。

六、财政厅呈，为三水、江门两检查所借过开办费共二千元，拟请在预备金项下拨还，以了悬案，是否可行，请核指遵案。

（议决）照拨。

七、主席提议，关于何任檫因新会县私立泽仁堂小学校校董改选，发生纠纷一案，不服教育厅决定，提起再诉愿到府，经由秘书处派员审查，作成决定书，再送金、李、胡三委员审查，拟具意见送复，应如何办理，请公决案。

（议决）照办。

八、主席提议，关于胡××等因不服民政厅对于花县县政府处分邱××等诬告霸田夺圳一案，所为之决定，提起再诉愿到府，经由秘书处派员审查，作成决定书，再送李、金、胡三委员审查，拟具意见送复，应如何办理，请公决案。

（议决）照办。

九、主席提议，关于司徒××等与李××等因争承开平县属××山、××××山造林一案，两造均不服建设厅所为之决定，各自提起再诉愿到府，经由秘书处派员审查，作成决定书，再送金、李、胡三委员审查，拟具意见送复，应如何办理，请公决案。

（议决）照办。

十、审定各县地方预算委员会签呈，查本会各区组审查预算报告工作完毕，先后加具意见送会，请派员审查决定，以重计政案。

（议决）交金、李、胡三委员审查。

广东省政府第六届委员会
第四百九十六次议事录

六月十二日　星期五

出席者　林云陔　金曾澄　林翼中　黄麟书　胡继贤　李禄超
　　　　　区芳浦　何启澧
列席者　刘纪文　陆幼刚
主　席　林云陔
纪　录　陈广澧

报告事项

一、建设、财政厅呈复，关于铁道部请酌予减免新宁铁路公司土地登记费一案，会核情形，请核指遵。

二、建设厅呈，据无线电播音台筹备处呈，请成立广东省广播事业筹备处等情，所拟尚属可行，请核指遵。

三、建设厅呈报周江河口桥两端路基接驳土方工程，经饬东路省道行车管理处办理，并函东区绥靖公署驻省办事处，将土方费由该两桥余款援交行车处领用，请察核备案。

四、建设厅呈，据港务局呈，为迁移局址，请提用旧局址按柜金三百元，其余不敷数二百六十五元，拟在附捐及登记费收入项下拨足，尚属可行，请核指遵。

五、建设厅呈，据陈佛船务管理所呈缴安设沙湾九牛石灯杆经费预算书等，请核准由彭标记承建，免再开投等情，似可准予照办，请核指遵。

六、财政厅呈，查宝安县财政局长周锦辉销差，遗缺以信宜县财政局长周伯魏调充，递遗连山县财政局长缺，以前宝安县财政局长肖永光接充，请赐加委。

七、各县市勘界委员会呈报，议决关于南海县请将环山头乡划入县界案，请分行民、财两厅，转饬南海县遵照。

八、粤汉南段广九株韶铁路购料委员会呈报，代粤汉路南段局向瑞麒洋行订购空白车票，检同抄约，请察核备案。

讨论事项

一、教育厅呈，拟设小学教员暑期农业讲习会，所需经费预算七百九十元，请准由二十四年度义务教育经费项下，依照表列折实数六百六十六元支给案。

（议决）照拨。

二、金、胡委员会复，兹将奉发民国二十五年广东省农村建设甲种债券章程，及发行细则，审查各条修正，是否有当，仍候公决案。

（议决）照修正通过。

三、主席提议，关于钟××等因山场所有权争执一案，不服财政厅所为之决定，提起再诉愿到府，经由秘书处派员审查，作成决定书，再送金、胡两委员审查，拟具意见送复，应如何办理，请公决案。

（议决）照办。

四、主席提议，关于赵再华因对于广州市公共汽车征收牌照费一案，不服广州市政府决定，提起再诉愿到府，经由秘书处派员审查，作成决定书，再送李、金、胡三委员审查，拟具意见送复，应如何办理，请公决案。

（议决）照办。

五、主席提议，关于关泽棠因为守公司区大年呈，请核准补发原承本市河南草芳围水坦执照一案，对于财政厅所为之决定，提起诉愿到府，经由秘书处派员审查，作成决定书，再送胡、金、李三委员审查，拟具意见送复，应如何办理，请公决案。

（议决）照办。

六、财政厅呈，本年度预算不敷二千五百余万元，如无核减标准，实难着手审议，查上年度预算曾奉指定四项原则，本年应否以上年度为标准，请核指遵案。

（议决）先照上年度所定原则审查，其非必需者分别裁减。

广东省政府第六届委员会
第四百九十七次议事录

六月十六日　星期二

出席者　林云陔　金曾澄　林翼中　黄麟书　胡继贤　李禄超
　　　　　区芳浦　何启澧
列席者　刘纪文　陆幼刚
主　席　林云陔
纪　录　陈广澧

报告事项

一、财政厅呈报，关于欠缴花息展期准免罚息缘由，请察核备案。

二、财政厅呈，据高明县呈缴棠窝乡邓应标等粮户有粮无田一案年额数目表，及县结抄结，应否准予注销，请核指遵。

三、财政厅呈，为各机关各项经费，在二十五年度预算未审定前，援案暂照二十四年度开支，请核准照办，通令遵照。

四、财政厅呈报定期六月十六日起，征收舶来橡胶类制品专税，请察核备案。

五、建设厅呈，据恩平矿业公司呈缴试探大肚婆山金矿合约，请核指遵。

六、建设厅呈，厅长前月出巡东区，视察各县市政情及公路兴筑等旅费，拟在本厅公路费余款项下拨支，请察核指遵。

七、建设厅呈报，国联驻华技术代表团来粤视察水利及公路招待费用，拟在本厅公路费余款项下拨支，诸察核备案。

八、民政厅呈，据地政所呈报结束，拟发员役恩饷一月，在节存经费项下开支等情，请核准备案。

九、教育厅呈，据遂溪县呈缴教育局长李荫搏履历，请察核加委。

十、广东侨务委员会呈，拟将汕头、江门、海口各侨务处，改为广东侨务委员会某地办事处，并乞通令各厅会对于各该处行文，须由本会转达，不得直接往来，俾一事权。

十一、广东省银行呈报，截至四月止，移送法币发行准备管理委员会接收保管现金额，请察核备案。

十二、广东省法币发行准备管理委员会呈缴五月份收支准备金月计汇报表，请察核。

十三、阳春县第四区党部艳日代电，现届夏耘，淫雨大作，田禾淹没，农谷歉收，加以属区地税极重，人民不论贫富，将同归于尽，乞迅赐维持。

十四、广州市政府呈，为教育局办理民众识字运动，于下年度开始，拨发经费九千元一案，经市政会议议决通过在案，请察核备案。

十五、广州市学生救国联合会呈，为组织宣传队，分赴各县宣传，请转饬全省军警保护。

讨论事项

一、民政厅呈，拟修正乐东、保亭、白沙三县行政经费预算表及组织章程，并请嘉奖保亭县长洪士祥缘由，请核指遵案。

（议决）预算交财政厅审查，余准照办。

二、广东省银行呈，为海口支行建筑新行工程，经董事会议决，增加工料费四千二百零八元三毫一仙，请察核指遵案。

（议决）照办。

三、审定各县地方预算委员会呈，据南区组呈缴收支计算书等件，请将垫支经费三百六十一元六毫发还等情，请核指遵案。

（议决）照准。

598

广东省政府第六届委员会
第四百九十八次议事录

六月十九日　星期五

出席者　林云陔　金曾澄　黄麟书　李禄超　区芳浦　何启澧
　　　　　　林翼中　胡继贤
列席者　刘纪文　谢瀛洲　陆幼刚
主　席　林云陔
纪　录　陈广澧

报告事项

一、财政、教育、建设、民政四厅会呈，核议西北区绥委请特别补助乳源县年度地方款，或取销县治，分别划隶管辖一案情形，请核夺。

二、建设厅呈，据普宁县呈缴建设局长姚泽民履历，转请察核任命。

三、广州市政府呈，据公用局呈复，分向慎昌洋行等订购长流电灯胆保险钮等件，抄同价目表，请核准免投，转呈备案。

四、广州市政府呈，据电力管理处呈，拟向联侨号订制隔士喏器等情，请核准免投，转呈备案。

五、广东省会公安局呈，拟从新购置垃圾车十八辆，召商估价，以林记公司为最廉，连同估价单及追加预算书，请援案准免开投，转呈西南政委会转行审计处知照。

六、广东省会公安局呈，拟向诚德号订制锌铁船牌，该款在船牌收入项下开支，请援案准免开投，转呈西南政委会转行审计处知照。

七、广东省会公安局呈，据永汉分局呈，拟从新改建洁净夫厂，召商估价，以桐记公司取价最廉，连同估价单图则追加预算书，请援案免予开投，转呈西南政委会转行审计处知照。

八、广东省会公安局呈，据惩教场请添购手织扁机等件，召商估价，以裕祥机器厂取价最廉，连同估价单及追加预算书，请援案免开投，转呈西南政委会转行审计处知照。

九、广东粮食调节委员会呈，请准由会派员赴湘购运湘米回粤，以济粮食。

十、广东实业银行呈缴第四次董事会议议事录，并将四、五两月份营业状况，暨各项开支数目列表报告书表，及保证规则等件，缴请察核备案。

讨论事项

一、西南政务委员会令，本会第二二六次政务会议陈委员济棠提议因粮八折，殊感未敷，拟请发交广东省务会议设法救济一案，经决议通过，交广东省政府办理在案，仰即遵照案。

（议决）在粮食昂贵期间，改为九折支付，自奉令日起实行。

二、民政厅呈，为本厅现存赈款不敷，拟在测量队结存经费，及救济失业回国华侨办事处结存经费内，共提拨四万元为赈款，以便分发各县赈济，请核指遵案。

（议决）照拨。

三、教育厅呈复，奉发省参议会请完成广东省公共运动场一案，经饬据省体育委员会拟具计划图则等件，请提前拨支征求图案费七千元等情，应否照准，请核指遵案。

（议决）准征求图案。

四、广州市政府呈，据工务局提议，将本市改征建筑宅地地税，延期继续征收一案，经市政会议议决延长一年，呈省府核示在案，应否照议决案办理之处，请核指遵案。

（议决）照准。

五、琼崖绥靖委员文电，据海口市商民呈，以铜仙缺乏，影响市面金融，请暂准购运入口等情，拟暂准商民报由本署核明，函知琼海关给照采运铜元入口，以资救济，恳电示遵案。

（议决）函财政特派员核定运入数量。

六、主席提议，关于王妙如因茊存货物被广州舶来农产品杂项专税局查获一案，不服财政厅所为之处分，提起诉愿到府，经由秘书处派员审查，作成决定书，再送胡、金、李三委员审查，拟具意见送复，应如何办理，请公决案。

（议决）照办。

七、主席提议，关于余觉中等因不服建设厅对于台赤公路建筑支线一案所为之决定，提起再诉愿到府，经由秘书处派员审查，作成决定书，再送李、金、胡三委员审查，拟具意见送复，应如何办理，请公决案。

（议决）照办。

广东省政府第六届委员会
第五百次议事录①

六月二十六日　星期五

出席者　林云陔　金曾澄　林翼中　胡继贤　李禄超　区芳浦
　　　　何启澧
列席者　陆幼刚　刘纪文
主　席　林云陔
纪　录　陈广澧

报告事项

一、财政厅呈报，关于各县廿四年度征收考成，延限至八月底止，请察核备案。

二、财政厅呈报，续印二十四年短期库券五万张，共需增支印刷等费三百四十五元九毫，请核准并案开支，转函审计处查照备案。

三、财政厅呈复，拟照财部原咨指饬将临时地税简章第五条文修改，请核指遵。

四、财政厅呈缴修正本厅特务团队税警训练处二十三年度月份预算书，请存转备案。

五、民政厅呈，据自治训练所呈，刊印宣传刊物印刷费，拟在职所历月节存经费项下开支等情，请核准备案。

---

① 馆藏缺第四百九十九次议事录。

601

六、民政厅呈，据白沙县呈报，召集全县黎峒团董队长校长第二次行政会议费用，请援案准在职县各月份节存建设费项下，十足支拨等情，请核准备案。

七、建设厅呈报，开投东路第一干线平山桥工程情形，饬据华昌盛公司，将投价核减，仍比底价超过五千元，可否准予承筑，请核指遵。

八、建设厅呈，据灵山县呈，拟将平武公路桥子科及桥头铺两桥，改建钢筋三合土，自行购料雇工建筑等情，应否准予照办，请核指遵。

九、建设厅呈，据农林局呈，拟在第一林场二十二年度节存项下，拨一千二百六十三元为改植费等情，应否准予拨用，连同原缴预算表，请核存转。

十、建设厅呈，据南路省道行车管理处呈报，奉南区绥署令设稽查兵护车，连同编制表，请核等情，似可准予备案，请核指遵。

十一、广东省政治研究会函送广州市府与市商会招待外国人士观光办法原提案，及审查意见，请采择施行。

讨论事项

一、广东省水利委员会呈复，关于高明县请拨款八万元，设置秀丽围抽水机一案，经职会议决办法四项，请察核案。

（议决）第一、二、四项照办，第三项俟农村建设甲种债券印发时，照拨。

二、建设厅呈，奉令筹拨高明县匪区公路桥涵工程费一案，查本年路款已支拨无余，实在无可筹措，可否准由该县暂将一部分桥梁改筑木桥，抑仍照原案概用三合土建筑，另行设法筹拨，请核指遵案。

（议决）准暂改筑木桥。

三、财政厅呈，为本厅发行二十四年第三次短期金融库券印刷等费，共需八千七百一十元零四角，拟在省地方岁出预算临时门预备金项下开支，请核准备案。

（议决）准备案。

四、建设厅提议，拟向勷勤大学商让旧校址，以为人造丝厂设厂准备，请公决案。

（议决）照准。

广东省政府第六届委员会
第五百零一次议事录

六月三十日　星期二

出席者　林云陔　金曾澄　林翼中　黄麟书　胡继贤　李禄超
　　　　　区芳浦　何启澧

列席者　刘纪文

主　席　林云陔

纪　录　陈广澧

报告事项

一、广东省政治研究会函送设立公证局，办理公证事务，以便利私权行使，而充裕正税收入一案，及审查意见，请采择施行。

二、财政厅呈，为本厅碎部测量队第十一队部由南海迁往顺德施测，迁站费用，仍照案在本厅测量队节存经费项下开支，请察核备案。

三、教育厅呈，据省立高州农校呈缴开凿蓄水池装设电话等预算书，拟由设备费项下开支，等情，似属可行，请核准备案。

四、教育厅呈，据龙门县呈缴教育局长陈化时履历表，请察核加委。

五、广州市政府呈，据土地局呈，拟印制二十四年份土地登记年刊四千本，饬商估价，以瑞昌号取价最廉，拟交承印等情，请核准免投，转呈备案。

六、广州市政府呈，据教育局转据市立二职学校请建理化实验室及车房，估价，以国新建筑公司取价较为核实等情，应否准免开投，请核指遵。

七、广州市政府呈，据电力管理处呈，拟向慎昌洋行订购变压器二十五个等情，经饬据市营事业审核委员会审拟签复，该行取价，尚属公允，连同报价单，请核准免投，转呈备案。

八、西北区绥靖公署呈缴二十五年二月份工作报告表，请核存转。

九、琼崖区绥靖公署呈缴二十四年十一月份工作报告书，请察核。

十、广州市政府呈缴二十四年十月份行政报告，请察核。

十一、教育厅呈缴二十四年十、十一、十二月份行政报告，请核存转。

十二、民政厅呈缴二十五年一月份行政报告，请核存转。

十三、财政厅呈缴二十四年五月份行政报告，请核存转。

十四、秘书长本日因病请假。

讨论事项

一、民政厅呈，据东莞县呈复，关于属县稍潭麻疯院，拟收用田亩，增建房舍工厂，实数为二十亩余等情，连同原缴平面图，请察核办理案。

（议决）准依法收用。

二、广东省会公安局呈，拟依法收用河南南石头濒海地段，建筑水警训练场，连同草图，请察核备案。

（议决）准依法收用。

三、民政厅呈，据安化管理局呈，拟开辟道路，建筑市场与邮政代办所，架设电话四项，共需六千五百元等情，检同原缴预算书，请核指遵案。

（议决）交财政厅议复。

四、主席提议，关于朱有兰烟庄因不服建设厅令饬将烟包所用"烟王"二字删改之处分，提起诉愿到府，经由秘书处派员审查，作成决定书，再送李、金、胡三委员审查，拟具意见送复，应如何办理，请公决案。

（议决）照办。

五、主席提议，关于×××堂因与×××社争承田坦一案，不服财政厅决定，提起再诉愿到府，经由秘书处派员审查，作成决定书，再送胡、金、李三委员审查，拟具意见送复，应如何办理，请公决案。

（议决）照办。

广东省政府第六届委员会
第五百零二次议事录

七月三日　星期五

出席者　林云陔　金曾澄　林翼中　胡继贤　李禄超　区芳浦
　　　　　　何启澧

列席者　刘纪文

主　席　林云陔

纪　录　陈广澧

报告事项

一、财政厅呈，据缉私总处呈，拟将每月修舰各费余款，并留为添置船舰之用，查与预算尚无出入，似属可行，请核准备案。

二、财政厅呈报，沙田登记费，减征五折，继续展期六个月，请察核备案。

三、财政厅呈报，将清理中山县办沙田登记悬案，展期六个月，请察核备案。

四、财政厅呈，据乐会县呈报财政局长崔芬履历表，请察核加委。

五、建设厅呈报，省道西路第一干线高四三公路四会段涵洞工程，拟发交西江广云段工程专员办理，免再开投，附缴预算表，请核准备案。

六、民政厅呈，据视察查明高要县水灾情形，经在赈款项下拨二千元赈济，请核准备案。

七、教育厅呈缴改订中学经费支配标准表，及改编二十五年度预算办法，请核准备案，转行财厅审计处存案备查。

八、广东省会公安局呈，为制发学警雨褛①，经召商估价，以胜利商店取价最廉，拟交承制，请援案准免开投，呈转西南政委会转行审计

---

① 雨褛，即雨衣。

处知照。

讨论事项

一、主席提议，关于梁伯雅因被广州舶来农产品杂项专税局稽查员执去椰油判罚一案，不服财政厅决定，提起再诉愿到府，经由秘书处派员审查，作成决定书，再送金、李、胡三委员审查，拟具意见送复，应如何办理，请公决案。

（议决）照办。

广东省政府第六届委员会
第五百零三次议事录

七月七日　星期二

出席者　林云陔　金曾澄　胡继贤　李禄超　区芳浦　何启澧
　　　　林翼中
列席者　刘纪文　谢瀛洲　黄希声
主　席　林云陔
纪　录　陈广澧

报告事项

一、民、财政厅呈复，关于台山县请示，县兵因公殒命及积劳病故者，应援用何项奖恤章程办理一案，拟议分别给恤办法，请核指遵。

二、民政厅呈报出巡中山、顺德两县视察所得情形，请察核。

三、财政厅呈报，旧粮九折征收，限期已满，拟再展期六个月，请察核备案。

四、财政厅呈复，审查法币准备管理委员会经临开办等费预算，均照奉准专案编制，似均可照支，请核指遵。

五、建设厅呈，据潮汕港务局请设置视察一员，所需经费，拟在船钞加三项下开支等情，查所请确有设置必要，所需经费，亦不影响省库预算，请察核备案。

六、建设厅呈，据南路省道行车管理处呈，为路线推广，事务增繁，拟增设职工，以资救济等情，可否照准，请核指遵。

七、建设厅呈，拟筹设南路矿务专员办事处，每月经常费定为四百七十四元，由该处矿产税，收入项下坐支，如遇不敷，再由职厅收入矿产税项下拨给，连同预算书，请核指遵。

八、教育厅呈，据龙川县呈缴教育局长刘士馗履历表，转请察核加委。

九、广州市政府呈，请迅将职府呈报提前开支经费各案，核准备案，暨将职府及所属各机关廿四年度岁出岁入概算，转请核定饬遵。

十、广州市政府呈，据自来水管理处呈，拟向独家经理礼和洋行订购域琴表压力表等情，请核准免投，转呈备案。

十一、广州市政府呈，据电力管理处呈，拟向独家制造益丰公司订购人字形搪磁灯罩等情，请核准免投，转呈备案。

十二、广东省会公安局呈，拟在职局拘留所女仓铁棚内，加建螺旋铁梯一度，召商估价，以义利和号为最核实，拟予承建，请援案准免开投，转呈西南政委会，转行审计处知照。

十三、广东省会公安局呈，据警察教练所呈，拟改建卫兵室，交桐记公司承建等情，请援案核准免投，转呈西南政委会，转行审计处知照。

十四、广东省会公安局呈，据东堤分局呈，拟修整瓦面，召商估价，以何淇昌号取价最廉等情，请援案准免开投，转呈西南政委会，转行审计处知照。

十五、广州市政府呈，据土地局呈报招投承印行政纪要不成，拟交估价最低之现代仿宋印刷所订制，请准免投，转呈备案。

讨论事项

一、教育厅呈，省立高州农业职业学校校长刘其铭另有任用，遗职以张美淦接充；省立长沙师范学校校长钟国鑫，调充本厅设计委员，遗职以省立惠州中学校长孔宪瑗调充；递遗惠州中学校长，以岭东商业职业学校校长黄国俊调充；递遗岭东商业职业学校校长，以古仲熙接充。连同各该员履历，请察核指遵案。

（议决）照委。

二、教育厅呈，据邹谦恕等状请将被增收小北地段，照价八成，折实每井一百六十元给值，并将割余地段，一并收用等情，请核示遵案。

（议决）准照旧案收用。

三、教育厅呈，据省立体专学校，请拨款一万零三百一十二元四毫五仙，建筑女生宿舍等情，拟请准由二十五年度，省立各学校修建设备等临时费预算项下照拨，请核示遵案。

（议决）交审查预算委员会审查。

四、广东省会公安局呈缴二十四年度追加五、六月份预算书，及二十五年度岁出概算书，请核转备案。

（议决）照转。

五、胡委员签复，审查广州市土地局所拟修正广州市不动产登记章程意见七项，尚无不合，似可照准，请察核案。

（议决）准备案。

六、主席提议，关于麦英甫因被广州舶来农产品杂项专税局将获案之旧洋文报纸，判罚漏税一案，不服财政厅决定，提起再诉愿到府，经由秘书处派员审查，作成决定书，再送李、金、胡三委员审查，拟具意见送复，应如何办理，请公决案。

（议决）照办。

广东省政府第六届委员会
第五百零四次议事录

七月十日　星期五

出席者　林云陔　金曾澄　林翼中　胡继贤　李禄超　区芳浦
　　　　　何启澧
列席者　刘纪文　谢瀛洲　陆幼刚　黄希声
主　席　林云陔
纪　录　陈广澧
报告事项

一、西南政务委员会令，据广东军事政治学校请将政深班第二期普通组毕业学员，分发学习等情，检发任用办法，及名册，仰酌量办理。

二、广东省参议会函，拟将参议员旅费节存四百三十元，挪作印刷费及登报费之用，请查照备案。

三、广东省参议会函送本会稽核省市两行法币数额，及准备金数目，暨各项证明书表，请查照备案。

四、广东省立勤勤大学呈，奉令各机关廿五年度预算未确定以前，暂照廿四年度开支等因，惟本校有特殊情形，请提前决定，由八月份起支。

五、建设厅呈缴农林局农林巡回指导团组织章程，请核指遵。

六、财政厅呈缴修正临时地税督征处办事权限规则，请察核备案。

七、财政厅呈缴各县政府委托地方团体及殷实商店收买白银暂行办法，请察核备案。

八、财政厅呈缴二十四年六月份行政报告书，请核存转。

九、民政厅呈缴二十四年十二月份行政报告书，请核存转。

十、中区绥靖公署呈缴二十五年三月份工作报告书，请察核。

十一、广州市政府呈缴二十四年十一、十二两月份行政报告书，请察核。

十二、广州市政府呈缴二十五年三月份市库收支结算表，请核存转。

十三、广州市政府呈复，关于救济院无法收容贫民一案，拟具改善救济院收容贫民办法，请察核备案，分别转行查照。

十四、广州市政府呈，据工务局呈，拟向独家经理中国电器公司订购电话总机零件等情，请核准免投，转呈备案。

十五、广东省会公安局呈报，搭盖保安总队士兵寝室，估价以公兴号取价最廉，请援案准免开投，转呈西南政委会转行审计处知照。

十六、广东粮食调节委员会呈复筹划调节粮食经过情形，请察核。

十七、广东省银行呈报，小北兑换所定于七月一日裁撤，请察核备案。

讨论事项

一、财政厅呈，据东莞县呈缴虎门要塞司令部建筑军路收用民田登记表，及粮额表，请准援案办理等情，应否准照，饬县在征存省款项

609

内，发给产价，抵解核销，并将收用地粮税取销之处，请核指遵案。

（议决）照办。

二、教育厅呈，据广雅中学呈报重建冠冕楼一案，因增加工程及设备费，不敷一千五百四十八元五毫，请照数追加，等情，拟由该校二十四年度征收学生学费项下，如数拨支，连同原缴预算书，请核示遵案。

（议决）照准。

三、教育厅呈，据海康县省立雷州师范会呈，拟将海康县立中学校舍，让与省立雷州师范，请拨迁建费等情，拟将二十四年度拨给雷州师范之建筑费拨补外，并由教育临时费项下，于二十五年度起，分三年共补助一万五千元，请察核备案。

（议决）准备案。

四、教育厅呈，为本年军训生暑期集中训练经费，共需四万九千六百八十八元，二十四年度概算列支三万元，八折实支二万四千元，比对实有不敷，拟由二十五年度临时费项下，拨足支付，连同预算书，请核准备案。

（议决）不敷之数，准先行借支。

五、主席提议，关于李希尉等因黄作超等拟筑塞支圳涉讼一案，不服建设厅所为之决定，提起再诉愿到府，经将案送由李、金、胡三委员审查，拟具意见，交由秘书处作成决定书，请公决案。

（议决）照办。

广东省政府第六届委员会
第五百零五次议事录

七月十四日　星期二

出席者　林云陔　金曾澄　林翼中　胡继贤　李禄超　区芳浦
　　　　　何启澧
列席者　刘纪文　陆幼刚　黄希声
主　席　林云陔

纪　录　陈广澧

报告事项

一、李、金、胡三委员会复，审查市财政局所拟民国二十五年广州市政府金库券发行章程第一条，拟删去"一种"二字，第六条"百分之十二"拟改为"百分之十"，余拟照准备案。

二、财政厅呈，据缉私总处呈报，职处添置缉私舰电船一项，原定办法，招商投承装造，具有种种障阻，变更购买改建备用，较为便利节省等情，似尚属实请〔情〕，核明照准备案。

三、建设厅呈，据东路省道行车管理处呈，为招商装置惠平稳段平山站运车渡河木船，抄同估价单请备案等情，请察核备案。

四、建设厅呈，据北路干线工程处呈，为组设工程测量队，增加监理费，前奉核准备案，现拟不超过预算总额八成范围，在项内各目流用等情，似属可行，请察核备案。

五、民政厅呈缴二十五年二月份行政报告书，请核存转。

六、广州市政府呈，据土地局呈报招投印装郊外经界大图不成，拟交宝昌号承办等情，请核准免投，转呈备案。

七、广州市政府呈，据公用局呈报本年下季汽车号牌，未能遵照新定办法，拟仍照旧办理等情，请察核备案。

八、广州市政府呈，据电力处呈缴订购电力洗炉管器具估价单，比较实仍以慎昌洋行取价较廉，拟准改向该行订购，请核准免投，转呈备案。

九、西南航空公司筹备委员会呈缴中法航线飞行时刻表，请察核备案。

十、广东省银行呈，为已印未发行各种纸币，经于六月二十九日，悉数函送准备管理委员会接收保管，列表请察核备案。

讨论事项

一、广州市政府、广东粮食调节委员会呈复，会商广州储粮办法意见，请察核指遵案。

（议决）交广州市府、粮食调节委员会、财政厅照（一）、（二）两项办法，分别办理。

二、主席提议，关于李××等与伍××等因争承山场一案，对于财

611

政厅十八年七月二十三日训令，提起诉愿到府，经由秘书处派员审查，作成决定书，再送李、金、胡三委员审查，拟具意见送复，应如何办理，请公决案。

（议决）照办。

广东省政府第六届委员会
第五百零六次议事录

七月十七日　星期五

出席者　区芳浦　金曾澄　林翼中　胡继贤　李禄超　何启澧
列席者　陆幼刚　黄希声
主　席　区芳浦（代）
纪　录　陈广澧

报告事项

一、财政特派员公署函复，关于琼崖公署请准商人运铜元入口一案，经准财厅核定数量，请查照转饬办理。

二、财攻厅呈，据南番三营业税局呈，拟将原定预算额内警兵，裁去十二名，节存款为添员之用，核与预算并无出入，似可照准，请核存转备案。

三、财政厅呈，查台山土地局长章泽柱，另有任用，遗缺委叶泰交接充，请察核加委。

四、建设厅呈，据梅县群力造林社巫善友等请承领县属土名大排上等处荒地，合将备查一联缴请备案。

五、建设厅呈，据梅县本立学校校长李元廷等请承领县属土名湖蜞塘等处荒地，合将备查一联缴请备案。

六、教育厅长呈报，赴京列席二中全会，在假期间，厅务交主任秘书黄希声代拆代行，请察核。

七、广州市政府呈，据自来水管理处呈报，拟向礼和洋行订购防空水管等情，请核准免投，转呈备案。

八、广东省银行呈报，五、六两个月份买入白银，经先后移送法币发行准备管理委员会接收保管，请察核备察。

九、建设厅呈，据督理南路公路专员呈缴装造梅化路梅菉河渡车木船预算书图表，拟请查照以前装修船只办法，就地觅工订价包办等情，可否照准，请核指遵。

十、教育厅呈，据高明县呈缴教育局长庄蓝天履历表及证书影片，请察核加委。

讨论事项

一、主席提议，关于卢文焱等因与刘置家等争执看禾谷及田埠租一案，不服民政厅所为之决定，提起再诉愿到府，经由秘书处派员审查，作成决定书，再送胡、金、李三委员审查，拟具意见送复，应如何办理，请公决案。

（议决）照拟通过。

二、主席提议，关于何××等与陈××等因斗门陂上游开沟争讼一案，不服建设厅决定，提起再诉愿到府，经由秘书处派员审查，作成决定书，再送金、李、胡三委员审查，拟具意见送复，应如何办理，请公决案。

（议决）照拟通过。

广东省政府第六届委员会
第五百零七次议事录

七月二十一日　星期二

出席者　林云陔　金曾澄　胡继贤　李禄超　何启澧
列席者　陆幼刚　谢瀛洲　黄希声
主　席　林云陔
纪　录　陈广澧

报告事项

一、财政厅呈报，洋米谷税，由本年七月十六日起，至八月十五日止，展期减征一个月，请察核备案。

二、财政厅呈，据汕市商库证会请核准展延商库证行使期限二年等情，应准再展期六个月结束，请察核备案。

三、广州市政府呈缴市行董事会第六十次议事录，关于省市两行互相提挈之合约，认为应将合约解除，应否准予照办，请核指遵。

四、广东省会公安局呈，据保安队呈报改建营门，加设门楼及车房，以源发公司取价最廉，拟予承建等情，请援案准免开投。

五、广东省法币发行准备管理委员会呈报，接收省银行移交买存毫银，暨磅收完竣日期，请察核备案。

六、广东实业银行董事会呈缴二十五年上期决算表，请察核备案。又实业银行呈缴董事会监事会联合会议议事录，请察核备案。

七、秘书处签呈，本年度预算尚未审查完竣，现年度已经开始，似应从速进行，应否另推召集人负责办理，请核示。

讨论事项

一、财政厅呈复，关于筹建中山县政府法院监狱委员会，请职厅一次过拨款十万元，当此库款支绌，势难照拨，至请拟向该县沙田一次过每亩收建设费一毫，可否照准，请核指遵案。

（议决）照准。

二、教育厅呈，请委任黄春英为省立梅州女子师范学校校长案。

（议决）照准。

三、建设、民政厅会呈，购买杂粮种子十万元，分发各县转发农民春耕一案经过情形；至本民政厅垫支之款，法币一千八百六十九元九毫六仙，仍请如数发还归垫案。

（议决）准由该厅节存项下拨还归垫。

四、广州市政府呈，据英商马尔康洋行函，以承建新水厂全部工程，价格愿减为港币三百零九万三千元，并请支给总工程师月薪一千元，稽核员五百元，查上项价格及薪额，均未列入合约草案之内，究应如何规定之处，请核夺指遵案。

（议决）照准。

五、主席提议，为本省烟赌贻害甚大，应限期禁绝，以苏民困，请公决案。

614

（议决）通过。由金、胡两委员，谢院长，拟具详细实施办法，从速禁绝。

六、胡委员提议，整理金融，安定外汇，请公决案。

（议决）通过。由胡、李、金三委员拟具办法，再提出讨论。

广东省政府第六届委员会
第五百零八次议事录

七月二十四日　星期五

出席者　林云陔　金曾澄　胡继贤　李禄超　何启澧
列席者　宋子良　黄希声　陆幼刚
主　席　林云陔
纪　录　陈广澧

报告事项

一、行政院令，奉国府明令公布矿场法，抄发该法条文，仰知照，并转饬所属一体知照。

二、行政院令，准主计处函为施行会计法，列举设计会计制度程序及时期，暨应行注意事项，请查照饬属遵照等由，抄发原附件，仰遵照，并转饬所属一体知照。

三、行政院令，据交通部转据国营招商局呈，请转饬各机关购买材料，一律交由该局运输一案，自应照准，仰遵照，并转饬所属一体遵照。

四、行政院令，奉国府明令公布农本局组织规程，抄发该项规程，仰知照，并转饬所属一体知照。又，实业部咨，兹于七月一日在本部设立农本局筹备处，请查照，饬属知照。

五、实业部咨送工厂登记规则，请饬厅改正禁设火柴新厂期限，并令各厂依法呈请登记。

六、全国经济委员会秘书处函送顾桑蒲得利等视察粤桂两省水利公路报告，请查收参考。

七、民政厅呈，据饶平县呈转县党部请筹济凤凰、平溪匪区灾民，经准在赈款项下拨发一千元救济，请核准备案。

八、广州市政府呈，据自来水管理处，请向独家经理商怡和洋行订购矾箱紫铜浮波及配件等情，请核准免投，呈转备案。

九、广东省会公安局呈缴警士教练所外事警察第一期训练班简章，请察核指遵。

十、广东省会公安局呈，为制发各局长警皮靴警帽等，估价以惩教场为最廉，请核准免投，存转备案。

十一、广东省会公安局呈，据保安队请搭盖北郊射击场兵棚三座，召商估价，共需一千八百八十二元，请核准免投，存转备案。

十二、广州市政府呈报，审计处现在停止核签支付命令，市库支付经费经市政会议议决，暂照未送审计处核签支付命令以前手续办理，请核示。

讨论事项

一、广州市政府呈，据自动电话管理委员会呈，请追加架设由从化至增城军用电话，工料费共三千五百元，连同原表，请察核备案。

（议决）准备案。

二、民政厅呈复，关于梅县呈，拟收用松口市上坝头碉楼附近一带空地，建筑松口平民医院一案，查该空地，既经该县长勘明，堪为建筑医院之用，似应准予照办，至收用民地，应请饬令依法办理，请察核指遵案。

（议决）准依法收用。

三、主席提议，关于王××因与蔡××及××中学校互争澄海县属××××山脚草坦一案，不服财政厅所为之决定，提起再诉愿到府，经由秘书处派员审查，作成决定书，再送胡、金、李三委员审查，拟具意见送复，应如何办理，请公决案。

（议决）照办。

四、主席提议，关于李仁忠因不服民政、教育两厅会同核准私立德星小学抽收石炭捐一案之处分，提起诉愿到府，经由秘书处派员审查，作成决定书，再送胡、金、李三委员审查，拟具意见送复，应如何办理，请公决案。

（议决）照办。

五、胡、金、李三委员会同拟具整理广东金融，安定外汇办法草案，请公决案。

（议决）交财政厅审查。

广东省政府第六届委员会
第五百零九次议事录

七月二十八日　星期二

出席者　林云陔　金曾澄　胡继贤　李禄起　何启澧
列席者　宋子良　黄希声　陆幼刚
主　席　林云陔
纪　录　陈广澧

报告事项

一、行政院令，据内政部呈报，历次阵亡残废受伤革命军人特别优恤办法内，关于各县设立忠烈祠办法第二条补救意见一案，应准照办，抄发修正条文，仰遵照。

二、实业部咨，凡开采磁土矿，火黏土矿，尚未依法领照者，应由主管官署，严限饬令呈请设定矿业权，或小矿业权，请转饬遵办，并将办理情形，由该主管官署先行具报，咨转通部，以备查考。

三、建设厅呈，据广州区蔗糖营造场呈报，解决市头新建码头纠纷案，拟由场补回旧码头费，一千四百八十四元余，该款在筹备期节余项下拨给，等情，应否准在临时费节余项下拨给，并拨入开办费，逐年摊除之处，请核指遵。

四、民政厅呈，为印刷实施户籍法须知一书，印刷费拟在人口调查事务处，及自治训练员节存经费项下开支，请察核备案。

五、财政厅呈报职厅改建后园西隅办公室，由鸿泰公司取价一万二千九百元投得承建，并有信棚匠代将上盖装顶工料费六百元，请察核，并予备案。

六、财政厅呈报，本厅垫支过中顺缉私处拘拿伪造洋米税单收据各费用，拟在本年度预算财政杂费领支归垫，请核准备案。

七、教育厅呈，据省立体育专科学校呈，请将二十四年度征收学生宿费一千零一十七元，移作建搭宿舍饭堂之用，等情，请核指遵。

八、教育厅呈，据省立体育专科学校呈报，筹备开办费不敷，请设法补助等情，拟将前广东省民众体育实验区缴存二十四年七月份经费六百七十五元，转拨弥补，其余不敷之数四百零八元三角七分，拟饬由该校经费内，撙节归垫，请核准备案。

九、广州市政府呈，据自动电话管理委员会呈缴石牌、渔珠两电话台，抽水机、水塔、电缆、电灯、灯杆、水喉等六项工程计划，及估价单，应否如呈，准将六项工程分别交由取价较廉各商承办，请核指遵。

十、广州市政府呈，据自来水管理处呈复，安装十五线街管工程，投价各家，均超过底价，拟交最低价之中华公司承造，等情，连同原缴投价表，请察核备案。

十一、广东省会公安局呈，据特别侦缉队呈拟购置电单车一辆，连同估价单，请援案准免开投。

十二、省营工业管理委员会呈报，于七月二十七日组织成立，连同会议录，请察核通令各机关知照。

讨论事项

一、财政厅呈报，先后借过黄埔商埠筹办处经费，共一十三万六千二百九十二元五毫，请察核备案。

（议决）此事本府无案可稽，该款亦未经本府核准援支，应由该厅向经手人查明再核。

二、中区绥靖委员公署呈，奉总部核定，自七月份起十足支薪，恳转饬财政厅将职署七月份经临费核足补发案。

（议决）现在财政支绌，仍照通案办理。

三、中国国民党广东省执行委员会函复，关于汕头市呈请核示，对于该市征收防空租捐，征收后应解何项机关，及经募费如何厘定一案，经饬据广州市民众防空委员会呈复，似应仍援前案办理，等情，请查照办理案。

618

（议决）通令开征防空租捐，各县市镇凡已收之款，径解省银行核收，未收者停止征收。

四、广州市政府呈，据所属音乐队呈缴二十四年度第一款临时费预算提前开支数目表，所称该费有提前开支必要，请在预算未核定前，仍从开支之月起，根据新预算额报销等情，似属可行，请察核备案。

（议决）准备案。

五、李、金、胡三委员会复审查，关于连县、阳山两县互争滑塘乡等处一案，本案拟照勘界委员会议决案，将滑塘乡等处，划归连县办理，请公决案。

（议决）照审查意见办理。

六、金、胡两委员会同拟具广东省禁赌办法草案三条，及广东省禁烟禁毒办法草案四条，请察核案。

（议决）办法交宋厅长会同金、胡两委员再审查。

广东省政府复审各县地方预算会议
第一次议事录①

民国二十五年六月十五日　星期一

出席者	金曾澄	李禄超	胡继贤	周 棠	崔龙文	黄菊秋
	王耀长	范 藻	李国伦	温翀远	郭见闻	林介眉
	陆映华	邓 昙	张尔超	何诗迪	丁尔幢（代表简峣）	
	章蔚伦	曾次参	梁擎柱	李景宗	陈文烈	黄叔平
	吴为雨	廖叔度	黄道纯	黄锡铨	骆翰章	曾锡纯
主 席	金曾澄					
纪 录	黄秋菊					

---

① "复审各县地方预算会议议事录"为原文附件，因内容有联系，故仍附录于该届政府会议录之后。

报告事项

一、报告本会奉省府令，发下关于各县地方预算，及苛细杂捐饬汇案审查各案，计属于中区者七件，属于东区者六件，属于南区者一件，属于西北区者八件，属于琼崖区者三件。又顺德县函一件，宝安县函一件。

二、各区组主任报告出发调查各县地方预算情形。

讨论事项

一、请决定开会复查日期，及分区审查案。

（议决）每星期开会二次，定期星期一、四日开会（星期一九时半，星期四八时），分区复查，先复查中区，随后东区、南区、西北区、琼崖区，依次复查。

二、关于各区属内各县团体补助费，党部补助费，合作事业指导员经费，应如何决定案。

（议决）各县党部补助费及团体补助费撤销；合作事业指导员经费，酌量各县情形，分别核定。

三、各县公安局长应否保留案。

（议决）各县公安局长，酌量各县情形，分别保留，或由县长兼任。

广东省政府复审各县地方预算会议
第二次议事录

六月十八日　星期四

出席者　胡继贤　金曾澄　李禄超　崔龙文　张尔超　范　藻
　　　　章蔚伦　吴为雨　李国伦　黄道纯

主　席　胡继贤

纪　录　崔龙文

报告事项

一、奉省府令，据财厅呈，关于番禺等十五县地方预算案饬汇案复查。

二、奉省府令，据财厅呈，奉令关于海康县征收土产警费捐呈复察核案，仰知照。

讨论事项

一、各县地方款预算书，应如何编列，以期统一，请决定案。

（议决）自二十六年度起，各县预算书应由财厅编定款项目，饬各县一律依照编列，以免纷歧。

二、复查中区各县地方款二十四、二十五年度预算案。

（议决）所有团体及党部补助费，各县一律剔除。其余各县预算，分别核定如下：

1. 南海县照意见书通过。

2. 番禺县照意见书通过。

3. 东莞县照意见书通过。

4. 顺德县照意见书通过。

5. 中山县照意见书通过。

6. 台山县照意见书通过。

7. 新会县：解犯费、催征地税费，准追加；其余照意见书通过。

8. 清远县照意见书通过。

9. 三水县照意见书通过。追加短期小学校经费，临时地税追加经费，均准照追加。

10. 开平县照意见书通过。

11. 增城县照意见书通过。

12. 恩平县照意见书通过。

13. 花县照意见书通过。

14. 宝安县：实施户籍法经费一千二百元剔除，人口调查事务所经费一百五十元，准照列；财政局追加经费，由二十五年度起照列；道观捐裁撤；其余照意见书通过。

15. 从化县照意见书通过。

16. 龙门县照意见书通过。

17. 佛冈县照意见书通过。

18. 赤溪县：二十五年度公安局裁撤，经费一千零四十元剔除；参议会经费核减六百二十四元；县兵经费减半，实减九百七十八元；警卫队每小队减一分队，共减两分队，约减三千元；其余照意见书通过。

广东省政府复审各县地方预算会议
第三次议事录

六月二十二日　星期一

出席者　金曾澄　李禄超　胡继贤　崔龙文　饶映华　林介眉
　　　　黄锡铨　王耀长　郭见闻　温翀远

主　席　李禄超

纪　录　崔龙文

报告事项

一、奉省府令，检发平远县地方款岁入岁出预算调查表，令饬汇案审查具报由。

二、奉省府令，检发东区各县已经废除、现存、拟请废除税捐种类等表，及囚粮递解费数目表，令饬并案审查由。

三、奉省府令，检发拟请饬令西北区各县，先行剔除之苛细杂捐一览表，令饬遵照由。

四、奉省府令，检发三水县二十四年度县地方款岁出追加预算书，令饬并案审查由。

讨论事项

一、讨论各县预算如有盈余，应如何开支案。

（议决）如有盈余，应由县长呈报，留为抵补裁撤苛捐及建设事业之用，仍俟呈奉省府核准后，方得开支。

二、东区组主任提议转呈省府，由省库多拨囚粮，庶可抵补撤销苛捐数十种，请核定案。

（议决）留开大会时，再提出讨论。

三、复查东区各县二十五年度地方预算案。

（议决）各县所有党部及团体补助费，一律剔除。

622

各县自治经费未列入县府预算者，留交大会讨论，其余各县预算，分别核定列举如下：

1. 惠阳县公安局裁撤，余照意见书通过。

2. 博罗县追加公益费准照列，余照意见书通过。

3. 河源县：三江私立职业学校请拨助经费，查该县经费支绌，未便补助；其余照意见书通过。

4. 连平县照意见书通过。

5. 和平县照意见书通过。

6. 新丰县照意见书通过。

7. 龙川县：县立小学补助费由二十五年度起，准照列；余照意见书通过。

8. 紫金县照意见书通过。

9. 五华县照意见书通过。

10. 兴宁县：查核县预算书第五项，第二目，临时地税收据费，误列多三百七十五元，应更正为八日七十元；余照意见书通过。

11. 梅县：追加平民学校不敷经费，及锦江亭苗圃费，准在活支费开支；余照意见书通过。

12. 平远县：照该县长呈省府所拟核减办法办理。

广东省政府复审各县地方预算会议
第四次议事录

六月二十五日　星期四

出席者　李禄超　金曾澄　胡继贤　崔龙文　郭见闻　黄锡铨
　　　　　温翀远　王耀长　林介眉

主　席　金曾澄

纪　录　崔龙文

报告事项

一、奉省府令，据曾大彪等状，以海丰县抽收蚝豉出口捐，害商病民，请饬县撤销等情，检发副状令饬并案办理由。

二、奉省府令，据练焕如等呈，以惠阳生猪经纪佣金，兹试办之初，即召〔招〕反感，罢屠呼号，状乞早赐撤销等情，转饬汇案审查由。

三、奉省府令，据茂名县参议员古绍颐呈，为茂名县政府征收所谓临时股实捐，巧立名目，一税再税，不独苛重累民，抑亦显违犯令，请迅令撤销等情，转饬汇案审查由。

四、奉省府令，据财厅呈，关于阳山县民吴瑾怀呈，请令县撤销土货出境捐一案，经饬据阳山县政府呈复请照旧征收，藉维现状，转请饬会核复等情，检发原附件令仰遵照由。

五、奉省府令，据财厅呈，以据阳江县长呈，为该县道巫捐，系直接向道巫者征收，与举办斋醮功德之家无涉，究竟应否撤销，转请察核等情，令饬汇案审查由。

六、准东区组函送木戳密电本旧预算卷，请查照归档注销由。

七、奉省府令，据陆丰县烟丝业商民罗仁合等呈，为税外附加，妨害营业，请饬县停征，以维营业等情，抄发原呈令饬汇案审查由。

讨论事项

一、各区各县二十四年度地方款预算，应如何核定案。

（议决）各区各县二十四年度预算，应照通令在预算未核定前，照上年度预算开支。

二、继续复查东区各县二十五年度地方款预算。

（议决）

13.① 蕉岭县照意见书通过。

14. 大埔县：临时地税征收处经费备考栏，每所经费，应改正为八十元；余照意见书通过。

15. 丰顺县照意见书通过。

16. 揭阳县：警卫费第一项，应更正为七千七百零四元，第一款，应更正为七千零九十【元】，县兵经费，应减为一万六千五百八十四元

---

① 上一次会议已审查了东区十二个县，本次会议接续审查该区其他县，故从第十三排列。

（即核减四千二百六十六元）；五项，一目，地方财政管理委员会裁撤，预算三千六百元照剔除；七项，一目，农林推广处裁撤，预算一万零八百元照剔除；临时费五项，一目，准备金，预算四千二百元剔除；第四项，一目，公安局预算，核减一千五百元。

17. 南澳县：岁出第二项，第三目，警卫队常备队经费，应更正为一万六千五百八十四元；四项，八目，巡船及水警队经费，应更正为八千六百三十六元（多列一百二十三元）；余照意见书通过。

18. 潮阳县照意见书通过。

19. 澄海县照意见书通过。

20. 潮安县：岁入五项，三目，屠宰场报效费，应更正为大洋二千二百五十四元九角，伸合小洋列收；第四项公安费，应核减，改列为六万九千七百二十元（即减四万零三百五十六元）；岁入第七项，一目，宅铺损〔捐〕，核减四成，准照原额六成征收。

21. 饶平县照意见书通过。

22. 惠来县：警卫队应减一中队，预算经常费减一万八千一百八十元，临时费减二千三百四十一元；余照意见书通过。

23. 普宁县照意见书通过。

24. 海丰县：蚝豉捐裁撤，余照意见书通过。

25. 陆丰县：烟丝附加，已列入预算，暂准照收；余照意见书通过。

广东省政府复审各县地方预算会议
第五次议事录

六月二十九日　星期一

出席者　金曾澄　胡继贤　李禄超　崔龙文　丁尔幢（代表简峣）
　　　　　何诗迪　吴学传　曾次参

主　席　胡继贤

纪　录　崔龙文

报告事项

一、奉省府令，以据化仁县第四区横山乡乡长陈玉书等呈，请愿撤销苛收纸捐，以苏民困等情，抄发原请愿书，令仰汇案审查由。

二、奉省府令准总部函，以据平远县县长呈请，拟将该县警卫科上中尉两科员及少尉庶务裁减一节，碍难照准，又拟裁减常备一小队，已令东区绥委拟议呈核，请查照饬会审核见复等由，令仰并案审查办理由。

讨论事项

一、讨论南区组报告意见书案。

（议决）甲项

第三条　请增加留县部分地税一节，似难照办，至某县收支，确属无法适合时，可另行呈请补助。

第四条　照拟，全省各县均照此办理。

第五条　第一项，照拟，二项关于海康县之田产捐，应予撤销，至教育经费，应由该县另行筹抵，至田产捐补助教育经费之部分，应由该县另设法筹抵，其余照拟。

第六条　照拟。

乙项　关于岁出方面

第一条　照拟。

第二条　照拟。

第三条　照拟。

丙项

第一条　照拟。

第二条　钦县及信宜之宾兴款，及新旧图印金，系属地方团体款项，非县地方款，无庸讨论。

二、复查南区各县地方款二十五年度预算。

1. 吴川县照意见书通过。

2. 阳江县：道巫捐裁撤，余照意见书通过。

3. 阳春县照意见书通过。

4. 电白县照意见书通过。

5. 茂名县：临时殷实捐照裁撤，余照意见书通过。

6. 信宜县：该县公安局长，由县长兼，局员役，由县府员役兼；经费二千一百三十六元，全数剔除；囚粮费二千四百元，由省府补助；第四项，第一目，临时费，揭款利息一千五百元剔除，其揭款本息，由县另拟清理办法呈核。

广东省政府复审各县地方预算会议
第六次议事录

七月二日　星期四

出席者　李禄超　金曾澄　胡继贤　崔龙文　何诗迪　吴学传
　　　　　　丁尔幢（代表简峣）

主　席　李禄超

纪　录　崔龙文

报告事项

一、奉省府令，以据万宁县商会请撤销出入口货担捐，令饬并案审查办理由。

二、奉省府令，以据揭阳县请将二十四年度县地方款预算，提前在二十四年七月一日起开支，令饬并案审查办理由。

讨论事项

一、南区组主任提议，各县预算审定后，应分行各县参议会知照。
（议决）通过。

二、继续复查南区各县地方款，廿五年度预算。
（议决）

7. ① 化县照意见书通过。

8. 廉江县照意见书通过。

9. 遂溪县照意见书通过。

10. 徐闻县照意见书通过。

---

① 上次会议审查了南区六个县，此次接续。

11. 合浦县照意见书通过。

12. 钦县照意见书通过。

13. 防城县：公安局长由县长兼，另设第一分局长一员，月支八十元，局员一员，月薪改为三十元；第十项一目，县立公医院院长，月薪改为一百八十元，庶务月薪改为三十五元；临时费，第一款，一项，五目，剿匪费，减为八百元（实减四百元）；第一款，第一项，第六目，旅费，减为四百元（实减三百二十元）；经常费，第一款，第九项，一目，公园管理费，改为六百元（实减三百五十六元）；第九项，第二目，街灯费，改为三百六十元（实减三百六十元）；第十项，第二目，补助救济院经费，公费项下，全年减二百四十元；经常门，第六项，第一目，教育补助费，改为八千元（实减二千元）。

查该县预算，核减之后，照通案折余之款弥补外，再照上列各项审定数，再行核减，则该县预算收支，差可适合。

14. 灵山县照意见书通过。

15. 海康县：查该县预算，收支经已适合；土产警费捐，仍应一律裁撤；余照意见书通过。

16. 梅菉市照意见书通过。

广东省政府复审各县地方预算会议
第七次议事录

七月六日　星期一

出席者　李禄超　金曾澄　胡继贤　崔龙文　曾锡纯　李景宗
　　　　谢为何　邓　昙

主　席　金曾澄

纪　录　崔龙文

报告事项

一、奉省府令，发开平县立东河短期小学、县立通俗图书馆经常开办费预算等表，仰即汇案审查由。

628

二、奉省府令，据财厅呈转据惠阳县县长呈，关于警卫自治公安各费，照原日所收款额，裁撤百分之三十五，保留百分之六十五一案，可否在二十五年度开始时，即准予照办，请饬会并案办理等情，仰即遵照由。

三、奉省府令，据万宁县商会呈，县属和后公安分局抽收出入口货物杂捐，苛扰商民，请令县废止抽收等情，抄发原呈，令饬汇案审查办理由。

讨论事项

一、讨论西北区组主任拟请剔除之苛细杂捐共二十五种，应否剔除案。

（议决）全数剔除。

二、复审西北区各县二十五年度地方款预算案。

1. 高要县照意见书通过，仍饬县设法从速开征地税。

2. 四会县：乡镇公所经费，业经由县拨给，所有区乡公所原征各种杂捐，一律停止征收；该县第三区后备队，所收田亩科派一项，应予制止征收；余照意见书通过。

3. 鹤山县照意见书通过。

4. 广宁县：第一公安分局征收房捐警费额，应照十二份抽一，不准多抽；木排捐，及田亩附征地价，应予撤销；地方财政委员会应予裁撤；第一款，三项，二目，各区镇自治公所经费减半（实减二万零六百七十六元）；第一款，四项，二目，公安分局经费减半（实减一万零九十八元）；余照意见书通过。

5. 德庆县：该县警卫费收入项目中，山货出口捐一项，应由县招商投承；余照意见书通过。

6. 新兴县：岁入第一款，第三项，第四目，牛单附加费二千五百元，又第五目，猪秤附加费一千五百元，又第一目，生猪出口附加费七百四十元，又第二目，屠捐附加费二百元，均应裁撤；分拨救济院经费，改为二千八百七十八元；该县地方款，由县府统一收支，各机关不得自行征收；临时地税征收处经费已补列；余照意见书通过。

7. 高明县：该县盈余一万七千五百三十四元，全数拨助麻疯院经费之用；警卫队经费，应由地税项下支付；余照意见书通过。

8. 封川县照意见书通过。

9. 开建县：简易师范学校经费，准照增列；余照意见书通过。

10. 罗定县照意见书通过。

11. 曲江县：鸟石墟及其他各区乡派款，应予裁撤；余照意见书通过。

广东省政府复审各县地方预算会议
第八次议事录

七月九日　星期四

出席者　胡继贤　金曾澄　李禄超　李景宗　崔龙文　谢为何
　　　　　　邓　昙　曾锡纯

主　席　胡继贤

纪　录　崔龙文

报告事项

一、奉省府令，据审定县地方预委会琼崖组主任呈报，审查琼崖各县地方款预算报告书一案，仰汇案复查由。

讨论事项

一、继续复审西北区各县地方款二十五年度预算案。

（议决）

12. ① 英德县照意见书通过。

13. 云浮县：一款，二项，三目，警卫队驻第六区西山第二小队裁撤；第一款，二项，二目，警卫编练处经费，因改科，全年应减二千零三元，余照意见书通过。

14. 郁南县：二项，五目，警卫队临时费，改列四千三百三十一元；二项，三目，警卫常备队经费，裁一小队，应减五千四百一十二元；临时门，第一款，第五项，第一目，临时地税开办费，四百八十八

---

① 接续上次会议已审定的西北区十一个县。

元，剔除；临时门，第一款，八项，一目，预备费，改列一千二百元；余照意见书通过。

15. 乐昌县照意见书通过。

16. 仁化县：警卫队裁两小队；长江墟纸捐，应暂准押收，责成县长认真整理，以免骚扰；余照意见书通过。

17. 翁源县照意见书通过。

18. 乳源县照意见书通过。

19. 南雄县照意见书通过。

20. 始兴县：第一款，第十一项，第三目，救济院经费，改列六千元；余照意见书通过。

21. 连县警卫队裁两小队，余照意见书通过。

22. 连山县照意见书通过。

23. 阳山县：土货出境捐，暂缓裁撤；余照意见书通过。

广东省政府复审各县地方预算会议
第九次议事录

七月十六日　星期四

出席者　李禄超　金曾澄　胡继贤　崔龙文　梁擎柱　廖叔度
主　席　李禄超
纪　录　崔龙文

报告事项

一、奉省府令，准总部函，将电饬取销文昌等六县户口捐经过情形，函请查照等由，仰即知照由。

二、奉省府令，检发广宁县改编二十四年县地方款岁入岁出经临费预算书，及提要，仰即汇案审查由。

三、奉省府令，据陆丰县县长呈，拟将渔船警卫费等各捐，由本年七月一日起，一律取消，请核指遵等情，经准备案，仰即知照由。

讨论事项

一、复审琼崖区各县地方款二十五年度预算案。

（议决）

1. 琼山县照意见书通过。

2. 文昌县：警卫费既由总部补助，预算当有盈余，户口捐全部撤消；余照意见书通过。

3. 定安县照意见书通过。

4. 乐会县照意见书通过，户口捐照裁撤。

5. 琼东县照意见书通过。

6. 万宁县：第三项，第二目，及第四项，第八目，货担捐取消，余照意见书通过。

7. 陵水县：第六项，第八目，甘蔗捐撤销；第二项，第五目，犁头捐撤销；余照意见书通过。

8. 崖县：第四项，第九目，屠捐保护费，及第十目货物出入口捐保护费，撤销；余照意见书通过。

9. 感恩县照意见书通过。

10. 昌江县：杂捐应竞投，昌化港临时渔市收入，应列报呈核；余照意见书通过。

11. 儋县照意见书通过。

12. 临高县照意见书通过。

13. 澄迈县：第四项，第一目，米谷捐附加费，撤销；余照意见书通过。